I0842566

Prof. Dr. Marcos Berstein

Volumen II

Desarrollos en:
Terapia Familiar
Adicciones

**Ricardo Vergara
Ediciones**

Prof. Dr. Berstein, Marcos
Desarrollos en terapia familar y adicciones. -
1a ed. - Ciudad Autónoma de Buenos Aires :
RV Ediciones, 2013.
420 p. ; 15x23 cm.

1. Terapia Familiar. 2. Adicciones. I. Título
CDD 616.891 6
Fecha de catalogación: 30/10/2013

Coordinación de Producción y Edición: Ricardo Vergara
Te:(005411) 4901-2300 y 156-231-2760
email: librosrv@yahoo.com.ar
Facebook: Ricardo Vergara Ediciones
República Argentina

Tipeado de originales: Cynthia Greco

Impreso en Argentina - Printed in Argentina
La Imprenta YA, Florida Pcia de Buenos Aires
Noviembre de 2013

Agradecimientos:

A Silvia, mi compañera de toda la vida, sin cuyo apoyo y colaboración esta obra no se hubiera podido realizar. A mis hijos, en orden cronológico David, Alejandro y Alcira, y a mis ocho nietos y a los demás miembros de mi "familia funcional".

A mis queridos amigos Glagys Adamson y Ana Quiroga, con quienes compartí mis primeros veinte años en la Psicología Social. Y a mis queridos amigos Eduardo Kalina y Juan Yaria, con quienes compartí mis últimos treinta años, trabajando en Terapia familiar y en Adicciones.

A Viviana Ibañez, y demás colaboradores y amigos

PRÓLOGOS

Dr. Eduardo Kalina
Director de Braian Center

Meses antes de morir, Marcos me habló acerca del trabajo que estaba haciendo para poder publicar estos "dos tomos", a los que le daba un carácter de "testamento". Para los que no lo conocieron, en esa época tenia un clara conciencia de la sentencia que significaba el cáncer que padecía.

Estos "dos tomos" contienen numerosos trabajos que fue escribiendo a lo largo de su prolongada vida profesional, y en homenaje a nuestra amistad personal y profesional, me pidió que escribiera este "Prologo".

Mi respuesta fue agradecerle esta distinción, y así se lo expresé con un fuerte abrazo que nos emocionó mucho a los dos, porque además "sellaba su despedida física", ya que nuestra amistad fraternal continuará mientras yo viva, y no solo de recuerdos y de estos escritos, sino también a través de Silvia, su "esposa-compañera", de sus hijos y otros amigos que tenemos en común.

Le explique a Marcos y ahora a todos lo que lean estos "dos tomos", que raramente la gente lee con interés los "prólogos" que por norma general los escriben amigos del autor y por supuesto recomiendan su lectura, en esta ocasión los invito no solo a leer estos trabajos, sino también, especialmente a los lectores del mundo "psi" a que los estudien y a todos que los piensen y disfruten del seguir estudiando con Marcos, que siempre fue y seguirá siendo un buen MAESTRO además de un ser entrañable.

¡Hasta siempre
Marcos!

Dr. Juan Alberto Yaría
Director General de Gradiva
–centro de rehabilitacion en adicciones-

La dignidad ante la muerte habla del sentido, la profundidad y la autenticidad de una vida. Este prologo es un homenaje. Al amigo. Al científico y al artesano de la vida como lo fue El Dr. Marcos Berstein." Marquitos" para los amigos.

Su obra llegó a ser, para mí, un testimonio de plenitud humana. Su trayectoria profesional, esto es lo que reflejan estos dos tomos, es solo un breve resumen de un sendero vital de excepción. Crecemos a través de modelos. Berstein fue y será un modelo de vida para todos los que lo conocimos y admiramos.

Un llamado telefónico de los últimos días de Septiembre me conmovió. Rompió la serenidad de una tarde de sábado. Me comunicaba que se iba a morir. Los médicos que lo trataban le anunciaron que su cáncer estaba avanzando. Hígado y Estomago esta vez eran las estancias preferidas. Su voz tenía una tranquilidad que me asombraba. Me hablaba de un testamento. "Tengo que dejar todo en orden antes del viaje final". Nunca había sentido tanta fuerza y dureza en un testimonio. Quería hacer un libro que iba a ser un resumen de toda su prolífica obra y me pedía un prologo junto al Dr. Eduardo Kalina, dos amigos en el campo de la vida y de la ciencia. Además me dijo que quería que tomara un puesto académico en Uruguay donde el también trabajaba. Me explicaba que el viernes se reunía con su equipo médico para ver que alternativa tenía.

Al cortar la comunicación sentía que la perdida anticipada iba a ser muy grande. Pero el coraje para enfrentar el camino final me asombraba. Valentía y a la vez transmisión. Creo que uno de los rasgos de la salud mental es transmitir." Marquitos", permítanme que lo siga llamando así, era básicamente un transmisor. Transmite aquel que supera las barreras del Ego y encuentra en la escucha y el intercambio el ámbito de preguntas que nos hacen crecer. Al fin de cuentas todo pasa por el Amor y el amor es el presente continuo del prójimo. En el fondo el tipo sano es como el Buen Samaritano bíblico.

Con angustia lo llamé, luego de unos días, para ver que le habían dicho los médicos. Con dureza me plantea ; " ahora si que estamos jodidos, pero hay una quimioterapia que es posible y que no permita, por lo menos, el avance del cáncer". Lo que me dijo sonaba como una postergación pasajera de lo irremediable. Me preguntó por el prologo. Le dije que en estos momentos para mi lo más importante era rescatar los distintos momentos de nuestros encuentros porque nuestra amistad databa de 40 años de trabajos conjuntos y de comunicaciones profundas. Le propuse narrar la aventura de la vida desde el 78 cuando fundamos con un grupo de jóvenes profesionales la Sociedad Argentina de Terapia Familiar hasta seguir en distintas acciones conjuntas en donde nos acompañamos en el camino de la vida. Se emocionó por lo que le dije y le pareció bien.

Volví a llamar los pocos días .Teléfono cerrado. Presumía algo feo. Volví a llamarlo y una voz débil me respondió que la quimio era muy dura. No quise insistir porque casi no tenía fuerzas para hablar. Un dia en el 2006 me contó que tenía un melanoma. Luego lo fui a ver al sanatorio después de la extirpación de un tumor de hígado. Más tarde de pulmón. Al fin de tráquea. A principios de año tomando un café me dijo que su médico le había diagnosticado varias metástasis. Me asombraba su capacidad de trabajo. Me anuncia su nuevo cargo académico en Uruguay. Quería resurgir permanentemente y esa vocación de vida-algo que lo dignificó siempre –era para mí un motivo de admiración e imitación.

A los pocos días volví a llamarlo y me confesó que no comía y que su bilirrubina había subido a 15.000. Pero igual tenía fe que iba a salir. Me volvió a preguntar sobre este prologo y se alegró que el editor ya tenia el libro en preparación. Luego silencio. Una mañana de Octubre mi secretaria me pregunta por el velatorio del Dr. Berstein. Me anunciaban que había muerto.

Una gran congoja se apoderó de mí. Ahí se agolpaban sentimientos y vivencias de tantos años de lucha y apoyo mutuo.

En 1978 un grupo de jóvenes bajo la dirección del Maestro con todas las letras Jorge García Badaraco creamos la Sociedad Argentina de Terapia Familiar. Algo innovador para nuestro país y máxime en épocas tan difíciles para el pensamiento y el mundo "psi". Badaraco con su sabiduría nos guiaba y con Marquitos, Canevaro, Noceti, Proverbio y tantos otros trajimos a la Argentina a los más grandes terapeutas familiares: Cancrini, M.Selvini Palazoli, V.Satir, Stanton, Todd, Minuchin, Slutzky, etc. Fueron años intensos que culminaron, para mi, en el congreso de Terapia Familiar en Hungría en 1989 en donde me encontré con Marquitos degustando las mejores comidas húngaras y al mismo tiempo nutriéndonos y compartiendo a grandes de la terapia familiar.

En la década del 90 le pedí que me acompañara en una doble tarea : la creación del Máster Internacional de Drogadependencia entre la Universidad del Salvador y la Universidad de Deusto (España-Bilbao) y que me ayudara como Asesor de la Secretaria de Prevención y Asistencia de las Adicciones de la Provincia de Buenos Aires . Desde mi cargo de Secretario con rango de Ministro realizamos un Plan Maestro denominado 10.000 Líderes para el Cambio para todos los municipios con una política preventiva y asistencial. Más de 150 centros se crearon, 10 comunidades terapéuticas, 5 centros de desintoxicación y fundamentalmente una tarea educativa que abordaba desde los padres hasta los maestros y profesores así como a médicos, psicólogos y demás miembros del equipo de salud. Ahí Berstein fue una pieza clave en la formación de profesionales y en la supervisión del centro Escuela Pueblo de la Paz creado en 1994 como comunidad terapéutica modelo para la Prov. De Bs. As. Ahí recibimos a los grandes en el tratamiento de las adicciones en una década majestuosa en el desarrollo de las terapias y la Prevención. Cancrini, Morin, Comas, Stanton, Coletti, etc. pasaron a formar maestros y profesionales. El Dr. Cancrini llamó a lo que logramos edificar como un "Frente Social Preventivo". Junto a J. Barylko, Castiñeiras de Dios, Lavake y tantos otros recorrimos la Provincia en un verdadero deseo educador especialmente dirigido a los más vulnerables.

En la querida Universidad del Salvador lo propuse como Profesor y durante casi 20 años me acompañó en la formación de profesionales en el Instituto de Drogadependencia.

En los 2000 volví a mi querida Gradiva que como comunidad terapéutica trata patologías de tipo adictivo desde el perfil del doble diagnóstico. Ahí , en mi tarea de Director General, "Marquitos" me acompañó como supervisor clínico. Los días miércoles eran un rito de estudio y de ayuda a familias y pacientes bajo su atenta mirada . Hubo momentos fundamentales con la presencia de otros grandes del pensamiento: Prof. José Milmaniene, Dr. Guillermo Maci (lamentablemente también desaparecido en el 2012) , Dr. Roberto Baistrocchi . Su pensamiento psicopatológico era excelso y todos aprendimos desde la 8 de la mañana hasta llegado el mediodía a pensar, escuchar y transmitir. Berstein funcionaba como un verdadero maestro. San Agustín decía que el maestro era el que sabia preguntar y por ende escuchar. La lectura de la historia de una familia, la empatía para convocar a toda una red de familiares para la tarea de recuperación, el papel del "burn out" en los equipos profesionales y la ayuda a todos los sistemas institucionales fue parte de todo un aprendizaje grupal en Gradiva. Varios años de estudio con un gran placer intelectual y la alegría del encuentro semanal fueron seguidos por varios trabajos de investigación y trabajos en varias Universidades en donde nuestro grupo transmitió sus experiencias .

Gracias por esta Obra y por tu obra en la vida porque como nos enseñó A. Malraux "el hombre es lo que hace" y Goethe cuando decía "en el principio fue la acción". Nos juzgarán por lo que hacemos y con qué criterio ético. Berstein fue una buena persona.

Dra. Gladys Adamson
Directora Escuela de Psicología Social del Sur

Estas Palabras Preliminares serán fundamentalmente afectivas. Escribirlas implica ser embargada por una gran emoción y albergar un tropel de recuerdos y evocaciones de los múltiples momentos compartidos en situaciones de enseñanza-aprendizaje con el autor.

El Dr. Marcos Berstein fue mi Coordinador del Grupo Operativo de Tercer año en la Primera Escuela Privada de Psicología Social Dirigida en ese entonces por el Dr. Enrique Pichon Rivière con quien también me formé y trabajé como Psicóloga Social desde 1967 hasta su muerte en 1977. Era el año 1969 y la impronta que recibí de Marcos, como cariñosamente lo llamábamos, fue la de un Coordinador tranquilo y afable pero al mismo tiempo firme y valiente. Tenía un estilo, muy calmo al momento de inducirnos como grupo a la tarea de repensar la clase (que pudo haber sido dictada por el Dr. Enrique Pichon Rivière o por Bauleo, o por Tepper o Kesselman) y mucho coraje al momento de señalar obstáculos o sabotajes inconscientes que hubiéramos estado cometiendo como grupo. No andaba con vueltas. Sus señalamientos eran claros y contundentes aunque sin pizca de agresión o violencia simbólica. Todavía hoy recuerdo algunos de sus interpretaciones. Tal era la solidez y la lucidez de sus aportes.

Escribir estas Palabras también significa recordar sus innumerables clases como las referidas al Emergente de Apertura en los grupos operativos, o referidas al concepto de Fantasía Inconsciente o al de Pre tarea, Tarea y Proyecto grupal.

Un hito importantísimo que produjo en el año 1984, recién iniciada nuestra democracia, fue la Organización del

Congreso de Etnopsiquiatría que se desarrolló en el Teatro San Martin de la Ciudad de Buenos Aires. El trabajo de la Organización de dicho Congreso fue arduo y prolongado. Mi evocación de aquellos momentos me lleva a decir que Marcos Berstein "se puso el Congreso al hombro" y lo sacó adelante y su éxito dependió de él. Si bien yo fui colaboradora en dicha Organización para ser sincera ese Congreso no se hubiera llevado a cabo si no fuera por la tenacidad, el empeño y el arduo trabajo que enfrentó Marcos Berstein para que se realizara.

También he tenido la satisfacción de participar en Mesas Redonda organizadas por él en los primeros frescos y entusiastas años de la democracia donde hablar de la Agresión humana y de la Depresión nos permitía explicitar abiertamente y en libertad acerca de la máxima expresión de la agresión humana que había sido el Terror de Estado y la depresión como síntoma de la impotencia e imposibilidad de cambio a la que nos sometía la Dictadura, con lo cual la depresión no recibía una connotación psicopatológica sino que era interpretada como síntoma de un impulso de rebeldía y de deseo de cambio que había sido reprimido. Recuerdo aun las palabras de Santiago Kovaldof en ese momento, miembro de la Mesa Redonda que compartíamos con el Dr. Eduardo Kalina "Es insólito lo que nos está pasando, estamos hablando de la depresión como algo positivo". Y era así, la depresión la planteábamos como un síntoma de rebeldía que buscaba un cauce de expresión. Con ello surgía la idea que la depresión no era algo del orden de lo inexorable sino producto de una situación colectiva de encierro, clausura, imposibilidad de cambio etc. que provocaba la dictadura y sus secuelas.

En este año, tuve el gusto de recibirlo en mi Escuela de Psicología Social del Sur como Director del Posgrado de Operador Familiar perteneciente a la Universidad de Lujan. Dicho Posgrado se dictará temporariamente en la Escuela, aún frente a la ausencia de Marcos. Fue un reencuentro que me llenó de alegría y proyectos. Ya los griegos de la Antigua Atenas nos demostraron, a través de sus Banquetes y Diálogos, que una de las máximas alegrías que experimentamos los seres humanos es reunirnos con amigos para pensar y producir juntos. Esta felicidad me ha acontecido, una vez más, con mi antiguo Coordinador y Docente Marcos Berstein y lo celebro hoy a través de estas líneas.

Me alegra también haberlo reencontrado con una "una vida redonda". En términos de mi padre, un escoces arribado a la Argentina en los primeros años del siglo XX, tener "una vida redonda" significa haber gozado de todos las dimensiones vitales a los que puede acceder el ser humano: producir en un trabajo creador, tener amigos, tener familia, tener hijos, tener discípulos que lo trasciendan. Marcos Berstein ha tenido una hermosa familia, con numerosos hijos y aún más numerosos nietos, ha cultivado amistades y afectos que se han conservado a lo largo de años y aun de décadas, ha recibido reconocimientos de todo tipo y creo que no hubo proyecto que sinceramente deseara alcanzar que no lo haya hecho. Ha sembrado y cosechado. Estos dos Volúmenes dan cuenta de ello y me alegra profundamente. Espero que estas Palabras Preliminares hayan podido dar cuenta de mi afecto, mi admiración y mi gratitud por la amistad y confianza que siempre me ha brindado.

Ana P. de Quiroga
Directora General
Primera Escuela Privada de Psicología Social
Fundada por Enrique Pichon Rivière

La obra de Marcos Berstein es particularmente fecunda, cómo lo fue su vida. con espíritu inquiet, , siempre dispuesto a nuevas experiencias y conocimientos fue un incansable explorador de diversos territorios de conocimiento.

Su generosidad lo hacía siempre compartir sus hallazgos, que mucho nos han enriquecido.

Escribir este texto después de su muerte me produce una profunda pena, porque hubiera querido que escuchara y leyera este mi reconocimiento de su valía. pienso a la vez que el sabía del mismo..

Esta publicación, que recoge parte de su trayectoria, será sin duda significativa para la formación de muchos de los que buscan desentrañar los misterios del acontecer social y subjetivo y sus interrelaciones.

Estos textos, que se hicieron esperar, llegan quizás para mantener en nosotros su memoria, el recuerdo de su calidez, y una forma mediada de diálogo...

Acerca del Autor

El Prof. Dr. Marcos Berstein se graduó de médico el 14 de diciembre de 1964, en la Facultad de Medicina de la Universidad de Buenos Aires, con un promedio general de 8,42. A lo largo de su trayectoria profesional desarrolló su actividad docente a través de numerosas Universidades del país y del exterior. Durante 13 años se formó con su gran maestro Enrique Pichón Rivière, quien lo orientó a especializarse en la terapia familiar (rama que recién comenzaba en el país), continuando su formación con grandes maestro de la terapia familiar, tales como: Salvador Minuchin, Jay Haley, Carl Whitacker, Mara Selvini Palazzoli, Virginia Satir, y muchos más. En 1978 fue uno de los Miembros Fundadores de la Sociedad Argentina de Terapia Familiar. Desde 1980 se dedicó a trabajar en el campo de las adicciones, junto a grandes especialistas en el tema, como Eduardo Kalina y Juan Alberto Yarìa. A publicado capítulos de libros, artículos científicos en revistas de la especialidad nacionales y extranjeras, y artículos de divulgación científica en medios gráficos como: La Nación, Clarín, 7 Días, La Capital (de Mar del Plata), El Mensajero (de Pinamar), etc.

Desde 1977 hasta 1991 se desempeñó durante 14 años como Asesor de las Naciones Unidades para la Organización Mundial de la Salud, en las Áreas de Terapia Familiar y Psicología Social. Fue profesor Invitado de las Universidades Nacionales de México, Honduras, Costa Rica y Panamá, de la Universidad de Lejona (país Vasco, Bilbao) y de la Universidad de París (París VII), Francia, entre 1980 y 1992, Profesor Titular Extraordinario , Maestría en Salud Mental, Facultad de Servicio Social de la Universidad Nacional de Entre Ríos, •Vicepresidente de

la Sociedad Argentina de Terapia Familiar (1986 – 1990) , •
Asesor Institucional de: The Coca – Cola Export corporation,
y de Coca – Cola Argentina S. A. (1981 – 1984) , Co- autor de
los libros: 1) Group Identity and Mental Health, Editorial Inter-
national Arts and Sciencies Press, New York, EE.UU. 1976 , 2)
Grupoterapia Hoje. Edit. Artes Sul Medica .Porto Alegre. Brasil., Miembro del Comité de Redacción de la Revista "Ecología
della mente". Director: Profesor Luiggi Cancrini, Centro Studi
di Terapia Familiare e Relacionale, Roma, Italia, Prof. Adjunto.
Dto. De Ciencias Sociales. Univ. Nac. De Luján, Profesor Titular en las Cátedras: "Gestión Institucional", "Tratamiento I y
Tratamiento II". Universidad del Salvador. Buenos Aires , Prof.
Titular Extraordinario – Universidad FASTA – Mar del Plata,
 •Prof. Invitado – Carrera de Especialización en Derecho en
Familia – Facultad de Derecho U.B.A.,
 • Director Académico: Curso de Prevención de las Adiccio-
nes. Universidad de Maimónides. Buenos Aires, Director Aca-
démico: Curso de Prevención de las Adicciones. Universidad de
Maimónides. Buenos Aires,• Director del Curso de Posgrado
de "Operador Familiar", Universidad Nacional de Luján, Univ.
Nacional de Mar del Plata, y Univ. Francisco de Asis, Punta del
Este, Uruguay,• Director Académico: Curso de Educador Familiar, Instituto de Drogadependencia. Universidad del Salvador
(Usal) Buenos Aires,•Asesor de la Subsecretaría de Asistencia
de las Adicciones. Pcia. de Buenos Aires, entre 1993-2013.
Miembro del Comité Científico Honorario. Secretaría de Prevención de la Drogadicción. Presidencia de la Nación. (1990-
1991) Es Master en Drogadependencia, Universidad del Salvador (Buenos Aires), y Universidad Deusto (España). En septiembre de 2012 fue designado Profesor Emérito en el Master
en Drogadependencia de la Facultad de Medicina de la Universidad del Salvador, conservando la titularidad de las cátedras.
Y en octubre de 2013 fue designado por Concurso de Oposición
y Antecedentes, Decano de la Facultad de Ciencias del Comportamiento y Ciencias Sociales de la Universidad Francisco de
Asis ,en Punta del Este , Uruguay

TERAPIA FAMILIAR

REFLEXIÓN

1- Metés 20 monos en una habitación cerrada.

2- Colgás una banana del techo y ponés una escalera para poder alcanzarla, asegurándote que no existe ningún otro modo de alcanzar la banana que no sea subiendo la escalera.

3- Instalás un sistema que haga caer una lluvia de agua helada en toda la habitación desde el techo cuando uno empiece a subir la escalera.

4- Los monos aprenden rápido que no es posible subir la escalera evitando el sistema de agua helada.

5- Luego, reemplazar uno de los 20 monos por uno nuevo. Inmediatamente va a intentar subir la escalera para alcanzar la banana, y sin entender por qué, será cagado a palos por los otros.

6- Reemplazar ahora uno de los viejos monos por otro nuevo. Entonces será cagado a palos también, y el mono introducido justo antes que este, será el que más fuerte le pegue.

7- Continuar el proceso hasta cambiar a los 20 monos originales y que queden únicamente monos nuevos.

8- Ahora ninguno intentará subir la escalera y, más aún, si por cualquier razón alguno se le ocurre pensarlo, este será masacrado por el resto de los monos.
Y lo peor es que ninguno de los monos tendrá la menor idea del por qué de la cosa.

Es así como nace el funcionamiento y la cultura de muchas familias.

Congreso Kreia:
Neurociencias, Salud y Educación

Conferencia del 7 de Septiembre de 2013
Hotel 13 de Julio, Mar del Plata

Prof. Dr. Marcos Berstein

Este encuentro tiene dos aspectos diferentes. Uno tiene que ver con cumplir una promesa que les hice a las organizadoras de este congreso cuando me pidieron que participara en este panel. Nos habiamos reunido en una confitería, y me propusieron tratar de hacer un puente entre neurociencias y familia y yo les dije:"¿Tomaron vino muy temprano?" Porque uds. saben que neurociencias es un capítulo apasionante pero que se refiere más al estudio del individuo a través de todo tipo de estudios complicadísimos tomografías, resonanancias y un montón de otras cosas, entonces cómo relacionar temas de neurociencias con familia, era un desafio, y entonces decidí aceptar el desafio y tratar de encontrar esos puentes.

Bien por eso el título que le puse a esta primera parte de esta disertación es "Neurociencias y Familia: Dos epistemologías diferentes, un recorrido convergente " ... Por lo general se tiende a disociar y lo que tenemos que tratar de hacer siempre es integrar. Pero antes de entrar al puente que les digo querría hacer dos acotaciones, dado el título que las autoridades del Congreso le pusieron a este panel. Después de haberme pedido a mi que hablara de neurociencias y familia, le pusieron el título "Las familias de hoy", esto es lo que

figura en el programa ... Doble mensaje esquizofrenizante.
Es para dar un ejemplo práctico... y entonces pensé en dos
comentarios risueños. Quienes son y han sido mis alumnos,
algún alumno tengo de vez en cuando, saben que yo me manejo mucho, dentro de la seriedad con que hay que manejar
la ciencia, con el sentido del humor, entonces el primer aporte es el siguiente: en 1982, esto viene bien para mostrar una
parte de la trayectoria a la cual se referían antes, hay elecciones en la Sociedad Argentina de Terapia Familiar que habiamos fundado en 1978, yo fui de los miembros fundadores en
1978. En el '82 vienen las elecciones y nos presentamos con
una lista donde yo era candidato a vicepresidente y quien
era candidato a presidente era rosarino y era muy amigo de
Fontanarrosa.. conocen a Fontanarrosa? Inodoro Pereyra?
Bien, entonces le pedimos que hiciera un dibujo alusivo a
flia para poner como logo en nuestra lista...que fue la lista
que por su puesto ganó las elecciones ... y Fontanarrosa hizo
algo genial. Aparece Inodoro Pereyra en la cocina sentado en
una cabeza de vaca y al lado está la china ...se acuerdan de
la Eulogia? está barriendo la cocina y ella le dice:"sabe don
Inodoro , anoche soñé con mi familia." E Inodoro, cabizbajo
, le dice "caramba, yo también dormí mal..." Los que trabajamos con familia pretendemos que algún día el dibujo de
Fontanarrosa lo podamos hacer todo igual menos lo ultimo,
y que no sea una pesadilla soñar con la familia....en pos de
eso es que trabajamos con la familia.

El segundo aporte es el siguiente. Siguiendo el tema
de las familias de hoy.... Se me ocurrió hacer un juego de
palabras,porque una característica muy común en las flias
de hoy son los mecanismos de negación de la realidad. Uds.
conocen aquel dicho que dice:"no hay peor ciego que el que
no quiere ver"...muchas flias entran en lo que yo llamo ba-
rrer bajo la alfombra, pero la basura se va acumulando y
en algun momento eso explota y por eso yo decidi llamar a
las familias de hoy con un apellido que es un comun deno-
minador, es un apellido que esta en la guia de telefonos y es

Casimiro. O sea son familias que no quieren ver lo que esta pasando y aquello de "no hay peor ciego que el que no quiere ver" se relaciona con otro dicho que es "ojos que no ven corazón que no siente" o sea que en realidad es un mecanismo de defensa. Es para no sufrir que no se quiere ver. Ver o fui agregando algunas cosas. La familia Casimiro vive en el barrio Bella Vista, en la calle Juan B Justo y en el depto 9* B (noveno B : No ve no ve)son dos metáforas que elegí para tomar algunas cosas de la familia de hoy.

La tercera cosa de las familias de hoy que quisiera agregar es la siguiente. Vivimos en una época donde las estructuras familiares son muy cambiantes y cada vez es mayor el índice de separaciones matrimoniales, divorcios, rematrimonios, fimilias ensambladas, monoparentales, constituídas por matrimonios homosexuales, o sea las estructuras fliares estan cambiando. Dentro de esto se ha estudiado, y estadisticamente es verdad que lo más común es que cuando hay separaciones y rematrimonios es que se haga el rematrionio con un nuevo conyuge, pero sin embargo hay matrimonios, estadísticamente es, menor que se realizan con el mismo conyuge anterior. O sea que hay una reelección y ojo que lo digo si connotaciones políticas de ningún tipo... me refiero a reelección, conyugal nada más.

En estos casos ya se habían elegido antes y ahora se vuelven a elegir. Por que? Por qué pueden rescatar los aspectos que los unen por sobre los negativos y en estos casos sería un magnífico ejemplo de lo que yo llamo: "El triunfo de la esperanza por sobre la experiencia".

Si vamos al tema neurociencias y familia en particular y los puentes que me habían pedido, establecí algunos puentes. En primer lugar con lo que hoy se conoce esta parte va a ser un poquito aburrida. Porque neurociencias no es demasiado divertida. Pero bueno, existen desde el '90, en que se han descubierto, las denominadas neuronas espejo, seguramente muchos de uds. están al tanto de esto, que están ubicadas en la corteza frontal inferior del cerebro y cercanas a las zonas del lenguaje y que se activan en 2 situaciones: al ejecutar una acción y 2 al observar ejecutan una acción y se relacionan con la empatía con la capacidad de imitación y con el aprendizaje y también que al ver al otro también se evoca la intencion con ella asociada. En funcion de esto un investigador Giacobini hizo la hipótesis del espejo roto. O sea que el mal funcionamiento de las neuronas espejo desarrolla las condiciones para el autismo. Es un aporte muy significativo pero a su vez ya nos permite ir haciendo el primer puente porque donde se dan la capacidad de aprendizaje, donde se da ese mecanismo de observación de las acciones de otro y de imitación de las acciones de otro, cual es el primer lugar donde se da esto? En la familia. Entonces tendriamos acá una pregunta que tal tez todavía no tenga respuesta que es: quien nacio primero, el huevo o la gallina? O sea que cuando las neuronas espejo se alteran llevan a una problematica de autismo. Será que en cierto tipo de flias donde se ve dificultado este sistema de aprendizaje por imitacion influye para que se desarrolle esta enfermedad.

En realidad desde un punto de vista sistémico nunca contestamos quien nació primero. Sabemos que hay gallinas que nacen del huevo y hay huevos que nacen de la gallina.

Bien. el otro punto que quiero mencionarles es el de la epigenética que es una ciencia relativamente nueva dentro de las neurociencias y como siempre a mi me gusta buscar la etimología de las palabras. Epi viene del griego… como andamos en griego? Y en latin? … bien epi viene del griego que quiere decir: "Por fuera", entonces epigenética significa por fuera de la genética y entonces si hablamos de epigenética nos referimos a fenómenos que no afectan la secuencia del adn de los genes pero si varian la expresión de los genes y estaria definida por cambios reversibles del ADN que hacen que se expresen o no dependiendo de condiciones exteriores. Así la epigenética es el interlocutor del ambiente con la genética es lo que explica la acción del ambiente sobre los genes y de nuevo viene la pregunta cuál es el primer ambiente en el que nos desarrollamos: la familia.

Se refiere entonces a genes que no han sufrido alteraciones en su interior pero que han sufrido cambios exteriores por fuera, pero yo refiero no sólo a los cambios por fuera del cromosoma, yo quiero hacer más amplio el concepto de epigenética, que no se refiera sólo a cambios exteriores del cromosomosa sino a como lo exterior influye en el cromosoma o sea cuales son las causas y esto nos lleva aún concepto. Ya Pichón Riviére alla en la decada del '50 habia desarrollado, cuando habló de la teoría de la enfermedad única, cuando el hablaba del factor constitucional con el que todos venimos al mundo y este factor constituyente el lo definia como lo genotípico que seria lo transmisible a traves de los genes hereditariamente, y lo fenotípico sería aquello con lo cual venimos al mundo pero no por causalidad genética sino porque durante el embarazo el embrión va sufriendo determinadas presiones determinados cambios en funcion de lo que va pasando en el vientre de la madre, y lo que va pasando en el vientre de la madre tiene que ver con lo que pasa afuera del vientre de la madre. entonces todo lo que rodea a esta mamá influye directamente sobre este futuro ser y en el desarrollo fenotípico.

Una revista inglesa New England Medical Journal sacó el año pasado un artículo sobre la epigenética en cáncer y donde investiga cómo la celula cancerosa se transforma como tal porque se inhiben ciertos genes por fuera de la secuencia del ADN. Han descubierto que hay cambios en el gene pero por fuera o sea que se está investigando muchísimo, es una ciencia nueva que va a hacer grandes aportes a la medicina y a las enfermedades.

Otro puente que pensé fue entre neurociencias y antropología y ahí aparecen las diferencias de género y Uds. habrán leído alguna vez ese libro maravilloso que es Los hombres son de Marte y las mujeres de Venus. Y ahí describe maravillosamente esas diferencias que hay entre hombres y mujeres y resulta que esas diferencias tienen un costado neurobiológico sobre el cual asientan. Les voy a dar un ejemplo, no es un ejemplo machista. Las mujeres hablan más que los hombres, esto no es ni un defecto ni una virtud, es una realidad. Ahora por qué y por qué tienen más desarrollado el centro del lenguaje. Esto es antropología y neurociencias. En la epoca prehistorica los hombres vivian en las cavernas y tenian que salir a cazar salir a luchar contra enemigos cualquiera de otras tribus así que los hombres tenian que estar en silencio, o sea si hablaban mucho espantaban a la presa o daban lugar a que el enemigo los ubique, por consiguiente eran silenciosos. Las mujeres estaban encerradas en la cueva preparando la comida, cuidando los chicos, la cuestión es que hablaban, por consiguiente desarrollaron mucho más que el hombre el centro del lenguaje. Bien y el ultimo puente tal vez sea el más interesante. Es el puente entre enfermedades mentales neurociencias y familia. Para esto elegí, porque para esto se podian elegir múltiples enfermedades mentales, elegí esquizofrenia y epilepsia. Vamos a empezar por esquizofrenia. En la decada del '50 un investigador inglés llamado James Brown trabajó en el Instituto de Psiquiatria de Londres junto a un colaborador que se llamaba Lef. Y juntos estudiaron algo muy interesante que ellos denominaron el síndrome de la puerta giratoria. Es decir ellos recibían a un paciente esquizofrénico lo trataban con medicación y con terapias de distinto tipo. Luego el paciente salía, volvia a la casa se encontraba con el medio ambiente en el que se habia enfermado y pegaba la vuelta y esto era la puerta giratoria. Volvía otra vez al hospital. Entonces ellos ahí ya empezaron a vislumbrar la importancia de trabajar con una medicación adecuada para la parte psiconeurobiológica, neuroquimica, porque veian también que los pacientes que eran dados de alta que interrumpían la medicación hacían recaídas y también a darle un lugar muy importante a trabajar con las familia del paciente entonces empezaron a trabajar con la familia y a romper el circuito de la puerta giratoria.

Al mismo tiempo para esa misma época, en EEUU en Palo Alto un señor llamado Gregory Bateson, que todos lo conocen por el desarrollo de todas sus teorías sobre esquizofrenia a partir de la teoría del doble vínculo, del doble mensaje, como van quedando atrapados en el doble vínculo y el doble mensaje quienes luego tienen un camino probable de ser esquizofrénicos. Para esa misma época Frida From Reichman, From porque era la esposa de Eric From que lo conocen por El arte de amar. ...Miedo a la libertad, Frida desarrolla-tambien el término madre esquizofrenogénica o sea como la madre generaba que en el hijo se produjera esta esquizofrenia. Después se vio que para que la madre pudiera ser así hacia falta al lado un padre que permitiera que la madre fuera de esta manera y que era entonces un padre ausente y que participaba tanto como la madre de la génesis de la esquizofrenia.

Pero algo interesante es lo siguiente, en una conferencia internacional ante 5000 psicoanalistas y psiquiatras que venían de todas partes del mundo en New York Frida From Reicham dijo lo siguiente: "al escuchar a mis paciente esquizofrenicos hablar acerca de sus madres me di cuenta de que mi mama no era tan mala como yo creía." Esto resume un poco la problemática que enfrentaban y Jay Haley que trabajo con Gegory Bateson escribio un libro maravilloso que se llama Tecnicas de poder de Jesucristo y hay un capitulo que se llama El arte de ser esquizofrénico. Y ahí dice textualmente: "no cualquiera puede llegar a ser esquizofrénico. Después de todo para ser esquizofrenico resulta imprescindible haber nacido en la familia adecuada. Logrado esto todo, lo demas puede ocurrir. Las personas que intentaron sufrir de esquizofrenia sin poseer los antecedentes familiares adecuados fracasaron estrepitosamente" con ese sentido del humor tan caracteristico de Haley.

Describe entonces la importancia del factor familiar en una enfermedad que tiene fuertes componentes neurobiológicos, hereditarios genéticos, lo ven? Los puentes... cómo podemos ir construyendo.

Y por último la epilepsia. En 1964 yo me recibí de médico, y me casé tambien. Las dos cosas: o sea que en el 2014 cumplo 50 años de ejercicio de la profesion y las bodas de oro, y lo más importante, con la misma mujer... porque podria cumplir 50 años de casado y ya van cinco.. Reelección... triunfo de la esperanza por sobre la experiencia... entonces apenas me recibí enseguida empece a trabajar con quien fue mi maestro Pichón Riviére y me deriva un paciente que había sido diagnosticado como epilepsia y estaba siendo tratado como epilepsia y era un paciente que tenia antecedentes familiares de epilepsia incluso el papá era epiléptico y otros miembros de la familia, y este chico tenía unos ataques que eran muy raros que no era una epilepsia común. El se mordía la lengua hasta sangrar. Uds saben que cuando hay un ataque epileptico lo primero que tienen que hacer es ponerle algo en la boca para que no se muerda la lengua, pero este chico tenia sorpresivamente estos ataques y se mordía y se mordía hasta sangrar, entonces yo llevo a supervisión el caso y Pichón sin conocer el caso me dice: "mirá vos tenes que tratar a la familia, al paciente y a la familia. Y yo le digo:" pero Pichón si yo recién empiezo, apenas si me la banco con uno que me voy a bancar a toda la familia". Además en aquella epoca era pecado mortal en psicoanálisis que el que atendía al paciente atendiera a toda la familia, pero Pichón que era un transgresor nato, un revolucionario un pionero en todo me dice no, vos tenes que atender al paciente y a la familia porque como ya estas atendiendo al paciente, sos el que está en mejores condiciones de entender lo que pasa en la familia, y me largó a todos, y fue muy interesante porque empecé a trabajar con la familia y a poco de estar trabajando apareció aquello que Pichón tanto insistía, tan importante en la familia que es el secreto grupal familiar.Toda familia tiene " un muerto en el ropero" y ese secreto familiar es: De eso no se habla, y como decóa Pichón el secreto familiar es aquello que todos saben pero nadie dice y entonces trabajando con la familia saltó que la madre del chico tenía un amante y el chico lo sabia pero no lo podia decir. Por consiguiente se mordía la lengua para no decirlo. Una vez que trabajamos todo esto y salió a luz el chico dejo de morderse la lengua. Entonces vemos acá como el tema de la epilepsia podía tener que ver con aspectos neurobiológicos pero estaba directamente relacionado con la problemática familiar. Y por que dejó de morderse la lengua? porque el síntoma una vez explicitado su significado, ya no tiene sentido. Y fue un caso que el chico se curó del problema, los padres se separaron, que fue lo que mejor les podia pasar dado lo que ya venía pasando previamente, y de esos casos algunos terminan bien.

Estos eran los aportes que quería hacer como puentes. Tengo algunas cosas más pero las dejó para el final porque sé que ahora las chicas tienen la palabra.

Gracias por escucharme

"Reconocimiento a la Trayectoria del Prof. Dr. Marcos Berstein",

Discurso Pronunciado el 7/9/13 durante la Ceremonia: en el Congreso: Neurociencias, Salud y Educación. Mar del Plata. 6 y 7 de septiembre de 2013

Para mí es un inmenso honor recibir este reconocimiento a la trayectoria que me hace la gente de Kreia, los organizadores de este Congreso. Muchas gracias a Ana Acosta, Miriam Kaufman, Roxana Bandiera, bueno todos, toda la gente de Kreia que ha organizado todo esto...Un agradecimiento a mis alumnos y ex alumnos muchos aquí presentes. Bueno, de alguna manera Viviana y Roxana como representantes. A todo el publico en general mi agradecimiento. Mi agradecimiento también a mi esposa Silvia, que no pudo estar hoy aca por un problema familiar que tuvimos justo anoche, sin cuyo apoyo, sostén y colaboración esta trayectoria mía no hubiera sido posible. Quisiera dejarles algunas reflexiones que considero valiosas y que quiero compartir con ustedes: la primera: en el Talmud que es una parte del Antiguo Testamento, hay una parte que se llama Pirkei Avot, que es el Tratado de los Principios, y ahí se le hacen preguntas a los sabios y los sabios responden, y aparecen tres preguntas: quién es rico? La respuesta del sabio es: El que se conforma con lo que tiene. Esto no quiere decir que no quiera tener más, pero es rico en la medida en que se conforma con lo que tiene. 2) Quién es fuerte? El que controla sus impulsos. Y 3), la última, y esta es la más importante para mi, y a esto me quiero referir: Quién es sabio? Y la respuesta es : El que aprende de todos los demás. Ese es sabio. Y yo hice a su vez un juego de palabras que tiene que ver con esto que acabo de decir, y digo: " Los hombres mediocres buscan culpables para sus problemas. En lugar de mirar para adentro y ver el problema que tienen miran para afuera buscando un culpable. Los hombres inteligentes buscan soluciones para sus problemas, en vez de culpables. Y los hombres sabios... no se meten en problemas.

La otra cita del Antiguo Testamento es una antigua leyenda bíblica, que dice que Dios creó el mundo tres veces. La primera lo creó en base a la ley y al orden, y no funcionó. La segunda vez lo creó en base al amor, y no funcionó. Y la tercera vez lo creo en base a la ley, al orden, y al amor. Y ahí si funcionó. Son tan importantes una cosa como la otra.

La otra observación es con respecto al pasado. Muchos tenemos la tendencia a quedarnos enganchados en el pasado. En teoría sistémica se trata siempre de trabajar sin dejar de lado el pasado, dirigirse más hacia el aquí y ahora, lo que está pasando ahora en la familia y cómo podemos modificar esto para el futuro. Y el ejemplo bíblico es el de la mujer de Lot. Lot vivía en Sodoma y Gomorra, esas cuidades que Dios destruyó, ciudades que estaban habitadas por asesinos, criminales, ladrones, violadores, que no respetaban ni la ley ni el orden. Y Dios decidió destruir estas ciudades como castigo. Pero Lot era un hombre justo y viva ahí, y Dios le dijo: tienes que salir antes que yo destruya todo a sangre y fuego, y le dijo, toma a tu esposa y a tus hijas y retirate, lo único que no tiene que hacer ninguno es mirar para atrás, no tienen que ver lo que esta pasando. Cuando salían, la mujer de Lot miro para atrás y quedo convertida en estatua de sal. Esto tiene dos interpretaciones, una es el castigo por no cumplir con lo que habia ordenado Dios, pero la segunda interpretación se refiere a una interpretación psicológica, y es que no tenemos que mirar para atrás y quedarnos enganchados en el pasado, sino mirar siempre para adelante.

El quinto comentario tiene que ver con unas palabras que voy a tomar de Steve Jobs. Muchos de ustedes saben quien fue Steve Jobs. Fue el creador de Apple y de las primeras computadoras que hubo, o sea un genio. Y el dio un discurso famoso, que tal vez algunos han leido, el discurso de Stanford, una de las universidades más importantes de EEUU. A este discurso Jobs lo dividió en tres relatos, uno era: Unir los puntos, otro era: Amor y Perdida y el tercero era A cerca de la Muerte. En los dos primeros no me interesa entrar, voy directamente a pasar al último y que es A cerca de la muerte. Y Jobs hace alli una cita y dice: "si vives cada dia como si fuera el ultimo, algun dia tendras razon". Y ahí relata que le habian diagnosticado cancer y le daban 6 meses de vida, y le dijeron: "Preparate para morir, y esto significa decirles a tu esposa y a tus hijos en 6 meses lo que pensabas decires en 10 años, y asegurarte que todo quede bien atado para que sea lo más fácil posible todo esto para tu familia. Significa decir adiós. Sin embargo, la muerte es el destino que todos compartimos, nadie ha escapado de ella y así es como tiene que ser, porque la muerte es el mejor invento de la vida, es el agente de cambio, retira lo viejo para dar lugar a lo nuevo. Y por qué tomé esta cita de Jobs? Porque me identifico mucho con lo que dice Jobs. Muchos de ustedes saben que hace 7 años estoy luchando contra un cáncer, y le vengo ganando. Por eso hoy todavía estamos acá. Me identifico mucho con todo esto que dijo Jobs y trato de vivir cada dia como si fuera el ultimo, y me ha dado resultado. A su vez esto me llevó a recordar una película que muchos de Uds. han visto, "La sociedad de los Poetas Muertos", hermosa película con Robin Williams. El hace de profesor en un viejo colegio inglés, muy rígido, y él a los alumnos les propone cambios, y hay una escena de la película que quiero rescatar,que es la escena en donde R Williams o sea el profesor, se coloca detrás del grupo de alumnos que están mirando las fotos de los que pasaron por ese antiguo colegio, es un colegio del año 1500 y pico, por lo cual las fotos de los que estan son fotos de los que ya están muertos, y el les dice murmurando, y les repite a los alumnos mientras les muestra las fotos, esa frase en latin: Carpe Diem, y la repite una y otra y otra vez. Carpe Diem en Latin significa: Aprovecha el dia, que tiene que ver con lo que decia Steve Jobs. y esto a su vez me llevó a pensar en una frase que lei de autor anónimo del siglo XVI que se llama: La despedida, y que dice así: *"Dicen que no duelen las despedidas, diles a los que así dicen que si duelen, hasta se llora."* Y yo, que no puedo evitar el sentido del humor, modifique un poquito la ultima parte y quedo asi: *"Dicen que no duelen las despedidas, diles a los que así dicen que se despidan... y después me cuentan"*

Por último como hay aquí presentes muchos de mi ex alumnos, y acá me voy a corregir, uno por costumbre dice alumnos, ex alumnos, pero me voy a tratar de corregir a mi mismo, autocrítica.

No quiero decir alumnos, yo trato ahora de decir discípulos porque la palabra alumno proviene del latin. El prefijo "a" significa "sin", y "lumni" es "luz". Entonces la palabra alumno para mi, equivocadamente, remite a los que no tienen luz, y necesitan entonces pedirla prestada y yo creo que los alumnos tienen luz propia, por eso prefiero hablar de mis discípulos. Por último, este mensaje está tomado de un libro maravilloso que se llama *"El zen en el arte del tiro con arco"* y el autor es Eugen Herrigel, y hay una parte que dice: "Hasta donde llegara el discípulo? Esto se sustrae a la influencia del maestro, apenas le ha enseñado el camino, ya tiene que despenderse de el y dejarlo solo. Una sola cosa le queda por hacer al maestro para que el discípulo soporte la soledad. Lo desprende de si mismo exhortándolo encarecidamente a ir más lejos que el en el camino, exortándolo a subirse sobre sus hombros para poder ver más lejos que el en el camino. Donde quiera que lo lleve el camino, el discípulo podrá perder de vista a su maestro, pero nunca podrá olvidarlo... Muchas gracias...

Prof. Dr. Marcos Berstein.

El suicidio del Dr. René Favaloro[1]

Ariela Kliger
Prof. Dr. Marcos Berstein

*"Dejaría de existir si no tuviera por delante desafíos que
involucren por sobre todas las cosas contribuir dentro y
fuera de mi profesión al desarrollo ético del hombre"
(René Favaloro, Conferencia "Ciencia Eduación y
Desarrollo", Universidad de Tel Avivi, mayo de 1995*

Introducción

El 29 de julio del 2001 el médico cardiocirujano Dr. René
Gerónimo Favaloro se quita la vida de un disparo al corazón. Escribe una carta antes de suicidarse que fue de conocimiento público.

En el presente trabajo, me propongo utilizar dicha carta
y algunos datos obtenidos de su biografía[2], a fin de analizar
y visualizar algunos de los conceptos presentados en el texto
"La fascinación de la muerte" de M. Abadi y otros (Ed. Paidós, Buenos Aires, 1973), y conceptos desarrollados por el
Dr. Marcos Berstein en el seminario: "Familias con duelos
no elaborados", del curso "Operador Familiar", 2012.

---

[1] Curso de Posgrado y Capacitación de Operador Familiar. Universidad Nacional de
Lujan. Departamento de Ciencias Sociales. Modulo 3- Año 2012.

[2] Biografía investigada en las páginas web: http://www.fundacionfavaloro.org/museo_
biografia.html y http://www.portalplanetasedna.com.ar/favaloro.htm

La fascinacion de la muerte": presentacion teorica

El suicidio es un fenómeno psicológico provocado por una serie de factores, entre los que se destacan los del ambiente.

Es frecuente la descripción de casos de suicidio motivados por un grave quebranto económico o la muerte de una persona querida, el individuo los siente como pérdidas irreparables, pérdidas del objeto libidinal. Existe una identificación con el objeto perdido y también con la suerte acaecida a este objeto.

El texto plantea el suicidio como una agresión al exterior que, secundariamente y por motivos diversos, se ha vuelto en contra del yo, y se vale de datos estadísticos para sostener esta tesis.

Presentan también estadísticas para exponer los factores que influyen sobre la disminución de los suicidios, por ejemplo: cuando hay afecto que ligan a los individuos a una obra social o familiar el suicidio disminuye; en los hombres casados se dan menos suicidios que en los solteros; tener hijos también protege del suicidio. Al inverso, los suicidios aumentan en época de derrota de un país, o de un conglomerado político o social.

En la gran mayoría de los casos la muerte no significa solamente refugiarse en la nada sino que, por el contrario, ocurre que la muerte también proporciona al suicida posibilidades de vida, de las que anteriormente carecía. La muerte como negación de la existencia no es la única finalidad del suicida. El suicida con su muerte pretende influir en el ambiente que lo rodea. Se da cuenta que su suicidio ocasionará una serie de reacciones afectivas entre las personas que convivían con él y el pensar en la índole e intensidad de dichas reacciones es uno de los motivos que lo impulsan a suicidarse. El suicida sabe que con su muerte paraliza la agresión del ambiente hacia él y que su muerte es un continuo reproche al exterior.

Por último, queremos extraer del texto citado, la idea de que el conflicto actual por sí solo no explica la tentativa de suicidio. Únicamente conociendo además las vivencias infantiles del individuo, se comprende la psicología de su suicidio

Carta del Dr. René Favaloro

Presentaré en este apartado, algunos fragmentos de la carta que escribió el Dr. René Favaloro, donde expone las razones que impulsan la decisión de suicidarse. Expondré una selección de aquellas partes que me permitirán analizar los motivos con la utilización del texto bibliográfico citado. Al final del trabajo de podrá encontrar la carta completa en la sección Anexo.

> *"Si se lee mi carta de renuncia a la Cleveland Clinic, está claro que mi regreso a la Argentina (después de haber alcanzado un lugar destacado en la cirugía cardiovascular) se debió a mi eterno compromiso con mi patria. Nunca perdí mis raíces. Volví para trabajar en docencia, investigación y asistencia médica. (…) cientos de pacientes fueron operados sin cargo alguno…*
>
> *Nunca permití que se tocara un solo peso de los que no nos correspondía. (…)*
>
> *A mediados de la década del '70, comenzamos a organizar la Fundación…*
>
> *Cuando entró en funciones, redacté los 10 mandamientos que debían sostenerse a rajatabla, basados en el lineamiento ético que siempre me ha acompañado. La calidad de nuestro trabajo, basado en la tecnología incorporada más la tarea de los profesionales seleccionados hizo que no nos faltara trabajo, pero debimos luchar continuamente con la corrupción imperante en la medicina (parte de la tremenda corrupción que ha contaminado a nuestro país en todos los niveles sin límites de ninguna naturaleza). Nos hemos negado sistemáticamente a quebrar los linea-*

mientos éticos, como consecuencia, jamás dimos un solo peso de retorno.

¡Lo que tendría que narrar de las innumerables entrevistas con los sindicalistas de turno! Manga de corruptos que viven a costa de los obreros y coimean fundamentalmente con el dinero de las obras sociales que corresponde a la atención médica. (...)

Hace muchísimos años debo escuchar aquello de que Favaloro no opera más! ¿De dónde proviene este infundio?. Muy simple: el paciente es estudiado. Conclusión, su cardiólogo le dice que debe ser operado. El paciente acepta y expresa sus deseos de que yo lo opere. "Pero cómo, usted no sabe que Favaloro no opera hace tiempo?". "Yo le voy a recomendar un cirujano de real valor, no se preocupe".

El cirujano "de real valor" además de su capacidad profesional retornará al cardiólogo mandante un 50% de los honorarios!

... "¿Doctor, usted sigue operando?" y una vez más debo explicar que sí, que lo sigo haciendo con el mismo entusiasmo y responsabilidad de siempre.

(...) Pero aquí, vuelven a insertarse en el "sistema" y el dinero es lo que más les interesa. La corrupción ha alcanzado niveles que nunca pensé presenciar. (...)

La situación actual de la Fundación es desesperante, millones de pesos a cobrar de tarea realizada...

(...) Maneja miles de millones de dólares, pero para una institución que ha entrenado centenares de médicos desparramados por nuestro país y toda Latinoamérica, no hay respuesta.

¿Cómo se mide el valor social de nuestra tarea docente?

Es indudable que ser honesto, en esta sociedad corrupta tiene su precio. A la corta o a la larga te lo hacen pagar.

La mayoría del tiempo me siento solo...

Sin duda la lucha ha sido muy desigual.

El proyecto de la Fundación tambalea y empieza a resquebrajarse.

En este momento y a esta edad terminar con los principios éticos que recibí de mis padres, mis maestros y profesores me resulta extremadamente difícil. No puedo cambiar, prefiero desaparecer.

Joaquín V. González, escribió la lección de optimismo que se nos entregaba al recibirnos: "a mí no me ha derrotado nadie".

Yo no puedo decir lo mismo. A mí me ha derrotado esta sociedad corrupta que todo lo controla. (...)

Quizá el pecado capital que he cometido, aquí en mi país, fue expresar siempre en voz alta mis sentimientos, mis críticas, insisto, en esta sociedad del privilegio, donde unos pocos gozan hasta el hartazgo, mientras la mayoría vive en la miseria y la desesperación. Todo esto no se perdona, por el contrario se castiga.

Me consuela el haber atendido a mis pacientes sin distinción de ninguna naturaleza. Mis colaboradores saben de mi inclinación por los pobres...

Estoy cansado de luchar y luchar, galopando contra el viento... No puedo cambiar... No ha sido una decisión fácil pero sí meditada.

No se hable de debilidad o valentía.

El cirujano vive con la muerte, es su compañera inseparable, con ella me voy de la mano (...)

Estoy tranquilo. Alguna vez en un acto académico en USA se me presentó como a un hombre bueno que sigue siendo un médico rural. Perdónenme, pero creo, es cierto. Espero que me recuerden así.

En estos días he mandado cartas desesperadas a entidades nacionales, provinciales, empresarios, sin recibir respuesta. (...)

A mi familia en particular a mis queridos sobrinos,

a mis colaboradores, a mis amigos, recuerden que llegué a los 77 años. No aflojen, tienen la obligación de seguir luchando por lo menos hasta alcanzar la misma edad, que no es poco."

Análisis de la carta

Como mencioné en los apartados anteriores, el suicidio es un fenómeno psicológico provocado por una serie de factores, entre los que se destacan los del ambiente. Por ello a continuación pretendo dar cuenta de los que pude identificar en la carta y en la historia de vida de Favaloro.

En primer lugar me parece importante contextualizar el episodio, ya que a partir del 2001 Argentina vivió una crisis económica, política y social de enorme envergadura. Fue una de las peores crisis financieras que vivió nuestro país. Y como expusimos más arriba, en el texto los autores plantean en base a datos estadísticos, que los suicidios aumentan en época de derrota de un país, o de un conglomerado político o social. Detectamos entonces un primer factor que pudo haber influenciado en la decisión del Dr., ya que como plantea en la carta final, la fundación poseía deudas millonarias y tenía por cobrar una enorme cifra que no podía recuperar. Esto lo podemos pensar en relación al contexto de profunda crisis vivida en esos años.

Como factores que influyen en la disminución del suicidio, se menciona el tener hijos. En el caso que estamos analizando, no poseía hijos, si bien crió a sus sobrinos tras fallecer su hermano, no tenía hijos propios. Podemos ubicar esto como otra influencia que hizo que nada lo detenga en su decisión.

Otro punto, consiste en que se registran menos suicidios en hombres casados que solteros. El Dr. Favaloro había enviudado hacía varios años. Si bien tenía una relación amorosa cuando decide quitarse la vida, me pregunto si el hecho de haber fallecido su compañera de tantos años, no pudo afectar también. Sería interesante ver cómo fue dicho duelo, pero no contamos con material suficiente ni confiable al respecto.

En la carta se visualiza la pérdida del objeto libidinal. El Dr. Dedicó toda su vida a su profesión y al desarrollo de ella. Hace hincapié en que decidió volver al país a pesar de tener muchas oportunidades afuera, por el amor por su patria. Varias veces también aclara que tiene una formación de médico rural y se puede ver su sensibilidad frente a temas como pobreza, corrupción, marginalidad y miserias. Aquí ubicamos su objeto libidinal, en su profesión, en los avances que ha desarrollado y en la fundación. Cuando siente que la fundación no puede sostenerse más, cuando se siente presionado por compañeros médicos que lo acompañaron en su carrera, y le plantean que debe dar un paso al costado y dejar que especialistas resuelvan el problema financiero, ahí pienso que él perdió su objeto libidinal, se aprecia que siente que la vida carece de sentido. Citando el texto aquí, vemos que el suicida desea desaparecer de la vida, del mismo modo que para él ha desaparecido su objeto libidinal. Existe una identificación con el objeto perdido y también con la suerte acaecida a este objeto.

Cuando hay afecto que liga a los individuos a una obra social o familiar el suicidio disminuye, en este caso, cuando se pierde el objeto libidinal, cuando se pierde el afecto, o más bien las fuerzas para seguir luchando por aquella obra social que inició, aparece el suicidio como salida.

Retomemos la cita que figura en la carátula del presente trabajo: "Dejaría de existir si no tuviera por delante desafíos que involucren por sobre todas las cosas contribuir dentro y fuera de mi profesión al desarrollo ético del hombre". Aquí vemos claramente, el peso que la profesión tenía en su vida, y el importante compromiso social que lo caracterizaba.

En la carta hace mención a la corrupción, al gobierno y al presidente, a las obras sociales y sus negociados, las medicinas privadas y la complicidad de muchos profesionales. Todo esto podríamos situarlo dentro del exterior, y en palabras del texto pensarlo como la agresión del exterior, que por motivos diversos, se ha vuelto en contra del yo, como sucedió con Favaloro. Pero como bien está planteado en la bibliografía, el conflicto actual por sí solo no explica la tentativa de suicidio. Únicamente conociendo además las vivencias infantiles del individuo, se comprende la psicología de su suicidio. Sería interesante para ello, conocer más de la historia familiar y de la niñez de René, ello nos permitiría un análisis más completo.

Por último, quiero retomar la idea de que la muerte como negación de la existencia no es la única finalidad del suicida. Vemos como Favaloro con su muerte pretende influir en el ambiente que lo rodea, por ello deja una carta tan larga y con la idea de que se vuelva pública y llegue a todos los ciudadanos. Aquí visualizamos lo descripto en la "fascinación por la muerte", con su suicidio busca ocasionar reacciones afectivas en la sociedad en general y en todos los sectores y actores que menciona en la carta. El suicida sabe que con su muerte paraliza la agresión del ambiente hacia él y que su muerte es un continuo reproche al exterior. El suicidio del Dr. Favaloro fue un acontecimiento que movilizó e impactó a la sociedad, se trataba de un médico muy conocido y reconocido, y las palabras finales que comparte, donde deja plasmada su desesperación previa, la sensación de impotencia y de desilusión, tuvieron un gran alcance y produjeron una gran consternación popular.

Para cerrar el presente trabajo, quiero compartir una última cita del Dr. Favaloro. Leyendo algunas de sus palabras en congresos o escritos, parecería que hubiera anticipado lo que en un futuro iba a decidir hacer...o me pregunto si en realidad, el suicidio no es una decisión que se va formando (inconscientemente quizás) a lo largo de muchos años.

"Todos nos vamos a morir. No tengo miedo: me codeo con la muerte todos los días. Mi madre murió a los 91 años, mi padre a los 86; pero eso no quiere decir nada. A pesar de venir de una familia profundamente católica, creo que "Chau, bueno, se terminó para siempre". Por eso cada día hay que tratar de hacer lo mejor para uno, la familia y la sociedad. Lo que va a quedar es el recuerdo"

Bibliografía

Bernstein, Marcos. "Psicología de la vida cotidiana en el grupo familiar"- Rev. Terapia Familiar N° 9. 2° Congreso Argentino de Terapia Familiar. 1982

Bernstein, Marcos. Seminario: "Familias con duelos no elaborados". Curso de Posgrado Operador Familiar. Univ. Nacional de Luján. 2012.

Abadi, Mauricio. "La fascinación de la muerte". Ed. Paidós. Bs. As. 1973

Andrés, Haydee. "Pérdidas y duelos". Ficha.

ANEXO

Si se lee mi carta de renuncia a la Cleveland Clinic, está claro que mi regreso a la Argentina (después de haber alcanzado un lugar destacado en la cirugía cardiovascular) se debió a mi eterno compromiso con mi patria. Nunca perdí mis raíces. Volví para trabajar en docencia, investigación y asistencia médica. La primera etapa en el Sanatorio Guemes, demostró que inmediatamente organizamos la residencia en cardiología y cirugía cardiovascular, además de cursos de post grado a todos los niveles. Le dimos importancia también a la investigación clínica en donde participaron la mayoría de los miembros de nuestro grupo. En lo asistencial exigimos de entrada un número de camas para los indigentes. Así, cientos de pacientes fueron operados sin cargo alguno. La mayoría de nuestros pacientes provenían de las obras sociales. El sanatorio tenía contrato con las más importantes de aquel entonces.

La relación con el sanatorio fue muy clara: los honorarios, provinieran de donde provinieran, eran de nosotros; la internación, del sanatorio (sin duda la mayor tajada).

Nosotros con los honorarios pagamos las residencias y las secretarias y nuestras entradas se distribuían entre los médicos proporcionalmente.

Nunca permití que se tocara un solo peso de los que no nos correspondía.

A pesar de que los directores aseguraban que no había retornos, yo conocía que sí los había. De vez en cuando, a pedido de su director, saludaba a los sindicalistas de turno, que agradecían nuestro trabajo.

Este era nuestro único contacto.

A mediados de la década del 70, comenzamos a organizar la Fundación. Primero con la ayuda de la Sedra, creamos el departamento de investigación básica que tanta satisfacción nos ha dado y luego la construcción del Instituto de Cardiología y cirugía cardiovascular.

Cuando entró en funciones, redacté los 10 mandamientos que debían sostenerse a rajatabla, basados en el lineamiento ético que siempre me ha acompañado. La calidad de nuestro trabajo, basado en la tecnología incorporada más la tarea de los profesionales seleccionados hizo que no nos faltara trabajo, pero debimos luchar continuamente con la corrupción imperante en la medicina (parte de la tremenda corrupción que ha contaminado a nuestro país en todos los niveles sin límites de ninguna naturaleza). Nos hemos negado sistemáticamente a quebrar los lineamientos éticos, como consecuencia, jamás dimos un solo peso de retorno. Así, obras sociales de envergadura no mandaron ni mandan sus pacientes al Instituto. ¡Lo que tendría que narrar de las innumerables entrevistas con los sindicalistas de turno! Manga de corruptos que viven a costa de los obreros y coimean fundamentalmente con el dinero de las obras sociales que corresponde a la atención médica. Lo mismo ocurre con el PAMI. Esto lo pueden certificar los médicos de mi país que para sobrevivir deben aceptar participar del sistema implementado a lo largo y ancho de todo el país.

Valga un solo ejemplo: el PAMI tiene una vieja deuda con nosotros, (creo desde el año 94 o 95) de 1.900.000 pesos; la hubiéramos cobrado en 48 horas si hubiéramos aceptado los retornos que se nos pedían (como es lógico no a mí directamente). Si hubiéramos aceptado las condiciones imperantes por la corrupción del sistema (que se ha ido incrementando en estos últimos años) deberíamos tener 100 camas más. No daríamos abasto para atender toda la demanda.

El que quiera negar que todo esto es cierto que acepte que rija en la Argentina, el principio fundamental de la libre elección del médico, que terminaría con los acomodados de turno.

Lo mismo ocurre con los pacientes privados (incluyendo los de la medicina prepaga) el médico que envía a estos pacientes por el famoso ana-ana , sabe, espera, recibir una jugosa participación del cirujano.

Hace muchísimos años debo escuchar aquello de que Favaloro no opera más! ¿De dónde proviene este infundio?. Muy simple: el paciente es estudiado. Conclusión, su cardiólogo le dice que debe ser operado. El paciente acepta y expresa sus deseos de que yo lo opere. "Pero cómo, usted no sabe que Favaloro no opera hace tiempo?". "Yo le voy a recomendar un cirujano de real valor, no se preocupe".

El cirujano "de real valor" además de su capacidad profesional retornará al cardiólogo mandante un 50% de los honorarios!

Varios de esos pacientes han venido a mi consulta no obstante las "indicaciones" de su cardiólogo. "¿Doctor, usted sigue operando?" y una vez más debo explicar que sí, que lo sigo haciendo con el mismo entusiasmo y responsabilidad de siempre. Muchos de estos cardiólogos, son de prestigio nacional e internacional.

Concurren a los Congresos del American College o de la American Heart y entonces sí, allí me brindan toda clase de felicitaciones y abrazos cada vez que debo exponer alguna "lecture" de significación. Así ocurrió cuando la de Paul D. White lecture en Dallas, decenas de cardiólogos argentinos me abrazaron, algunos con lágrimas en los ojos.

Pero aquí, vuelven a insertarse en el "sistema" y el dinero es lo que más les interesa.

La corrupción ha alcanzado niveles que nunca pensé presenciar. Instituciones de prestigio como el Instituto Cardiovascular Buenos Aires, con excelentes profesionales médicos, envían empleados bien entrenados que visitan a los médicos cardiólogos en sus consultorios. Allí les explican en detalles los mecanismos del retorno y los porcentajes que recibirán no solamente por la cirugía, los métodos de diagnóstico no invasivo (Holter eco, camara y etc., etc.) los cateterismos, las angioplastias, etc. etc., están incluidos.

No es la única institución. Médicos de la Fundación me han mostrado las hojas que les dejan con todo muy bien explicado. Llegado el caso, una vez el paciente operado, el mismo personal entrenado, visitará nuevamente al cardiólogo, explicará en detalle "la operación económica" y entregará el sobre correspondiente!.

La situación actual de la Fundación es desesperante, millones de pesos a cobrar de tarea realizada, incluyendo pacientes de alto riesgo que no podemos rechazar. Es fácil decir "no hay camas disponibles".

Nuestro juramento médico lo impide.

Estos pacientes demandan un alto costo raramente reconocido por las obras sociales. A ello se agregan deudas por todos lados, las que corresponden a la construcción y equipamiento del ICYCC, los proveedores, la DGI, los bancos, los médicos con atrasos de varios meses. Todos nuestros proyectos tambalean y cada vez más todo se complica. En Estados Unidos, las grandes instituciones médicas, pueden realizar su tarea asistencial, la docencia y la investigación por las donaciones que reciben.

Las cinco facultades médicas más trascendentes reciben más de 100 millones de dólares cada una! Aquí, ni soñando. Realicé gestiones en el BID que nos ayudó en la etapa inicial y luego publicitó en varias de sus publicaciones a nuestro instituto como uno de sus logros!. Envié cuatro cartas a Enrique Iglesias, solicitando ayuda (¡tiran tanto dinero por la borda en esta Latinoamérica!) todavía estoy esperando alguna respuesta. Maneja miles de millones de dólares, pero para una institución que ha entrenado centenares de médicos desparramados por nuestro país y toda Latinoamérica, no hay respuesta.

¿Cómo se mide el valor social de nuestra tarea docente?

Es indudable que ser honesto, en esta sociedad corrupta tiene su precio. A la corta o a la larga te lo hacen pagar.

La mayoría del tiempo me siento solo. En aquella carta de renuncia a la C. Clinic, le decía al Dr. Effen que sabía de antemano que iba a tener que luchar y le recordaba que Don Quijote era español!

Sin duda la lucha ha sido muy desigual.

El proyecto de la Fundación tambalea y empieza a resquebrajarse.

Hemos tenido varias reuniones, mis colaboradores más cercanos, algunos de ellos compañeros de lucha desde nuestro recordado Colegio Nacional de La Plata, me aconsejan que para salvar a la Fundación debemos incorporarnos al "sistema".

Sí al retorno, sí al ana-ana.

"Pondremos gente a organizar todo". Hay "especialistas" que saben como hacerlo. "Debés dar un paso al costado. Aclararemos que vos no sabés nada, que no estás enterado". "Debés comprenderlo si querés salvar a la Fundación"

¡Quién va a creer que yo no estoy enterado!

En este momento y a esta edad terminar con los principios éticos que recibí de mis padres, mis maestros y profesores me resulta extremadamente difícil. No puedo cambiar, prefiero desaparecer.

Joaquín V. González, escribió la lección de optimismo que se nos entregaba al recibirnos: "a mí no me ha derrotado nadie".

Yo no puedo decir lo mismo. A mí me ha derrotado esta sociedad corrupta que todo lo controla. Estoy cansado de recibir homenajes y elogios al nivel internacional. Hace pocos días fui incluido en el grupo selecto de las leyendas del milenio en cirugía cardiovascular. El año pasado debí participar en varios países desde Suecia a la India escuchando siempre lo mismo.

"¡La leyenda, la leyenda!"

Quizá el pecado capital que he cometido, aquí en mi país, fue expresar siempre en voz alta mis sentimientos, mis críticas, insisto, en esta sociedad del privilegio, donde unos pocos gozan hasta el hartazgo, mientras la mayoría vive en la miseria y la desesperación. Todo esto no se perdona, por el contrario se castiga.

Me consuela el haber atendido a mis pacientes sin distinción de ninguna naturaleza. Mis colaboradores saben de mi inclinación por los pobres, que viene de mis lejanos años en Jacinto Arauz.

Estoy cansado de luchar y luchar, galopando contra el viento como decía Don Ata.

No puedo cambiar.

No ha sido una decisión fácil pero sí meditada.

No se hable de debilidad o valentía.

El cirujano vive con la muerte, es su compañera inseparable, con ella me voy de la mano. Sólo espero no se haga de este acto una comedia. Al periodismo le pido que tenga un poco de piedad.

Estoy tranquilo. Alguna vez en un acto académico en USA se me presentó como a un hombre bueno que sigue siendo un médico rural. Perdónenme, pero creo, es cierto.

Espero que me recuerden así.

En estos días he mandado cartas desesperadas a entidades nacionales, provinciales, empresarios, sin recibir respuesta.

En la Fundación ha comenzado a actuar un comité de crisis con asesoramiento externo. Ayer empezaron a producirse las primeras cesantías. Algunos, pocos, han sido colaboradores fieles y dedicados. El lunes no podría dar la cara.

A mi familia en particular a mis queridos sobrinos, a mis colaboradores, a mis amigos, recuerden que llegué a los 77 años. No aflojen, tienen la obligación de seguir luchando por lo menos hasta alcanzar la misma edad, que no es poco.

Una vez más reitero la obligación de cremarme inmediatamente sin perder tiempo y tirar mis cenizas en los montes cercanos a Jacinto Arauz, allá en La Pampa.

Queda terminantemente prohibido realizar ceremonias religiosas o civiles.

Un abrazo a todos,

René Favaloro.

"Algunos padres creen que al no poner límites, los hijos crecerán en libertad"[1]

Colaboración Paola Ippolito

El Prof. Dr. Marcos Berstein se presenta hoy en el Teatro de la Torre. Se trata de una oportunidad única para padres, docentes, formadores y público en general.

La célula familiar es la base de todo, y los conflictos a veces se enmascaran detrás de síntomas no detectados a tiempo.

La Secretaría de Salud de la Municipalidad de Pinamar ha confiado en un profesional prestigioso y reconocido en nuestro país y en el exterior, para transmitir de manera amena y profunda la raíz de los conflictos de nuestros días, las herramientas para construir puentes de comunicación y un certero diagnóstico que todos deberíamos escuchar.

El Prof. Dr. Marcos Berstein es una eminencia en varios campos de la psiquiatría y la investigación, es un orgullo que sea argentino y es un honor personal poder entrevistarlo.

El MENSAJERO - Los referentes familiares y formadores tienen sus roles un tanto más flexibles que antes, ¿qué provoca la liviandad de límites con los chicos y adolescentes?

Prof. Dr. BERSTEIN: La liviandad de límites es provocada porque a veces los padres tienen miedo de que si ponen lími-

---

[1]   (2012, 13 de febrero). *El Mensajero de la Costa*, Pinamar. p. 10

tes, los hijos no los quieran. Y lo que sucede es justamente lo contrario. Los hijos necesitan límites para estructurarse como sujetos. Los límites se ponen con amor, sin violencia. Muchos padres no saben decir NO. Los diez mandamientos son casi todos NO, solo dos son SI: Amarás a Dios por sobre todas las cosas y Honrarás a tu padre y a tu madre. Algunos padres creen que al no poner límites los hijos crecerán en libertad, pero en realidad crecen en un gran vacío: el vacío de autoridad paterna.

- Hay un devenir de cambios sociales, de falta de modelos, de una laxitud en las costumbres que los chicos absorben e intuyen, ¿cómo se fortalece el modelo?

- Una vez leí una frase muy interesante: "Tu hijo no te escucha, te mira". Y es verdad. Nuestros hijos observan lo que hacemos más que lo que decimos. El modelo se fortalece a través de nuestras acciones.

De acuerdo a dos vértices de su investigación, se concluye que hay niños conflictivos que resultan ser rotundos "depositarios de las disfuncionalidades del núcleo familiar. Estos chicos, señala Berstein, denuncian a través de su mala conducta o sus problemas de aprendizaje los conflictos familiares."

El otro vértice es neta consecuencia del primero y se refleja en la carencia de límites.

- ¿Se podría entender que muchos chicos se frustran al no poder responder a una expectativa de mantener una armonía entre sus padres que éstos le exigen tácitamente? ¿Puede devenir esta frustración en conductas conflictivas?

- La mala alianza marital es el punto de partida del mal funcionamiento familiar. A veces un hijo es "elegido" para ser depositario del conflicto entre los padres, y aparece la expectativa de que funcione como pegamento de los pedazos rotos de la pareja. Yo denomino a esto "el hijo Poxipol". Como no pueden cumplir con esa expectativa terminan siendo chivos emisarios o expiatorios del conflicto parental. Muchas veces son también hijos "parentalizados", que tienen que funcionar como padres de sus padres.

- ¿Cómo abordar desde la escuela las estructuras familiares que distan del "modelo"?

- Es muy importante el rol de los maestros, pero no tienen que ser depositarios de la falta de límites de los padres, quienes muchas veces delegan esta función en la escuela.

- Al margen de erradicar el flagelo de la droga desde el circuito comercial, ¿cómo generar espacios alternativos para que el consumo de sustancias no sea un escape?

- Quienes consumen tienen un gran vacío existencial que tratan de llenar a través de la droga. Por consiguiente la alternativa es ayudarlos a encontrar un sentido a su vida, a tener proyectos, a ocupar su tiempo en actividades productivas.

- ¿Por qué considera Ud. que la violencia de género está más manifiesta y por qué los delitos más escabrosos son llevados a cabo por varones?

- La violencia de género estaba más oculta porque las víctimas silenciaban lo que ocurría o eran silenciadas, en un mecanismo de revictimización, por aquellas personas o instituciones que debían protegerlas. A partir de la segunda guerra mundial hubo grandes cambios en el rol de la mujer. Sin embargo, para los hombres es difícil aceptar estos cambios. Cuando el sistema de creencias de un hombre no coincide con el de la mujer, muchas veces recurre al acto violento como una forma de "normalizar" al otro, y "volverlo a su lugar".

- ¿Qué país a su criterio tiene mejor desarrollado el sistema preventivo de las adicciones?

- Muchos países de Europa (por ejemplo Italia) han desarrollado el sistema denominado "Ciudades Preventivas", en donde el Estado interviene ayudando a los Municipios a organizar las fuerzas vivas de la comunidad (sociedades de fomento, parroquias, entidades deportivas, instituciones educativas, fuerzas de seguridad, organizaciones no gubernamentales, etc.), para desarrollar tareas de prevención en todos los niveles.

- ¿Cómo se enfoca un paliativo para el stress generado por la presión de los medios, del exitismo, de modelos inalcanzables?

- Los "modelos inalcanzables" generan stress y cuadros depresivos. Muchas neurosis se producen cuando no coinciden los deseos, expectativas y necesidades con las posibilidades que el medio nos ofrece para la realización de las mismas. Hay gente que enferma por no poder cumplir con mandatos familiares que implican expectativas desmesuradas.

- ¿Qué rama de la psicología/psiquiatría es la que Ud. desarrolla?

- Desarrollo un enfoque terapéutico de abordajes múltiples, en el cual integro técnicas psicoanalíticas, psicodramáticas, gestálticas, sistémicas, cognitivo-conductuales, en la idea de que es necesario adaptar los recursos que uno dispone al paciente o a la familia, y no adaptar a ellos a una única técnica que uno dispone. Dentro de este enfoque me especializo en Terapias Breves, Terapia de Pareja y Familia, y Adicciones.

- ¿Qué opina de las técnicas alternativas para el abordaje de conflictos, hipnosis, regresión, terapias transpersonales?

- No quiero opinar sobre temas que no conozco: Las terapias alternativas a veces, en conflictos menores, pueden ser útiles por la sugestión y en la medida en que se tenga fe en ellas.

- ¿Qué proyectos tiene para este año 2012?

- Continuar con mi tarea asistencial en el consultorio y en instituciones terapéuticas. Desarrollar mi actividad docente como Profesor Titular en el Master en Drogadependencia de la Universidad del Salvador, y en los cursos de Postgrado de Operador Familiar que dicto en la Universidad Nacional de Luján, en la Universidad Nacional de Mar del Plata y en la Univ. F. de Asis en Punta del Este.

- Luego de una etapa intensa de trabajo o investigación, ¿cuál es su cable a tierra?

Estoy casado desde hace casi 50 años, y con la misma mujer, y tengo tres hijos y 7 nietos. Ellos son mi "familia funcional" y mi cable a tierra. Mis nietos me han traído alegría de vivir.

- ¿Dónde planifica sus vacaciones?

- Desde hace unos años vacaciono con mi familia en Pinamar y, por qué no decirlo, en "Amari", donde la atención es excelente.

Afirman que la relación entre familia y sociedad "es un juego de espejos"[1]

Entrevista al Prof. Dr. Marcos Berstein por Daniel Della Torre

El afamado médico organiza un taller sobre "Familias disfuncionales, generadoras de conductas problemáticas". En nota con LA CAPITAL ofreció un enfoque singular sobre esta problemática.

Marcos Berstein dice que en esta época la familia dejó de ser un ciclo para convertirse en un curso con muchas variables. Y que el paradigma cambió y la diversidad de modelos enfrenta a la sociedad a nuevas estructuras. También, que las familias disfuncionales son las que priman.

El profesional médico que actualmente aporta sus conocimientos a la Organización Mundial de la Salud (OMS, ver aparte), accedió a una entrevista con LA CAPITAL para hablar - y aconsejar- sobre su especialidad, los temas de familia y sociedad.

- ¿De qué familia hablamos, hoy por hoy, cuando hablamos de familia?

- En el ámbito de la terapia familiar se habló por muchos años del ciclo vital de la familia. Pero el concepto fue cambiando. Antes se entendía que hombre y mujer se conocían, se amaban, querían compartir la vida juntos, formaban una

[1] Diario La Capital, Mar del Plata, 12 de noviembre de 2012, Pag. 10, Sección Educación

pareja, se casaban, tenían hijos, estos crecían, iban a la escuela, se hacían adolescentes, repetían el mismo esquema y los padres se hacían abuelos.

-¿Algo así como un ciclo estructurado?

- Digamos que se trataba de una familia muy organizada y que se repetía circularmente. Sin embargo, los tiempos cambian. Hoy no podemos hablar de "ciclo" sino de curso de la vida familiar.

- ¿Cuál es la diferencia?

- La vida tiene un curso. Como si fuera un río. Los griegos decían que "nadie se baña dos veces en el mismo río". El curso implica un sinfín de variables. En esta época las separaciones matrimoniales son muy comunes y frecuentes. Esto no ocurría treinta años atrás. Ahora estamos hablando de más del cincuenta porciento de parejas separadas.

- ¿Esa es la gran variante?

- No, porque también ahora habamos de familias ensambladas. Es decir, matrimonios separados que forman nuevas parejas y entonces aparecen "los tuyos, los míos, los nuestros...". Además, tenemos familias monoparentales, es decir, cuando uno de los progenitores se hace cargo de los hijos. Y mujeres que por medio de la inseminación artificial deciden tener un niño sin el papá al lado. Y también matrimonios homosexuales que, en casos, adoptan y conforman estructuras familiares muy diferentes al ciclo que mencionábamos antes.

- Entonces, la realidad enfrenta a la sociedad de este tiempo, más allá de cualquier juicio de valor, a un río con muchos brazos...

- Estamos hablando de un delta.

- ¿No cree que a pesar de este fenómeno – que no se puede negar- existe todavía cierto fundamentalismo en cuanto a la familia y sus valores?

- La realidad es lo que es. Pero de todas maneras yo rescato algo de ese "fundamentalismo". La estructura familiar, en occidente, aporta a los hijos y a los padres atención y contención sin tensión cuando es funcional. En cambio, si es disfuncional, no pasa nada de esto.

- ¿Y que es lo que prima en nuestro sistema?

- No tengo una respuesta matemática. Pero le diría que muy pocas son funcionales. Se trata de una enorme tarea de construcción cotidiana. Así como una pareja tiene que elegirse todos los días para poder seguir juntos.

- ¿En términos generales la sociedad presenta resistencia para aceptar la diversidad?

- Hago un juego de palabras relacionado a la pareja en el tema familia. Hay un juramento que todos hacemos el día que nos casamos. "Hasta que la muerte nos separe..." Yo prefiero hablar de "juramiento". Lo otro es una mentira.

- Si partimos de la base de que lo único eterno son los cambios, ese juramento que usted menciona suena a sentencia...

- El juramento tendría que existir pero de otra forma. Algo así como "hasta que la muerte del amor nos separe". Es más sincero y más real.

Conductas problemáticas

- ¿Por qué se habla de familias generadoras de conductas como violencia, drogadicción, alcoholismo, trastornos de personalidad y otras problemáticas en niños y adolescentes?

- Aquí aparece la relación entre la familia y la estructura social. Es un juego de espejos. La estructura social está formada por células que constituyen las familias. Y, a la vez, las familias muy influenciadas por la sociedad. En este juego especular se da el curso de la vida familiar, que es cambiante.

- ¿Por ejemplo?

- En la actualidad la violencia en la familia es de terror. Pero la violencia está estructurada socialmente.

- ¿El huevo o la gallina?

- Ahí está la cuestión. ¿Lo social se mete en la familia para generar violencia o la familia violenta impacta en lo social? Creo que son las dos cosas.

- ¿Podemos hablar de circularidad sistémica?

- Sí, y eso nos lleva a plantearnos que no tiene sentido dónde empieza el asunto sino que existe una retroalimentación constante.

- ¿Será que habrá que repasar los roles y buscarle nuevos sentidos a las cosas?

- Creo que sí. Hay una vieja poesía de Olegario Andrade- "La vuelta al hogar"- que sintetiza esto. Y dice: "Todo está como era entonces... La casa, la calle, los árboles... Todo está como era entonces... Nada ha cambiado... Tan solo el niño se ha vuelto hombre... Y el hombre tanto ha sufrido... Que sólo le queda en el alma... La soledad y el vacío..."

- ¿De eso se trata?

- Todo está como era entonces y, a veces, nada está como era entonces. Pero por una u otra razón, el niño sufre las consecuencias. Machado diría "al volver la vista atrás se ve la senda que no se ha de volver a pisar..."

- ¿Y los valores?

- Algunos valores permanecen para generar cierta estabilidad, continuidad y funcionalidad en la familia.

- ¿Dónde está el secreto?

- En la individuación con pertenencia. Esto quiere decir que los miembros de la familia tengan su identidad personal y su proceso de separación en independización. Pero manteniendo sentido de permanencia al grupo. Más que nada en los privilegios afectivos, emocionales, de desarrollo y crecimiento personal.

- ¿La no pertenencia es la llave de la anomia?

- El término anomia fue acuñado por Platón y alude a la ausencia de normas y reglas. Y fue el creador de la filosofía francesa a fines del siglo XIX- Emile Durkheim- quién planteó que además había que ver la falta de pertenencia a grupos humanos. Por entonces sostenía que sin normas, sin reglas y sin pertenencia, el índice de suicidios aumentaba pavorosamente.

- ¿La familia es culpable o responsable de lo que pasa con los hijos?

- Siempre trato de desculpabilizar a la familia. La culpa no sólo sirve cuando no dura más de cinco minutos y es útil para modificar algo. En cambio, es muy importante hacerse responsable de lo que sucede en el grupo. El término responsabilidad, etimológicamente, tiene la misma raíz que "responder". En síntesis, significa tener la capacidad de ponerse en el lugar del otro y responder a la expectativa del otro.

El chico conflictivo es un portavoz de la problemática de la pareja o de la familia[1]

Prof. Prof. Dr. Marcos Berstein

Las familias disfuncionales se han convertido en hacedoras de jóvenes que reflejan sus problemas en una sociedad en la que día a día crecen los casos de violencia y drogadicción.

"El elegido" lo llama el doctor Marcos Berstein a los chicos que a través de sus acciones tratan de "pegar" los pedazos rotos de su familia y terminan convirtiéndose en jóvenes portavoces que denuncian con síntomas o conductas lo que les toca vivir. Así explica el doctor que se desempeña como asesor de las Naciones Unidas para la Organización Mundial de la Salud en las áreas de terapia familiar y psicología social, el nuevo panorama de las familias actuales argentinas. Antes de brindar la segunda charla del ciclo "Nuevas infancias, nuevas adolescencias", organizado por el Instituto Idra conjuntamente con Fundación OSDE y auspiciado por LA CAPITAL, Berstein habló sobre la realidad familiar actual.

-¿Qué es una familia disfuncional?
- Lo primero y más básico que debo decir al respecto es que las familias disfuncionales son las que funcionan mal.

---

[1] *La Capital*, Mar del Plata, 14 de septiembre de 2008, p. 12-13 (En sección: Educación)

¿En qué y por qué funcionan mal? Hay un eje que yo considero base, que es el de la alianza marital. Es decir, en las familias donde falla esa alianza que significa que dos personas se han juntado para hacer una alianza en pro de algo, se están comprometiendo a estar juntos, respetarse, amarse, trabajar juntos para que esa familia crezca. Que tengan hijos, que puedan adquirir bienestar económico, que puedan conocerse mutuamente, etc.

Pero cuando todo eso no se da, cuando no hay respeto, comunicación, cuando no se conocen, no hay diálogo, esas familias empiezan a funcionar mal y cuando la alianza marital se rompe, habitualmente aparece algún depositario de esa falla. Y ese es algún hijo al cual llamamos el elegido.

- ¿Qué contradictorio eso? Porque por lo general ser el elegido es algo bueno y en este caso no sería así...

- En este caso no porque estamos frente a un problema grave. El elegido en este caso no es así porque es un hijo querido o deseado, sino que es el elegido para ser el depositario de la problemática de la pareja. Entonces resulta ser lo que yo llamo el hijo poxipol. Es el que funciona como pegamento e intenta pegar los pedazos rotos de la pareja, pero lamentablemente falla porque no es para eso y en ese intento se convierte en un chivo expiatorio.

¿De qué manera ese hijo intenta pegar esos pedazos rotos de la pareja? Llamando la atención para que dejen de pelearse ente ellos y se dediquen a atenderlo a él. Entonces hace algún síntoma.

- Ahí es cuando aparece el chico conflictivo en la escuela o que tiene alguna reacción violenta...

- O que consume drogas, o que hace un brote psicótico, o que tiene conductas alborotadoras para llamar la atención, o que se aisla del mundo como una forma de evitar estímulos que lee hacen daño. Pero de cualquier forma se transforma él en un portavoz de la familia que con su síntoma o conducta desviada denuncia la problemática de la pareja o de la familia.

Los casos

- ¿Es una sensación o hay mayor cantidad de casos de este tipo en la sociedad argentina?

- Es cierto, y no es una sensación como alguna vez se dijo con respecto a la inseguridad, yo creo que es una realidad. Creo que lamentablemente cada vez más aparecen chicos con problemas y hay más casos de drogadicción y empiezan más jóvenes. En alguna época los problemas de droga eran de la gente grande, hoy día es de chicos desde 10 años que ya empiezan con alcohol, siguen con marihuana, cocaína y otras cosas.

- ¿Esto se ha convertido en una problemática de difícil solución?

- Yo siempre tengo confianza en la posibilidad de cambio y que la gente pueda hacerlo. Para eso tendríamos que desarrollar tareas de prevención y de asistencia para aquellos que ya están con el problema.

- Y las políticas que se están implementando hoy para abordar el tema, ¿cómo las ve?

- Si hablamos de políticas de prevención en cuanto a la droga, por ejemplo en Provincia de Buenos Aires se está trabajando muchísimo. Yo trabajo como asesor y supervisor en la Subsecretaría de Atención de las Adicciones y la tarea que se hace ahí es muy importante. Hay centros de Prevención de las Adicciones que están distribuidos por toda la provincia y llegan a mucha cantidad de chicos con problemas y ademásse hacen tareas de prevención en las escuelas y organismos gubernamentales. Esta es una tarea en marcha que siempre es mejorable.

-También habría que pensar en mejorar las raíces de este problema, que es la familia?

- Las raíces de este problema nos llevan a dos problemas, porque el drogadicto es portavoz emergente de una situación de conflicto familiar y social, o sea que si no abordamos los orígenes de ambas perspectivas no vamos a poder resolver esta problemática. Para los jóvenes adolescentes de hoy, hay problemas muy graves de todo tipo. Como ejemplo puedo decir que los adolescentes hoy no tienen muchas ilusiones porque se enfrentan a un panorama para su futro de inseguridad, de incertidumbre con respecto y en especial, a la inserción laboral. Aún con formación profesional a muchos profesionales los vemos trabajando de mozos, secretarias o lo que puedan conseguir. Hay una frustración muy grande y también ha habido una pérdida de lo que han sido las ideologías, los ideales.

El joven adolescente de hoy se ha visto muy frustrado.
- *Y busca nuevos espacios como Internet para expresarse...*
- Y eso los lleva a robotizarse y hacerse adictos. La nueva generación de adictos son los electrónicos, que es más grave que las drogas.
- *Es que parece que no es malo, pero en el fondo...*
- Ahí está, parece que no es malo pero en el fondo es tanto o más malo. Estos chicos se pasan horas y días hasta sin dormir sentados frente a la computadora, navegando. Internet, que por un lado es algo extraordinario, un avance tecnológico inconmensurable, permite que uno tenga información que antes era imposible tener en esas magnitudes. Pero por otro lado los robotiza y los hace adictos a esa verdadera burbuja electrónica que antes era la televisión y que ahora es la computadora con Internet. Y los chicos quedan esclavos de esto. Hay algunos que si se quedan toda la noche chateando, al día siguiente no pueden hacer nada.
- *Hasta incluso se ha convertido en una especie de psicólogo porque los chicos cuentan allí sus vidas...*
- Sí, y con todos los peligros que trae esto porque nunca se sabe quién está del otro lado. Muchas veces se hacen contactos y no se sabe quién está del otro lado. Se ha ido reemplazando el contacto personal con la comunicación virtual, que no es lo mismo.

Los padres

- Y los padres, ¿qué papel juegan en todo esto?

- Muchas veces los padres nos encontramos desorientados frente a nuestros hijos adolescentes. No sabemos cómo manejarlos, nos dan miedo. Justamente porque sabíamos más o menos cómo manejar a nuestros hijos cuando eran pequeños, pero el cambio de la adolescencia es tan grande, y hoy día más que antes, que no sabemos qué hacer con ellos. Tenemos miedo de ponerles límites y que no nos quieran. De decirles que no, que es una palabra tan corta y fácil de decir, pero a su vez tan difícil de sostener, que creemos que nuestros hijos se criarán en libertad pero no es así, se crían en el vacío de autoridad paterna.

Porque la palabra autoridad a veces se confunde con autoritarismo. La palabra autoridad etimológicamente proviene del verbo augeo que en latín quiere decir hacer crecer. La importancia del no es mucha. En la historia de la humanidad ya desde los diez mandamientos, y estamos hablando de 4.000 años para atrás, aparece el no como constitutivo de la ley. Y si los contamos, de los 10 sólo 2 son con sí. Por eso Moisés cuando sube al monte Sinaí y baja con las tablas de la Ley se las ofrece al pueblo, pero ve que han construido el becerro de oro y están en la orgía, el alcohol y habían perdido todo control, no había ley. Entonces se enoja, sube al monte y las rompe. Pero después se arrepiente y cuando baja, esta vez el pueblo acepta las tablas. A partir de ahí el pueblo se transforma de pueblo nómade que va por el desierto , en Nación porque tiene una ley. Con esto quiero resaltar la importancia del no y de la ley.

Nuestra juventud se cría en una sociedad anómica, falta de normas y reglas. Y también falta de pertenencia a grupos humanos. Y los chicos hoy buscan pertenencia. De ahí que surge el fenómeno de las tribus urbanas: los emos, floggers, punk, skin head, etc. Y cada vez surgen más porque hay una necesidad de pertenencia en la juventud que parecería que no la tienen en su familia. Y justamente el secreto de la salud en cuanto al proceso del adolescente para lograr una identidad, es el proceso de separación, individualización e independización. Para lograr esto es fundamental que se de este proceso con pertenencia. Es decir, que el sujeto va a lograr hacer una buena separación e individuación e la medida que haya una buena pertenencia a su grupo familiar.

EVOLUCIÓN DE LA TERAPIA FAMILIAR EN LA ARGENTINA[1]

Prof. Prof. Dr. Marcos Berstein

La excelentísima disertación que hizo el Prof. Dr. Oscar Czertok desarrolla parte de lo que yo pensaba hablar. Es una magnífica exposición de la evolución histórica a través de los distintos autores, especialmente dentro de la Argentina. Entonces yo voy a comenzar por responder a la pregunta con la cual se iniciaba el cuestionario que nos hicieron llegar, que se refería a cómo surge en mí el interés personal en la Terapia Familiar.

Al hacerme esa pregunta surgieron en mí dos respuestas. Una desde el hemisferio izquierdo y otra desde el hemisferio derecho. Esto no es una expresión de disociación esquizofrénica; ni tampoco tiene connotaciones políticas, ni de izquierda ni de derecha. Simplemente me refiero a una respuesta eminentemente racional, intelectual, lógica, que viene desde el hemisferio izquierdo, y que apunta a mis primeras terapias, en donde me encontré con que los pacientes que yo veía en terapia individual, venían con una problemática que indefectiblemente me llevaba a investigar qué es lo que pasaba en su grupo familiar. Pero no para verlo desde afuera, sino para meterme desde adentro. Y en este sentido, jugó en mí un papel muy importante mi formación al lado de Enrique Pichon- Rivière. Yo pienso que todos hemos recibido una formación aquí en la Argentina, proveniente de dis-

[1] BERSTEIN, Marcos; CZERTOK, Oscar; GARCIA BADARACCO, Jorge y TARAGANO, Fernando. En Actas Congreso Argentino de terapia Familiar (II, 1982, Buenos Aires 9, 10 y 11 de Septiembre)

tintas escuelas. Oscar Czertok mencionó a Pichon- Rivière, a Liberman, a Bleger, al Prof. Dr. García Badaracco, a quien tenemosaquí hoy, quienes han desarrollado el abordaje de la terapia familiar desde hace ya mucho tiempo.

Yo voy a detenerme específicamente en el aporte de Pichon- Rivière, porque tuve la suerte de poder trabajar con él los últimos 15 años de su vida, muy cercanamente, y aprovechar entonces de su talento creativo.

Este enfoque que les enuncio ahora, lo voy a hacer desde el hemisferio izquierdo. Despúes vamos a volver a él, pero les quiero cuál fue la respuesta que me surgió a mí desde el hemisferio derecho, es decir, desde lo emocional, desde lo afectivo. Yo creo que mi interés en la terapia familiar proviene de una búsqueda de conocimiento y comprensión de mi propia historia grupal familiar.

Y creo que quien más, quién menos, todos los que nos dedicamos a esto, tenemos algo de esa inquietud. Y que todas las situaciones conflictivas que vemos en los grupos familiares que atendemos, nos movilizan constantemente escenas de nuestra propia historia grupal familiar.

En ese sentido cada vez que con un grupo yo me siento ansioso, angustiado, paralizado, no sé qué hacer, no entiendo qué pasa, me pregunto: ¿qué me estará moviendo de mi propia historia esta escena de este grupo familiar del aquí y ahora?

Muchas veces, la respuesta que encuentro me permite tomar distancia y hacer una lectura que siempre es enriquecedora. Les quiero agregar algo que esta relacionado con mi propia historia grupal familiar. Mi nombre, Marcos Berstein, era el nombre de mi abuelo- paterno. Curiosamente, en mi grupo familiar nunca se habló mucho de él, a pesar de que yo llevaba su nombre. Ustedes saben que hay culturas y religiones en donde a los hijos que nacen se les pone el nombre de los padres; en otras religiones el nombre de los abuelos; en unas si están vivos y en otras solamente si es que están muertos. En mi caso, yo nací muy poco tiempo después de que muriera mi abuelo, ya que mi madre estaba embarazada cuando él murió. Bueno, no es necesario explicitar las fantasías inconscientes, y a veces conscientes, de reencarnación y continuidad que existen en un grupo familiar cuando se le pone el nombre de alguien que ha muerto a alguien que nace. Fantasías que van acompañadas de adjudicación de roles.

Yo hace 23 años que me dedico con mucha pasión a la docencia, desde el año 59, exactamente, en que empecé la docencia en la Facultad de Medicina. Recién hace relativamente pocos años que, indagando en mi propio grupo familiar enconté que había una parte de la historia que yo no conocía. Mi abuelo había sido Profesor de Talmud en un pueblito de Europa, y se había dedicado siempre a la enseñanza. La otra cosa que yo no conocía, y que era parte del secreto familiar y por eso no se hablaba de mi abuelo, es que había tenido un cuadro depresivo y había estado internado en el Sanatorio Open Door (sanatorio de puertas abiertas) a poco de su creación. El conocimiento de todos estos elementos de mi propia historia grupal familiar pienso que fueron importantísimos en mi elección vocacional, pero también el desconocimiento. Hay cosas que en todo grupo familiar se guardan como secreto; hay cosas que no se dicen pero todos las saben, y de alguna manera, hay cosas que algunos las saben explícitamente y otros nada saben explícitamente, pero se perciben... hay algo que se percibe. Esto lleva a ese concepto tan importante que desarrollara Pichon- Rivière: es el *"secreto grupal familiar"*. Es uno de los elementos básicos que funciona como base del "mal entedido" en los grupos familiares y que perturba las redes de comunicación. Vamos a volver ahora un poquito al hemisferio izquierdo. Les quería hacer un breve desarrollo del pensamiento de Pichon- Rivière, porque siempre es necesario rescatar algunas cosas, sobre todo aquellas que no están publicadas, que han sido transmitidas oralmente.

En lo personal, Pichon- Rivière se ve también influido por su historia grupal familiar y por el secreto. El era hijo de la segunda esposa de su padre, pero esto era un secreto grupal familiar, y él no se entera sino a los seis o siete años, ya que los hermanos, que eran hermanastros en realidad, llamaban mamá a la segunda esposa. Esto fue bastante decisivo, contaba Pichon- Rivière, en su interés de investigación en los "secretos de los grupos familiares". Secretos que suelen estar vinculados a situaciones vergonzantes para un grupo familiar, a veces a situaciones de enfermedad mental, alcoholismo o drogadicción, a veces a situaciones de infidelidad, ya sea matrimonial o religiosa, u otro tipo de situaciones consideradas ocultables.

Comienza entonces Pichon- Rivière estas investigaciones en la década del 30, pienso que es importante ir marcando épocas. En la década del 30 investiga en el Asilo de Torres, siendo todavía estudiante de medicina; era un asilo para oligofrénicos, y describe un cuadro, la *oligotimia* que es un retardo pero por carencias afectivas, en donde se encuentra con experiencias muy tempranas en el grupo familiar de provación o de abandono afectivo y las diferencias entonces de las oligofrenias, en donde hay una base orgánica y donde presentan además estigmas degenerativos. Los oligotímicos aparecían como niños rosaditos y muy lindos; sin embargo con un retardo mental significativo.

Su investigación en el grupo familiar sigue como Jefe del Servicio de Admisión en el Hospicio de las Mercedes, a comienzos de la década del 40, en donde, estando en ese servicio de admisión, ve cómo llega el paciente a la internación. Recibe al paciente en estado de crisis y ve ahí la eclosión o reactivación del proceso psicótico. Y allí, la presencia o la ausencia de la familia resulta siempre significativa, por la forma en que se da la presencia o las formas de interacción, o por la ausencia de la familia. Y ahí es donde comienza a investigar ese cuadro del abandonismo familiar, de la segregación del enfermo mental, la depositación en el hospicio y luego el hospitalismo, en donde los pacientes, se negaban a salir porque no querían volver al grupo familiar.

De alguna manera era la percepción de que ahí era donde se habían enfermado, y que mientras no se modificara la situación originaria, corrían riesgo de volver a enfermarse. Todavía esta forma de abordaje de la enfermedad se daba en una forma asistemática, espontánea, o sea en la época del 40 Pichon- Rivière no tiene sistematizado todo eso.

Se le suma luego la tarea como jefe de la Sala del Servicio de Adolescentes cuya fecha de creación no está bien delimitada, es entre el 43 y 44, y que es cerrada por razones políticas en el 47. Acá indaga la relación entre la enfermedad- esquizofrenia en la mayoría de los casos- y la situación familiar. Investiga la forma del vínculo, la situación desencadenante y observa las situaciones de pérdidas o de privación como constantes. Estas hipótesis de Pichon- Rivière comienzan a tomar forma, y desde allí desarrolla su noción de grupo interno, que se pone de manifiesto en el vínculo transferencial, Grupo interno como escenario en el cual se recrean objetos, relaciones, vínculos. Y comienza a desarrollar su hipótesis del "portavoz". Existe una relación de causalidad no lineal sino dialéctica entre la estructura y la dinámica del grupo familiar y la estructura y la dinámica del mundo interno o grupo interno del portavoz. Entonces surge la noción de portavoz, que es fundamental. Hoy día hablamos de "paciente identificado", siguiendo las nuevas corrientes, pero ya en aquella época Pichon- Rivière, estamos hablando de la época del 40, comienza a utilizar el término de portavoz para referirse al enfermo mental como depositario. Y hace el juego de las tres D, en donde el enfermo mental aparece como el "Depositario" de toda la patología y de las ansiedades de todo su grupo familiar, los cuales son entonces "Depositantes", y lo que depositan o "lo depositado" son justamente esas ansiedades, esa patología.

En un principio Pichon- Rivière asimila el concepto de portavoz y emergente y dice que el portavoz, es el emergente del grupo familiar enfermo. Luego en una evolución dialéctica, histórica en donde incorpora elementos del positivismo lógico y una concepción dialéctica, va a diferenciar y va a hablar de la enfermedad como lo emergente y del portavoz como el vehículo a través del cual se manifiesta lo emergente. Lo emergente es, entonces, esa cualidad nueva y significativa, acontecimiento sintetizador y significativo dice, que aparece en el campo, que es la enfermedad mental.

Hay ciertas diferencias teóricas que le permiten conceptualizar este hecho, desde George Mead, y el concepto del yo emergente o persona emergente y, por supuesto, desde las ideas de K. Lewin, en donde la conducta de todo ser humano es una función de un campo, es decir aparece en un campo operacional. Estas ideas de Lewin ejercen una influencia muy grande en Pichon- Rivière. La escuela francesa también ejerce una gran influencia en el pensamiento de Pichon- Rivière. Hay un librito muy viejo pero muy bueno que se llama "La unidad de la Psicología", de Lagache, que es realmente maravilloso, que toma mucho de las ideas de K. Lewin, y que son retomadas luego por Pichon- Rivière; es un libro de la década del 50.

Toma entonces Pichón estos elementos, a los cuales se une toda su formación psicoanalítica, toda su concepción freudiana, kleiniana, y fundamentalmente se inspira en Frida Fromm Reichmann y en Sullivan, y a partir de todo esto, va desarrollando su teoría. Hay muchos más elementos, pero no nos va a dar el tiempo. Sólo les quiero sintetizar el otro abordaje importante que es el concepto de duelo central o no elaborado que para encarar la terapia del grupo familiar es una noción fundamental. Pichón Rivière no termina de desarrollar, esta noción de duelo central o no elaborado. El la refiere a las situaciones de pérdida, y la diferencia del duelo actual o desencadenante con el cual viene la familia, con el cual vemos a la familia cuando nos viene a consultar. El duelo actual o desencadenante, es siempre una situación de pérdida, que puede estar referida a la pérdida de un ser querido o puede estar referida a situaciones de pérdida muy variadas, como la pérdida de trabajo por parte del padre; o situaciones de crisis evolutivas, en donde hay pérdidas de roles, como en el pasaje de la infancia a la adolescencia o de la adultez a la vejez, cuando los niños crecen y dejan la casa para empezar la escuela, cuando los hijos se empiezan a casar, y los padres se empiezan a quedar solos, cuando empieza la vejez y la jubilación, cambio de roles, pérdida de roles operativos. Y desde todas esas situacions desencadenantes, duelo actual o desencadenante, Pichon- Rivière decía que había que remitirse siempre al "duelo central no elaborado". Es decir que atrás de esto había otra situación de duelo, que era importante iluminar y resolver.

Este concepto lo retoma Hernán Kesselman, y luego yo, y lo seguimos desarrollando. Y entonces diferenciamos en el duelo central no elaborado, tres fases: 1. el duelo familiar parental; 2. el duelo familiar conyugal; 3. el duelo de los hijos; que muy brevemente corresponde a lo siguiente. Cuando un hombre y una mujer se casan y deciden formar una nueva familia, tienen que elaborar el duelo por la pérdida de sus grupos familiares de origen. No es que dejen de ser hijos por haberse casado, pero sí van a tener que asumir una responsabilidad nueva, van a tener que hacer un abordaje diferente de sus relaciones vinculares con su propio grupo familiar de origen. Este es el duelo familiar parental.

Cuando en un segundo momento deciden tener hijos, llega el momento de la elaboración del duelo familiar conyugal, ya que hasta ese momento han sido una pareja conyugal, han sido dos y desde ese momento ya no van a ser nunca más dos, ya que pueden ser tres, cuatro o cinco, según los que Dios les quiera mandar o los que ellos decidan tener. La cuestión es que no van a ser nunca más dos, se pierde la intimidad de la pareja. Volverán a ser dos en otras condiciones cuando los hijos se vayan y entonces vuelve la intimidad. Intimidad viene del griego: in tymos, quiere decir afecto entre dos; y dos no van a ser más, siempre va a haber un tercero incluido o excluido, dependerá de cada situación. Y posteriormente aparece el duelo de los hijos, los hijos van sufriendo situaciones de duelo, porque van sufriendo pérdidas. Desde que nacen pierden, pierden el claustro uterino, pierden el pecho, la mamadera, el chupete, y luego terminan comiendo chicles o fumando, reemplazando de alguna manera a través de una oralidad que nunca se ve del todo satisfecha. Entonces nos encontramos con que el duelo central no elaborado es como una olla común, donde se van cocinando a fuego lento estos duelos del grupo familiar. Es importante tener esta concepción dinámica de la historia y de la pre-historia del grupo familiar, e indagar entonces qué es lo que pasó con los grupos familiares de origen cuando se produjo esta unión, qué dificultades hubo, qué pasó cuando vinieron los hijos, cómo se elaboró esta situación, etc.

Por último les quiero decir que cuando yo veo un paciente individual, investigo siempre su problemática familiar y muchas veces como parte de su terapia individual, incluyo entrevistas, ya sea de pareja, o de familia, o con algún miembro o algún personaje significativo en la vida de ese paciente. Mi experiencia es que esto es muy útil y enriquecedor para la terapia individual del paciente y que es perfectamente manejable por el terapeuta, es decir que no hay que tener miedo de incluir al grupo familiar cuando se los considere necesario. Quizá los terapeutas de niños sean los que más tempranamente han desarrollado esto, en la medida que vieron la importancia que tenía para la terapia del niño la inclusión de los padres y las entrevistas con los mismos.

Tendríamos que ponernos de acuerdo en el código y ver si denominamos a esto terapia familiar o si le damos otro nombre, que podría ser entrevistas de orientación familiar o cualquier otra denominación que pudiéramos encontrar, reservando la denominación de terapia familiar estrictamente para los tratamientos centrados exclusivamente en el grupo familiar. Virginia Satir así lo piensa, es decir, reserva la denominación de terapia familiar estrictamente para estos tratamientos y denomina a las otras entrevistas de otra forma. De todas maneras, creo que sería una discusión semántica y lo que interesa es el contenido de esto. No siempre pero sí muchas veces, la problemática del grupo familiar está más centrada en la interacción de la pareja que en la de los hijos. Mi hipótesis es que el terapeuta familiar tiene que ser eminentemente activo, es decir, no puede permanecer nunca en la pasividad en que muchas veces nos hemos visto en situaciones de psicoanálisis más ortodoxo. Este enfoque que les he hecho apunta entonces, por un lado, a rescatar una comprensión dinámica de la estructura familiar, de los procesos de interacción, desde el pensamiento de Pichon- Rivière. Pero no nos podemos nunca quedar en una teoría ni en una técnica, y los desarrollos de la terapia familiar han sido muy grandes y muy importantes. Algunos de los que están aquí en esta mesa trabajan conmigo y saben que yo he ido incorporando a este esquema referencial los enfoques de la teoría de la comunicación, la escuela de Palo Alto, los enfoques sistémicos, interaccionalista, la utilización de ejercicios, técnicas de acción, dramatizaciones, técnicas gestálticas, etc. En este sentido, retomaría las palabras del Prof. Dr. Czertok, de la importancia de la multidisciplinariedad. Es decir, yo creo que en la terapia familiar e imprescindible una orientación multidisciplinaria que permita hacer un enfoque abarcador, que permita hacer un buen diagnóstico, una buena lectura dinámica, una correcta indicación terapéutica y la utilización de distintos recursos técnicos acordes a cada situación y a cada caso. Un enfoque unilateral siempre empobrece. Se sabe que monocultivo y subdesarrollo van juntos, y reducir a un solo instrumento lo que podría ser una orquesta sinfónica es muy empobrecedor.

Por último quiero recordarles, las palabras casi proféticas de Freud, cuando en 1918 en el Congreso Internacional de Psicoanálisis de Budapest dijo: "llegará el día en que el oro puro del Psicoanálisis deberá mezclarse con el cobre de otras técnicas terapéuticas". Yo me permitiría, con el debido respeto, modificar en algo las palabras del maestro, y diría: hoy llegó el día en que el oro del Psicoanálisis debe mezclarse y se está mezclando con, no el cobre, sino el oro de otras técnicas terapéuticas, ya que no nos inferiores, ni tampoco superiores, sino distintas, diferentes y complementarias. Esto es aplicable para las terapias de todo tipo en general pero muy especialmente para las terapias familiares. Muchas gracias.

PSICOLOGÍA DE LA VIDA COTIDIANA EN EL GRUPO FAMILIAR. APORTACIONES A LA TERAPIA[1]

Prof. Prof. Dr. Marcos Berstein

A los Dres. Enrique Pichon- Rivière y Hernán Kesselman, mis primeros Maestros, sobre cuyas enseñanzas se basan Los desarrollos del presente trabajo.
Prof. Prof. Dr. Marcos Berstein.

Abordamos el tema de "grupo familiar" desde una descripción fenoménica de los fenómenos de interacción visualizables en la vida cotidiana. En esta descripción seguimos un camino inverso al que habitualmente se recorre cuando se estudian los casos patológicos y a partir de esta patología se infieren cuáles podrían ser los desarrollos normales. De este modo procedieron Freud y otros creadores de la teoría psicoanalítica, observando directamente a sus pacientes.

En la formación que hemos recibido se parte de los fenómenos psicopatológicos (psicopatología) para entender la psicología. Se estudian los enfermos para luego comprender los mecanismos normales. Estamos acostumbrados a trabajar sobre el grupo familiar enfermo, pero para comprender qué pasa en un grupo familiar, es importante entender los mecanismos normales de funcionamiento. Esto abre una nueva perspectiva más amplia, permite una visión más abarcativa, y facilita la comprensión de la dinámica. Es por eso

---

[1] En Revista Terapia Familiar N°9, Diciembre 1982. p. 29-57.

que vamos a hacer un estudio de la psicología de la vida cotidiana en el grupo familiar.

¿Es lícito afirmar que más que formados hemos sido deformados por esa tendencia de empezar por lo patológico para llegar a comprender lo normal?

Vamos a estudiar siempre al grupo familiar como un intermediario entre el individuo y la sociedad. Veremos cómo el pasaje de lo individual a lo social se da mediatizado a través del aprendizaje que se realiza dentro del grupo familiar. Esto va a ser un constante ir y venir; no es sólo que el individuo hace el pasaje a lo social a través del grupo familiar, sino que a través de éste lo social se introduce en el individuo, lo forma, lo determina en su desarrollo.

En este modo de abordaje partiremos de distintas categorías de análisis que hemos llamado: 1) Ámbitos. 2) La prehistoria. 3) La economía. 4) Los ceremoniales. 5) Evolución del grupo familiar desde la pareja. 6) El duelo central no elaborado. 7) Modalidades de la comunicación. 8) El cono invertido.

1. Ámbitos:

Los ámbitos son cuatro:

Psicosocial o individual. b) Sociodinámico o grupal. c) Institucional. d) Comunitario.

a) Ámbito Psicosocial o individual:

En este ámbito estudiamos a cada integrante del grupo familiar en forma individual (aunque no aislada) y se investiga la visión que cada uno tiene de los restantes miembros del grupo, y en cuánto coincide con la realidad. Estudiamos al sujeto, a cada miembro de ese grupo, y lo estudiamos a partir de las relaciones de este sujeto con su mundo interno y con su medio exterior más inmediato. Es decir, vamos a estudiar a un sujeto, a un miembro del grupo en forma individual; estrictamente hablando, lo individual nunca es tal sino que siempre veremos a un sujeto relacionado, un sujeto en situación y un sujeto producido.

También observaremos qué fantasías tiene este sujeto con respecto a su mundo exterior más inmediato y vamos a cotejar estas fantasías con la realidad, porque no siempre coinciden. Es que se produce un verdadero filtraje, es como si hubiera un filtro a través del cual el sujeto internaliza sus relaciones con su medio más inmediato, o sea el grupo familiar, pero las internaliza de una determinada forma algo así como "según el cristal con que se miren". Entonces no se dará una exacta adecuación entre la realidad y lo que este sujeto tiene internalizado de dicha realidad.

b) Ámbito sociodinámico o grupal:

Aquí observaremos cómo se producen las relaciones entre los distintos miembros del grupo familiar, veremos la estructura dinámica de los roles y nos encontraremos con seres humanos que desempeñan determinadas funciones, determinados papeles; es allí donde aparecen los roles básicos a través de los cuales se estructura todo el grupo familiar: rol de padre, rol de madre, rol de hijo, rol de hermano y donde a través de la interacción entre estos roles vamos a investigar los vínculos, los distintos liderazgos, los sistemas de poder dentro del grupo. Cómo algunos mandan y otros obedecen, cómo algunos se rebelan frente a esto, y otros se enferman tal vez por no poder rebelarse. Las relaciones entre los distintos roles nos van a mostrar qué está pasando dentro de cada grupo familiar.

c) Ámbito Institucional:

Se estudian en este nivel las relaciones de cada uno de los miembros del grupo con las instituciones a las cuales pertenecen. Estas instituciones básicas suelen tomar como modelo al grupo familiar y a la vez se da un interjuego donde el grupo familiar suele ser una especie de reflejo de lo que se da en las instituciones. Nos encontraremos con instituciones laborales donde el sujeto produce fuera de su grupo, instituciones educativas donde el sujeto hace su aprendizaje, recreativas en las cuales el sujeto pasa sus momentos de tiempo libre. Observaremos el uso del ocio y cómo se confunde el ocio con el negocio en una sociedad de consumo, donde el tiempo para el negocio de alguna manera tapa y se superpone al tiempo libre, al tiempo para el ocio, que tiene que ser siempre un tiempo útil; no es el tiempo para no hacer nada, sino que si hablamos de instituciones recreativas lo tomaremos en el sentido estricto de la palabra, para re-crear; el ocio es el tiempo para recreo. Otras instituciones están especializadas en cuanto desarrollan parte de la personalidad de los sujetos que asisten a ellas; por ejemplo, instituciones políticas, religiosas y aquellas que cumplen determinados roles y van a llenar determinadas necesidades a través de las cuales el sujeto va a hacer su desarrollo social.

Este estudio permitirá ir delineando qué tipo de ideología predomina en el grupo familiar, entendiendo por ideología la visión del mundo de ese grupo. Desde el comienzo del desarrollo de un niño –observando la forma en que se lo educa- puede verse la ideología que se da dentro de ese grupo: el tipo de escuela que se elige, el jardín de infantes e, incluso en el caso de madres que trabajan, en qué guarderías se lo deposita.

Hay grupos familiares que prefieren una educación más sistemática y por otro lado están los que optan por una escuela más libre, con otras normas educativas; y luego se verá en la elección del club, en las actividades socio-culturales, etcétera.

d) Ámbito Comunitario:

Aquí se observará cómo las relaciones de cada uno de los miembros del grupo familiar con la comunidad dependen mucho de los valores establecidos, de las pautas y normas aprendidas en el desarrollo, en la más temprana infancia dentro del grupo familiar. Nos vamos a encontrar con grupos familiares que tienen valores ajenos, a veces, a los del país en el cual están o a los de la región. Otros grupos familiares se sienten totalmente identificados con el lugar donde viven, ya sea como país o como región; y a partir de esto se pueden ver muy claramente los fenómenos de emigración hacia el exterior o de migración en el interior de un mismo país. Para muchos grupos, los valores más importantes están fuera del país en el que residen por la historia, por la prehistoria de cada grupo. A veces nos encontramos con que viene a la consulta un grupo muy preocupado -sobre todo los padres- porque los hijos se les van. No pueden ver cómo se les ha inculcado de alguna forma la línea de la emigración a partir de determinados valores aprendidos y transmitidos. En otros casos, grupos familiares que provienen de otro lado, del interior del país, por ejemplo, y se radican en la Capital o viceversa; en esos casos se transmite el deseo de volver al lugar de origen, lo cual da lugar a cierto tipo de migraciones internas.

Todo esto permite que se haga permanentemente un estudio simultáneo y sucesivo entre los distintos niveles de análisis. La división es válida sólo a los fines didácticos; en realidad, todos los niveles deben ser abordados sucesivamente, pero co-existentemente.

Se realizará en forma permanente un pasaje desde lo comunitario hacia lo individual y desde lo individual a lo comunitario, donde siempre el punto de pasaje se da a través del grupo familiar ya que dentro de los cuatro niveles es el grupal el prioritario como categoría de pasaje de lo individual a lo social y viceversa.

2) La prehistoria

Otra categoría de análisis con la cual nos encontramos frente a un grupo familiar pasa por la historia de ese grupo. Y más que en la historia, nos adentraremos en la prehistoria y veremos cómo dentro de un grupo puede recomponerse –casi como una tarea de reconstrucción arqueológica- esa prehistoria; y observaremos cómo cada rol que los miembros desempeñan, está determinado no sólo por circunstancias actuales sino por circunstancias pretéritas, es decir, de anteriores generaciones.

La denominación de prehistoria se refiere a investigar qué pasa con los padres de esos hijos, con los abuelos y qué pasa con los abuelos de los padres, y así sucesivamente hasta encontrar que hay muchos más mecanismos complejos que los que se ven a simple vista, para explicar por qué suceden cosas dentro de un grupo familiar.

Nos encontramos entonces con una red de relaciones muy intrincada, muy compleja, que se mueve a niveles inconscientes; muchas veces asusta ver hasta dónde las cosas que se hacen o se dejan de hacer están determinadas no sólo por circunstancias actuales sino por toda esa prehistoria. Esto va desde el nombre que se le pone a un hijo que nace; en muchas culturas el nombre tiene un sentido de reencarnación; para determinados grupos familiares a los hijos hay que ponerles el nombre de los padres; para otros, si están muertos, pero no si están vivos; o el nombre de los abuelos, sobre todo si están muertos. Aquí la fantasía de reencarnación es casi explícita.

A veces, sin ponerle ese nombre, ya desde que nace el niño se crea una expectativa para que cumpla determinado rol, y viene realmente a llenarlo; de ahí que se espere con tanta ansiedad que sea varón o mujer. A veces el sobrenombre, los apodos, etcétera. Apenas nace un niño a veces comienzan las peleas por: "a quién se parece".

En una oportunidad, observamos en un grupo familiar una situación de mucho enfrentamiento entre una madre y su hijo; se producían peleas terribles y era difícil entender qué pasaba. De repente preguntamos a quién se parecía el chico y la madre contestó: "Se parece a mi mamá". Puede decirse que en ese momento "se destapó la olla" y de ahí en más se arreglaron todos los problemas. Pudimos ver cómo la madre depositaba en la relación con el hijo toda una serie de problemas no resueltos en su relación con la madre, y cada vez que miraba a su hijo estaba viendo a su propia madre. Puede afirmarse, entonces, que siempre hay un tercero, incluido o excluido, y en consecuencia toda relación bicorporal es siempre tripersonal.

Esto nos llevará a desarrollar las sucesivas situaciones triangulares que se dan en un grupo familiar, es decir que nunca vamos a estudiar un solo triángulo (padre, madre, hijo) sino también los triángulos que anteceden a esta relación. Esta madre y este padre tienen una historia, tienen un pasado y sobre cada uno de ellos podríamos construir otra estructura similar a la anterior, con una abuela, un abuelo, o sea, madre y padre de este hijo-padre, y así sucesivamente hasta llegar a construir

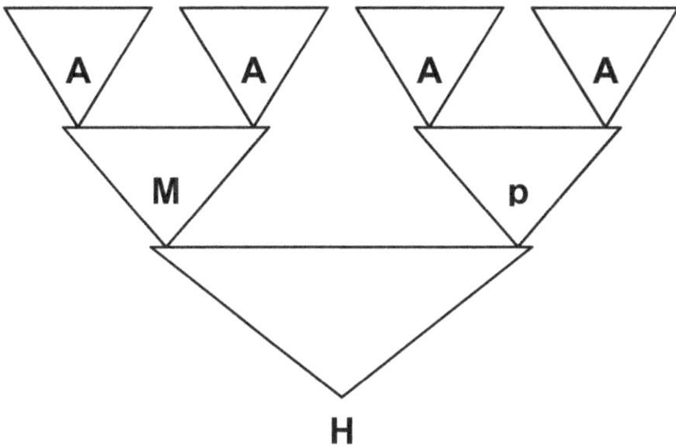

una verdadera pirámide. Cuanto más podamos investigar en la historia -más que en la historia en la prehistoria- del que aparece rotulado como enfermo (H), nos vamos a encontrar con cada vez más palancas y más botones de los que aparentemente se veían y entonces, este sujeto aparece determinado por una trama de relaciones inconscientes en las cuales el sujeto se constituye como tal.

La figura que reproducimos recuerda (en asociación libre) un circo, es decir, la pirámide donde hay abajo una persona que sostiene a veinte. Parece imposible, pero a veces e que sostiene a los demás suele ser el más chiquito y el más hábil. Esta imagen gráfica trasmite en cierta manera el proceso del enfermarse en un grupo familiar en general, ya que puede aplicarse a cualquier patología. Este sujeto (H) es muy fuerte y está sosteniendo o soportando sobre sí la carga de generaciones y generaciones.

El sujeto que enferma es, aparentemente, el más débil. En realidad es el más fuerte y ha estado soportando durante mucho tiempo todas las tensiones y toda la depositación que sobre él hacen los restantes miembros de la familia.

La reconstrucción arqueológica, o prehistoria, se detecta en muchos casos a través de los objetos que cada sujeto conserva a lo largo de la vida. Al hacer las entrevistas exploratorias en una terapia, de cualquier tipo, solemos pedir que el individuo traiga fotos y objetos, esos que se guardan e incluso se van llevando de mudanza en mudanza y que no se tiran nunca; a veces se guardan y no se sabe muy bien por qué. A veces son objetos heredados porque era algo de la madre o del padre o de la abuela y esos objetos tienen toda una historia, una serie de vínculos depositados. Y en la medida en que los analizamos desde esta perspectiva, los objetos cobran otra dimensión, se agranda su significado. Podemos entonces detectar algunas cosas que de otra manera no habrían aparecido y que en la mayoría de los casos revisten un significado enorme. A veces no hay objetos y eso también tiene un significado: es lo que brilla por su ausencia.

Planteamos de este modo que al estar revestidos con esos vínculos, los objetos adquieren características de recuerdo de algo y llegamos a la conclusión de que la unidad mínima de análisis frente a cualquier grupo familiar es abuelos, padres e hijos. Llegamos así al concepto desarrollado por Pichon- Rivière sobre ecología interna, entendiendo por ecología el estudio del habitat en el cual se mueve un organismo vivo y las relaciones de ese organismo con todo su medio.

3) La economía

Otro nivel de análisis con el cual abordemos un grupo familiar es la economía. Sabemos que dentro de las funciones de todo grupo familiar se jerarquizan como fundamentales las funciones de socialización, sexual, procreación y economía. En este nivel de análisis, que consideramos sumamente importante, vamos a encontrarnos con distintos tipos de situaciones.

Está el esquema clásico en el cual el hombre es el que sale a trabajar afuera para ganar el dinero y la mujer permanece en la casa haciéndose cargo de las tareas domésticas, cuidado de los hijos, etcétera. Dentro de este modelo hay hombres que se sienten muy bien y asumen el rol de patriarca del grupo familiar con toda la estructura autoritaria de poder que significa este tipo de relación; otros sufren esta situación y se sienten explotados por su mujer.

En otro modelo, el padre y la madre trabajan y aportan equitativamente el dinero; hay otros en que es indistinto quien aporta y a veces alternan en distintos periodos. De cualquier forma, lo que va definiendo las distintas modalidades de interacción dentro del grupo familiar, es la forma en que se distribuye el dinero. En la medida en que el dinero es instrumento de poder, el que lo detenta de alguna manera es el que tiene en sus manos el poder, y esta situación es utilizada muchas veces como instrumento para someter al otro.

En la vida cotidiana se observa muchas veces este manejo autoritario del dinero por parte del hombre, y al cual corresponde un manejo equivalente por parte de la mujer en otras áreas, que por lo general pasa por el área de las relaciones sexuales. Lo describimos como el síndrome del hombre que quiere tener relaciones sexuales y la mujer que se hace rogar.

Así como existen como modelos el matriarcado y el patriarcado, Pichon- Rivière ha descripto otro tipo de estructura de grupo familiar, muy desarrollada en la Argentina y que es el "tiado". A partir de la sucesiva muerte de los abuelos del grupo, y luego de los padres, quedan tías solteras como las herederas a veces de grandes fortunas. Alrededor de este hecho se genera toda una patología del grupo familiar.

Se cuenta una anécdota alrededor de un grupo familiar

que estaba aparentemente cuidando a una tía en el lecho mortuorio. Lo que se veía era que anhelaban que nada interrumpiera el proceso de la muerte y la pregunta era: ¿para cuándo? Todos los sobrinos estaban esperando la "mosca" (el dinero); en ese momento había una mosca que daba vueltas, la tía miraba la mosca que no la dejaba morirse. Y los sobrinos querían matar a la mosca para que llegara la "mosca". Estos grupos, que suelen poseer ciertas características histéricas, han sido denominados por Pichon- Rivière "grupos en casco de la estancia". A partir de sucesivas divisiones de la herencia han ido perdiendo los bienes y lo último que les queda es el casco de la estancia; son los "casquistas", que actúan en forma histérica para afuera, simulan para el mundo exterior.

En el tratamiento de un grupo familiar, el momento crítico, la hora crucial es el momento del pago, que es cuando debe detectarse cuál es el manejo del dinero del grupo. En algunos casos es el padre el que saca el dinero y paga por todos, cumpliendo con el rol esperado. En otros casos el que aporta el dinero es el padre pero la que paga -o sea que lo tiene en sus manos en el momento del pago- es la madre. En otros casos, dividen el pago por partes iguales, los padres y los hijos que trabajan.

4) Los ceremoniales:

Dentro de los niveles de análisis de la vida cotidiana, abordaremos ahora el significado de lo que hemos denominado los ceremoniales dentro de un grupo familiar.

Los ceremoniales son tareas siempre iguales y repetitivas que permiten -como en el caso del oficio religioso- comenzar el oficio y luego desarrollar otras tareas específicas. Podemos afirmar que dentro del grupo familiar se da algo similar, existen tareas que se repiten a la manera de estereotipos, como pie para hacer otro tipo de cosas, tareas propiamente dichas del grupo. A veces los ceremoniales de un grupo son secretos y otras veces pueden observarse desde afuera. Los ceremoniales se observan en la vida cotidiana en las cosas más sencillas, por ejemplo a la hora de las comidas. Hay lugares en la mesa que están prescriptos y cada miembro de la familia ocupa siempre el mismo lugar. Pichon- Rivière afirmaba que hay una silla reservada, simbólicamente, para el que va a enloquecer. El que ocupa ese lugar enferma porque de alguna manera es el portavoz, es el que va a denunciar qué esta pasando dentro del grupo: es el chivo emisario. A veces, al llegar de visita a una casa se observa que los lugares están predeterminados.

En las comidas en sí mismas se observan también rituales y ceremoniales. Hay distintos regímenes que hace cada uno de los miembros del grupo, y entonces hacen comidas distintas, pero de cualquier manera son rituales donde repetitivamente ocurre todos los días lo mismo. En algunos grupos, se reúnen todos a la hora de la comida, esa es la costumbre; en otros comen todos separados y en distintas horas. Algunos comen mirando todos el televisor y otros nunca.

Los rituales se ven también en la forma de distribución de los roles; a veces es la madre la que siempre hace la comida, en otros casos es el padre, y en otros se turnan; a veces el padre lo hace porque le gusta pero la madre no lo permite con la excusa del orden. Se observan también en quién sirve la comida. O es la madre, o ésta lo delega en una empleada.

También puede verse a la hora de las comidas qué sucede con la comunicación dentro del grupo; en algunos casos permanecen todos callados, o por el contrario todos hablan. Si bien todos al mismo tiempo y nadie escucha lo que dicen los demás; hay grupos cuyos integrantes rezan antes de comer. En consecuencia, es importante estudiar qué pasa con la comunicación o la incomunicación dentro del grupo. Podríamos ejemplificar con la situación bastante habitual de aquellos grupos que ya mencionaos que comen con el televisor encendido, todos miran y no se hablan entre sí.

En las horas de las comidas también es frecuente que se susciten peleas; los miembros del grupo no se vieron en todo cl día y en el momento en que se encuentran se pelean;

el resultado suele ser que "les hace mal la comida", etcétera. Y posteriormente afirman que les cayó mal la comida, cuando en realidad ésta no tiene la culpa.

Se observan las distintas vías de comunicación: dos se comunican entre sí y excluyen a los demás, los otros no pueden entrar; o todos se dirigen a uno de los miembros, haciéndolo el chivo emisario. En algunos casos, uno de los miembros ejerce el liderazgo autoritario y no deja hablar a ninguno de los demás; aquí las dificultades para comunicarse suelen ponerse de manifiesto en las salidas abruptas de un miembro que se retira enojado.

En resumen, estos distintos niveles de abordaje nos permiten -a través de indagar desde las "pequeñas" cosas de la vida cotidiana- detectar todas las "grandes" cosas que subyacen en lo implícito y que están pasando dentro de un grupo.

5) Evolución del grupo familiar desde la pareja

Nos ocuparemos ahora de la evolución del grupo familiar desde el momento en que comienza a formarse como tal. El primer punto es observar cómo se conforma la pareja, base a partir de la cual se desarrollará la estructura del grupo. En esa conformación juegan múltiples causas o motivaciones; algunas de éstas son a veces explícitas y conscientes, otras son motivaciones inconscientes muy profundas.

Distinguimos tres modalidades por las cuales un hombre y una mujer deciden constituirse en pareja y formar un grupo familiar. Estas son: 1) para poder salir del grupo familiar de origen; 2) para poder quedarse en el grupo familiar de origen; 3) para sacar al otro del grupo familiar de origen. Serían tres modalidades de las cuales la primera, entraría dentro de los términos de la evolución más o menos normal que sigue toda la pareja que se forma. Si bien puede decirse que si todos estuviéramos tan bien dentro de nuestro propio grupo familiar nadie buscaría formar otro, existe la ley de la exogamia por la cual los individuos no pueden quedarse para siempre dentro del grupo y deben constituir otro grupo afuera.

Muchas veces hay deformaciones de esta línea; salir del grupo familiar puede ser patológico en la medida en que se haga para adosarse al grupo familiar del otro; es decir que se deja el grupo propio para adoptar el del otro y en lugar de casarse con un individuo se casa con una familia entera (como si no alcanzara con casarse con uno). Es para salir de su propia familia que elige la familia del otro y se casa con la otra familia.

En el segundo caso, los individuos se casan para poder quedarse dentro del grupo familiar de origen; el cónyuge quiere permanecer con sus padres, y por consiguiente incorpora al otro a su propio grupo y lo adosa. Incluye al otro como si fuera de su propia familia; esto se ve muchas veces en casos de hija mujer única (o de varias hijas mujeres), que incorpora al marido al grupo familiar propio. Es una manera de seguir quedándose dentro de su grupo familiar, y a la vez darle a los padres el hijo varón que no tuvieron.

Todas estas divisiones nos sirven para entender los procesos, pero no son compartimentos estancos sino que funcionan dinámicamente y se complementan mutuamente. Ambas modalidades -1 y 2- son complementarias. Un sujeto que pertenece al grupo uno buscará como pareja a alguien que esté en el 2 y viceversa.

La tercera modalidad la constituye el grupo que se conforma para poder separar al otro de su familia, para poder aislarlo de la pareja formada con uno de los padres. La posición explícita suele ser que lo que se busca es lograr que el otro se independice de su familia, para hacerlo crecer y desarrollarse. Pero por lo general, detrás de todo esto aparecen personalidades muy dependientes de su propio grupo familiar, si bien se trata de una dependencia secreta, oculta hasta para ellos mismos. Es como si no pudieran elaborar el conflicto dentro de su propia historia y tuvieran que elegir a otro para resolver el conflicto. Prefieren librar la batalla en otro campo, no en el propio; en términos de fútbol, se diría que prefieren jugar siempre de visitantes y eluden jugar de locales. Son por lo general personalidades solitarias pero muy dependientes, aunque aparecen como muy independientes. Provienen de familias muy poco afectivas, dispersas, frías. Suelen buscar en el otro la complementariedad y encuentran alguien que tiene una familia muy unida; lo que se está dando veladamente es el intento de separar al otro del grupo familiar, por envidia de lo que no se tiene o no se tuvo.

De este modo, y en una primera aproximación, diríamos que es así como se conforma el primer eslabón del grupo familiar, que es la pareja.

6) Duelo central no elaborado

Al formarse entonces, una nueva familia aparecen los diversos duelos; éste es uno de los temas básicos dentro del estudio del grupo familiar, tema que fue ahondado por Pichon- Rivière, denominándolo duelo central no elaborado; sería la matriz patogenética de la cual surge justamente toda la patología del grupo familiar, a partir de la no elaboración de esta situación de duelo. El Prof. Dr. Kesselman incorporó posteriormente las nociones de duelo parental y duelo conyugal familiar.

Por lo tanto, analizaremos los que atraviesan en un grupo familiar: 1) duelo parental; 2) duelo conyugal familiar; 3) duelo de los hijos (estos tres conforman el duelo central no elaborado); 4) duelo actual o desencadenante.

Duelo es el dolor que se siente frente a cualquier situación de privación, de pérdida, de frustración; específicamente solemos tomarlo para designar la pérdida de seres queridos, pero el duelo puede ser referido a cualquier otro tipo de situación de pérdida. Puede ser la pérdida del empleo del padre, cuando el hijo menor comienza la escuela, o cuando se casa, etcétera.

1) Duelo parental familiar:

El duelo parental familiar es el que tienen que elaborar un hombre y una mujer cuando deciden juntarse y formar un nuevo grupo, ante la pérdida de sus respectivos grupos de origen. Deben elaborar la pérdida de su condición de hijos y asumirse como seres adultos, independientes, y afrontar todas las responsabilidades que implica formar un nuevo grupo. Significa salir de un grupo primario para entrar en otro grupo primario. No se trata de que estos dos seres que se han unido dejen de ser hijos; nunca se deja de ser hijos; sino que de alguna manera tienen que empezar a ser padres, tienen que dejar el rol de "hijo" cuidado, atendido, criado, educado, socializado, mantenido y todo lo que corresponde al proceso de evolución de un grupo familiar, y pasar a asumir el rol de esposos y luego de padres.

Suele observarse, frente al comienzo de estructuración de una pareja, el surgimiento de situaciones triangulares que tienden a hacerse binarias, es decir, a hacerse de a dos, como la posibilidad de elaboración de la situación de duelo. En estas situaciones triangulares se encontraría en una punta el grupo familiar de origen de uno de los cónyuges, en la otra punta el grupo familiar de origen del otro y en la tercera, el grupo que acaba de constituirse. Se observan situaciones de exclusión, donde el grupo familiar que se formó se adosa a uno de los grupos familiares, por ejemplo, a los padres de la esposa o viceversa, excluyendo al otro grupo.

Otra posibilidad se da cuando la pareja recién formada se conforma como unidad de a dos, y excluyen o aíslan a los respectivos núcleos familiares. Se observa cómo frente a ésta situación de pérdida cada uno de los integrantes del nuevo grupo viene ya con un duelo que tiene que elaborar y trae una fantasía, con una expectativa, con una esperanza de recuperar lo perdido a través del otro. Estamos frente a lo que se denomina la búsqueda del rol perdido. De esta manera es como se configuran esas situaciones tan claras y tan comunes de la vida cotidiana, donde el varón busca en la mujer una mamá que lo cuide y que lo atienda, tal como la mamá hacía con él; o la mujer busca un papá que la proteja y la sostenga o contenga, tal como el padre hacía con ella. No es que estos hijos esperen siempre encontrar en sus parejas los padres que tuvieron; a veces se busca lo que jamás se tuvo. De todas formas, ya sea que se busque lo que se tuvo, o lo que no se tuvo, es siempre la búsqueda de rol perdido; es lo que se tuvo y fue perdido o lo que nunca fue tenido. Aparece así en cada uno la ilusión de recuperar el rol perdido, a través del otro. Esta ilusión suele llevar muchas veces a la desilusión.

Todo encuentro es un re- encuentro, y veremos cómo la conformación de una pareja también es un reencuentro. Se busca realmente un rol perdido y a veces, el personaje perdido, haciéndose una identificación proyectiva; uno se identifica con otro, pero a partir de haberle proyectado una serie de cosas que se buscan en el otro, que se quieren encontrar en el otro.

Entonces podríamos afirmar que lo reviste con esa proyección y que después, en la medida en que empieza a retirar lo proyectado, comienza a verse al otro tal como es y no como se quería que el otro fuera; es entonces que sobreviene la desilusión. Se está escamoteando lo que el otro realmente es; se lo reviste, se lo disfraza.

Parecería que el retiro de lo proyectado suele comenzar alrededor del séptimo año. Existe, a propósito, una obra de Arthur Miller, La comezón del séptimo año, donde las parejas a esa altura empiezan con los problemas. La obra pertenece a la década del 50, y treinta años después las cosas parecen acelerarse. Frente a las desilusiones, hay quienes dicen: "De ilusión también se vive"; pero como respuesta, también existe otro dicho de la vida cotidiana: "Quién vive de ilusiones muere de desengaños."

Otra ejemplificación muy clara surge de diálogos de la vida cotidiana. Es muy común escuchar que una pareja se diga: "Mami, alcanzame tal cosa" o "Papi, por qué no me ayudás". También la búsqueda del rol perdido se da a nivel fraterno y lo consideramos muy importante, porque en cierta tipología de parejas funcionan realmente como hermanos. Son esas parejas que se pelean todo el día, pero lo hacen como lo hacían con sus respectivos hermanos, en un nivel de rivalidad y de competencia fraternal.

Son parejas en las que existe un cariño básico, que aún no ha podido discriminarse como cariño entre hombre y mujer adultos. Es un cariño fraterno que les impide quererse como marido y mujer, ya que esto sería caer en una relación incestuosa.

Esta forma de relación "fraternal" se ve en múltiples situaciones de la vida cotidiana.

2) Duelo conyugal familiar

Una vez que una pareja se casa y conforma su grupo familiar, comienza a elaborar el duelo por las respectivas pérdidas, a lograr estabilizarse, a conseguir ciertos puntos de aproximación, a empezar a ponerse de acuerdo en algunas cosas, a lograr una cierta adecuación sexual; es entonces cuando deciden encargar un hijo, y se entra en una nueva situación de duelo que es lo que vamos a denominar el duelo conyugal familiar. Con esta denominación se apunta al duelo que los padres tienen que hacer por la pérdida de la pareja conyugal en sí misma.

Desde el momento en que deciden tener un hijo tienen que elaborar la pérdida de su intimidad. La palabra intimidad viene del griego intymos que significa afecto entre dos (Creemos importante explicar a veces la etimología de algunas de las palabras que usamos cotidianamente, ya que su significado siempre es muy profundo y esclarecedor).

Comienza a elaborarse el duelo de perder la condición de a dos, porque desde ese momento van a pasar a ser tres, e irremediablemente nunca más van a volver a ser dos, de la misma forma en que lo fueron. Por eso es importante averiguar, en un grupo familiar, a qué edades se casaron y a qué edades empezaron a tener hijos: cuánto tiempo tuvieron para estructurarse como pareja antes de pasar a la nueva reestructuración que implica agregar otro más a ese nuevo grupo.

Frente a la situación de pérdida de la condición de "a dos", vamos a encontrar las mismas opciones que se ponían en juego cuando describíamos el momento en que dos personas se unen y conforman un nuevo grupo.

Entre las motivaciones más profundas que subyacen cuando se decide una pareja a tener un hijo, además del deseo natural que existe, pueden mencionarse, por ejemplo, para terminar de salir del grupo familiar en el cual se estaba, para seguir quedándose en su propio grupo familiar anterior o para separar al otro del grupo familiar.

Aquí aparece un nuevo sistema social: junto a los más conocidos de patriacado, matriarcado y "tiado", también está el "abuelado"; el abuelado se refiere precisamente a este tipo de situaciones en las cuales, ya sea para salir o para quedarse, los abuelos entran a jugar un rol muy importante en la vida del grupo familiar que se ha constituido.

Veamos ahora las distintas opciones que mencionábamos: a) para salir del grupo familiar de origen: suele verse en aquellos casos en los cuales el futuro padre no ha sido reconocido hasta ese momento en su crecimiento y maduración por sus propios padres. Con casarse no alcanzó para lograr ese reconocimiento. Necesita tener un hijo para demostrarles que ya es lo suficientemente grande como para ser padre. El tener un hijo aparece entonces como la posibilidad de obtener aquel reconocimiento, y "terminar de salirse" de su grupo familiar. En estos casos, los que toman el poder suelen ser los padres del otro cónyuge. b) Pata poder quedarse en el grupo familiar de origen: esta situación se da en aquellas personas que no tuvieron de sus padres lo que deseaban recibir; y esperan que a través de sus propios hijos lo recibirán. En estos casos, tener hijos es una forma vicariante (a través de otro), de tener aquello que no tuvieron. Existe un dicho popular que afirma: "Los nietos recibirán de sus abuelos, aquello que esos abuelos no dieron a sus propios hijos". Aquí, los que frecuentemente tienen el poder son los padres de este sujeto que desea quedarse en su grupo de origen. c) Para sacar al otro del grupo familiar de origen: estas situaciones se dan en aquellos casos donde uno de los integrantes de la pareja se queja de que el otro está muy pegado a sus propios padres y no se dedica lo suficiente a su propio hogar y que al tener un hijo, tendrá que cuidarlo y dejará de ir todos los días a la casa de los padres. d) El hijo mesiánico (o "poxipol"): esta situación se da en aquellos casos en que existiendo serias dificultades en la relación de pareja, tener un hijo aparece como una forma mágica de re-unión para la pareja y de re-solución de los conflictos. Es lo que se conoce como hijo mesiánico. Como ese hijo no puede cumplir con las expectativas mesiánicas, está destinado a convertirse en chivo emisario. e) Otra motivación para tener un hijo pasa por la necesidad de los cónyuges de entregar a alguno de sus respectivos padres un nuevo hijo, el "hijo-ofrenda" que puede ser para salir del grupo, para quedarse, para reparar, etcétera.

Se configuran entonces situaciones triangulares donde se va a tratar siempre de que quede un tercero excluido y donde lo más común, dada la situación del nacimiento, es que el primer gran excluido sea el padre actual.

En la relación estrecha que se establece entre la madre y el hijo, que por otra parte tiene todo un fundamento en la naturaleza del vínculo, suelen darse también otro tipo de situaciones de exclusión: pueden unirse el padre y la madre para excluir al hijo o pueden unirse el padre con el hijo -esto es más difícil- para excluir a la madre (si bien en etapas más avanzadas del desarrollo).

Vemos entonces que así se perfila esa "olla común" que se va formando dentro del grupo familiar a partir de las situaciones de duelo por las cuales tienen que ir pasando todos los miembros del grupo, que van confluyendo y se van depositando como si fuera las catáfilas de una cebolla, alrededor de un núcleo central que constituye lo que se denomina el duelo central no elaborado.

3) Duelo de los hijos

Este duelo pasa entonces por un duelo parental, por un duelo conyugal y también por los duelos de los hijos. Estos, desde que nacen tienen que empezar a elaborar duelos, porque toda la vida es un constante perder cosas, o desprenderse de cosas; por supuesto que para ir ganando otras, pero que configura esto una situación de duelo permanente. Desde que nace tiene que desprenderse del claustro uterino, y luego tiene que desprenderse de la teta, y luego tendrá que desprenderse del chupete y de la mamadera, y es una sucesión constante. Entonces llegamos a que terminamos todos fumando, mascando chicles, que es un pecho inagotable que nunca se termina y que además, por más que se lo mastique, no se destruye y vuelve a reaparecer entero. El ejemplo máximo son los chicles globos.

4) Duelo actual o desencadenante

Cuando un grupo familiar llega a la consulta suele traer diversas situaciones de pérdida que generan depresión, conflictos, frustración, miedos, inseguridad e incertidumbre. Dichas pérdidas pueden ser: la muerte de un ser querido (abuelos, padres, hermanos, etc.); pérdida del trabajo del padre o de la madre (con la consiguiente disminución del status socioeconómico de la familia); crisis evolutivas (pasajes de la infancia a la adolescencia; o de la madurez a la vejez, con la consiguiente pérdida de roles operativos –tal como se ve en las situaciones de jubilación-); los hijos que crecen y se van (el hijo más pequeño que comienza a ir a la escuela, hijos que se casan); etc.

Es importante trabajar con el duelo actual, pero teniendo en cuenta que siempre nos remite al duelo central no elaborado, el cual deberá ser elaborado.

7) Vectores del cono invertido

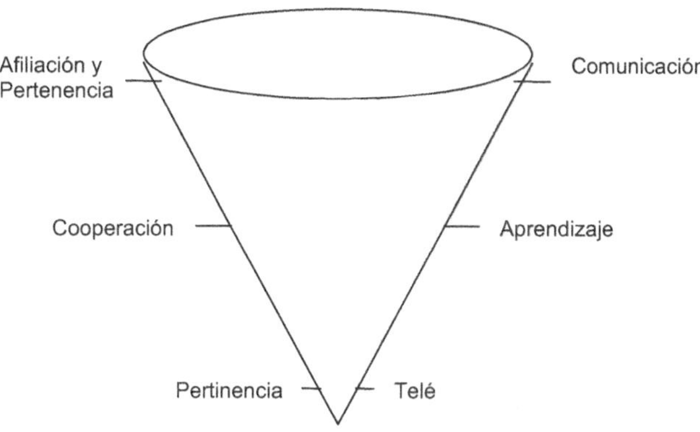

El punto de partida de este análisis es una escala de evaluación de los procesos de interacción grupal, desarrollada por Pichon- Rivière. Estos vectores se utilizan habitualmente para los Grupos Operativos de aprendizaje. Trataré de explicar aquí su aplicación, y el uso instrumental que les doy en el estudio de la interacción en el grupo familiar.

A) Afiliación y Pertenencia

Aquí se estudia el grado de identificación de los miembros del grupo entre sí y con la tarea. La afiliación es un primer grado (más superficial) de identificación. El afiliado "no pone el cuerpo", guarda una cierta distancia. La pertenencia es un segundo grado (más profundo), que implica acortar las distancias. Así, nos encontraremos con miembros del grupo que se sienten pertenecientes, es decir, se sienten formando parte del grupo, se sienten parte de un "nosotros". En cambio, otros miembros no son pertenecientes sino afiliados, se sienten más en la relación "yo- ellos". A veces están, y a veces no; nunca se sabe si se puede contar con ellos. No han pasado de la afiliación a la pertenencia, del yo al nosotros.

Las motivaciones inconscientes que subyacen a este vector cabalgan sobre la necesidad- satisfacción, como determinante de la pertenencia al grupo.

En la tarea con el grupo familiar es importante determinar quiénes son afiliados y quiénes tienen pertenencia. Sabemos, de todos modos, que existe una correlación permanente y directa entre afiliados y pertenecientes para hacer el gran conjunto que tiene que llevar la tarea adelante. A veces nos encontramos con allegados y amigos que se hacen cargo de ayudar al proceso terapéutico más que los parientes directos; o hermanos que se hacen más responsables que los propios padres.

El grado de identificación con la tarea se mide por el grado de responsabilidad con que se asume el desempeño de la tarea prescripta; pero esto no es algo inmutable. Todo aquel que haya trabajado con grupos familiares sabe que los gestores o impulsores de hoy pueden ser los conspiradores de mañana, o viceversa; es decir que los roles de aceptación o rechazo, como así también los grados de pertenencia, pueden invertirse en el curso del proceso corrector.

B) Cooperación

Es la capacidad de ayudarse entre sí, y al terapeuta. Se da a través del desempeño de roles diferenciados, y de la forma como se asumen esos roles. Por ejemplo: rol de esposo, esposa, padre, madre, hijo, hermano, etc. También hay roles de tareas: el aporte económico, la crianza de los hijos, etc. La cooperación se da en la medida en que los roles sean complementarios, y no suplementarios, ya que estos últimos llevan a la rivalidad.

La cooperación se mide por el grado de eficacia real con que cada uno de los miembros del grupo participa para contribuir al logro o fracaso de la tarea. Eficacia real es la que se detecta en la realidad que emerge de las conductas, y no la que se declara intencionalmente. Es a través de la tarea que se comprueba quién coopera y quién obstaculiza: "En la cancha se ven los pingos".

C) Pertinencia

La pertinencia es la capacidad de centrarse en la tarea, que en el aquí y ahora es curarse, romper los estereotipos, redistribuir las ansiedades, vencer la resistencia al cambio, elaborar los duelos, redistribuir los roles, etc., y que en el hogar puede ser resolver aspectos referidos al trabajo, a la economía, a la salud de los integrantes, a la educación de los hijos, etc.

Es lo que permite mantener en su eje el sentido verdadero del proceso corrector: que lo que aparentemente es una reunión social donde "se van por las ramas", en un momento dado puedan "volver al tronco" y centrarse en la tarea. El problema surge cuando esta vuelta se torna dificultosa.

D) Comunicación

Es una de las vertientes más demostrativas, para detectar y visualizar las perturbaciones en los vínculos entre las personas. Aquí vemos las distintas formas en que se relacionan entre sí los miembros del grupo familiar: uno hacia todos: líder; todos hacia uno: chivo emisario; dos o más entre sí excluyendo a los demás: subgrupos; todos con todos al mismo tiempo y sin escucharse mutuamente: caos; todos con todos respetando y escuchando la intervención del otro: orden, buena comunicación.

Se estudian también la incomunicación y los cortocircuitos en el circuito comunicacional (emisor – receptor – canal – mensaje – feedback). En una primera aproximación nos encontramos con un emisor, un receptor, y un mensaje que viaja por un canal. Vamos a tratar entonces de detectar en qué parte del recorrido del mensaje están los cortocircuitos, y de esclarecer los malentendidos básicos, tan comunes en la interacción grupal, que se generan en la comunicación ya sea por dificultades en quien emite el mensaje, o por dificultades en la comprensión del mismo por parte de quien lo recibe.

El malentendido es un sobreentendido, que por tan sobreentendido no es bien comprendido. Nos encontramos con situaciones de malentendido cuando: a) no existe un ECRO (Esquema Conceptual Referencial y Operativo) común entre emisor y receptor; b) cuando hay dificultades en el emisor, en el receptor o en el canal; c) cuando no se da un ajuste entre el contenido del mensaje y el cómo se lo emite (metacomunicación); d) cuando no hay ajuste entre las imágenes internas y la realidad exterior (correlación Mundo Interno-Mundo Exterior).

Estudiamos aquí los secretos que aparecen en los grupos familiares, que es algo que todos saben (algunos conscientemente y otros no), pero que nadie dice. También los secretos del grupo familiar – a los cuales podríamos denominar, parafraseando a Freud, "la novela familiar"- son fuente de malentendidos. En general, se trata de situaciones vergonzantes para el grupo familiar, como pueden ser la presencia de alcoholistas, drogadictos, o algún enfermo mental en los antecesores; o episodios de infidelidad, ya sea matrimonial, religiosa, política, etcétera.

Es muy importante para la comprensión de la dinámica del grupo familiar investigar cómo se comunican sus miembros. Seguiremos para hacer este análisis un modelo propuesto por Kesselman para indagar las modalidades de la comunicación en el grupo familiar, entendiendo que ésta puede darse en tres niveles, a los cuales denominaremos, según el tipo de relación que el sujeto establece con quien se relaciona, y tomando los términos de las fases de la libido: oral, anal y genital.

a) Nivel oral: es el más regresivo. Se caracteriza por la queja y el reproche constantes. Hay una permanente demanda hacia el otro; se espera del otro que suministre todo. Aparece un deseo de vaciar al otro, con exigencias de suministro y de cambio. La expectativa de cambio es que todo lo que tiene que cambiar debe provenir del otro; el sujeto piensa que si el otro no suministra o no cambia, no es porque no puede sino porque no quiere.

Predomina entonces la ansiedad paranoide, persecutoria; frente a ésta situación debemos buscar la otra ansiedad, la ansiedad depresiva, que está latente.

Estos sujetos no toleran que el otro pueda dar o no dar, no toleran la ambivalencia (que el otro pueda ser "bueno o malo", gratificante o frustrante, al mismo tiempo), y no toleran que el otro no responda a su deseo.

Por más que el otro dé, el sujeto se queja de que no se le dio nada, o de que lo que se le dio no sirve para nada, y que en definitiva está vacío. Pero lo latente de esta situación es que él siente que el otro está vacío porque él lo ha vaciado, y que él no le ha dado nada.

No hay miedo a la pérdida porque no se tiene conciencia de que se puede perder al otro. Se necesita del otro, y se está seguro, por consiguiente, de que no se va a separar de él, por más reproches que se le hagan. Las sorpresas vienen cuando el otro se cansa de dar siempre, y dice basta. Estos sujetos no valorizan al otro hasta el momento en que lo pierden; es como si recién entonces pudieran reconocer todo lo que el otro les da, y todo lo que significa para ellos. Se trata de un nivel narcisista, en el cual se exige que los otros satisfagan todos los deseos; y por más que los otros les brinden, siempre está la queja o el reproche.

La frecuencia de interacción es como la relación del bebé con el pecho: varias veces al día (Estas frecuencias de interacción han sido fijadas a manera de ejemplo).

b) Nivel anal: es menos regresivo. Se caracteriza por períodos o ciclos, donde alternan la expulsividad y la retentividad; hay explosiones y ataques violentos hacia el otro, que son seguidos por reacciones de arrepentimiento, acompañadas de una conciencia piadosa y culposa de autoacusación, y de un intento de reparar el daño causado. Son ciclos en los que alternan los estallidos y las reconciliaciones.

Estos sujetos tienen una gran dificultad para terminar de juntarse o de separarse definitivamente. Es un nivel evolutivo superior al anterior (nivel oral), dentro de las modalidades de comunicación, ya que aparece una reflexión que, aunque temporaria, considera la necesidad del otro. Aquí ya aparece el miedo a la pérdida – hay sentimientos de culpa- y su correspondiente ansiedad, la ansiedad depresiva.

La frecuencia de estos ciclos de interacción es de una vez por semana.

c) Nivel genital: es el más evolucionado o maduro de los niveles de comunicación. Prevalece aquí la capacidad de identificación, y el deseo de proteger al otro de la destrucción; o de repararlo, si es que se lo atacó antes. Se busca qué grado de responsabilidad tiene uno en lo que está pasando, y qué tendría uno que cambiar para que las cosas mejoren.

En este nivel se da la posibilidad de que uno se ponga en el lugar del otro y pueda así comprender lo que le pasa. No se pretende que todo el cambio provenga del otro, sino que pueden preguntarse qué estarán haciendo cada uno para que los otros reaccionen de esa manera.

Es el nivel más difícil de alcanzar, y se logra de vez en cuando.

E) Aprendizaje: Encaramos este vector en términos del desarrollo que van siguiendo los niños en su proceso de maduración, tanto como los padres en su crecimiento como pareja. Investigamos el aprendizaje de los roles básicos ya mencionados (esposo- esposa, padre- madre, hijo- hermano).

Relacionamos este vector aprendizaje con el criterio de adaptación activa a la realidad, modificadora tanto del sujeto como del medio, en un proceso de interacción dinámica.

Entendemos también por aprendizaje a la capacidad del grupo familiar para desarrollar conductas alternativas frente a los obstáculos; es decir, la capacidad para no repetir siempre las mismas conductas.

F) Telé: Es un término creado por Moreno, que significa la disposición, positiva o negativa, para interactuar más con unos miembros que con otros. Es un sentimiento de atracción o de rechazo, de simpatía o de antipatía.

Podría hablarse en términos de transferencia positiva o negativa; pero preferimos utilizar el término telé, que significa una disposición para actuar, al mismo tiempo que contienen el significado de: "a distancia". Esto viene a que, al encontrarnos en un grupo con los otros miembros del mismo, aparecen – "de entrada" y "a distancia"-, esos sentimientos de atracción o de rechazo.

Es una cosa "de piel"; sin saber muy bien por qué, sentimos simpatía o antipatía hacia unos u otros. El porqué de esto está en el hecho de que todo encuentro es un re-encuentro; y nos remite a personajes arcaicos de nuestro mundo interno, es decir, a personas que en algún momento favorecieron o perturbaron nuestro desarrollo.

Decimos, entonces, que toda situación actual es heredera (o heredada) de otra situación anterior. Sin saber muy bien por qué, cada sujeto puede agruparse con algunas personas, y en cambio rechaza a otras. Cuando decimos "es una cosa de piel", es porque consideramos a la piel como el órgano de choque del ser humano en su relación con el mundo exterior, y por lo consiguiente la podemos considerar, en el lenguaje cotidiano, como la residencia de la telé.

Decíamos que a distancia, a primera vista, se produce una atracción o un rechazo. En realidad, de acuerdo con lo que expusimos anteriormente, es siempre "a segunda vista".

Una telé negativa puede perturbar mucho la tarea del grupo. Por eso es muy importante detectar qué es lo que se está proyectando, y demostrar las raíces profundas, y a veces irracionales, de esa proyección.

A veces los padres ven en sus hijos algo de sus propios padres. Esclarecer esto permite – como en el caso que mencionamos al hablar de la prehistoria- resolver conflictos aparentemente irresolubles. Otras veces puede suceder que un hijo vea en sus padres actuales a la madre o al padre de su infancia. En todos estos casos debe pasarse de lo irracional a la comprensión.

Los vectores del cono invertido tienen una direccionalidad. Una perturbación en la Pertinencia significa que algo anda mal en la Cooperación (vector inmediato superior), y esto nos remite a que no se ha pasado de la Afiliación a la Pertenencia (vector superior).

En la otra vertiente del cono, la aparición de una telé negativa, difícil de modificar, significa que algo está fallando más arriba, en el vector del Aprendizaje, ya que no pueden aprender conductas alternativas. Y esto nos remite a que algo anda mal en el vector inmediatamente superior; es decir, que hay cortocircuitos en la Comunicación.

Conclusión

Todas estas categorías de análisis que hemos desarrollado constituyen un esquema de orientación básica para leer e interpretar las conductas de los integrantes del grupo familiar. Constituyen un esquema que, incorporado al ECRO (Esquema Conceptual, Referencial y Operativo) del agente corrector, puede ayudarlo a sistematizar y planificar cada momento del proceso terapéutico.

Este esquema no constituye algo rígido y estereotipado, sino que en su aplicación se realizan los cambios y adaptaciones necesarios para cada caso. Creo, sin embargo, que como guía y como modelo, es válido.

Es una posibilidad de abordaje que planteo como modelo de pensamiento, como un punto a partir del cual se pueden desarrollar múltiples posibilidades.

Resúmen

En este trabajo hacemos un enfoque de la psicología de la vida cotidiana en le grupo familiar. Consideramos que es de fundamental importancia para la comprensión y abordaje de los fenómenos de interacción dentro de la familia.

Se desarrollan aquí diferentes categorías de análisis: 1) Ámbitos o niveles, 2) La prehistoria, 3) La economía, 4) Los ceremoniales, 5) La evolución del grupo familiar desde la pareja, 6) El duelo central no elaborado, 7) Los vectores del cono invertido.

Realizamos en este trabajo una descripción fenoménica de conductas y situaciones de la vida cotidiana en el grupo familiar; analizamos también los psicodinamismos y las motivaciones inconscientes que subyacen a dichas conductas manifiestas.

Bibliografía

BLEGER, J: Psicología de la conducta. Editorial Universitaria de
    Buenos Aires, Buenos
 Aires, 1963.
BLEGER, J: Simbiosis y ambigüedad. Ed. Paidós. Buenos Aires,
    1975.
BERSTEIN, M: Clases de la Primera Escuela Privada de Psicolo-
    gía Social, Prof. Dr. E. P-R.
CALVO, I., RITERMAN, F. y CALVO T.: Pareja y familia. Ed. Amo-
    rrortu, Bs. As., 1973.
KESSELMAN, H., Psicoterapia Breve, Ed. Kargieman. Bs. As.,
    1970.
KESSELMAN, H., Clases de la Primera Escuela Privada de Psico-
    logía Social, fudada por el Prof. Dr. E. Pichon-Rivière.
LIENDO, E. y GEAR, M. C.: Psicoterapia estructural de la pareja
    y del grupo familiar, Ed. Nueva Visión. Bs. As., 1974.
PICHON- RIVIERE, E.: El Proceso Grupal. Ed. Nueva Visión.
    Bs. As., 1975: a) Tratamiento de grupos familiares: Psicote-
    rapia colectiva. B) Grupos familiares. Un enfoque operativo.
    c) Estructura de una escuela destinada a psicólogos sociales.
    d) Una teoría del abordaje de la prevención en el ámbito del
    grupo familiar.
PICHON- RIVIERE, E.: Clases de la Primera Escuela Privada de
    Psicología Social.

Psicoanálisis del amor, ahora al diván se va en parejas[1]

Entrevista al PROF. Prof. Dr. Marcos Berstein
por *Helena Serrot*

Una nueva tendencia esta imponiéndose entre los argentinos: buscar las soluciones a los conflictos del matrimonio en la psicoterapia de pareja, una ayuda invalorable para superar "la comezón del séptimo año", esto es, las crisis matrimoniales, que actualmente se presentan cada vez con mayor celeridad. Hablan dos especialistas en el tema.

Aunque no existen estadísticas al respecto, es un secreto a voces: desde hace aproximadamente quince años, la proporción de matrimonios que entran en crisis, para luego separarse, aumenta día a día de forma alarmante. "¿Seguís casado con…?" es la pregunta típica que cautelosamente hace el viajero a sus amigos, después de haber pasado un par de años fuera del país, y resulta imposible negar que la generación que hoy tiene entre treinta y cuarenta años puede ser catalogada, prototípicamente, como "la de los separados".

¿Qué cambios ocurrieron en el cuerpo social para que este fenómeno se propagara como una epidemia incontenible? ¿De qué forma se constituyeron esas parejas, hoy rotas? ¿Cuáles son sus características y qué nos puede decir al respecto el psicoanálisis y la terapia de parejas? ¿Han dejado de ser eficaces las viejas fórmulas que otorgaban validez y solidez al matrimonio? ¿Cuál o cuáles podrían ser las nuevas fórmulas?

En un intento de aproximación al problema, entrevistamos a un experto en terapia de parejas, el doctor Marcos

---

[1] En <u>Revista Siete días</u>. *Año XIV- N° 726. Mayo 1981.*

Berstein, médico y psicólogo social, ex docente de la Facultad de Medicina de Buenos Aires y de la de Psicología de
la Universidad del Salvador, Consultor de la Organización
Mundial de la Salud y miembro de la Sociedad Argentina de
Terapia Familiar.

Ilusión- esperanza vs. Enojo- frustración.

*¿De qué se quejan, en general, doctor Berstein, las pa-
rejas que acuden a su consultorio?*

Cada pareja tiene su individualidad, pero hay ciertas cosas repetitivas: la queja – por parte de ambos- de que el otro
no lo "entiende" (lo cual es vivido como que el otro no lo
quiere), y quejas por diferencias individuales en cualquiera
de las áreas de la vida cotidiana (cómo llevar el hogar o educar a los hijos; mantener las relaciones sociales o sexuales):
se quejan porque cada uno siente que las cosas deberían
hacerse a SU modo, y ahí surgen los desacuerdos y desave-
nencias.

*Pero estas quejas, ¿En realidad no esconden otras, más
profundas, menos enunciables?*

Por cierto, esas diferencias de todos los días están ocultando los problemas personales de cada uno, que aparecen
más nítidamente cuando se han unido dos personas con una
capacidad de autoestima muy disminuida: se han elegido
justamente por eso; cada uno vio en el otro a alguien que
podía satisfacer sus necesidades de autoestima, y cuando se
dan cuenta de que el otro NO ERA TODO LO QUE SE ES-
PERABA, viene las frustración, la desilusión y el enojo – o la
resignación- y arrastran entonces el problema a lo largo de
los años. Otra situación muy común es la llamada "identificación proyectiva": dos personas se eligen para formar una
pareja – se identifican con el otro- en la medida en que pro-
yectan en el otro, cosas de sí mismos. Es la búsqueda del rol
perdido: se espera que el otro "sea" lo que uno tuvo y quiere
seguir teniendo (una figura materna o paterna), o que sea

aquello que "nunca tuvo", y que hubiera querido tener. Cada miembro de la pareja cree que va a encontrar en el otro una fuente de autoestima, y cuando todas esas expectativas no se ven cumplidas en la vida real, viene la desilusión.

En general se llega al matrimonio con muchas esperanzas, con muchas ilusiones, pero a lo largo de la vida cotidiana cada cual empieza a ver al otro tal cual es (léase, el marido que ronca de noche, ella que se va a la cama con los ruleros puestos y la cara encremada): si cada miembro de la pareja esperaba encontrar en el otro la solución de sus propios problemas, hoy en día ya no hay que esperar siete años para que empiece "la comezón": la desilusión surge (como una dermatosis), mucho antes. En cuanto aparecen las primeras diferencias individuales – y si la expectativa era vivir dentro de la nube rosa del acuerdo total-, uno de los componentes (o los dos), empieza a sentirse herido, defraudado, y casi todo lo que el otro haga será sistemáticamente puesto en cuestión. El más mínimo gesto – que en cualquier otra persona produciría gracia- genera irritación: de allí al enojo, y del enojo a la pelea, hay sólo unos pocos pasos. Cuando las peleas se prolongan y repiten demasiado, aparece el deterioro, el cansancio, el aburrimiento; en otras palabras, un agudo sentimiento de vacío interior, e incomunicación, que en el mejor de los casos – cuando aún se quiere "salvar" el matrimonio- mueve a la pareja a consultar a un experto. Según Berstein, las peleas son positivas en la medida en que mediante ellas se llegue a reconocer las mutuas diferencias (y a aceptarlas), pero son negativas cuando las diferencias se ocultan por miedo a empeorar la situación: cuando el desacuerdo permanece oculto, la comunicación se ve severamente perturbada. La pareja "funciona" dentro de la incomunicación, y aparecen los malentendidos.

Parejas empastadas

Es la típica pareja "metida para adentro", que hace poca vida social, y en la que toda actividad que implique la salida de cualquiera de los dos hacia "afuera" es severamente controlada: una vuelta a casa con un atraso de cinco minutos, una conversación telefónica que deje traslucir el más mínimo tono amistoso, provoca primero desconfianza, y también puede llevar a una pelea de proporciones mayúsculas. Estas son las parejas más inmaduras, cimentadas sobre una intensa simbiosis: juntos para todo, ninguno de los dos se desarrolla ni permite desarrollar al otro; se caracterizan por la inmovilidad y la falta de "espacio" entre los dos: cada uno está a la sombra del otro, y le impide respirar con libertad:

Son parejas con un monto de exigencias enorme – aclara el Prof. Dr. Berstein-, en las que se espera que el otro sea una fuente constante de suministros, y cuando el otro no funciona como uno espera, no se piensa que el otro "no puede" dar tanto, sino que el otro "no quiere" dar.

Lo que al final sucede, supongo

¡Claro!: al final, realmente no quiere dar nada. Su característica es la queja o el reproche constante (unilateral, o de los dos lados), como forma de comunicación. En su funcionamiento, son comparables a la relación del bebé con el pecho materno: existe un deseo de "vaciar" al otro, y la idea de que el otro, en realidad, puede dar – o no dar- resulta absolutamente intolerable. Hay casos en los que uno de los dos verdaderamente "da", y el otro llega al colmo de reprochar que lo que se le dio es "poco", que no le sirve, y que sigue estando vacío. Es la más arcaica de las relaciones, y el que se queja no siente ni culpa ni miedo de perder al otro, porque como lo necesita tanto, ni se le ocurre que el otro pueda cansarse, y de pronto, decir "basta".

¿Es el típico caso- en las películas- del marido que hace las valijas y se va?

Claro, o a la inversa. Y el drama es que recién entonces el abandonado empieza a valorar todo lo que el otro le daba.

Parejas cíclicas

Tipo Liz Taylor- Richard Burton, éstas son parejas que alternan la explosividad con la retención, que pasan de ataques violentos y terribles (en los que ambos se destruyen), a períodos de arrepentimiento y autoacusación en los que predomina una conciencia piadosa, culposa y reconciliatoria. Estos son los casos en los que se evidencia tanto una imposibilidad para juntarse totalmente, como para terminar de separarse, y acá si aparece el miedo a perder al otro: hay culpa, y por eso se intenta "reparar" después de la pelea. Según el doctor Berstein, éste es, sin embargo, un nivel evolutivo superior, en el que –aunque temporaria-, hay reflexión, y se considera la necesidad del otro. A pesar de las peleas, el otro es tenido en cuenta como un ser real.

El nivel más maduro

No se aterre el lector: existen las "buenas" parejas, llamadas "maduras" por los especialistas. El amor es algo que se puede dar y recibir, y cuando se dice "Yo te quiero bien" no se está diciendo cualquier cosa, porque como se ha visto hasta ahora, se puede querer "mal".

Es la pareja en la que prevalece la capacidad de identificación con el otro (continúa el doctor Berstein), la capacidad de ponerse en el lugar del otro, de sentir como está sintiendo el otro. Es la pareja en la que prima el deseo de proteger al otro de la destrucción, el deseo de reparación si es que se lo ha atacado. Están formadas por individuos capaces de buscar dentro de sí mismos la razón del desacuerdo, dispuestos a cambiar ellos mismos, además de que cambie el otro. Son las parejas que han alcanzado un nivel de maduración superior: cada uno comprende al otro, hay confianza mutua; cada uno puede dar porque puede esperar a que llegue el momento de recibir, y cada uno puede utilizar las diferencias individuales del otro como una oportunidad para crecer y desarrollarse en un aspecto, para él, desconocido.

Serán las parejas en las que existe la posibilidad de asombro: debe ser terriblemente aburrido – fatal- conocer al otro totalmente, o al menos saber siempre de antemano la forma en que responderá.

Exacto: las parejas "empastadas", primarias, se relacionan varias veces por día mediante un reproche continuo. Las cíclicas alternan pelea y el arrepentimiento de una o dos veces por semana. Las parejas maduras logran de vez en cuando (no siempre, puesto que sería una exigencia desmedida) ponerse en el lugar del otro: pero aunque esto se dé de vez en cuando, el saldo es positivo.

Doctor, ¿se lo consulta solamente para "arreglar" las parejas, o también viene gente con la intención de lograr una separación definitiva?

En lo explícito el más alto porcentaje llega para arreglar las parejas, pero hay un mínimo que acude para separarse. Se trata de ver qué es lo que les está pasando. Si deciden seguir juntos, habrá que ver por qué van a hacerlo, y cuál es la mejor manera de hacerlo; lo mismo ocurre cuando deciden separarse. En principio, yo soy pro continuidad de la pareja, pero si vemos que la relación se ha transformado en algo dañino, que el vínculo es inmodificable y que el grado de deterioro es irreversible, resulta sin duda preferible que puedan separarse, y rehacer cada uno su vida individualmente.

Doctor, ¿usted cree saludable crear un plan de prevención de este tipo de problemas a nivel comunitario, es decir, se podría "educar" a la gente para que pueda llegar al matrimonio de manera menos perfecta?

Por supuesto: hay aspectos socioculturales que inciden en la formación de cada individuo y en las expectativas con las que llegan a la pareja. Así como se están empezando a desarrollar temas de educación sexual para adolescentes, también podrían organizarse clases de orientación y preparación para el matrimonio, abarcando aspectos tales como deberes y derechos, montos de expectativas, responsabilidad a asumir, criterios de adaptación activa a la realidad, preparación (tanto en el varón como en la mujer) para el embarazo, el parto y el puerperio, obligaciones económicas que deberán enfrentar, etc. Se debería modificar la idea de que el matrimonio va a ser un cielo rosado sin nubes negras, prevenir acerca de las posibles diferencias y desacuerdos individuales, explicar las formas de resolverlos con un mayor criterio de realidad, y también explicar que pueden ser superados en la medida en que haya confianza, autoestima y amor hacia el otro.

"ALGUNOS PADRES CREEN QUE, AL NO PONER LÍMITES, LOS HIJOS CRECERÁN EN LIBERTAD"[1]

Colaboración Paola Ippolito

El Prof. Dr. Marcos Berstein se presenta hoy en el Teatro de la Torre. Se trata de una oportunidad única para padres, docentes, formadores y público en general.

La célula familiar es la base de todo, y los conflictos a veces se enmascaran detrás de síntomas no detectados a tiempo.

La Secretaría de Salud de la Municipalidad de Pinamar ha confiado en un profesional prestigioso y reconocido en nuestro país y en el exterior, para transmitir de manera amena y profunda la raíz de los conflictos de nuestros días, las herramientas para construir puentes de comunicación y un certero diagnóstico que todos deberíamos escuchar.

El Prof. Dr. Marcos Berstein es una eminencia en varios campos de la psiquiatría y la investigación, es un orgullo que sea argentino y es un honor personal poder entrevistarlo.

El MENSAJERO - Los referentes familiares y formadores tienen sus roles un tanto más flexibles que antes, ¿qué provoca la liviandad de límites con los chicos y adolescentes?

Prof. Dr. BERSTEIN: La liviandad de límites es provocada

---

[1] (2012, 13 de febrero). *El Mensajero de la Costa*, Pinamar. p. 10

porque a veces los padres tienen miedo de que si ponen límites, los hijos no los quieran. Y lo que sucede es justamente lo contrario. Los hijos necesitan límites para estructurarse como sujetos. Los límites se ponen con amor, sin violencia. Muchos padres no saben decir NO. Los diez mandamientos son casi todos NO, solo dos son SI: Amarás a Dios por sobre todas las cosas y Honrarás a tu padre y a tu madre. Algunos padres creen que al no poner límites los hijos crecerán en libertad, pero en realidad crecen en un gran vacío: el vacío de autoridad paterna.

Hay un devenir de cambios sociales, de falta de modelos, de una laxitud en las costumbres que los chicos absorben e intuyen, ¿cómo se fortalece el modelo? Una vez leí una frase muy interesante: "Tu hijo no te escucha, te mira". Y es verdad. Nuestros hijos observan lo que hacemos más que lo que decimos. El modelo se fortalece a través de nuestras acciones.

De acuerdo a dos vértices de su investigación, se concluye que hay niños conflictivos que resultan ser rotundos "depositarios de las disfuncionalidades del núcleo familiar. Estos chicos, señala Berstein, denuncian a través de su mala conducta o sus problemas de aprendizaje los conflictos familiares."

El otro vértice es neta consecuencia del primero y se refleja en la carencia de límites.

- ¿Se podría entender que muchos chicos se frustran al no poder responder a una expectativa de mantener una armonía entre sus padres que éstos le exigen tácitamente? ¿Puede devenir esta frustración en conductas conflictivas?

- La mala alianza marital es el punto de partida del mal funcionamiento familiar. A veces un hijo es "elegido" para ser depositario del conflicto entre los padres, y aparece la expectativa de que funcione como pegamento de los pedazos rotos de la pareja. Yo denomino a esto "el hijo Poxipol". Como no pueden cumplir con esa expectativa terminan siendo chivos emisarios o expiatorios del conflicto parental. Muchas veces son también hijos "parentalizados", que tienen que funcionar como padres de sus padres.

¿Cómo abordar desde la escuela las estructuras familiares que distan del "modelo"?

- Es muy importante el rol de los maestros, pero no tienen que ser depositarios de la falta de límites de los padres, quienes muchas veces delegan esta función en la escuela.

- Al margen de erradicar el flagelo de la droga desde el circuito comercial, ¿cómo generar espacios alternativos para que el consumo de sustancias no sea un escape?
- Quienes consumen tienen un gran vacío existencial que tratan de llenar a través de la droga. Por consiguiente la alternativa es ayudarlos a encontrar un sentido a su vida, a tener proyectos, a ocupar su tiempo en actividades productivas.

- ¿Por qué considera Ud. que la violencia de género está más manifiesta y por qué los delitos más escabrosos son llevados a cabo por varones?
- La violencia de género estaba más oculta porque las víctimas silenciaban lo que ocurría o eran silenciadas, en un mecanismo de revictimización, por aquellas personas o instituciones que debían protegerlas. A partir de la segunda guerra mundial hubo grandes cambios en el rol de la mujer. Sin embargo, para los hombres es difícil aceptar estos cambios. Cuando el sistema de creencias de un hombre no coincide con el de la mujer, muchas veces recurre al acto violento como una forma de "normalizar" al otro, y "volverlo a su lugar".

¿Qué país a su criterio tiene mejor desarrollado el sistema preventivo de las adicciones?

- Muchos países de Europa (por ejemplo Italia) han desarrollado el sistema denominado "Ciudades Preventivas", en donde el Estado interviene ayudando a los Municipios a organizar las fuerzas vivas de la comunidad (sociedades de fomento, parroquias, entidades deportivas, instituciones educativas, fuerzas de seguridad, organizaciones no gubernamentales, etc.), para desarrollar tareas de prevención en todos los niveles.

- ¿Cómo se enfoca un paliativo para el stress generado por la presión de los medios, del exitismo, de modelos inalcanzables?

- Los "modelos inalcanzables" generan stress y cuadros depresivos. Muchas neurosis se producen cuando no coinciden los deseos, expectativas y necesidades con las posibilidades que el medio nos ofrece para la realización de las mismas. Hay gente que enferma por no poder cumplir con mandatos familiares que implican expectativas desmesuradas.

- ¿Qué rama de la psicología/psiquiatría es la que Ud. desarrolla?

- Desarrollo un enfoque terapéutico de abordajes múltiples, en el cual integro técnicas psicoanalíticas, psicodramáticas, gestálticas, sistémicas, cognitivo-conductuales, en la idea de que es necesario adaptar los recursos que uno dispone al paciente o a la familia, y no adaptar a ellos a una única técnica que uno dispone. Dentro de este enfoque me especializo en Terapias Breves, Terapia de Pareja y Familia, y Adicciones.

- ¿Qué opina de las técnicas alternativas para el abordaje de conflictos, hipnosis, regresión, terapias transpersonales?

- No quiero opinar sobre temas que no conozco: Las terapias alternativas a veces, en conflictos menores, pueden ser útiles por la sugestión y en la medida en que se tenga fe en ellas.

- ¿Qué proyectos tiene para este año 2012?

- Continuar con mi tarea asistencial en el consultorio y en

instituciones terapéuticas. Desarrollar mi actividad docente como Profesor Titular en el Master en Drogadependencia de la Universidad del Salvador, y en los cursos de Postgrado de Operador Familiar que dicto en la Universidad Nacional de Luján, en la Universidad Nacional de Mar del Plata y en la Univ. F. de Asis en Punta del Este.

- Luego de una etapa intensa de trabajo o investigación,

¿cuál es su cable a tierra?

Estoy casado desde hace casi 50 años, y con la misma mujer, y tengo tres hijos y 7 nietos. Ellos son mi "familia funcional" y mi cable a tierra. Mis nietos me han traído alegría de vivir.

- ¿Dónde planifica sus vacaciones?

- Desde hace unos años vacaciono con mi familia en Pinamar y, por qué no decirlo, en "Amari", donde la atención es excelente.

Curso de Posgrado:
Aspectos Psicodinámicos de la Obesidad

Noviembre de 2010

Silvia Berstein

Introducción

Consideramos a la obesidad como una enfermedad. Desde una visión integral confluyen en su génesis factores biológicos y psicológicos, determinando una patología de abordaje múltiple. (Psiconeuroinmunoendocrinologia). Para algunos autores no entra en el campo de las adicciones. Para otros, si, en la medida en que el comer se torne un acto impulsivo-compulsivo, reiterado, imposible de controlar.

El ítem 3 es una síntesis de "Las fantasías adiposas en la obesidad" de Luis Chiozza (1). Los ítems 4, 5 y 6 son una síntesis de "Tratamiento y prevención de la obesidad en niños y adolescentes" de Rosa Korbman de Schein (2). El ítem 7 es una síntesis de "La adicción a las dietas" de Valeria Muñoz Patillo (3). El ítem 8 es una síntesis de "La no dieta" de Mónica Katz (4). El item 9 es un comentario personal sobre conductas adictivas.

Psicodinamismos de la obesidad

Tal como plantea Luis Chiozza, lo que se presenta en el cuerpo como un aumento del tejido adiposo, es decir, una alteración somática, es, en el alma, un drama inconciente.

Podemos decir que el sujeto que, como el obeso, engorda contra su voluntad conciente, es un sujeto que se siente incapaz; que siente que "no sabe como" enfrentar las dificultades que la vida le impone en la realización de sus deseos Sin poder tampoco renunciar a la realización de sus deseos, experimenta esta vivencia como si se tratara de materializar un crecimiento corporal para el cual siente que "no tiene con qué" llevarlo a cabo. Se siente impotente, débil, pusilánime, y además disconforme consigo mismo.

En el intento de negar el displacer que le provoca esta vivencia de debilidad e impotencia, adopta una actitud contraria a su sentir; una actitud omnipotente de sentirse "poderoso", "robusto", "corpulento".

Como retorno de lo reprimido, los mismos afectos intolerantes vuelven a la conciencia. Se siente ahora disconforme con su gordura, la cual, además, implica una impotencia funcional. El sujeto, evitando aquello que le provocaba dolor, ha realizado un "mal negocio" y debe pagar el precio de su gordura. Al transformar el "no poder por no saber cómo" en "no poder por no tener con qué", ha perdido la posibilidad de capacitarse adecuadamente a través del aprendizaje. En su lugar, recurre a una capacitación inadecuada que consiste en acumular "energía", como si se tratara de "sabiduría".

La respuesta inconciente a las dietas

Vimos ya que, tal como plantea Chiozza, la medicina no sólo reconoce el fracaso de las dietas, sino que encuentra en la sucesión de ellas el motivo por el cual los obesos "tratados" se vuelven cada vez más obesos. Intentemos comprender ahora cómo la dieta repercute sobre el drama inconciente del obeso.

Guiado por estos sentimientos, y orientado por el consenso y el médico desde un enfoque erróneo, el obeso se pone a dieta, iniciando así una situación circular que incrementará su malestar.

Ahora dos deseos entran en conflicto: el deseo inconciente de aumentar las reservas adiposas y el deseo conciente de adelgazar. Satisfacer uno de ellos implicará frustrar al otro, con el displacer correspondiente. Pero veámoslo con más detalle.

La restricción alimentaria que, con el fin de reducir las reservas adiposas, impone la dieta, es vivida inconcientemente por el sujeto como una amenaza de incrementar su sentimiento de incapacidad e impotencia "energética"; su "no poder por no tener con qué". Dado que el obeso siente que tiene que prepararse para un crecimiento aumentando su ingesta para aumentar sus reservas, siente la restricción dietaria, sin tener conciencia de ello, como algo que se opone a la realización de sus proyectos.

Imaginemos, por ejemplo, un sujeto que, incapaz de sublimar, y sintiendo que el futuro le depara una vejez frustrante, busca prepararse incrementando sus ahorros a través de sus ingresos. Alguien, en la creencia de que si abultada cuenta bancaria perjudica su vida espiritual, le induce a reducir bruscamente sus ingresos con la intención de que, al mantener los gastos, reduzca sus ahorros.

Entonces, con tal de no "tocar" su más preciado bien, del cual siente que dependen sus posibilidades de un futuro mejor, intenta desesperadamente reducir también los gastos. Es la situación que la medicina describe como la disminución del metabolismo que ocurre frente a las dietas.

El sujeto de nuestro ejemplo, con tal de no perder los bienes que siente como imprescindibles podría incluso, si es necesario, renunciar a ciertos bienes de los que ahora puede prescindir, "quemándolos". Esta situación equivale a lo que la medicina describe como reducción de la masa magra, por consumo de proteínas musculares. En efecto, si el proyecto actual del obeso es acumular reservas energéticas para acciones futuras, cree poder sacrificar una parte de sus músculos, en el presente inactivos.

Cuando la dieta finaliza (casi siempre se abandona), el obeso come más que antes. Come preparándose para las

amenazas del futuro, y ahora, además, come preparándose
para la amenaza de la próxima dieta.

La obesidad en niños

Los teóricos del psicoanálisis plantean que la obesidad
es un tipo de conducta, producto de privación alimenticia o
emocional en la infancia y fijación excesiva en aspectos orales. Existen fijaciones en etapas del desarrollo que explican
el comer compulsivamente como una búsqueda de gratificación oral ante la frustración (Kolb, 1988). (5)

Asimismo, algo que se presenta a menudo en la infancia
es la sobrealimentación compensatoria, en la cual la madre
compensa su ansiedad por el bienestar del infante, alimen-
tándolo excesivamente, hecho que repercutirá en el aumento
de peso del niño (Rubio, 1994).

Los padres enseñan a través del ejemplo los hábitos alimenticios que el niño hará suyos en el futuro; por ejemplo,
cuando llega la madre con el pediatra y le comenta que el
niño no quiere comer verduras, y cuando se le pregunta
acerca de sus propios hábitos, encontramos que ella tampoco lo hace. Si la madre tiende a comer alimentos bajos
en proteínas y altos en grasas y carbohidratos, ese será el
menú diario que seleccionará para su familia y así producirá
sobrepeso en el niño.

Por otro lado, la teoría psicoanalítica afirma que el desarrollo infantil atraviesa por diversas etapas. En la primera
etapa, que denomina oral, el niño obtiene sus satisfacciones
y gratificaciones a través de la comida.

Igualmente, si las etapas siguientes resultan demasiado
frustrantes para el niño, éste tenderá a regresar a la etapa
oral que fue la única satisfactoria, y la comida se volverá un
elemento importante.

La manera en la que el niño haya introyectado las enseñanzas de la madre respecto de la comida será el modo en
que se alimente por el resto de su vida, ya que siempre lle-

vará dentro de sí la imagen de esta madre; y si ésta fue muy rígida, exigente e insistente con él: "Debes comerte todo".

Ante todo, debemos puntualizar que el papel que desempeña la madre en cuanto a la satisfacción que brinda a través de la alimentación debe implicar calidez, protección y placer, ya que de ello dependerá el desarrollo psíquico, emocional y fisiológico que el niño presente (Rubio, 1994). (6)

Otros aspectos psicológicos que determinan la obesidad

Los hijos de padres obesos tienden a convertirse en niños obesos, dado que se identifican con ellos y además a que viven en un hogar donde a la comida alta en calorías se le da un valor muy especial.

Por otro lado, cuando hay una carencia de satisfactores físicos emocionales o sociales, el crecimiento y el desarrollo del niño se ven afectados, puesto que el ser privado en cualquiera de esas áreas puede conducirlo a la obesidad (Kornhaber y Kornhaber, 1980). (7)

Privación emocional

Un ambiente familiar poco cálido, poco gratificante o violento da como resultado un niño defensivo y ansioso. La obesidad es utilizada como un "relleno", es decir, como una forma de compensar las carencias que se tienen, así como también como una defensa en contra de un ambiente hostil.

En la obesidad infantil, la imagen corporal se encuentra dañada precisamente por las apreciaciones que los padres y la familia hacen del niño, cuando se le critica por su "cuerpo deforme".

Por último, en los casos más extremos, durante la adolescencia, la mala imagen corporal dará lugar a la iniciación de trastornos de alimentación más severos, como la bulimia y la anorexia.

Autoestima

La mayoría de los autores concuerdan en que los niños obesos presentan una baja autoestima. Dentro de las manifestaciones más comunes de ésta podemos encontrar:

Sentimientos de ser incompetente e inadecuado.

Pasividad.

Apatía.

Estos niños también tienen una baja motivación al logro, se sienten incapaces de lograr las cosas que se proponen y se sienten poco valorados por los demás (Bruch, 1980). (13)

Retraimiento y aislamiento

A causa de la limitada aceptación social del niño obeso, éste se percibe distinto de los demás y se siente ajeno a su grupo de edad, por lo que presenta dificultades para socializar adecuadamente con sus compañeros de clase y en general con la gente y el mundo que lo rodea, lo cual ocasiona retraimiento y aislamiento.

El niño obeso no querrá ir a las fiestas de sus compañeros de clase, ni tampoco a practicar algún deporte de grupo. De igual forma, se negará a aceptar actividades fuera de casa, como ir a un campamento escolar o de algún grupo social, puesto que su inseguridad lo llevará a refugiarse dentro del contexto familiar; es muy dependiente de éste, ya que ahí es el único lugar donde se siente seguro.

Sentimientos de culpa

Dado que el niño obeso sabe que debe comer menos y cambiar su dieta para acercarse a su imagen ideal, lo cual le es imposible de lograr, llega a desarrollar sentimientos de culpa y de vergüenza por su incapacidad de hacer frente a las tentaciones de la comida. Los obesos se avergüenzan de sentirse débiles para poder rechazar lo que no deben comer, y también culpables de no poder luchar contra su falta de fuerza de voluntad y la sensación de nunca llegar a la meta propuesta. Todo ello produce un sentimiento de frustración constante (Beil, 2001). (8)

Los sentimientos de culpa están relacionados con los padres, ya que son ellos los que establecen las limitaciones en la comida, y su comportamiento equivale a una conducta de desobediencia. Los sentimientos negativos producidos provocan ansiedad en el niño, la cual lo motiva a comer más como una forma de manejar su ansiedad, creando un círculo vicioso difícil de romper.

El aspecto social de la obesidad en el niño

A partir de los siete años, los niños identifican la silueta de sobrepeso en un dibujo como menos atractiva que la silueta delgada. Estos niños tienen menos amigos y son menos inteligentes en comparación con sus compañeros delgados.

Otro de los problemas que se suscitan cuando el niño es obeso tiene que ver con la vestimenta, ya que generalmente las tallas están diseñadas para niños de complexión normal, por lo que ir de compras por ropa, en lugar de ser una actividad placentera, termina siendo algo desagradable e inquietante. Además, socialmente tampoco será aceptado dentro de su ambiente si no viste igual que sus congéneres. Así, tendrá que lidiar con dos problemas: la insatisfacción con su propio cuerpo, y la inseguridad que le provoca la falta de aceptación por parte de su medio al no poder identificarse a través de la vestimenta.

Actitud y preocupación por el peso corporal

Los valores sociales "modernos" sugieren que la feminidad está asociada con el atractivo físico y en especial con la esbeltez, lo cual da pie a que las niñas púberes se sometan a dietas alimenticias innecesarias.

La preocupación por el peso se da sobre todo en las niñas desde edades muy tempranas, y puede afectar la forma en que regulan la cantidad de comida que ingieren. Como es de esperar, las niñas presentan mayor preocupación por su peso en comparación con los niños, y dicha preocupación aumenta con la edad.

A la edad de ocho años ya se aprecia una clara actitud negativa y "ofensiva" hacia la obesidad en ambos sexos; es decir, para ellos todos los niños gordos son feos. La mitad de las niñas consideran que lo delgado se asocia con lo bonito (ser guapa, atractiva) mientras que más de la mitad de los niños asocian el concepto de "ser guapo" con complexión de proporción regular, más con músculo y fuerza que con delgadez. (Strommen Mckinney y Fitzgerald, 1991).

Obesidad en adolescentes. Adolescencia y autoconcepto

Tal como plantea Korbman de Shein, R , no hay duda que para un niño la obesidad es un estado de existencia indeseable; lo es aún más para un adolescente, quien, a pesar de tener un mínimo sobrepeso, puede padecer las consecuencias de una sociedad obsesionada con la delgadez (Brunch, 1980). (13)

El adolescente, al preocuparse por su cuerpo y la rapidez de los cambios físicos que sufre, coloca su interés en "cómo se ve y cómo lo ven los demás".

Además se ha observado que las mujeres son juzgadas por "cómo se ven" en un mayor grado que los hombres, por lo que la estigmatización del sobrepeso y la obesidad es mayor para las mujeres (Cazjka-Narins et al., 1990, tomado de Pritchard et al, 1997) (9). Esto da como resultado que los adolescentes obesos desarrollen una imagen negativa de sí mismos, que persiste hasta la adultez y les deja secuelas psicológicas para el resto de la vida (Dietz, 1998).

Lo anterior fue comprobado en un estudio realizado en 1997 por Pritchard et al,. (1997), en el que se encontró una relación entre el alto índice de masa corporal (sobrepeso u obesidad) y el autoconcepto negativo tanto en hombres como en mujeres adolescentes; estas últimas presentaron un autoconcepto negativo más pronunciado. Es decir, a mayor peso corporal, mayor autoconcepto negativo.

El adolescente obeso tiene un bajo autoconcepto, ya que no le da gran importancia a la habilidad escolar, cree tener menos habilidades para desarrollarse dentro de un trabajo y se siente poco aceptado por la sociedad; de igual forma, no se siente a gusto con su apariencia física. En cuanto a su habilidad atlética, que es de gran importancia para el adolescente, éste se siente inadecuado para ese tipo de actividades por las limitaciones que presenta, por su falta de agilidad y de coordinación en los juegos de pelota, como el futbol, el basquetbol, el volibol, etcétera (O´Dea y Abraham, 1999). (10)

Autoestima del adolescente obeso

Estos chicos presentan un nivel mayor de tristeza, soledad y "nerviosismo". Fuman e ingieren alcohol con mayor frecuencia en comparación con los adolescentes no obesos con una autoestima más alta. Asimismo se encontró que las jóvenes adolescentes presentaron baja autoestima con mayor frecuencia desde la pubertad (Strauss, 2000). (11)

Imagen corporal dañada

Los cambios físicos que se dan dentro de la pubertad tienen un gran impacto en la aceptación de su cuerpo. Para los adolescentes, el incremento de tamaño y el desarrollo muscular mejoran su imagen corporal; ellos se sienten muy orgullosos de su crecimiento e incluso algunos llegan a medirse con cierta regularidad, demostrando así su interés en dicha área. En cuanto a las adolescentes, ellas también se encuentran muy preocupadas por su aspecto físico, por el ensanchamiento de sus caderas y el crecimiento de sus senos y glúteos, además del incremento en su estatura, por lo que están muy conscientes de tal desarrollo.

¿Pero qué pasa cuando no se crece hacia arriba sino hacia

los lados? Cuando la familia va de compras y la talla más grande en el departamento de jóvenes no les queda, ¿cómo perciben su cuerpo? Es ahí precisamente cuando la imagen corporal se daña, porque siendo adolescentes sólo encuentran ropa de adultos y representan una edad que no tienen al no poder vestir la ropa de moda que usan sus compañeros y compañeras con un peso adecuado.

La obesidad y el ámbito social adolescente

En un estudio realizado en Nueva Inglaterra se demostró que las adolescentes obesas que deseaban entrar a un grupo de elite eran aceptadas con menos frecuencia en comparación con las adolescentes delgadas. Dicho estudio es una clara muestra de los prejuicios acerca de la obesidad, así como del rechazo que sufren las niñas obesas.

Es importante subrayar que la sociedad ejerce una enorme presión en la forma en que es vista la obesidad. Si bien es importante mantener un peso adecuado, no lo es el tratar de sostenerlo a través de conductas inadecuadas, como dejar de comer por períodos prolongados; mucho menos lo es el tratar los problemas de alimentación en los niños y los adolescentes mediante dietas rigurosas, las cuales pueden traer como consecuencia dos de los trastornos más inquietantes de la alimentación: la anorexia y la bulimia, los cuales, como bien se sabe, pueden llevar a la muerte.

La moda, las revistas femeninas y los anuncios publicitarios, es decir, los medios de comunicación, promueven cada vez con mayor frecuencia la figura excesivamente delgada, y pueden llevar a las adolescentes a imitar dichos modelos y a tratar de mantenerse dentro de una talla específica.

Influencia del ambiente en la obesidad

La importancia de la leche materna en la aceptación de otros alimentos

De acuerdo con la Academia Americana de Pediatría, el

hecho de que el niño sea alimentado con leche materna le permitirá experimentar los diferentes sabores de la comida, ya que la percepción de los sabores de la leche materna es una de las primeras experiencias sensoriales que tienen los niños, y que influirá más adelante en la aceptación de la comida en general.

Los niños alimentados con biberón han probado sólo un sabor, mientras que los niños alimentados con la leche materna han sido expuestos a una gran variedad de sabores, ya que la dieta alimenticia de la madre y la diversidad de alimentos que ésta ingiere determinan el sabor de la leche. A pesar de que no se tienen datos de los efectos a largo plazo de la leche materna y el biberón, se ha comprobado que la experiencia de la leche materna facilita la aceptación de alimentos sólidos durante el período de destete; asimismo, los niños muestran una mayor aceptación de alimentos nuevos en comparación con los niños alimentados con biberón, además de disminuir las infecciones gastrointestinales.

Preferencias en la comida como determinante del consumo de alimentos del niño

Korbman remarca que estas preferencias de los niños (Birch y Fisher, 1998) (12); también se relacionan con la obesidad y las preferencias de los padres. Por ello, es importante tomar en cuenta los hábitos alimenticios de los padres, ya que ello nos dará idea del tipo de comidas que se consumen en el hogar o en el restaurante. De este modo, si se considera que el niño es obeso, se deberá trabajar con los padres con el propósito de cambiar los hábitos alimenticios de toda la familia.

Un factor que determina las preferencias de alimentación de los niños es la escuela, debido al tipo de alimentos que se ofrecen durante el almuerzo, como pastas o frituras y pocas frutas y verduras o ninguna.

Lo anterior nos hace ver que las experiencias tempranas influyen en la aceptación de la comida, puesto que los niños comerán y les agradará más lo que les es familiar.

La exposición temprana de los niños a frutas y verduras

o por el contrario a alimentos altos en calorías, azúcares y grasas, puede desempeñar un papel muy importante en el establecimiento de la preferencia y selección de alimentos.

Consecuencias fisiológicas al ingerir alimentos altos en calorías

Otros mecanismos influyen también en el desarrollo de las preferencias hacia la comida alta en calorías. Por ejemplo, los niños tienen predisposición para preferir la comida alta en calorías en lugar de la comida baja en calorías, y aprenden a asociar estos sabores con las consecuencias fisiológicas positivas que resultan de una comida alta en calorías, especialmente cuando se tiene hambre. Es decir, las sensaciones fisiológicas que el cuerpo produce al ser alimentado de esta forma son agradables, lo cual provoca la preferencia a dichos alimentos; por ejemplo, el chocolate, al mismo tiempo que incrementa el azúcar en la sangre, provoca placer y bienestar, haciéndolo un alimento deseado.

El papel del ambiente que rodea las preferencias de la comida del niño

El contexto social en donde el niño desarrolla sus patrones de alimentación resulta de gran importancia, porque la forma en que se alimenta la gente que lo rodea sirve como modelo. Si un pequeño observa que en su ambiente se permite comer toda clase de frituras y golosinas, aprenderá que es lo habitual y continuará haciéndolo.

Existen padres que dicen estar a dieta toda su vida, y éste es un patrón que se repetirá con los hijos. Asimismo, los padres que no tienen control en su alimentación, crían hijos que tampoco lo tienen.

Consecuencias de las restricciones impuestas por los padres en la comida

Los padres moldean de varias maneras al ambiente alimenticio de los hijos, desde la forma en que eligen alimentar al niño, ya sea con el pecho o biberón, hasta el tipo de alimentos que se encuentran en el hogar. La forma en que se les exigen o se les prohíben ciertos alimentos, así como la forma en que el niño es expuesto a los medios de comunicación, como la radio y la televisión, también es determinada por los padres.

La autorregulación en el consumo de alimentos en el niño

Es de gran importancia que el niño aprenda a regular la cantidad de comida que consume. Se ha comprobado que, cuando un bebé es alimentado con leche materna, puede aprender a autorregular el consumo diario de ésta, ya que obedece a las sensaciones de hambre o saciedad que tiene y no a la medida que le es impuesta por la madre cuando se le alimenta con biberón, con lo cual la madre presiona al bebé a terminar la botella completa o la cantidad que "se supone" debe tomar.

Una forma distorsionada de percibir el hambre

En referencia a este aspecto Korbman otorga enorme importancia a los aspectos familiares: la razón más persistente de la obesidad es la incapacidad de las personas para bajar de peso, aduciendo "falta de fuerza de voluntad" para hacerlo, pero se debe tomar en cuenta que los niños obesos en particular son incapaces de resistir la tentación de la comida, la cual generalmente es omnipresente. Esta "falta de voluntad" tiene una connotación social, y se encuentra más bien relacionada con una forma anormal de respuesta al hambre.

Muchas personas justifican el exceso en comer con estar siempre hambrientas. Sin embargo, lo que en realidad sucede es que no reconocen cuándo tienen necesidad de alimentarse y cuándo lo hacen para saciar otro tipo de necesidades, es decir, no diferencian entre el hambre verdadera y otros estados de ánimo que les brindan placer, los cuales malinterpretan como una necesidad de comer.

La comida tiende a ser utilizada incorrectamente como la solución para una gran cantidad de conflictos, ya que en la obesidad el comer se utiliza de manera indiferenciada; es decir, comen si se sienten deprimidos, comen si están contentos, comen si se encuentran angustiados: por todo y para todo, comen.

Asimismo, se ha visto que el problema puede estar relacionado con experiencias previas, puesto que un niño que come cuando ve comida, la utiliza para aliviar estados de tensión y de insatisfacción, porque en general ha sido criado por una madre bien intencionada, pero insegura o ansiosa, quien lo alimenta en forma indiscriminada cuando él expresa cualquier tipo de insatisfacción. Así, la madre le ha enseñado al hijo a aliviar sus penas a través de la comida. Pero dicho énfasis en la alimentación le impide al niño aprender de sus experiencias tempranas, para discriminar entre la sensación del hambre y otras fuentes de placer. Cuanto más insegura sea la madre, con mayor frecuencia responderá inadecuadamente a lo que en realidad necesita su hijo.

Existe un significado simbólico de la comida, como cuando la madre ofrece la comida como símbolo de amor.

Lo anterior dará como resultado que el niño crezca confundido respecto de sus sensaciones, puesto que no sabrá discriminar entre el hambre y otras clases de insatisfacción psicológica.

En el niño obeso por lo regular la actitud de la madre es de "sobreprotección". El problema radica en la forma en que la madre ofrece la comida, lo cual depende de lo que cree que el niño necesita y no de lo que el niño expresa, y finalmente, la madre tiene el poder para obligar al niño a hacer lo que ella quiere, por lo que con frecuencia ella decide cuándo y cuánto debe comer el niño (Brunch, 1980). (13)

En una discusión sobre la propensión a la obesidad, Constanzo y Woody aseguran que los padres suelen controlar demasiado a sus hijos con respecto a la comida cuando:

Los padres tienen problemas para regular o controlar su propia conducta alimentaria, es decir, desplazan su falta de autocontrol a sus hijos.

El niño es percibido como si tuviera riesgo de desarrollar un problema de obesidad.

El niño demuestra una falta de autorregulación: no se puede controlar y come demasiado.

Los estilos controladores de los padres impiden que los hijos asuman la responsabilidad de su propio cuerpo, ya que éstos pierden la habilidad para desarrollar "conductas autorreguladoras" (Birch y Fisher, 1998).

Un alto grado de control por parte de los padres se asocia con un bajo autocontrol del niño. Si a un niño se le recuerda a menudo que debe comer menos, él tiende a responder de manera contraria, porque siente la orden como una crítica constante y se rebela internamente contra esta crítica comiendo más.

Por otro lado, la forma en que se alimenta el niño también puede incrementar la preocupación y el control que los padres ejercen cuando éstos se dan cuenta de que el niño corre el riesgo de convertirse en obeso y/o presenta problemas de alimentación. Un niño obeso come mucho más rápido que un niño normal, dando más bocados y masticando menos veces. Este estilo de alimentación refleja la disparidad en la señal de saciamiento o una disparidad en la respuesta a dicha señal; es decir, no hay un vínculo entre la proporción de la comida que se come y la señal de saciamiento, de modo que los niños tienden a no parar de comer o comen en exceso porque su cerebro y su estómago no les indican adecuadamente cuándo ya están llenos y cuándo todavía necesitan más comida. Por ello, debe servirse a los niños la porción adecuada para su edad (Birch y Fisher, 1998).

La televisión fomenta comer constantemente

El estar sentados frente al televisor crea el hábito de comer constantemente, así como un condicionamiento fisiológico que relaciona el ver la televisión con el comer, por lo que se llega a establecer una necesidad, tanto en el niño como en el adulto, de ver la televisión comiendo. Esta conducta se ha extendido incluso al cine, donde la gente va a ver la película y consume pochoclo y golosinas.

La televisión promueve el sedentarismo

El sedentarismo que promueve la televisión determina la falta de actividad física. Es decir, el tiempo que el niño pudiera utilizar para usar su bicicleta, correr en patines o simplemente jugar fuera de la casa, disminuye, lo cual provoca una incidencia mayor de obesidad.

En un estudio de Gortmarker et al. (1996) se observó que los niños que ven la televisión por más de cinco horas al día tienden a ser ocho veces más obesos en comparación con los niños que sólo ven la televisión entre cero y dos horas al día

- El papel de la familia en la obesidad
- La familia del niño obeso:
- Motiva la sobrealimentación y la inactividad.
- No provee otras fuentes de satisfacción.
- Es "sobreprotectora".
- Carece de espontaneidad, iniciativa y autoconfianza.

El niño obeso carga con todo el peso familiar, lo cual motiva la sobrealimentación, la inactividad y otros hábitos asociados con la obesidad, por la falla familiar en ayudar al niño a desarrollar otras fuentes de satisfacción. No sólo el niño no quiere cambiar sus patrones de alimentación, sino que los padres tampoco lo quieren hacer, en especial la madre, quien es la que se rehúsa a seguir los consejos que se le dan. En general, los padres ponen objeciones ante cualquier restricción, o quizá reaccionan como si se les pidiera que impusieran un régimen rígido de alimentación cuando en realidad sólo se les está recomendado una dieta adecuada (Bruch, 1980).

La adicción a las dietas

La adicción a las dietas es el nuevo trastorno alimentario en adolescentes.

Más común que la anorexia y la bulimia, consiste en regímenes estrictos que incluyen mucho ayuno, lo que provoca malnutrición y el deterioro de tejidos y huesos.

Contrario a lo que muchos creen, la anorexia y la bulimia no son los trastornos alimenticios más comunes y hace tiempo fueron desplazados por otros tan graves y mucho más frecuentes: los Trastornos Alimentarios No Especificados (TANE) y la adicción a las dietas es una de ellos.

De hecho, un 70% de los desórdenes alimentarios corresponde a este grupo, según se informó en la Conferencia Internacional de Desórdenes de la Alimentación realizada a principios de este mes en Barcelona y que por primera vez reunió a especialistas de todo el mundo. Ocasión en que además se advirtió de un aumento de esta patología en adolescentes.

"Los TANE no reúnen todos los síntomas de la anorexia nerviosa y la bulimia, aunque en algunos casos puede ser la etapa previa.

"Prácticamente no hay adolescente que no haya hecho una de estas dietas, especialmente con el grupo de amigas. El problema es que se ha incrementado la respuesta patológica a esta situación, que es lo que gatilla la adicción". Esto se presenta de dos formas: "Bajan de peso, sienten una gratificación y siguen indefinidamente. O bien no logran adelgazar, se frustran y se dan grandes atracones de comida que combinan con regímenes estrictos que incluyen mucho ayuno".

"La mayoría de los adolescentes determinan por su cuenta cuáles alimentos pueden consumir y cuáles no y rara vez consultan o lo hacen cuando ya presentan problemas".

"Lo más grave es que todas estas dietas aportan poquísimas calorías, cuando es la adolescencia el período en que se necesita la mayor cantidad de nutrientes y cuando el crecimiento corporal es mayor, sólo comparable al que se produce durante la lactancia. Por eso que, más allá de la baja de peso, es la mala nutrición lo preocupante".

De ahí que los daños apunten directamente al desarrollo de tejidos y huesos.

"La falta de macronutrientes como proteínas, lípidos y grasas y de micronutrientes como vitaminas y minerales hacen que se dejen de fabricar tejidos, músculos y huesos".

Y es que, aunque sea por pocos días, ninguna de estas dietas pasa sin dejar huellas. "Lo primero es que se fuerza el metabolismo que, al recibir menos nutrientes, enlentece su función. De ahí que cuando se deja el régimen se sube de peso y, si este tipo de conductas se mantiene, el metabolismo se puede ver afectado de por vida".

Si las dietas se extienden en duración y se convierten en una constante el panorama se agrava. "Cuando es una situación extrema y la pérdida de peso es brusca puede producirse una insuficiencia o incluso un paro cardiaco".

En estados incipientes aparece decaimiento y pérdida de defensas. "Las células empiezan a reproducirse más lento, lo que afecta al epitelio intestinal produciendo constipación, distención y dolor abdominal.

Los factores que protegen de este tipo de trastornos son tener un buen peso y horarios de comida establecidos. "No usar la comida como premio o castigo y evitar que los jóvenes se valoren de acuerdo al físico es clave".

El nuevo paradigma de la no dieta

Tal como plantea Mónica Katz, comer debería ser un placer, no un ejercicio intelectual. Pero con la intención de hacer algo hemos satanizado la comida a tal punto que la hemos convertido, de tanto dieta de hambre, en un acto ilícito. Lamentablemente, todas fracasaron. La mejor prueba es el ejercicio de dietantes gordos en el mundo entero y la declaración de la Organización Mundial de la Salud (OMS) de una epidemia global de obesidad en 1997. Entonces, si la obesidad es una enfermedad crónica, su tratamiento debería ser para toda la vida. Pero, ¿Quién puede creer que comer poco de alimentos que no nos gustan ni nos brindan placer para bajar muchos kilos rápidamente puede solución el problema?

Al hambre podemos sostenerlo exitosamente por un período corto de tiempo, para un objetivo concreto. Por ejemplo, si nos separamos y queremos cambiar nuestra imagen para sentirnos más atractivos, si se casa un hijo y queremos estar elegantes; o si, por desgracia, no cabemos en el tomógrafo o se nos hace ya difícil calcular si entramos o no en la silla que nos ofrecen al llegar a una reunión o en el asiento de un avión. Pasada la motivación, el hambre ganará y los kilos que habíamos perdido volverán. No importa qué eliminemos de la alimentación, de qué nos privemos. Hacerlo solo nos prepara primero, para el descontrol; luego, para el fracaso. Privarnos del placer nos estresa y nos genera mayor deseo de aquello que evitamos. O peor: nos vuelve bulímicos o anoréxicos (Proce, 2005).

El problema es que nuestro cerebro no sabe de dietas: sabe de energía química contenida en los alimentos. Si detecta que no ingresa suficiente, se adapta a esa situación y ahorra para cuando no haya. La energía que ingresa se guarda con recelo típico de guerra. Y, en este contexto, mantener un peso lógico es casi una guerra contra uno mismo, perdida desde la primera batalla.

Existen varias inconsistencias en el modelo actual del ideal respecto del físico, pero hay una muy importante de resaltar: se supone que las mujeres desean ser tan bellas como aquellas que, en promedio, son capaces de atraer a los machos humanos heterosexuales y, así, aparearse. Para lograrlo, se obsesiona con dietas de hambre que les producen cuerpos infértiles.

Existen claras evidencias que ingerir muy pocas calorías interfiere en el funcionamiento normal de nuestro metabolismo que comprende todos los procesos de digestión, absorción, utilización o depósito y, finalmente, eliminación de lo inútil o tóxico incorporado con la alimentación.

Frente a la escasez de alimento, se produce una adaptación de los diferentes órganos para funcionar de un modo ahorro.

El Experimento Minnesota (1944-1946) fue realizado para estudiar los efectos biológicos y psicológicos de la semiinanición en el humano y así descubrir mejores métodos de rehabilitación nutricional de civiles sometidos a hambrunas durante la guerra (Keys, A.; Brozek, J., Jemscje, A. et al., 1950).

El legado del Experimento Minnesota es que la nutrición afecta directamente y de manera predecible el cuerpo y las emociones. Su importancia radica en que influenció la actitud científica respecto de la labilidad del cuerpo humano frente a modificaciones exclusivas de la dieta.

Monica Katz plantea que si analizamos nuestra historia inmediata, documentada y publicada en revistas científica de reconocimiento mundial, las preguntas que aparecen son: ¿Por qué se continúan indicando dietas de hambre si la ciencia evidenció sus efectos adversos desde todo punto de vista? ¿Cómo se pueden prescribir dietas con igual o menos contenido calórico que las que se suministraban a los actores de la nefasta y negra historia del holocausto? ¿Por qué siguen vigentes dietas que se han utilizado para producir la muerte de las personas? ¿Cómo es posible adoptar tratamientos que impliquen un riesgo tan notorio para la salud física y psicológica? ¿Cómo explicar que personas inteligentes, muchos intelectuales de nuestra época, individuos privilegiados con acceso a la educación, se embarquen en estas prácticas sin una mirada crítica, sin una reflexión profunda de la relación costo-beneficio que esto implica? ¿Cómo es posible que exista silencio por parte de todos aquellos que crean y hacen ciencia?

Los estudios muestran que los pacientes que responden a disparadores internos recuperan peso con mayor facilidad.

Los dietantes que comen excesivamente frente a disparadores externos como la comida tentadora tienen menos problemas para mantener el peso como que aquellos que responden a disparadores internos o emocionales.

Cuando nos presentan comida tentadora y rica, aun estando saciados, siempre gana la atracción por la comida y perdemos nosotros. ¿Quién no sabe lo que ocurre, acaso por la propia experiencia personal, frente a la mesa de buffet de un restaurante con modalidad de tenedor libre?

Sin embargo, mucho menos registro poseemos, en general, frente a las emociones o los pensamientos que nos hacen comer de más, o, lo que es lo mismo, frente a las oportunidades en las cuales comemos para no pensar, no sentir o no decir, para volver a una zona emocional cómoda.

Dietar es el mayor predictor de descontrol alimentario y por lo tanto, el mayor predictor de aumento de peso.

La gente que realiza dietas pierde, en promedio, entre un 5 y un 10% de su peso inicial en unos 6 meses. Sin embargo, por lo menos entre un tercio o dos de ellos, recuperan más kilos que los perdidos en unos cuatro o cinco años.

Dietar es concretamente un consistente predictor de aumento de peso. De hecho, tanto en hombres como en mujeres, aquellos que participan en programas de descenso de peso ganan significativamente más kilos que os que no realizan ningún tratamiento.

Conclusión: las dietas no llevan a un descenso sostenido de peso ni otorgan beneficios para la salud.

El planteo fundamental de Katz es que el paradigma predominante en el tratamiento de la obesidad es la dieta de hambre, pero, pese a estas mismas dietas restrictivas, estamos frente a una pandemia de obesidad que es, hasta el momento, imparable. Entonces, la única opción posible es cambiar el paradigma actual en lo que respecta a la obesidad. Es necesario modificar un sinfín de creencias erróneas en este campo a la luz de las nuevas evidencias científicas. Es preciso un cambio radical en la comunidad profesional para producir realmente el avance necesario.

Existe fuerte evidencia científica, desde hace por lo menos una década, de que el abordaje tradicional de la obesidad no mostró ser eficaz en el mediano y largo plazo. No obstante, se sigue observando falta de reflexión y de discusión en el ámbito científico-académico. El silencio reina en todos los sectores implicados: desde los medios de comunicación hasta las sociedades científicas, pasando por los mismos pacientes maltratados por las dietas de hambre. Nadie formula quejas formales acerca de los tratamientos a los cuales han sido sometidos. Tampoco se expresa el fracaso evidenciado por la recuperación del peso luego de dietas basadas en el viejo paradigma.

Nunca se cuestionan las anomalías del propio modelo de tratamiento. Bajar de peso es lo que mejor hacemos. Lo que no sabemos es cómo mantener un peso saludable y cómodo.

Si fuera posible mantener a la gente hambreada y privada de placer crónicamente, no habría una epidemia mundial de obesidad y no sería necesario el cambio de paradigma del que hablamos.

"Necesitamos una mente diferente. El peso no es el punto, lo central es sentirse cómodo con nuestra relación con la comida", sostiene Satter (2008). Este concepto representa un cambio fundamental respecto del problema de las dietas tradicionales.

Es imprescindible un cambio radical en el modelo de tratamiento de la obesidad, debido a las enormes y abundantes anomalías del modelo reinante. EL paradigma de la concepción de la obesidad está en crisis y pocos parecen estar dispuestos a modificarlo.

Existe una forma de tener un peso saludable sin caer en la inanición producto de una economía de guerra. Se trata del enfoque no dietante, que se basa en la calidad de vida y en el bienestar, en lugar de la pérdida de peso a cualquier costo.

No propone exceso de ejercicio no obsesión por el gimnasio. No defiende la rigidez alimentaria, sino el placer por la comida y el respeto por las preferencias alimentarias. Propone aprender a escuchar siempre al cuerpo y desde allí tomar la decisión en respuesta al hambre real, solo en cantidades lógicas.

La experiencia de libertad es vivida como peligrosa por los dietantes. En el primer encuentro con este estilo de abordaje, la gente siente temor porque tiene la impresión de que si nadie lo reta ni le dice exactamente qué debe comer cada día, ¡no se detendrá nunca y se comerá todo! Por supuesto, en la realidad esto no sucede, pues, cuando una persona come lo que desea, solo come eso. En cambio, toda vez que come lo que debe, comerá el doble: lo que debe y lo que realmente desea.

El enfoque no dietante se basa en diferenciar las emociones del hambre real. Se centra en aprender a afrontar la vida sin recurrir a la comida para regular lo que sentimos o pensamos. La propuesta de ese programa es, entonces, una vuelta al placer, al sentido común: un descenso de peso lento pero sostenido y progresivo, mantenido en el largo plazo.

El programa:

- Alimentación: saludable, balanceada, placentera y sostenible a largo plazo.
- Actividad física: con foco en el incremento de la actividad física habitual y, de ser posible, la planificada –deporte o gimnasio-.
- Mente: aprendizaje de técnicas para el manejo de las emociones y del estrés, para comer solo por hambre real.

Trastornos de la alimentación y conductas adictivas

Hemos incorporado en este artículo algunos de los conceptos desarrollados por Marcos Berstein en: "Familias Disfuncionales Generadoras de Conductas Adictivas". Sistemas familiares: Adicciones. Problemáticas y abordajes. Buenos Aires. Mayo 2008.

Podríamos entender a las adicciones como un cáncer social. Invade todas las áreas y es metastático.

Las conductas adictivas siempre llenan un vacio: soledad, incomunicación, necesidades insatisfechas a nivel social, carencias familiares, afectivas, etc.

El adicto es un portavoz, un emergente de su grupo familiar y de la sociedad en la que vive. Se constituye en un depositario de la alienación familiar y social.

El dialogo y la comunicación, que son fundamentales para todas las relaciones humanas y para la salud mental, están severamente perturbados en las familias con conductas adictivas. El diálogo generacional se resiente.

Cuando la generación joven retoma lo que le da la otra generación, el pasado forma al futuro y la historia se transforma en un proyecto. Pero si ese diálogo no ocurre, ya sea por ausencia o por sordera o porque no hay escucha del otro, el riesgo de las conductas adictivas está latente.

El adicto es depositario de una estructura familiar adictiva. Hay un modelo adictivo en la familia. Pueden ser miembros de familias con adicciones socialmente aceptadas. Son familias en donde se toman sedantes durante el día para estar tranquilos o estimulantes para levantarse el ánimo, o antidepresivos. O hipnóticos a la noche porque no pueden dormir, o polifarmacología.

Hábitos tenemos todos. ¿Cuándo una adicción comienza a ser tal? ¿Cuál es el límite patológico?: En el momento en que se torna un acto impulsivo – compulsivo, reiterado, imposible de controlar. Convengamos que cualquier conducta normal placentera es posible de convertirse en adictiva, en tanto y en cuanto el hombre pierda el control sobre la misma en la búsqueda consciente o inconsciente de exaltar el placer para paliar el sufrimiento.

Así como está presente el placer también lo está el sufrimiento. Coexiste el uno con el otro. Son dos caras de una misma moneda.

La persona se siente dependiente y comienza a sustraer tiempo a otras actividades. Hay adicciones flagelos como el alcohol y las drogas. Pero se desestiman muchas conductas adictivas socialmente aceptadas. Nos referimos a las no menos peligrosas para el individuo como son: el juego patológico o ludopatía, la ingesta alimentaria compulsiva, internet, T.V., chat, PlayStation, sexo desenfrenado, actividad física y deportes extremos, compras descontroladas y algunas otras que se engloban en el capítulo de las compulsiones.

En todas las adicciones, con o sin sustancias, existen raíces genéticas y neurofisiológicas que hacen que ciertas personas sean más proclives a caer en el abuso de estos comportamientos, normalmente placenteros, haciendo que se transformen en obsesivos. El "no poder parar" es el modo en que expresan estos pacientes los aspectos compulsivos que son el motor de la monotonía de su repetición.

Vayamos ahora a lo que se ha dado en llamar "mecanismos de recompensa del cerebro"; que son sistemas que se activan de la misma forma con sustancias o con conductas.

El protagonista principal de estos fenómenos es un neurotransmisor, la dopamina, íntimamente asociada al sistema de placer del cerebro, liberándose con mayor intensidad mediante experiencias recompensantes como el sexo y la comida.

Es por eso, uno de los reguladores más importantes de los sentidos, interviniendo en los circuitos que conectan el sistema límbico y la corteza frontal cerebral, provocando la secreción de ciertas hormonas de enorme gravitación en la producción de conductas placenteras.

Hay un apasionante interjuego de sustancias que hace que los humanos estemos sujetos a estos fenómenos neuroquímicos que técnicamente provocan una situación de ansiedad que lleva al stress, determinando el curso de nuestras decisiones, conductas y la capacidad de control de las mismas.

Cuando falla ese control aparece el acto irracional de consumo de sustancias o la ejecución de conductas que llevan a similares efectos.

Volvamos a las causas que facilitan y arriesgan a las personas, (aún más a las orgánicamente predispuestas), a volcarse a las adicciones.

En esto, uno de los actores principales es la familia, con patrones de conducta vinculados a los hábitos excesivos, (juego, comida, compras), que se van incorporando a la evolución del niño como comportamiento usual.

El paciente adicto es un portavoz, un emergente de la estructura familiar adictiva.

Hay modelos "disfuncionales" que aumentan dramáticamente el riesgo de adicción:

• Una madre depresiva con cierto vacío existencial que llena este vacío a través de su hijo, creando un modelo de sobreprotección altamente absorbente.

• Un padre ausente (no necesariamente en cuerpo pero sí en el rol); y autoritario que genera un trato rígido y sometedor hacia todo el grupo familiar.

• Una mala alianza marital, que dá lugar a una relación simbiótica madre-hijo y a coaliciones intergeneracionales.

• Dobles mensajes contradictorios

• Falta de límites a los hijos, y de fronteras entre los subsistemas paterno y filial, generando la pérdida de la jerarquía paterna.

Por eso, a través de estas causales aparece el hijo abandonado, cuya solución espúrea y falsa son las adicciones, con o sin drogas, como salida mágica del conflicto.

Anexo I

Malos hábitos. Trastorno de la alimentación. Testimonios

En los niños, el concurrir al kiosco asiduamente, es casi como una adicción. Los niños se habitúan al kiosco, y el peligro de los kioscos es que están cerca de la escuela o peor aún, en ella. Los kioscos son lo más antinatural, y venden productos industrializados nocivos para la salud.

Caso Juanita

Juanita, es una nena de 8 años, que vino el año pasado traída por la mama. La mama quería que juanita hiciera actividad física, porque estaba todo el tiempo con la computadora, iba a un colegio de doble escolaridad, y Venia aumentando de peso. La nena media 1,38 metros y tenía 48 kilos. No quería hacer la actividad física, tenía problemas en el colegio cuando los chicos corrían. Y ella no podía correr al igual que los demás. Se sentía cohibida frente a sus amiguitas que le decían "gorda", o se reían de ella. Juanita había adquirido el mal hábito de que cada vez que salía del colegio, con la mama,. pedía ir al kiosco y comprar chocolates, caramelos, golosinas, etc. Y eso ocurría cada vez que bajaban a la calle también. Y cuando la mama le decía "no", la nena lloraba y gritaba.. Era imposible caminar dos cuadras seguidas. Cada vez que veía un kiosco se paraba para comprar. Cuando me la trajo para hacer actividad física, juanita me dijo que no puede, que cada vez que pasa por el kiosco, quiere comprar algo. Y que le gustaría hacer algo de actividad física porque no se puede agachar. Empezamos a hacer actividad física y empezar a hablar con ella todos los días. Venia dos veces por semana, y todos los días 1 ves por día yo la llamaba por teléfono para ver cómo le fue. Si pudo no ir al kiosco. La respuesta era que lo intentaba y que no podía. Esto era reiterativo, a pesar de que lo hablamos. Entonces empecé a negociar con ella : que fuera al kiosco los viernes y los domingos, los lunes y martes que no fuera, y los miércoles que comiera un bomboncito de fruta. Y así empezamos. De ese pacto que habíamos hecho, hubo veces que no pudo cumplirlo. Pero lo positivo de todo esto era que cuando ella me veía para hacer actividad física, me decía: "Silvia, no pude. Pase por el kiosco y lo mire. Pero solamente compre un paquete de caramelitos (de 80 kcal)" así empezamos a negociar. Que cuando le venían esos deseos que no comprara el alfajor, o' la bolsa de papa fritas o los helados americanos que tienen de todo. Que lo suplantara por un bomboncito de fruta o una galleta de arroz con dulce de leche. Algo liviano que no superara a 100 o 120 kcal. Llego el verano (habíamos empezado en el invierno de 2012) y lo positivo, que me alegra, que juanita no se puso nunca a dieta. Logramos que restrinja el kiosco y hoy por hoy, 2012, juanita no va al kiosco. Cuando va, solo en el fin de semana, lo que pide es un chocolate de los chiquitos o un paquétito de caramelos. Que realmente no superan las 120 kcal. Me siento contenta y satisfecha de la alegría de ella que pudo superar la adicción al kiosco y entendió que le hacía mal a la salud. Lo positivo es que juanita en el curso del 2011 y hasta el día de hoy mantuvo su peso, habiendo crecido unos 10 cm. Hoy juanita tiene 9 años, hace un año está en el mismo peso y logro cambiar el habito por otras cosas que le gusten. Se siente contenta con ella misma en con el colegio, con sus amigas, aprendió a negociar, no solamente con el kiosco, sino también con sus amigas. A ser un poco más tolerante, a poder esperar cuando le viene la bronca. Antes no tenía actitud de espera.

Los kioscos eran un capricho que le impedían pensar. Esto es algo que sucede con la comida cuando queremos algo. En el caso juanita, el éxito es que juanita controlo y cambio el habito del kiosco, y entendió que así se siente mejor, que está más contenta. Hoy por hoy me pide cuando viene a ser la actividad física que quisiera venir 3 veces por semana. Quiere ir a comer a su casa envés de en el comedor de la escuela, o arreglar en el comedor de la escuela que le preparen un plato de verduras. Aprendió a comer una pechuga grille, y pescado a la plancha, o hamburguesas de pescado que la mama hace. Aprendió a comer lo que hacen en la casa pero en menos cantidad. La familia apoyo mucho. Ya no se compra los chocolates o facturas que compraba antes. Todo esto se pudo lograr gracias a la colaboración de la familia. Juanita no se engancho con la danza jazz como habíamos pensado en un principio. La actividad física le resulta aburrida. Cuando la escuche hablar y tararear algunas canciones descubrí un potencial en su voz. Con una buena caja torácica combinamos que iba a empezar a estudiar comedia musical y canto. Todo esto son incentivos, y son cosas que van llenando su vida como pequeña y hacen que pueda remplazar el placer del kiosco o por otros placeres

Caso Mario

Mario, 9 años, lo trae la mamá con un sobrepeso de unos 15 kilos. La mamá cuenta que come muchas golosinas, bolsas de papas fritas, chocolates y que esta excedido en el peso, que come en la casa y en el colegio y que quisiera reeducarlo en la alimentación. A la mamá , le pregunto cómo es el papá? La mamá me cuenta que están separados, que es ella sola que lo cría. La mamá trabaja, cuenta que tiene escasos recursos y que quisiera que el nene baje de peso, porque con los nueve años tiene los pies planos, vencido el arco y esta todo el tiempo sentado en la computadora.

Le envío que haga una dieta con una nutricionista. La nutricionista lo manda a un médico para que le haga estudios de laboratorio. Los estudios dan un poco elevados los valores de colesterol y glucosa, y le dan una dieta. Empieza a trabajar primero solo en lo individual con la nutricionista y yo lo trato en lo que es el trabajo físico. Caminamos, hacemos elongación, charlamos, hablo acerca de cómo él va a afrontar esta dieta y él me cuenta que la mamá está todo el día ocupada y que no tiene tiempo de prepararle las verduras, que había ido en un comienzo a otra nutricionista y que la verdad es que no funcionó, porque le daban dietas que la mamá no se las podía hacer. El está todo el día en el colegio, en donde le dan comida chatarra, papas fritas, estofados, come mucho pan, todas cosas que además de engordarlo es comida que no es buena para la salud, aunque él fuera delgado.

Vemos qué es lo que él podría hacer, qué es lo que podría comer? Dice que él podría comer 1 o 2 veces por semana atún, con tomate, zanahoria rallada. Hicimos primero algo general. Después la nutricionista le ordenó la dieta. Algo que sea fácil es el atún, las pechugas de pollo hervidas, como parte de la proteína semanal. Una vez por semana, quizás las milanesas de soja, pescado. Pasamos luego a ver con qué lo acompaña: con tomate, zanahoria rallada, alguna papa, un poco de arroz, un poco de fideos como hidratos. La nutricionista le ordenó la dieta, tratamos de negociar un poco el kiosco hasta que se desacostumbre.Cuántas veces por semana las golosinas, qué golosinas?

La nutricionista lo veía 1 vez por semana. Yo lo veía 2 veces por semana, lo llamaba por teléfono todos los días, hablaba con él, con la mamá, y así lo fuimos llevando entre la nutricionista, el médico y yo en el trabajo corporal y en el apoyo y trabajo de conducta alimentaria. Empezó el tratamiento de esta manera, y enseguida se vio motivado. Con el primer kilo de descenso de peso en una semana, y así continuo durante un año el tratamiento, en el cual bajó 15 kilos. Tenía 1,60 m de altura. Hoy tiene 15 años y mide 1,90m. Cambió su conducta alimentaria, sus hábitos y así llegó a un mantenimiento, hasta el día de hoy, e que con 1,90 m pesa 80 kg. El trabajo fue realizado con la nutricionista, con el médico, con la familia, su mamá y su hermanita.

Caso Susana

Susana, 23 años, viene a verme para hacer un poco de gimnasia, dice que esta excedida en el peso, según ella tiene unos 15 kilos arriba de su peso ideal. empieza a trabajar conmigo en el piso, porque se queja que le duele la espalda, que está contracturada (el cuello), pero sobre todo lo que le molesta es el sobrepeso que tiene. Me cuenta que la madre no está nunca, que la cría una abuela, que la madre no quería que nazca y que le dan muchísimo de comer, y en platos que son fuentes. Le gusta un muchacho, y el muchacho no la mira. Ella se ve gorda, se mira al espejo y se ve deformada. Las hermanas del padre, son tías con una genética de obesidad, y la madre le dice que va a ser como las tías. De darle de comer en exceso, pasa a quererle quitar comida, a que coma manzana, yogurt, el churrasquito, y la chica tiene hambre, le viene bronca y quiere seguir comiendo como viene comiendo desde que nació. La fruta, la manzana con la banana, la naranja, en vez de comerla en un platito, la comía en una cacerolita, caliente. Esto es para que se tenga idea de las cantidades. Cuando la chica tiene 18 años la madre quiere que baje de peso porque estaba un poco excedida y tenía miedo que sea como las tías. Y quiere que coma 1 manzana o 2, y el churrasquito. Ella se resiste. Empezamos a trabajar con la gimnasia, hablamos, la mando a una nutricionista, a un médico endocrinólogo, ya que tiene problemas de regularidad en su menstruación. Empieza su dieta y continuamos con la actividad física, con las charlas telefónicas diarias, con las frustraciones cuando quiere seguir comiendo, con las broncas de la madre. No se pudo conseguir con que la familia la acompañara. Se apega a este amor y trata de conquistar a este chico, pone todas las expectativas en bajar de peso y modificar su cuerpo, ponerle algunas cuotas de coquetería, arreglando su cabello, poniéndose malla (que no se quería poner). Logra bajar unos 10 kilos, logra cambiar su actitud frente a la vida. Ella trabajaba con los padres en un negocio y empezó a estudiar, terminó la carrera de contadora, empezó a trabajar en otro lado, separada de los padres, y esto la ayudó. El muchacho en quién ella había puesto los ojos, hace ya dos años, le da una cita para verla ,y luego se ponen de novios. Cuando ella quiere ponerse de novia en serio y le dice que lo quiere, él muchacho le dice que no puede seguir con ella seriamente porque tiene un problema de salud. Le cuenta que sufre de epilepsia, que es medicado y que tiene ataques donde se desmaya y saca espuma por la boca. Ella dice que no le importa y que quiere seguir adelante con él. Susana se casa con este muchacho, aunque tiene a toda la familia en contra.

El punto que nos interesa es que Susana pudo independizarse de su familia, sin romper los vínculos, termino su carrera, se casó, formó una familia y continuo con su actividad física(yo ya no la veo, pero sé que se mantiene). Bajó 18 kilos y los mantiene. Hoy Susana tiene 40 años, con hijos adolescentes, es tenista, compite, y ganó una copa. Realmente los cambios de conducta fueron notorios, positivos y ayudan a que ella pueda manejarse bien con su peso, a pesar de una genética que no la ayuda.

Caso Fernando

Fernando. Viene a consultarme porque quiere hacer actividad física que lo pueda ayudar a salir de una depresión que lo mantiene muy lento. Le cuesta salir, le cuesta conectarse con sus parientes, con su esposa, se siente aislado. Está haciendo un tratamiento con un psiquiatra, está medicado, y cuando leyó una nota mía en una revista, pensó que podía ayudarlo la actividad física. Opté por ponerlo en un grupo heterogéneo con gente con distinta problemática, y tenía los ojos puestos en el. Lo dejé trabajar tranquilo, a su tiempo, trabajamos con música, a veces la seguía, otras veces no. Realmente fue un esfuerzo que pueda meterse en la actividad física, porque era meterse con su cuerpo y nada más ni nada menos que con la movilidad, que era lo que a él tanto le costaba. Trabajó conmigo un año. Debo decir, que en el comienzo del tratamiento, me cuenta que estaba muy medicado, había engordado mucho de peso, unos 20 kilos. Que eso le molestaba, y que su médico le había sugerido que sería bueno que hiciera algo de actividad física. No fue fácil lograr que se pueda mover, sobre todo con la medicación. Trate de estimularlo y realmente lo ayudó bastante. El tratamiento fue positivo. Pudo verse más los frutos cuando su médico me cuenta que le baja la medicación y entonces comenzó a verse como desbloqueado, despejado, más flexible, más acorde con el resto de sus compañeros, con el resto del grupo.

Este es un caso más donde realmente la actividad física lo ayudó. Además para bajar los 20 kilos tuvo que ver a un médico endocrinólogo y nutricionista, que realmente lo acompaño muy bien. Con la baja de medicación y la motivación que tenía, empezó a conectarse nuevamente con su esposa, ya que, aunque estaban viviendo bajo el mismo techo, estaban prácticamente separado. Empezó a hacer deportes, y realmente mejoró.

Bibliografía

Chiozza, L.: Las fantasías adiposas en la obesidad en "Del afecto a la afección". Ed. Alianza. Bs. As., 1997.

Korbman de Shein, R.: "Tratamiento y prevención de la obesidad en niños y adolescentes". Ed. Trillas. México, 2007.

Berstein, M.: "Familias Disfuncionales Generadoras de Conductas Adictivas". Sistemas familiares: Adicciones. Problemáticas y abordajes. Buenos Aires. Mayo 2008.

Muñoz Patillo, V.: "La adicción a las dietas". En Internet: psiquis.cl/portal/leer.php 20/06/2006.

Katz, M.: "La no dieta". Ed. Libros del Zorzal. Bs. As., 2008.

Kolb, L.C.: "Psiquiatría Clínica". Ed. Interamericana. México, 1988.

Rubio, G.: "Trastornos de conducta alimentaria en la niñez". Rev. Psicología Interamericana, Vol. 2, Num. 4, 1994, PP. 68-85.

Kornhaber, A. y Kornhaber E.: "Psichopatological obesity tipes in children and their treatment", en J. Platon y L. Collip (Eds.), Childhood Obesity, PSG Publishing, Massachusetts, 1980, PP. 169-176.

Beil, B.: "El niño con sobrepeso". Ed. Medici. Barcelona, 2001.

Pritchard, M., King, S. L., y Czajka-Narins, D.M.: "Adolescent body mass indices and self-perception", Rev. Adolescence, Num. 92, 1997, PP. 863-879.

O´Dea, J. y Abraham, S.: "Association between self-concept and body weight, gender and pubertal development among male and female adolescents". Rev. Adolescence, Num.34, 1999, PP. 69-79.

Strauss, R.: Childhood obesity and self-esteem. Rev. Pediatrics, Vol.105, Num. 1, 2000, P. 15.

Birch, L. Y Fisher, J.: "Development of eating behaviours among children and adolescents". Rev. Pedriatric Journal, Vol. 101, Num. 3, 1998, PP. 539-548.

Bruch, H.: "The importance of overweight in childhood obesity". En J. Platon y L. Collipp (Eds.), Childhood obesity, PSG Publishing, Massachusetts, 1980, PP. 113-119.

Bruch, H.: "La Jaula Dorada. El Enigma de la Anorexia Nerviosa". Ed. Paidos. Buenos Aires 2002

Beneficios del Grupo Multifamiliar

Supervisión Prof. Dr. Marcos Berstein

Sabemos ya lo que ocurre con la familia del alcohólico. Podemos decir que, en general, los miembros más afectados por el problema tenderán a verlo como un déficit de control en el paciente. De allí que tarde o temprano traten de suplir ese déficit, asumiendo el control. Ese es el momento en que desarrollan con el alcoholista una relación semejante a la que este desarrolla con su adicción: dedican su vida a una especie de lucha en la que se ven irremediablemente derrotados. Así como los intentos del alcoholista por controlarse no hacen más que reforzar el problema, los intentos de sus familiares por controlarlo sólo logran reforzar su dificultad. También aquí se trata de una falsa óptica, en la que alguien cree que por sí mismo puede modificar la situación.

No sólo eso, sino que en esa especie de lucha obsesiva, tanto el alcoholista como sus familiares se van entrampando en una situación de progresivo aislamiento. El alcohol se transforma en un tema que lo invade todo; por diversos motivos limita los contactos de la familia con el grupo social más amplio, pero al mismo tiempo limita los contactos entre los miembros de la familia. Se convierte en eje dominante de las transacciones familiares, y los miembros de la familia van perdiendo progresivamente la habilidad de relacionarse entre sí de una manera más rica y variada.

El grupo multifamiliar responde a esta problemática en varios niveles.

1) Ofrece al familiar del alcohólico un grupo de pertenencia. Allí es aceptado y, en esa medida, puede sentirse reincorporado a la estructura social más amplia. El grupo es como

la representación de la sociedad, dispuesta a reincorporar a alguien que probablemente ha experimentado un creciente sentimiento de alienación.

2) Le da la posibilidad, a través de las discusiones grupales, de reaprender a interactuar con otras personas, brindándole así un modelo que a su vez lleva al seno de su propia familia.

3) Le permite tomar conciencia de que él no puede por sí mismo evitar que su familia beba.

4) En relación con el punto anterior, le transmite la idea de que sus propios comportamientos, en particular los que desarrolla para controlar al alcoholista, forman parte de una situación grupal en la que se da el fenómeno del alcoholismo. Dicho de otro modo, que las cosas que él hace o deja de hacer influyen sobre los demás miembros de la familia, aunque no determinan que alguien en particular beba o deje de hacerlo.

5) De la misma manera, le enseña a observar de qué modo sus propios comportamientos son provocados automáticamente por ciertas conductas de los demás.

6) Esto lo lleva a comprender que hay un estilo de relación familiar en el que el alcoholismo puede tener lugar, y a comprender que él no puede cambiar a los demás, pero sí puede cambiar ese estilo desde su propia contribución. No se trata entonces de controlar al otro, de vencer su obstinada resistencia a estar sobrio, sino de vigilarse a sí mismo, cambiar la propia conducta.

7) Se insiste en la concurrencia a las reuniones como el modo de lograr estos cambios en la propia conducta, transmitiendo de esta manera una vez más que el poder para cambiar no reside en la mera decisión personal, sino en la entrega a las posibilidades que ofrece el grupo. Con ello, como se señaló más arriba, mejora notoriamente el pronóstico de la situación, puesto que todas las investigaciones recientes han demostrado que el aislamiento constituye, por sí mismo, un factor de riesgo de principalísima importancia. Dicho de otra manera, el aislamiento aumenta las posibilidades de enfermedad grave, tanto física como mental.

8) El cambio más importante que se sugiere en las reuniones a los concurrentes, es el cese de todos los intentos por controlar y proteger al alcoholista. Este debe tener la libertad para tomar sus propias decisiones y asumir la responsabilidad por las consecuencias de sus actos.

9) Ayudan a manejar todos los problemas que aparecen en las relaciones familiares cuando el alcoholista no bebe. De este modo, la gente comprende que el problema no está en que alguien beba, sino en que el beber se haya convertido en una manera estereotipada de tapar o resolver problemas. Descripto en términos interaccionales, en esas reuniones se transmite una visión del mundo en la que es una ilusión creer que nos bastamos a nosotros mismos y que "allí afuera" hay algo que debemos conquistar o cambiar. Propone que nos percibamos como parte de un todo más amplio del que dependemos, y que en la medida en que percibamos esta situación y desarrollemos una relación armoniosa con esa totalidad, aprenderemos a modificar nuestra vida en lo que es imprescindible y posible. Nos transmite una idea interaccional básica: somos parte de una red social, y esa red tiene posibilidades curativas para cada uno de nosotros. Quien pretenda apartarse totalmente de esa red queda expuesto al daño. De allí que los grupos constituyen una red curativa a disposición de los que la necesiten.

Los principios que los participantes aprenden, se desarrollan también en el seno de las reuniones mismas. Nadie pretende poder realmente cambiar la vida de los demás, pero sí están todos animados de la intención de ayudar al cambio. En este sentido, es también el grupo un sistema donde el cambio que muestra alguno de los participantes en su relación con el familiar alcohólico, sirve de ejemplo para ofrecer nuevas salidas al círculo vicioso de pautas de interacción que mantienen el alcoholismo.

Gabinete Social
Juzgado del Menor y la Infancia

Dra. Claudia J. Rubins de Barbieri

I- Ley y autoridad: algo de historia[1]

¿Cómo se articulan la Ley y la Autoraidad? Podríamos decir que con la autoridad, con el poder que confiere la autoridad, pueden hacerse cumplir las leyes.

La ley será entonces una pauta para el desarrollo de una sociedad o una familia. De la buena internalización de la ley dependerá la instancia psíquica que regula la inserción de los individuos en los grupos humanos, y que evita los desbordes (violencia- agresión).

Es interesante el debate psicológico- jurídico alrededor de nuestra dificultad, como país, para aceptar la ley.

Como interpretación parcial de esta problemática, me he remontado en la historia, y he tratado de pensar qué sucedió en América, qué elementos hay en la historia de nuestro país respecto de la Ley... de las primeras leyes.

Y pienso en lo difícil que es aceptar leyes que no han nacido de la necesidad de los individuos.

Cuando una ley surge de la urgencia de las personas, para ordenar u organizar aspectos del funcionamiento en la vida cotidiana, seguramente será sentida como propia, y podrá ser respetada.

En España, cuando se produjo el descubrimiento de América, los reyes estaban intentando concentrar el poder

---

[1] Publicado en Noviembre de 1990.

absoluto en sus manos (¿autoritarismo?) y no podían instrumentarlo allí.

América fue el lugar propicio

Y el desobedecimiento a la Ley es fundante en América; desde las mismas capitulaciones firmadas con Colón, las cuales no sólo no fueron cumplidas, sino que en su tercer viaje, la Corona lo esperó para ponerlo en prisión y negarle su condición de Gobernador.

¿Otras leyes de entonces incumplidas?

La del buen trato a los aborígenes, las leyes económicas... Leyes ratificadas año a año por la corona a lo largo de 300 años de Colonia... y aquí jamás cumplidas...

Estas leyes "importadas", nacidas en general de necesidades ajenas a la gente, eran necesariamente transgredidas[2].

Y con el devenir del tiempo, aparecieron en la Argentina quienes, desde un lugar de poder, pudieron, avalados por la autoridad, hacer cumplir leyes legítimas...

Y quienes, desde el autoritarismo, favorecieron leyes que, si bien legales, como ilegítimas, fueron transgredidas.

Estas reflexiones respecto de la evolución de la ley en la historia, se vinculan con quién; desde qué lugar o con qué autoridad hace cumplir o dicta leyes.

Que las leyes respondan a las necesidades de los individuos, convalida la autoridad. Y si estas no responden a ello, serán transgredidas, y quien las respalde será una autoridad vacía (desautorización), o una autoridad distorsionada (autoritarismo).

En nuestros días, esta problemática de la transgresión, sigue planteándose. Y lo antes expuesto, sería una explicación parcial de un fenómeno que nos sorprende a todos, que está en nuestro lenguaje cotidiano, y que se podría ejemplificar largamente en el recorrido de nuestra historia.

---

[2] Ahora: las leyes del FMI.

En el lenguaje corriente, resuena como "la estafa moral", el tema de la "falta de palabra", "la coima", "la corrupción"... equivalentes todos a la transgresión de distintas modalidades de la ley.

Trasladando estos conceptos de autoridad (como la que sostiene una ley) a la dinámica de la familia, también allí hay una Ley (para Lacan, la ley del Padre), que sustentada en la autoridad de la pareja parental, delineará lo permitido y lo prohibido en el íntimo contexto del núcleo familiar, partiendo como primera normativa, de la ley de prohibición del incesto.

Ambos conceptos: autoridad y ley, se enlazan en el funcionamiento de los grupos humanos, y la familia es la unidad más pequeña pero más eficiente para la instrumentación de esta dinámica.

II. Autoridad - Autoritarismo - Desautorización

El establecimiento de la Autoridad, posibilita hacer cumplir leyes emanadas de la necesidad de las personas, que sirven para reglar y establecer las pautas de convivencia entre ellas.

En el ámbito familiar, se trata de pautas que favorecen el crecimiento de sus miembros. La autoridad parental funciona como continente y organizador de ansiedades e inseguridades de las personas en crecimiento.

De una buena internalización de la autoridad parental surge la instancia psíquica de autocontrol, que favorece la superación y desarrollo de los individuos, y que evita los desbordes (violencia, etc.).

Podríamos decir que el Autoritarismo es la inclusión de normas y leyes rígidas, derivadas de necesidades ajenas a las personas, que en general las perjudican en vez de beneficiarlas.

En el contexto familiar, son normas que no favorecen el crecimiento de sus miembros, y que, en última instancia, los desamparan.

...Porque cuando TODO está prohibido, se pierde la graduación y la diferencia entre una transgresión pequeña y una grave.

La desautorización aparece como la debilidad de la autoridad, la dificultad para instaurar una ley, cualquier ley, por válida y coherente que sea.

III. Conclusiones

En esta línea de pensamiento, la secuencia: autoridad desde lo social- autoridad en lo intrafamiliar- autoridad internalizada intrapsíquica, producida saludablemente, es la mejor garantía para la evitación de desbordes, sobre todo en la línea de la patología de la violencia (delincuencia- patotas- adicciones- auto y heteroagresión).

¿De qué sirve esta reflexión en el contexto que nos ocupa?

Estoy convencida que un alto porcentaje de la casuística que recibimos, se relaciona con esta problemática.

Desde los distintos niveles de decisión que ocupamos, deberíamos tenerla presente para prevenirla en la medida de nuestras posibilidades.

En esta mitad del siglo, se han reformulado los criterios respecto del origen de la violencia, pasando de una visión individual, vinculada más a los aspectos nutritivos de las funciones parentales; hacia un planteo dirigido a la dinámica familiar, más relacionado con los aspectos normativos de la función parental.

Nuestros esfuerzos deberían apuntar a sostener a esos padres desautorizados, y robustecerlos en su función.

En los casos de padres autoritarios, en general existen en las familias situaciones de alianza y desafío que los llevan a esa situación, y allí también nuestra intervención debería apuntar a equilibrar la fuerza de la autoridad... pero nunca a anularla.

La modalidad histórica de los juzgados de menores fue la de "liberadores" de la autoridad parental, quedando la

Justicia y el Estado a cargo de los menores, favoreciendo, en última instancia, la descalificación de los padres... con el alivio que esto conlleva, ya que lo más difícil en la relación entre padres e hijos es la puesta del límite.

Con esta modalidad de "proteger" al menor, sólo se consigue desautorizar al padre, mientras que el Estado pobremente puede cumplir esa función normativa (por exceso o por defecto).

IV. Propuesta

En nuestro ámbito de trabajo, ya nos estamos manejando con una modalidad con la que intentamos, sin abandonar al menor, restituir a los padres su autoridad.

Abordamos las cosas en forma interdisciplinaria (Juez, Defensores, Secretarias, trabajadores de salud mental y asistentes sociales), con una meta común de robustecer la autoridad parental, y despejar en lo posible del campo familiar las interferencias que la socavan.

Muchas veces, devolvemos o conferimos esa autoridad, en entrevistas en que simbólicamente el Juez pone a los padres a hacerse cargo de sus hijos.

Se trata de un enfoque que requiere de importante intercambio entre el equipo actuante, y que lleva implícito un gran esfuerzo, pero que vale la pena, ya que para un menor con trastornos de conducta, no existe mejor medio rehabilitador que su propia familia.

Este es un planteo incompleto, en el sentido que he tomado un aspecto parcial de la problemática que nos convoca (Autoridad y Ley).

Quedarían múltiples derivaciones y articulaciones que analizar, las cuales nunca podría abarcar en este trabajo.

"Salud Materno-infantil: Propuesta de prevención durante el embarazo, parto y puerperio"[1]

Alberto Tripicchio Torres
Francisco Irianni
Prof. Dr. Marcos Berstein
Eugenia Lackierowicz
Hilda Schupack

En el presente artículo se plantea una propuesta para la salud mater- noinfantil, donde el trabajo sea realizado por un equipo, en el que cada integrante ejercite una función definida, y asuma una etapa del proceso, a partir de una concepción totalizadora. Por otra parte, la necesidad de contar con un equipo interdisciplinario se basa en que la asistencia de una pareja, donde la mujer está embarazada, requiere el control y apoyo de distintos aspectos. Este criterio, asimismo, se vincula con un concepto más amplio, con respecto a la prevención.

Introducción

El trabajo aquí descrito es propio de una zona urbana, y se ha comprobado que resulta útil para ese medio, clase social y tipo de población; sin embargo, mediante las modificaciones correspondientes, puede efectuarse en cualquier lugar del mundo, aun en zonas donde no existe la posibilidad de desempeñarse en equipo.

Tal como luego se expondrá, el trabajo se desarrolla se-

---

[1] Boletín de la Oficina Sanitaria Panamericana. Vol. LXXXIX, N° 3, septiembre 1980. P. 217-226.

gún dos metodologías diferentes, pero sobre la misma base conceptual: una dirigida a un sector de la población que se atiende en consultorios privados, y la otra, a una población proveniente de un medio obrero y rural, que se atiende en instituciones públicas o de servicio social.

El criterio de trabajo es el de prevención primaria, dado que hay patologías tanto físicas como psíquicas que surgen por la situación de embarazo, parto y puerperio, y otras que se agravan con el embarazo, y pueden evitarse. Pero, si bien la intención básica consiste en prevenir, tampoco se omiten otros aspectos como la cura o la rehabilitación.

Desde el punto de vista biológico, hay tres tareas:

Educativa (obstétrica, pediátrica y corporal):
De control (obstétrico y pediátrico);
De asistencia en el parto (con una actitud expectante de las necesidades y no intervencionista).

Desde el punto de vista psicológico social, hay dos tareas:

Educativa (esclarecimiento de las funciones familiares para el mejor desempeño de cada uno de los integrantes, e información sobre la evolución psicológica del niño pequeño, y sobre los procesos de embarazo, parto y puerperio).
Asistencial (de las ansiedades básicas que despiertan estos procesos y de las ansiedades particulares de cada paciente).

La necesidad de contar con un equipo interdisciplinario se explica porque una pareja, en que la mujer se halla embarazada, tiene requerimientos en todas las áreas descritas. Esto implica que la tarea no termina con la culminación del parto y el nacimiento del niño, sino que se trata de preparar para la maternidad- paternidad, que abarca todo el proceso del embarazo, parto y crianza del hijo. Para cubrir esta tarea los autores consideran que el equipo debería estar integrado por un médico obstetra, un médico pediatra, un psicólogo, una obstétrica y un psicólogo social e institucional que coordine al equipo para la mejor comprensión y manejo de las relaciones entre los profesionales. A continuación se describen las funciones de cada uno de ellos.

Función del Obstetra

Este integrante es el primer punto de contacto de la paciente con el equipo. Su función principal es controlar a la paciente, organizar su relación con los demás miembros del equipo, calmar la ansiedad a través del esclarecimiento y la información adecuada durante el desarrollo del embarazo, como asimismo asistir el parto.

Durante el embarazo

Efectuar los controles habituales desde el punto de vista médico (1). Además, en las consultas médicas, se deben esclarecer, desde el punto de vista científico, las dudas y ansiedades despertadas por la falta de información, o por creencias folklóricas incorrectas. Hay que favorecer por todos los medios posibles la participación del padre en los controles, de modo que él mismo pueda auscultar, palpar el feto y reconocer sus partes, con la ayuda del obstetra: en cada consulta se debe informar sobre la evolución del embarazo hasta ese momento (1) y los cambios posibles hasta el próximo control [2].

Curso de psicoprofilaxis

Se inicia a partir del séptimo mes de gestación. Se organizan grupos de parejas donde las embarazadas tienen fechas probables de parto cercanas entre sí. En este curso el obstetra imparte cuatro clases donde utiliza láminas, diapositivas, dibujos y películas cinematográficas que ayudan a comprender mejor las explicaciones técnicas. Cada clase tiene una duración aproximada de una hora y media. A continuación se detallan los diferentes tópicos que las componen.

Primera clase: Se explican cuáles son los síntomas indicadores de que ha comenzado el trabajo de parto, es decir, rotura de la bolsa amniótica y contracciones uterinas. Se pregunta a las pacientes que ya han tenido partos cómo comenzaron los mismos. Esto, además de enriquecer la explicación y favorecer la participación de las embarazadas, permite mostrar de una manera práctica y sencilla la variabilidad de la aparición del dolor según la paciente, cómo este síntoma puede faltar o ser mínimo, de acuerdo con la disposición anímica de la embarazada. Se subraya que puede haber parto sin dolor, y dolor sin parto. A continuación se presenta un rápido repaso de la anatomía y fisiología genital femenina (ciclo ovárico y uterino), en los términos más sencillos posibles, y luego se muestran imágenes de cortes frontales de los genitales, fecundación, división del huevo, y nidación en el útero. La clase finaliza con la proyección de imágenes que muestran el desarrollo del feto, hasta el término del embarazo.

Segunda clase: Se dedica a los temas de dolor y parto normal. Se comienza por señalar que el parto habitualmente duele, pero que el dolor está ocasionado por la dilatación del cuello uterino, y puede desaparecer o disminuir en gran medida con la relajación activa y voluntaria del mismo. A continuación se expone la teoría del Prof. Dr. Read acerca del círculo vicioso de tensión, temor y dolor, como también la teoría de los reflexólogos soviéticos acerca del origen del dolor en el parto [3-5].

Seguidamente se explica el mecanismo en general del parto normal, por medio de láminas o diapositivas que muestran sus diferentes períodos. Se esclarece que el parto es una situación biológica y vital de cada mujer; si bien la orientación de la tarea del equipo está dirigida a lograr el parto más natural posible, no existe un modelo del mismo, sino el parto real, que es el que puede tener cada paciente.

Tercera clase: El tema es parto anormal, cirugía obstétrica, anestesias, medicación e inducciones. Se comienza por explicar la cesárea; en qué condiciones y por qué se hace.

Luego se explica qué es el fórceps, en qué condiciones y por qué se emplea. Sobre todo, se tratan de eliminar los temores infundados contra el uso de este instrumento, y se aclara que las dificultades no surgen por el instrumento en sí mismo, sino por su uso incorrecto. A continuación se mencionan los tipos de anestesias que pueden utilizarse en caso de necesidad. Luego, con respecto a la medicación, se explica que casi nunca se recurre a ella, pero que en algunas situaciones es necesario utilizar goteos de soluciones de algunos medicamentos (para evitar un parto prematuro, para disminuir la cantidad de contracciones cuando estas ponen en peligro la integridad del feto, o para producir un parto inducido, cuando las condiciones obstétricas así lo indican).

Cuarta clase: Se proyecta una película filmada por el equipo donde se pueden ver varios partos normales, con y sin episiotomía. Luego de la discusión de las diferentes impresiones creadas por la misma, se da una clase acerca del puerperio, sobre las modificaciones físicas que suelen aparecer en este período y se presentan las pautas de conducta correspondientes: alimentación libre, completa y balanceada, cuidados de las mamas e higiene de la región vulvar, reinicio de las relaciones sexuales a partir de cuando la pareja lo desee (siempre que la episiotomía, si hubiese sido necesario hacerla, ya esté consolidada), y cuidados anticonceptivos durante la lactancia.

Si en algún momento del curso surgen comentarios acerca de las malformaciones congénitas, sea de manera directa o tangencial, se procede a tratar el tema en extenso, sin ocultamientos, para aclarar las opiniones.

Asistencia al parto

A este respecto, se trabaja con varias premisas básicas, que en conjunto integran un solo modelo de parto, desde el punto de vista de los más deseable.

Adoptar la posición vertical. Se utiliza el sillón de partos. Si por carencias del lugar de trabajo no se puede disponer del mismo, se trata de adaptar la camilla clásica para que funcione como sillón. El parto vertical es más cómodo para la paciente, permite un nacimiento más fisiológico, y no acarrea ninguna dificultad especial para el obstetra. Por otra parte, implica la posición natural que las mujeres adoptan para pujar.

Evitar la violencia en el parto. Es decir, todo tipo de actitud, maniobra o medicación, que pueda resultar traumática para la madre o el niño, sin aportar ninguna ventaja especial. Por esta razón, se eliminan las enemas pre y posparto, el rasurado perineal completo, como también la episiotomía profiláctica de rutina en las primíparas. Asimismo, se trata de mantener una conducta expectante de las necesidades de cada caso, y evitar la intervención médica innecesaria.

Favorecer la participación del padre. Se facilita su intervención en todo el proceso de embarazo, parto y puerperio.

Función de la obstétrica

Su tarea comienza por hacer que las embarazadas conozcan su cuerpo en forma parcial, hasta llegar a un todo unificado. Las clases correspondientes se inician en el quinto mes de embarazo y continúan hasta el momento mismo del parto; se cuida que no existan períodos superiores a una semana entre una clase y otra, o entre la última clase y el parto. Cada sesión dura, en forma aproximada, unos 90 minutos, donde se enseñan los ejercicios y también se presentan los fundamentos de cada trabajo realizado. Asimismo, todos los ejercicios están destinados a relajar partes tensas o contracturadas; una vez logrado el objetivo desaparece el dolor y las pacientes perciben este beneficio, por lo cual decimos siempre que todos los ejercicios deben causar placer, y no molestias o dolor (6). Si esto último sucede, no se realiza ese trabajo, sino que se busca otro sustituto con el mismo fin. Para formar en la mujer embarazada una idea más o menos exacta de su interior, el obstetra le proporciona información teórica a través de láminas, fotografías y películas. En este caso, cabe consignar que la mayoría de los trabajos se realizan de modo tal que lo visto se asimile en la percepción del propio cuerpo; por ejemplo, después de ver una pelvis en una lámina, la paciente aprende a reconocerla en sí misma. Por otro lado, se realiza la dramatización de un trabajo de parto; los esposos colaboran en forma práctica a través de masajes en los puntos dolorosos, y verbalmente, para recordar a la embarazada cómo relajarse y disminuir así el dolor. Con respecto a la respiración, solo se utiliza la torácica profunda para la relajación, y la abdominal profunda para el pujo.

Diagnóstico del inicio del trabajo de parto

La obstétrica es la primera persona del equipo con quien se pone en contacto la embarazada para diagnosticar el inicio del trabajo de parto. Luego controla la evolución del mismo, hasta aproximadamente los cinco centímetros de dilatación, y por último acompaña a la paciente hasta la clínica. Durante ese período, ausculta la frecuencia cardíaca fetal en los distintos momentos del trabajo de parto, es decir, antes, durante y después de una contracción, para constatar así la vitalidad fetal.

Mediante el tacto vaginal controla cómo se realiza el borramiento y la dilatación del cuello uterino, y si este coincide con el ritmo de las contracciones. Asimismo, constata que se manténgala sinergia imprescindible para la buena marcha del trabajo, es decir, la relajación que existe entre la contracción del cuerpo uterino y la relajación del cuello uterino; de este modo, evita, o si fuera necesario; corrige, una anormal tensión del cuello que impida su adecuada relajación. Luego transmite toda esta información al médico obstetra.

Asistencia en el trabajo de parto

Una vez en la clínica, colabora con el obstetra en el control y ayuda a la parturienta para que esta ponga en práctica lo aprendido. En la sala de parto, se ocupa de verificar la dinámica, incita a la embarazada a pujar en el momento justo, para aprovechar al máximo la contracción y constatar la frecuencia cardíaca fetal, e informa al obstetra y al pediatra del resultado de dichos controles. A partir de este momento, comienza la tarea asistencial realizada por el pediatra.

Función del pediatra

La función del pediatra es de tipo preventivo, con el propósito de ayudar a los padres a construir un sistema de protección y seguridad para el niño, de modo que se asista a su proceso de crecimiento y maduración.

Tarea preventiva

Se realiza con los padres durante el embarazo y consta de tres reuniones grupales, donde concurren parejas que cursan el último mes de embarazo, cuya fecha probable de parto coincide en el mismo tiempo (hasta un mes de diferencia). Estas reuniones se llevan a cabo con una frecuencia semanal, y cada una de ellas dura, en forma aproximada, unos noventa minutos. Constan de dos partes: la primera de carácter informativo, con un temario programado y fijo que se describe más adelante, y la última se trata de un grupo de discusión en el que los integrantes trabajan la información previamente aportada.

Temario de las reuniones: En primer lugar, se subraya que todo niño al nacer se encuentra en un momento crítico (7), con la imposibilidad de adaptarse por sí mismo a la vida fuera del vientre materno. Por tanto, necesita de la mediación de los padres para que esa adaptación se realice en los términos de una salud plena; el contacto con los brazos maternos son el estímulo necesario.

Se comenta con los padres que, además de la importancia del contacto, de todos sus reflejos neurológicos, el más intenso y espontáneo en el niño es el reflejo de succión. Con respecto a la alimentación, existe un acuerdo general en que la leche de la madre representa el alimento más adecuado para el recién nacido.

En lo concerniente al ritmo de la lactancia y a su tiempo de duración se informa a los padres que esto depende del niño, cuando él lo requiera, sin horarios fijos y durante el tiempo que lo necesite. Pasados los días, el niño adquiere un ritmo cada vez más regular, puesto que se equilibran la oferta de leche del pecho y la demanda por parte del recién nacido. Por último, otra de las necesidades básicas de un recién nacido es la de balanceo; es decir el movimiento al ser mecido.

Ahora bien, para reclamar el contacto, succión, balanceo y alimentación, el niño recurre al llanto. En un principio este llanto es indiscriminado, con las mismas características para cualquier necesidad que esté en juego. Pero, a medida que se armonizan las necesidades del niño y su correlativa satisfacción por parte de la madre, este llanto toma características diferentes. El llanto, entonces, no es un síntoma que debe evitarse, sino que presta a su interpretación.

En el temario de estas reuniones se informa a los padres de las adquisiciones neurológicas del niño en el transcurso del primer año de vida: sostén de la cabeza, sonrisa social, acción de sentarse, gateo, ponerse de pie y marcha (8).

Asimismo, se informa a los padres sobre las características de un recién nacido en los primeros días de vida: modo de respiración, secreciones en vías respiratorias superiores, hipo, estornudos, tipo de deposiciones, descamación de la piel, regurgitaciones, etcétera. En la última reunión, se trata todo lo referido al cuidado del bebé, con nociones de puericultura: abrigo del niño, primer baño en la casa, alimentación, cambio de pañales, cuidados del cordón umbilical, plan de vacunaciones, controles médicos y otros aspectos.

Tarea asistencial

Se realiza en la sala de partos y durante el control posterior del niño hasta el momento del alta. Con la debida anticipación, se preparan recursos técnicos necesarios (equipos de aspiración y oxigenación, caja de canalización para cordón umbilical, sueros, tubuladuras, medicamentos para reanimación, etcétera). Se trata que el ambiente esté templado y cuente con luz adecuada (poca intensidad), para recibir al niño en óptimas condiciones.

Asistido el parto, el obstetra coloca al recién nacido sobre el abdomen de la madre, quien junto con el padre, le proporcionan estímulos cutáneos en forma de masajes. De esta forma, ayudan al niño a una mejor adaptación primaria a la vida (regulación de latidos cardíacos, adecuación a la respiración pulmonar, tono muscular, regulación de la temperatura corporal y coloración de tegumentos) (9). En esos momentos, se realiza el primer control neonatológico, para verificar la normalidad de este proceso.

Una vez concluida esta etapa, el obstetra liga el cordón umbilical y separa al niño de su madre, para que el padre lo conduzca a recibir el primer baño que, además del fin higiénico, completa los estímulos necesarios. A continuación, se procede a un segundo control neonatológico más completo y exhaustivo. Cuando se concluyen las mediciones pondoestaturales, se viste al niño y se le lleva junto a sus padres; asimismo, se le coloca de inmediato al pecho de su madre.

Controles pediátricos en el sanatorio: Se realizan dos exámenes clínicos el primer día de vida, y uno por cada día subsiguiente, hasta el alta. En ellos participan los padres, quienes formulan sus preguntas, y proporcionan información sobre la conducta del niño con sus observaciones. Durante la estadía en el sanatorio los padres cuentan además con la sala de recién nacidos, cuyas enfermeras llevan un control paralelo de las funciones vitales del niño y se comunican rápidamente con el pediatra, en casos de urgencia. Los próximos controles se realizan en forma ambulatoria, el primero a los ocho días del parto, y los subsiguientes, con una frecuencia mensual.

Hasta aquí, se han descrito las funciones que desempeñan el médico obstetra, la obstétrica y el pediatra, en su carácter preventivo y asistencial en la sala de partos. Resta entonces describir las funciones desempeñadas por el psicólogo, integrado a toda la tarea de este equipo, si bien es el único que no está presente, a menos que fuera necesario, en el momento del nacimiento.

Función del psicólogo

En un equipo de psicoprofilaxis obstétrica su tarea tiene dos orientaciones: una es la atención psicológica de la pareja que espera su hijo, y otra está dirigida a mantener informado al resto del equipo sobre las características y necesidades de los integrantes de la pareja.

Esta información permite a los profesionales que participan en el parto tener un conocimiento adecuado de las posibilidades y limitaciones de la paciente asistida en ese momento. De esa manera, se sabe si es adecuado esperar un parto normal, o si por las características de la paciente, según lo observado en su conducta y los test, existe un pronóstico de complicaciones funcionales en el parto. Tal como se ha mencionado, el psicólogo no está presente en la sala de parto, por considerarse que la tarea durante el embarazo debe darle a cada mujer los elementos necesarios para un buen manejo de sus emociones. Sin embargo, hay excepciones en que su presencia puede resultar necesaria, cuando la paciente se encuentra en una situación de desborde emocional incontrolable, que puede provocar complicaciones en la dinámica del parto.

El trabajo específico se realiza durante el embarazo y el puerperio. Las parejas en que la mujer tiene aproximadamente al mismo tiempo de gestación (alrededor de 6 o 7 meses) se reúnen grupo una vez por semana durante una hora y media hasta que se produce el último parto, con reuniones posteriores al puerperio inmediato. En estos grupos se tratan los distintos temas inherentes a la llegada de un hijo, sea el primero o los posteriores. Se esclarecen los miedos y ansiedades específicos de cada momento del embarazo, como también las dudas sobre la actuación en el parto y ante el recién nacido. Se informa sobre las depresiones puerperales, del mismo modo que sobre las características y necesidades de los niños para favorecer el vínculo entre madre e hijo. En relación a estos temas, se indica que el embarazo tiene ansiedades específicas en cada momento (2). Hay tres temores universales que tiene toda mujer durante la espera de un hijo: 1) el temor a la malformación del niño; 2) el temor a la muerte de ella o el niño, que no se asocia con las posibilidades reales, sino con el aspecto desconocido que tiene la muerte, como así es desconocido este parto y este niño, aunque ya haya tenido otros, y 3) el temor al dolor en el parto.

En los dos o tres meses de reunión con las parejas que esperan su hijo, se ha observado que las mujeres se sienten preocupadas por el temor al parto y con miedo a encontrarse solas en ese momento, sin la compañía de personas que alivien su ansiedad y temores. En este sentido, la participación de su pareja en todo el proceso es un hecho que las alivia y las tranquiliza. Asimismo, cuentan con la seguridad de que van a ser atendidas en todo momento, en este caso por el equipo; o por alguna persona preparada para entender el momento que atraviesa.

En estos grupos se trabaja con una lectura psicoanalítica, pero la forma de abordarla es directa, sin interpretaciones sino con esclarecimientos e información (10). Es imposible detallar aquí todos los temas que surgen en las reuniones, ya que estas no se basan sobre un temario preestablecido, sino sobre las situaciones que los integrantes necesitan aclarar. Por esta razón, existen variaciones en cada grupo, según las características y las historias personales de los participantes. Además de dichas historias, en una de las reuniones se toman test gráficos. Se solicita a los integrantes del grupo (hombres y mujeres) que realicen una serie de dibujos, para cada uno de los cuales se imparte una consigna. Esto permite conocer las características de personalidad de los participantes, los aspectos particulares de los vínculos de cada pareja, las actitudes ante el parto, las expectativas y el conocimiento de sus capacidades.

Ahora bien, este conjunto de profesionales que realizan el trabajo de preparación integral para el embarazo, parto y puerperio, a los fines de una mayor operatividad, es coordinado por un psicólogo social, según la técnica de grupo operativo[11], tal como se explica a continuación.

Función del coordinador

El coordinador es quien se ocupa del funcionamiento del equipo, tanto hacia adentro (intragrupo), como hacia afuera (extragrupo), y de la relación entre ambas instancias. En forma intragrupal, el coordinador facilita la tarea, y señala las dificultades que esta ofrece al grupo. En primer lugar, se trata de lograr la integración de los miembros al equipo; es decir, que logren un sentimiento de pertenecía, y puedan pasar de la tarea individual a la colectiva. Al mismo tiempo, se trata de desarrollar la cooperación y de disminuir la competencia. Para ello resulta importante el desempeño de funciones diferenciadas. Dado que el equipo es interdisciplinario, se realizan diferentes aportes desde ópticas o enfoques distintos, lo cual aumenta la productividad del grupo. En este sentido, puede afirmarse que, a mayor heterogeneidad entre los integrantes, existe mayor homogeneidad y productividad en la tarea. De esta manera, las funciones, en lugar de ser suplementarias (por competencia), resultan complementarias (por cooperación)[11].

Estas dos características (pertenencia y cooperación) permiten al equipo lograr la pertinencia (es decir, centrarse en la tarea). Al mismo tiempo, se trabajan los obstáculos que la tarea ofrece al grupo, manifestados a través de los miedos básicos que surgen frente a situaciones de cambio (por ejemplo, cuando se deja de trabajar en forma individual para integrarse a una labor en equipo; o durante las múltiples modificaciones que cada integrante debe realizar en su metodología de trabajo en particular). También se trabajan las funciones que cada uno desempeña dentro del grupo y se realiza una tarea educativa con respecto al papel que cada integrante debe desempeñar en su acción asistencial, tanto sobre la mujer embarazada como sobre el grupo familiar.

En el aspecto técnico, el equipo se reúne con el coordinador una vez por semana, y en forma alterna se dedica una reunión a considerar aspectos teóricos de la tarea, y otra, a esclarecer las dificultades prácticas de la misma. En lo referente a la tarea extragrupal, en estas reuniones se analiza la evolución de las parejas de pacientes, desde el comienzo del curso psicoprofiláctico, y en cada momento posterior del embarazo. Para ello se utiliza el aporte de cada profesional (desde su disciplina científica), a través del informe acerca de su trabajo con la embarazada y con la pareja. A partir de allí, se planifica un curso de acción para el grupo de parejas y para cada una en particular. Se establece un diagnóstico y un pronóstico de las dificultades que podrían ocurrir durante el embarazo, parto o puerperio y se toman medidas preventivas para evitarlas. En el caso en que esto sea imposible, el coordinador debe preparar a los integrantes del equipo, para que puedan manejar las ansiedades surgidas frente a la emergencia, de una manera útil y operativa para el equipo y para la paciente.

De este modo, la tarea del coordinador se realiza en forma directa sobre el equipo de trabajo, e indirecta, a través de este, sobre los pacientes.

Tarea institucional

A continuación, se considera una metodología recomendable para poblaciones que se atienden en instituciones hospitalarias o de servicio social. Está basada sobre la experiencia que algunos de los autores de este trabajo han obtenido al organizar y continuar con el equipo de psicoprofilaxis obstétrica, en un hospital del Gran buenos Aires[2].

De acuerdo con el tiempo de embarazo que la paciente tiene, cuando consulta en el hospital por primera vez, se la orienta hacia alguno de los dos tipos de curso de que se dispone. Hay pacientes que concurren ante la primera falta menstrual, lo que permite una atención más precoz y un seguimiento más completo. Otras mujeres consultan en el tercer trimestre de su embarazo, y muchas llegan cuando se inició su trabajo de parto.

Pacientes que concurren en los dos primeros trimestres

Con aquellas embarazadas que están en las primeras etapas de su gestación, se comienza un curso donde se trabajan las ansiedades propias de estos momentos. Así, por ejemplo, se tiene en cuenta que el parto es una situación lejana en el tiempo, y por tanto, si se trabajara con las mismas problemáticas de las embarazadas del tercer trimestre, se produciría una falta de interés, que originaría numerosas deserciones por falta de motivación. Por esta razón, se debe evitar el rígido encuadre del curso para el tercer trimestre, en el que se comienza a hablar de parto, pues el punto de urgencia de la embarazada del primer trimestre es el riesgo (y el miedo) de aborto. Por otra parte, la embarazada del segundo trimestre se encuentra sin ansiedades aparentes, en situación idílica con su embarazo, y por consiguiente, es difícil motivar su concurrencia a un curso. Así pues, en la experiencia que se menciona, fue necesario crear una metodología propia para estos grupos, en cuanto a temas y frecuencia de los mismos. En la actualidad, para este grupo de pacientes se dictan cuatro clases con una frecuencia quincenal, y el temario es el siguiente:

---

[2]   Servicio de Tocoginecología, Policlínica Central de la Matanza. Provincia de Buenos Aires, Argentina.

Primera clase: Descripción de la anatomía genital femenina y explicación del ciclo ovárico y el uterino.

Segunda clase: Descripción de la anatomía genital masculina y explicación del mecanismo de formación de los espermatozoides.

Tercera clase: Descripción de la fisiología del coito y orgasmo. La fecundación, y el proceso del embarazo, en el primer trimestre. Cambios y adaptaciones físicas. Higiene del embarazo.

Cuarta clase: Descripción del desarrollo del embarazo, en el segundo trimestre. Higiene del embarazo.

Pacientes que concurren en el último trimestre

En relación con las pacientes que concurren en el tercer trimestre, el curso se centra en la preparación para el parto, y también en la prevención de algunos problemas del puerperio. En estos grupos se trabaja con una frecuencia semanal, se dictan siete clases, y el temario es el siguiente:

Primera clase: En la presentación, se aclara que el objetivo del curso es permitir a cada paciente el mejor embarazo, parto y posparto que le sea posible, en sus condiciones propias. Entre otros temas, se analizan los motivos de consulta en el embarazo y el trabajo de parto.

Segunda clase: Descripción de la anatomía genital femenina, fecundación, ciclo ovárico y uterino, menstruación, nidación y desarrollo del embarazo hasta su término. Asimismo, se detalla cómo se determina la fecha probable del parto.

Tercera clase: Consideración del parto normal.

Cuarta clase: Consideración del parto anormal, fórceps, cesárea, tipos de anestesia que se pueden usar durante un parto anormal y medicación para corregir anormalidades del parto.

Quinta clase: Consideraciones del embarazo anormal. Asimismo, se trata de detectar si en el grupo existe alguna embarazada con los padecimientos que se describen, a fin de calmar su ansiedad.

Sexta clase: (A cargo del pediatra). Presentación de nociones básicas de puericultura.

Séptima clase: Consideración del puerperio.

Metodología

En los dos tipos de cursos, el método es el siguiente: en primer lugar, el médico imparte la clase, que tiene características informativas. A continuación, el psicólogo se reúne con las embarazadas, para elaborar las ansiedades despertadas por la información recibida. Por último, la obstétrica enseña ejercicios de relajación, respiración, pujo, etcétera.

Los grupos son abiertos, es decir que las embarazadas se pueden incluir en cualquier momento, en cualquiera de los cursos (según corresponda a su tiempo de embarazo). Esto se debe a las características del medio social de las pacientes: pertenencia a clase obrera o rural, de escasos recursos económicos, y con familias de numerosos hijos. Por estas razones, es alta la cantidad de pacientes que consultan en el hospital luego del séptimo mes, o en el momento del parto. Asimismo, muchas pacientes no concurren al hospital por falta de dinero para viáticos, por carecer de la ayuda de otra persona que se haga cargo de sus hijos durante las consultas, o bien porque prefieren elegir sustitutos del médico, quienes les inspiran mayor confianza.

La primera parte de la tarea (entrevista con el médico, el psicólogo y la obstétrica) se realiza en un mismo día, con objeto de facilitar a las embarazadas la mayor atención posible en cada visita al hospital (que, como antes se mencionó, pueden resultarle dificultosas). Las pacientes se remiten en forma directa, desde el consultorio externo de obstetricia, donde el médico que las examina y solicita los exámenes complementarios, les indica dirigirse al curso de psicoprofilaxis ese mismo día.

Datos estadísticos

Los siguientes datos se han extraído de la tarea realizada por el equipo en forma privada (en consultorio). La técnica descrita en el presente trabajo se aplicó en 87 partos, de los cuales 74 (85%) fueron normales; se practicaron 11 cesáreas (12.6%) de las cuales hubo seis por sufrimiento fetal agudo, dos por insuficiencia placentaria grave, uno por gestosis hipertensiva grave, uno por incompatibilidad RH y uno por placenta previa. Se aplicó fórceps en dos partos (2.3%) por sufrimiento fetal agudo.

El presente artículo es una síntesis de la tarea desarrollada por este equipo. Una información más extensa acerca de la metodología y los fundamentos teóricos de la misma está a disposición de quienes tengan interés.

Resumen

Se presenta un trabajo de prevención primaria de la salud maternoinfantil en la situación de embarazo, parto y puerperio a cargo de un equipo interdisciplinario. Se enuncian las tareas que deben efectuarse desde los puntos de vista biológico y psicosocial, y se describen las funciones del equipo (médico obstetra, médico pediatra, psicólogo social y psicólogo institucional) en relación con el paciente y con los integrantes del equipo. Se presentan dos metodologías de trabajo: una adecuada para grupos sociales que se atienden en consultorios privados y otra para quienes concurren a instituciones públicas y de servicio social. Esta última metodología se basa en una experiencia realizada en la Policlínica Central de la Matanza, Buenos Aires, Argentina. Ambas metodologías tienen fundamentos teóricos similares pero difieren cuando se trata de aplicarlas a tareas concretas pues el primer grupo tiene mayor disponibilidad de tiempo y mayor período de atención. Las tareas consisten en explicaciones teóricas por parte del equipo y participación activa de las atendidas. Como se desea preparar a la pareja para la maternidad- paternidad se favorece la participación del padre.

Referencias

Uranga Imaz, F. Obstetricia Práctica. Buenos Aires: Intermédica, 1970

Soifer, R. Psicología del embarazo, parto y puerperio. Buenos Aires: Kargeiman, 1977.

Read, G. D. Parto sin dolor. Teoría y práctica del parto natural. Buenos Aires: Editorial Central, 1964

Gavensky, R. B. Psicoprofilaxis obstétrica. Buenos Aires: Panamericana, 1967.

Wulff, J. y G. Gardner. Clínicas obstétricas y ginecológicas. Buenos Aires: Editorial Interamericana, 1965.

Alexander, G. La Eutonía. Buenos Aires: Paidós, 1976.

Ribble, M. Los derechos del niño. Buenos Aires: Nova, 1972.

Coryat, L. Desarrollo neurológico del niño.

Leboyer, F. Shantala. Buenos Aires: Hachette, 1978.

(10) Freud, S. La femineidad. Vol. II. Obras completas. Madrid: Nueva, 1948.

(11) Pichón Rivière, E. El proceso grupal. Buenos Aires: Nueva visión, 1975.

Psicodinamismos de la depresión
Depresión: Enfoque Psicodinámico

Prof. Dr. Marcos Berstein

Hablar de psicodinamismos de la depresión implica remitirnos, por un lado, al enfoque psicoanalítico más tradicional, y por otro, al pensamiento de Enrique Pichón Rivière a través de su Teoría de la Enfermedad Única, o Procesos de Maduración y Desarrollo, tal como la denominó más adelante.

Son muchos los textos clásicos que, desde "Duelo y Melancolía" de Freud, desarrollaron esta problemática enfermedad. Para no caer en largas repeticiones trataré de dar una visión sintética de los principales aspectos.

Duelo y depresión melancólica, aunque tienen cosas comunes difieren en aspectos importantes. En el primero hay pérdida real de un objeto, y no aparecen el autorreproche ni la disminución de la autoestima. En la segunda hay una pérdida emocional del objeto motivada en desilusión u otros factores similares. Aparecen autoacusaciones y la autoestima disminuye marcadamente. Sería un tipo de depresión narcisista, en donde la desilusión o el abandono provocan una herida narcisística.

El desengaño con el objeto perdido lleva a sentimientos ambivalentes de amor y odio, y a retirar la libido del objeto. Por identificación con el objeto, la agresión se vuelve sobre el mismo sujeto y aparece la inhibición, debida al trabajo de duelo que absorbe toda la energía libidinal.

Sin embargo, la diferencia entre depresión simple y melancólica se ha nivelado. La reacción de duelo aparece muchas veces como complicada con ambivalencia, y la identificación es una reacción habitual a la pérdida de un objeto, como forma de superarla. Y en ambas se comprueba la disminución de la autoestima y el sentimiento de desamparo.

Aparecen el miedo a ser inferior, el deseo de ser fuerte, el miedo a ser agresivo. La depresión acontece cuando el miedo a ser inferior parece hacerse realidad; cuando el deseo de ser fuerte se ve contrastado por la debilidad del yo; y cuando el miedo a ser agresivo se comprueba con el reconocimiento de tendencias agresivas latentes.

Otro síntoma es el aburrimiento crónico, seguido por depresión. Estos pacientes se entusiasman al principio con la fantasía de resolución total de sus problemas a través de la terapia. Desengaño, aburrimiento y depresión se suceden rápidamente en el curso del tratamiento.

Aparecen necesidades de ser amado, cuidado, de obtener "provisiones" o "suministros" afectivos (cariño), que son aspiraciones narcisísticas desarrolladas en el nivel oral, o la necesidad opuesta de ser independiente.

El mecanismo básico es la conciencia dolorosa de la impotencia del yo respecto a sus aspiraciones. Experiencias traumáticas de la niñez llevan a una fijación del yo a dicho estado de impotencia, el cual es reactivado frente a situaciones actuales que reviven la situación traumática.

Hay una extrema vulnerabilidad e intolerancia hacia la frustración, el dolor y los desengaños.

Se establece una personalidad oral-dependiente, que depende de "Fuentes externas de suministros", en la medida en que su auto-estima es muy baja.

Manifiestan una dependencia narcisística infantil hacia su objeto amoroso, y requieren un abastecimiento permanente de amor y apoyo moral por parte de dicho objeto, que puede no ser una persona, sino que puede estar representado por un símbolo poderoso, una causa política, religiosa o científica, o una institución a la cual sientan pertenencia. Sin embargo, suelen hacer una elección masoquista de su pareja o "causas", y establecen una situación vital que prepara el terreno para la depresión, en cuanto que está destinada a desilusionarlos. Es habitual encontrarnos con parejas "depresivas", donde los colapsos se producen alternativamente.

En cuanto a la transferencia en la relación con el terapeuta, estos pacientes suelen desarrollar primero una progresiva dependencia, volcando sobre él la libido que aún les queda con el objeto de evidenciar amor y fuerza. Actúan en forma sumisa y masoquista, esperando en retorno lo imposible. Desean su presencia constante, y en la medida en que el terapeuta no puede responder a sus expectativas aparecen el desengaño y la demanda, ahora hostil, de un amor más fuerte. Su actitud se torna sádica por momentos y no tolera la simpatía y el afecto del terapeuta. Así como el niño abandonado prefiere un objeto de amor agresivo antes que perderlo, igualmente el paciente busca producir el enojo del analista a través de provocaciones masoquistas. Este es el momento de mayor riesgo, y el resultado de la terapia depende del cuidado y comprensión con que el terapeuta maneje la situación.

Otro aspecto importante se refiere a los rasgos orales del depresivo y su relación con la formación del superyo, especialmente en situaciones de desengaño respecto a las figuras paternas. Se daría así una identificación con padres desvalorizados, que llevan a la disminución del yo y al sentimiento de indignidad común a los depresivos. Pero también podríamos atribuir la reacción depresiva del niño a su sentimiento de culpa por su propia agresividad frente a los padres.

Para M. Klein el estado mental de la persona en duelo normal es comparable con el del melancólico. Hay autorreproches, sentimientos de culpa y desvalorización de si mismo, y sentimientos de triunfo relacionados con fantasías agresivas. Sin embargo, el sujeto normal puede crear dentro de sí una imagen positiva del objeto perdido. La pérdida revive en él luchas tempranas de naturaleza similar, referibles mayormente a la relación con su madre. En aquellos que lograron una solución satisfactoria, a través de buenas relaciones con el objeto madre, el duelo actual se lleva a cabo satisfactoriamente. En aquellos que no lograron establecer una buena relación con el objeto, la reacción a la pérdida se acercará más a la depresión clínica.

Según veremos más adelante, para Pichón Rivière, éste es el punto de partida de todas las enfermedades mentales.

La introyección satisfactoria de un objeto predominantemente bueno en los primeros meses de vida es fundamental para proveer al sujeto de condiciones de seguridad y sentimientos positivos como base para las futuras relaciones con otros objetos.

Pasaremos ahora a desarrollar el enfoque de Pichón Rivière a través de la Teoría de la Enfermedad Única.

Pichón toma acá un concepto de un psiquiatra suizo de fines del siglo pasado, Griesinger, quien había desarrollado una teoriía de la enfermedad única considerando que existía una enfermedad a la que consideraba como enfermedad básica, a partir de la cual se iban a estructurar todas las demás enfermedades mentales.

Retomando este concepto y ampliándolo Pichón Rivière desarrolla su Teoría de la Enfermedad Única dándole un sentido más abarcativo, incluyendo dentro de su teoría la incidencia de lo biológico, lo psicológico y lo social como configurando esa estructura básica de la enfermedad. Luego lo va a denominar Procesos de maduración y desarrollo, en la medida en que vamos a hacer un estudio del desarrollo normal del sujeto, no sólo en el sentido del desarrollo que conduce a la patología.

Dice Pichón Rivière que detrás de toda conducta desviada hay un intento fallido de resolución de un conflicto, que en la medida en que ha fallado determina la aparición del síntoma.

Vamos a hablar ahora de los cuatro principios que rigen la estructuración de toda conducta, sea normal o desviada: 1) Policausalidad, 2) Pluralidad fenoménica, 3) Movilidad de las estructuras, 4) Continuidad genética y funcional.

Vamos a empezar con Policausalidad. Freud desarrolló el concepto de Series complementarias. Pichón retoma este concepto y lo entiende como una policausalidad, es decir, como muchas causas que confluyen para determinar la estructuración de una conducta.

A las Series Complementarias las vamos a denominar también Ecuación Etiológica. Ecuación en la medida en que hay factores que intervienen, que se suman para dar un producto, y etiológica en la medida en que de la sumatoria de estos factores va a devenir la causa de las enfermedades mentales.

Entonces, nos vamos a encontrar con varios factores. El primero que vamos a considerar es el factor constitucional. Este factor está formado a su vez por otros dos que son los factores genotípicos y los factores fenotípicos.

Hablamos de factor constitucional cuando el sujeto viene al mundo con ellos, cuando el sujeto nace con ellos. Pero diferenciamos entre factores genotípicos y fenotípicos. Los genotípicos son aquellos factores hereditarios, o sea, genéticos. Han sido transmitidos a través de la herencia biológica a través de los genes.

Además de estos factores genotípicos existen otros factores con los cuales nacemos, pero no han sido transmitidos genéticamente. Son los factores fenotípicos que han sido adquiridos en la vida intrauterina, o sea, forman parte del desarrollo fetal y en un primer momento del desarrollo embrionario. Uds. Recuerdan que habíamos visto que el embrión, luego feto, que se está formando en el útero materno no está asilado del medio y que a través del cordón umbilical le llegan una serie de estímulos los cuales ya están actuando sobre este futuro ser, y pueden determinar que un ser nazca con determinadas características de acuerdo a las influencias recibidas durante el desarrollo embrionario.

Todo esto constituye el factor constitucional. Ahora, cuando un bebé viene al mundo, apenas nace empieza a relacionarse con el medio que lo rodea y en especial con su grupo familiar de origen, que es lo primero con lo cual se encuentra y que va a ser determinante del desarrollo posterior de ese sujeto. El sujeto va entonces adquiriendo una serie de características en su temprano desarrollo infantil, desde su grupo familiar primeramente y luego desde todos los grupos con los cuales va interactuando: el jardín de infantes, los grupos de amigos, el resto de la familia, etc.

Todo esto que va adquiriendo el sujeto y que lo va conformando como tal, lo vamos a denominar factores adquiridos. De la suma de los factores adquiridos más los factores constitucionales vamos a tener lo que se denomina factor disposicional.

Acá tenemos que ver cómo desde que nace un sujeto se va a encontrar en una situación de conflicto en donde, por un lado, aparecen las necesidades del sujeto que demandan satisfacción, todos los deseos, aspiraciones, y por otro lado parecen las exigencias del medio y las disponibilidades que el medio pone a su alcance para satisfacer aquellas necesidades. Entonces, muchas veces surge una situación de conflicto entre lo que el sujeto necesita y lo que realmente encuentra o dispone en el medio que lo rodea. En la medida en que un sujeto pueda resolver la frustración que significa que no todas las necesidades se van a ver siempre satisfechas, en la medida en que pueda resolver este tipo de frustración a través de una conducta integradora con el medio, el sujeto va a desarrollar una conducta hacia la normalidad. En la medida en que no pueda resolver la angustia que le genera esta situación conflictiva, en la medida en que no pueda resolver esta inadecuación entre aspiraciones y necesidades, por un lado, y posibilidades de realizarlas y exigencias del medio, por el otro, va a seguir el camino hacia la patología, y va a quedar fijado en un punto que lo vamos a denominar punto disposicional.

Entonces, complementando lo de factor disposicional podemos agregar que existe un punto disposicional al cual un sujeto puede quedar fijado, y que en la medida en que queda fijado a ese punto su desarrollo y maduración se van a ver interferidos, y este sujeto entonces va a tener dificultades en el aprendizaje y en la comunicación. Estas perturbaciones en el aprendizaje y en la comunicación van a determinar una lectura empobrecida o una lectura distorsionada de la realidad, lo cual va a llevar al sujeto a una inadecuación al medio.

Decimos que este factor disposicional es determinante de las estructuras psicopatológicas que cada sujeto desarrolla. Como decía Freud, uno no hace las neurosis que quiere sino las que puede. Y esto depende, justamente, del tipo de disposición que cada uno tiene.

El sujeto sigue su desarrollo y a lo largo de su historia le van a ir pasando muchas cosas y va a ir enfrentando muchas situaciones de frustración por pérdidas, por privaciones. Privación cuando el sujeto está en una situación donde no tiene algo y nunca lo ha tenido. Pérdida, cuando el sujeto tuvo pero perdió.

Las situaciones de pérdida pueden ser muchas. No se refieren solamente a pérdidas de afectos, de seres queridos, pérdidas materiales concretas, económicas, sino que a veces las pérdidas pueden ser de situaciones muy variadas, pueden ser pérdida de roles, es decir, alguien que desempeñaba un determinado rol y en un momento dado lo pierde. Puede ser la pérdida del trabajo, etc.

Frente a estas situaciones el sujeto va a desencadenar una regresión a los puntos disposicionales. Entonces, estos factores que denominamos actuales o desencadenantes, o sea, aparecen en cualquier momento de la historia, de la vida de un individuo, van a llevar a una regresión al punto disposicional. Regresión en la medida en que el sujeto va a volver a utilizar aquellos mecanismos de defensa que utilizó en algún momento y que le fueron útiles para seguir adelante en su desarrollo

Pero habíamos visto que el punto disposicional era un punto de fijación en el cual el sujeto quedaba fijado. Entonces, quiere decir que el sujeto no ha hecho un buen desarrollo evolutivo y cuando hace la regresión y vuelve a utilizar aquellos mecanismos de defensa no lo hace instrumentalmente, sino que los está utilizando en una forma rígida y estereotipada. Por eso vamos a diferenciar entre lo que denominamos técnicas del Yo y lo que serían mecanismos de defensa.

El sujeto durante su desarrollo, normalmente, va utilizando distintas técnicas del Yo para apropiarse de la realidad; es una apropiación instrumental de la realidad. Estas técnicas del Yo, las más primitivas, son: disociación, introyección, proyección. Hay ciertas técnicas del Yo que se utilizan instrumentalmente para el aprendizaje de la realidad, pero que en la medida en que estas técnicas se utilicen no tanto para el aprendizaje de la realidad sino como defensa frente a las ansiedades, entonces vamos a encontrarnos con lo que denominamos mecanismos de defensa, que fueron tal vez útiles en cierta medida en aquel momento. ¿Por qué? Porque en aquel momento del punto de fijación, le permitieron al sujeto seguir adelante. No resolvió el conflicto, le pasó de costado, lo eludió, pero pudo seguir adelante. Pero el conflicto quedó sin resolver, lo va arrastrando a lo largo de su vida y cuando vuelve a utilizar aquellos mecanismos de defensa que en algún momento le fueron útiles, puede que en el momento actual no correspondan a la situación actual y a la realidad del sujeto. Entonces, el grado de adecuación o de inadecuación de los mecanismos arcaicos que utiliza el sujeto va a determinar si la conducta del sujeto es una conducta normal o desviada.

Vamos a entrar a ver ahora el siguiente principio: Pluralidad fenoménica. Como el nombre lo indica pluralidad apunta a que hay varias áreas y fenoménica porque consideramos a las áreas de la conducta como áreas de expresión fenoménica, o sea, áreas de expresión de fenómenos de conducta.

Pichón Rivière sostiene que existen tres áreas, a las cuales va a denominar área 1: mente, área2: cuerpo, área 3: mundo exterior. Y que estas tres áreas son ámbitos perceptivos, son áreas de proyección en el sentido de que el área 1 no es la mente, el área 2 no es el cuerpo, el área 3 no es el mundo exterior, sino la representación simbólica que el sujeto tiene de su mente, de su cuerpo y del mundo exterior que lo rodea.

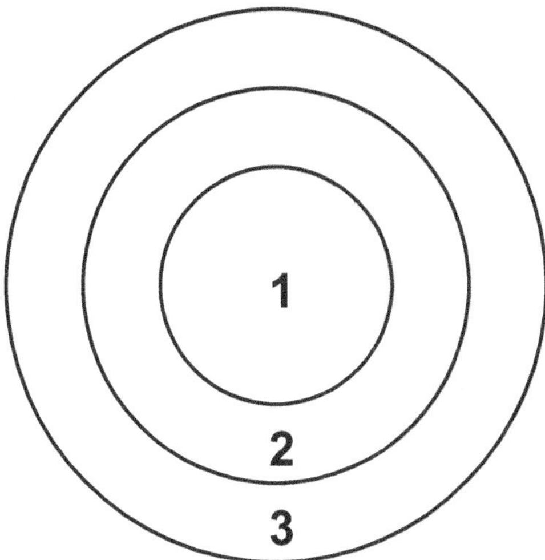

Decimos que son dimensiones proyectivas y que como consecuencia de esas proyecciones el sujeto expresa a través de distintos signos fenoménicos – ya sea en mente, en cuerpo o en el mundo exterior- sus relaciones vinculares. Hablamos de área como un ámbito perceptual simbólico donde se depositan los vínculos, y que esto produce distintos aspectos fenoménicos en distintos ámbitos espacio- temporales. ¿Qué quiere decir esto? Si bien el planteo de Pichón es que las áreas en sí no son la mente, el cuerpo o el mundo exterior, lo observable – para un observador- son manifestaciones concertas de conducta que están transcurriendo en la mente, en el cuerpo o en el mundo exterior.

Después vamos a ver cómo el hecho de disociar los vínculos en buenos y malos y proyectarlos en las distintas áreas tiene como objeto mantenerlos separados, porque si se juntaran se corre el peligro de caer en la situación depresiva.

Movilidad de las estructuras

Este principio se refiere a que existen distintas estructuras patológicas y que si bien hay una predominancia de una estructura por sobre otra en cada uno de nosotros, hay también una coexistencia, es decir que en distintos momentos podemos pasar por distintas estructuras psicopatológicas.

Ahora vamos a entrar al siguiente principio que es el nódulo central de la Teoría de la Enfermedad Única, el principio de Continuidad genética y funcional.

1) Protodepresión
Posición esquizoparanoide (M. Klein)
Posición patoplástica o instrumental (Pichón Rivière)
2) Depresión regresional.
3) Depresión del desarrollo.
4) Depresión actual o desencadenante.
5) Depresión iatrogénica.

Pichón Rivière desarrolla este principio retomando ideas de Susan Isaacs, una de las colaboradoras más inmediatas de Melanie Klein. El principio de Continuidad genética y funcional apunta a que en todo desarrollo en la naturaleza se va pasando de lo más simple a lo más complejo, de las etapas primitivas, rudimentarias a etapas secundarias mucho más complejas. Que cada etapa previa es el antecedente inmediato de la etapa que sigue. O dicho de otra manera, que las etapas más complejas, más evolucionadas del desarrollo son el producto de la evolución desde etapas más inferiores, y que las etapas evolutivas superiores o más complejas contienen, superan y transforman a las etapas previas.

Esto lo podemos ver, por ejemplo, filogenéticamente a nivel biológico en el desarrollo del embrión humano, que va pasando a través de las distintas etapas por estadios que tienen una semejanza con lo que es el desarrollo embrionario de las especies que han precedido- en el desarrollo filogenético- a la especie humana. El embrión humano pasa por estadios donde es muy parecido al embrión del pez, del batracio, del ave, de los mamíferos más primitivos.

Está comprobado que en el embrión humano ya desde el cuarto mes aparecen movimientos de los labios muy rudimentarios que son los predecesores más primitivos de los que luego- en el momento del nacimiento- van a ser los movimientos de succión. De la misma manera se han detectado movimientos torácicos que son también los predecesores más inmediatos de los movimientos de respiración.

Lo mismo pasa a nivel psicológico. Cuando un embrión está desarrollándose dentro de la cavidad uterina no está aislado del medio que lo rodea, sino que está muy relacionado con el medio a través de la madre. Incluso está comprobado, electroencefalográficamente, que se producen alteraciones en las ondas cerebrales (en el feto) frente a estímulos del orden del placer o del displacer. O sea, la madre registra situaciones placenteras o displacenteras y esto de alguna manera es registrado a nivel del feto. Y esto serían los antecedentes previos a lo que a posteriori, luego del nacimiento, va a empezar a registrar el bebé en términos de placer y dolor. Por supuesto que dada la escasa maduración del sistema nervioso central, en los momentos previos al nacimiento, es distinto el grado de registro que puede tener, y lo mismo sucede después del nacimiento, va a ir pasando un tiempo hasta que se vayan mielinizando los nervios.

Entonces, qué pasa con el bebé que llega al mundo y es bombardeado por todos estos estímulos. Este bebé se paraliza, hace un mecanismo de inhibición para parar un poco ese aluvión abrumador de estímulos que lo está bombardeando. Frente a todo esto y a la situación de cambio que está enfrentando, el bebé entra en una situación confusional. ¿Por qué situación confusional? Porque frente a la situación de cambio empiezan las vivencias de pérdida y ataque. El bebé empieza a registrar, por un lado, la pérdida de la cavidad uterina donde estaba protegido, por otro lado, la vivencia de ataque de todo el bombardeo de estímulos. Frente a esto, si se suceden de una forma tan vertiginosa las ansiedades que corresponden a estos miedos, las ansiedades depresivas y las ansiedades paranoides, el bebé no puede discriminar, pasa en forma muy rápida y alternante de una ansiedad a la otra. En la medida en que se da en una forma tan vertiginosa y alternante esta sucesión de ansiedades paranoides y depresivas, el bebé entra en situación confusional.

Cuando digo situación confusional lo discrimino de lo que algunos autores denominan ansiedad confusional: Para Pichón Rivière las ansiedades son dos: ansiedad depresiva y ansiedad paranoide. Y en la medida en que estas dos ansiedades básicas se dan con este ritmo, con una determinada ritmia (Pichón va a desarrollar después el concepto de patorritmia), ahí va a aparecer una situación confusional vivida por el bebé.

Hasta acá estuvimos hablando de los primeros momentos posteriores al nacimiento. Todo esto configura lo que Pichón denomina Protodepresión (Nº 1). Proto por lo de primera, la más primitiva. Protodepresión porque el bebé va a sufrir una situación de pérdida y de estímulos masivos que lo llevan luego a toda esta situación confusional. ¿Y cómo sabe el bebé de esta situación de Protodepresión y de la situación confusional?

Acá empieza lo que Melanie Klein denominó posición esquizoparanoide y que Pichón la denomina posición Instrumental o Patoplástica. ¿Posición esquizoparanoide, por qué? Porque el bebé para salir de la confusión acude mecanismos de defensa, que en un primer momento y mientras no se estereotipen y mientras no se usen como defensa preferimos hablar de técnicas del yo. Entonces va a utilizar determinadas técnicas del yo, fundamentalmente la primera que es la disociación. ¿Para qué le va a servir la disociación? Para salir de la confusión, porque a través de la disociación va a discriminar, va a poder diferenciar, va a poder separar por ejemplo, lo bueno de lo malo.

Entonces, nos encontramos con una situación en la que el bebé, gracias a este mecanismo de disociación, sale de la confusión pero entra en un clima de bivalencia ya que disocia. En la medida en que se relaciona con el mundo a través del mecanismo de disociación (y para este bebé en ese momento el mundo fundamentalmente es su relación con la madre y en particular su relación con el pecho (que es su fuente de nutrición y de afecto) este bebé va a sentir, cuando el pecho lo gratifica, que es un pecho bueno. Entonces lo va a vivir como un objeto bueno y va a establecer con él un vínculo bueno, se va a sentir que lo ama.

En la medida en que el pecho lo frustre, va a sentir que el pecho lo odia, va a sentir que él lo odia y entonces va a establecer un vínculo malo con el objeto.

En este clima de bivalencia se establecen vínculos a dos vías: o ama y es amado, u odia y es odiado. Y las relaciones de objeto son parciales, al objeto lo ve como un objeto totalmente bueno o totalmente malo.

¿Qué pasa entonces? En ese clima de bivalencia el sujeto va a establecer vínculos buenos y vínculos malos. La patología del vínculo malo ha sido muy estudiada y corresponde a cómo en la medida en que sienta al objeto como frustrante va a sentir como una especie de boomerang. Va a sentir que se establece un circuito en donde el objeto lo odia como retaliación, o sea, como vuelta del odio que él proyecta sobre el objeto en la medida en que lo ha frustrado. Se desarrolla así toda la estructura paranoide o persecutoria.

Lo que no ha sido tan estudiado es la patología del vínculo bueno. ¿Qué pasa cuando se disocia y se proyecta el vínculo bueno sobre el objeto? Acá nos encontramos con lo siguiente. Cuando se proyecta el vínculo bueno puede ser por varias razones. Puede ser proyectado para preservar sus objetos buenos internos. Para alejar lo bueno de los objetos malos, o sea, puede ser proyectado para alejar todo lo bueno de uno, de las cosas malas; poniendo afuera lo bueno lo preserva de la maldad interna. O puede ser proyectado lo bueno hacia afuera para reparar algún daño causado.

El vínculo malo puede ser proyectado hacia afuera para dañar algún objeto o para preservar las partes buenas de uno, que no se contaminen con lo malo.

Como síntesis, el mecanismo de disociación tiene como misión fundamental mantener separado lo bueno de lo malo para preservar lo bueno, para que no se contamine con lo malo.

Entonces, estábamos viendo qué pasa cuando se proyecta lo bueno hacia fuera. Acá aparece algo que Pichón Rivière estudió y denominó ansiedad depresiva esquizoide que es distinto a lo que después vamos a ver como la depresión.

La ansiedad depresiva esquizoide se caracteriza justamente porque se da en un clima de bivalencia, en la medida en que el sujeto proyecta hacia afuera el vínculo bueno disociado. Se está moviendo en un clima de disociación esquizoide y proyecta el objeto bueno hacia afuera, sin sentimiento de culpa, sin ambivalencia y aparece el sentimiento de nostalgia. No hay tristeza en la ansiedad depresiva esquizoide, hay nostalgia.

Melanie Klein estudió el sentimiento de nostalgia refiriéndose a que "nostos" quiere decir retorno y "algos" quiere decir dolor. De ahí viene etimológicamente el término de nostalgia, y quiere decir el dolor que se siente cuando se desea el retorno de un ser querido. Acá se ve claramente que se refiere a la situación donde se ha hecho a alguien depositario de los aspectos buenos de uno. Es decir, es la situación en la que uno ha proyectado los vínculos buenos, todo lo valorado de uno sobre alguien que siendo un depositario puede alejarse, y que si se aleja uno siente que pierde todo lo bueno que ha depositado sobre ese objeto.

Hasta aquí estamos viendo esta situación que corresponde a lo que se puede dar cuando hay un clima de bivalencia y de disociación. Vamos a seguir adelante con el desarrollo del bebé.

Desde el nacimiento hasta los 6 meses se va dando esta etapa esquizoparanoide que Pichón llama instrumental porque acá aparecen los mecanismos que denominamos técnicas del Yo, que le permiten al sujeto relacionarse con el medio, entonces son instrumentos que le permiten apropiarse de la realidad. Por eso es instrumental. ¿Por qué la denomina patoplástica? (Plástica viene de forma) Porque ahí, en este momento se le da forma a la patología que va a seguir luego el sujeto. Esto lo vamos a entender cuando entremos al siguiente momento, porque al llegar aproximadamente a los 6 meses (estas cosas no son tan rígidas, son procesos, no es que de golpe se produce un cambio y se pasa de una situación a la otra) el bebé comienza una nueva etapa del desarrollo en donde, en la medida en que se va dando un mayor grado de desarrollo del sistema nervioso central, un mayor grado de maduración (y de ahí lo del título de todo esto: Procesos de maduración y desarrollo) este bebé empieza a tener un registro distinto y capacidad de memoria, y puede registrar que el mismo objeto que en un momento dado lo gratifica es el mismo que en otro momento dado lo frustra. En la medida en que puede integrar las partes disociadas y ver que el objeto es un objeto total, que es parcialmente bueno y parcialmente malo, que por momentos lo gratifica y por momentos lo frustra, entonces entra – alrededor de los 6 meses- en lo que se llama la depresión del desarrollo, en donde aparece lo patognomónico, lo característico, lo propio de esta etapa que es el sentimiento de culpa.

El sentimiento de culpa aparece en la medida en que el sujeto está ahora en un clima de ambivalencia, ha pasado de la bivalencia a la ambivalencia. Ve que el objeto que lo gratifica es el mismo que lo frustra, entonces ama y es amado y odia y es odiado al mismo tiempo y establece un vínculo a cuatro vías, que es un vínculo ambivalente. Y el sentimiento de culpa sobreviene en la medida en que si siente que odia a un objeto que al mismo tiempo él ama, porque en otro momento lo ha gratificado, sobreviene el sentimiento de culpa por sentir – interiormente- que con su odio ha destruido a un objeto que al mismo tiempo él quiere.

Junto con el sentimiento de culpa y la ambivalencia sobreviene un cortejo sintomático que acompaña a todo esto. En primer lugar aparece el mecanismo de inhibición. Y acá la inhibición es distinta que en la otra etapa, acá la inhibición tiene como objetivo paralizar al sujeto pero no para protegerlo de la invasión de estímulos, paralizarlo para tres cosas que las voy a ejemplificar con un modelo biológico y después lo aplicaremos al modelo psicológico.

Frente a una fractura, ¿qué se hace? Lo primero es inmovilizar. Hay un viejo adagio de la medicina que dice "primun non nochere", o sea, lo primero es no hacer daño. Entonces, acá viene por qué inmovilizar. 1) Para no hacer más daño, porque las partes rotas del hueso podrían seguir haciendo daño, o sea, podrían dañar a otros órganos cercanos (arterias, nervios, venas). 2) Hay que evitar el dolor, para ello es necesario inmovilizar. 3) Hay que permitir que las partes que se han fracturado se puedan reparar, puedan soldarse, para esto también hay que inmovilizar.

Ahora trasladen esto a un nivel psicológico. Nos vamos a encontrar con que frente a la situación de culpa por la ambivalencia, el sujeto a través de la inhibición se paraliza y de esta manera evita: 1) seguir dañando interiormente al objeto, 2) el dolor por el daño que pudiera haber causado, 3) reparar si es que se causó algún daño. O sea, no solo no seguir causando daño sino permitir que cicatrice la herida, no seguir removiendo en una herida abierta.

Y junto con la culpa, la ambivalencia y la inhibición aparece – aquí sí- el sentimiento de tristeza frente a la pérdida. Recordemos lo que decía Freud: que la depresión es una reacción frente a la pérdida. Entonces, aparece la tristeza y aparece también el sentimiento de soledad y de desamparo por sentir que se ha perdido al objeto bueno que lo había gratificado.

Todo este cortejo sintomático configura lo que vamos a denominar la depresión del desarrollo. Esto se da aproximadamente alrededor de los 6 meses, y desde los 6 meses hasta el año de edad. Estamos hablando también de una coincidencia con un hecho muy significativo en la evolución que es la dentición, y junto con este, otro hecho muy significativo en el desarrollo de un bebé que es el destete.

En este momento, justamente si aparece la dentición, si aparece el destete en el momento en que él desarrolla la ambivalencia, aparece el sentimiento de culpa de haber dañado el pecho. Estamos entonces en un momento muy importante del desarrollo y acá se van a abrir los dos grandes caminos: el camino hacia la salud y el camino hacia la enfermedad. En esta bifurcación nos encontramos con que si el bebé puede asumir la ambivalencia y puede entonces superar el conflicto de ambivalencia a través de una buena integración, si el bebé logra realizar esa integración entre lo bueno y lo malo asumiendo la ambivalencia consiguiente y los sentimientos de culpa que sobrevienen, este bebé va a seguir un camino hacia la salud. En cambio si el bebé no puede asumir la ambivalencia, no puede entonces integrar lo bueno y lo malo, va a hacer una regresión, va a quedarse fijado en los puntos anteriores del desarrollo. En lugar de utilizar la integración va a volver a utilizar la disociación; se va a quedar con los mecanismos que le han sido útiles en un momento dado para aprehender la realidad, pero de esta manera el bebé queda con un punto de fijación, no ha podido resolver el conflicto de ambivalencia. A lo mejor va a poder seguir adelante, pero lo que ha hecho es eludir el conflicto, pasarle de costadito, y entonces sigue adelante pero rengueando.

Anteriormente habíamos hablado de las series complementarias; entonces que se siga un camino u otro va a depender de lo constitucional, de lo adquirido, de lo disposicional, etc. Pero además depende de que este bebé tenga tendencias predominantemente sádico- destructivas, o que tenga tendencias predominantemente reparatorias, constructivas. Si tiene un predominio sádico- destructivo va a seguir el camino hacia la enfermedad, si tiene un predominio de las tendencias reparatorias va a seguir el camino hacia la salud. ¿Por qué? Porque las tendencias reparatorias implican justamente una buena capacidad de integración, o sea, se puede integrar lo bueno y lo malo en la medida en que uno siente o que no daña al objeto, o que si lo ha dañado puede repararlo; predomina la capacidad de amar sobre la de odiar. ¿Y de qué depende que el bebé tenga una buena capacidad reparatoria o no? Acá entran a jugar las series complementarias, desde lo constitucional y desde lo adquirido, y en esto último hay algo que adquiere fundamental importancia que es la relación primaria, fundante, del bebé con la madre.

En la medida en que este bebé pueda establecer un vínculo predominantemente bueno con la madre, en la medida en que pueda internalizar un objeto bueno, lo va a sentir adentro suyo y esto le va a dar suficiente confianza y seguridad en sí mismo, suficiente fortaleza yoica y suficiente capacidad reparatoria como para resolver integrativamente el conflicto de ambivalencia. Si el vínculo que establece con la madre es predominantemente malo, el bebé incorpora, internalizar un objeto malo, que no le da ni confianza ni seguridad en sí mismo y no le permite entonces hacer una buena integración ni tener capacidad reparatoria.

Los franceses hablan de la capacidad de reverie de la madre. Aluden con esto a la capacidad de una madre de devolverle al bebé en una longitud de onda diferente a aquella en la cual el bebé está emitiendo, cuando emite un mensaje angustioso. El bebé es un ser primitivo y no tiene la capacidad que sí tiene la madre de comprensión de la realidad y de aprehensión de la realidad. Una madre si en lugar de decodificar el llanto del bebé en términos de que si siente hambre darle el pecho o si está mojado cambiarlo, o si necesita que le hablen, o que lo acunen, y de devolverle el mensaje del llanto con esta decodificación, y habiendo cambiado entonces la longitud de onda, si en lugar de esto, le devuelve poniéndose tensa y de alguna manera, directa o indirecta a veces, manifestándole la agresión, no está desarrollando en ese momento la capacidad de reverie. La capacidad de reverie es la posibilidad de contención, cuando la madre tiene la capacidad de contener la tensión, la angustia y la ansiedad del bebé y no devolverle con tensión, con angustia o con ansiedad. La capacidad de reverie es la capacidad de devolver con contención, y la no capacidad de reverie sería devolver con tensión.

Vamos a tomar ahora el camino de la enfermedad. Este

bebé no ha resuelto su conflicto de ambivalencia, sigue adelante pero arrastrándolo. ¿Y qué pasa? Que en un momento posterior cualquiera de la evolución de este bebé, llega un momento en el cual por alguna pérdida, por alguna situación que puede ser la pérdida de un ser querido, la pérdida de un objeto querido (hay veces que esto puede desencadenar una situación depresiva, porque los objetos están revestidos de vínculos), la pérdida de un rol, por e.j. un rol activo que tiene un ser humano y lo pierde en el momento de la jubilación, que puede ser una crisis evolutiva de las distintas edades de la vida, que puede ser el momento en que los hijos empiezan a ir a la escuela y la mamá se queda sola, o el momento en que los hijos se casan y los padres quedan solos, frente a esta situación de pérdida actual este sujeto va a hacer una depresión actual o desencadenante. Uniendo lo que veíamos en series complementarias, acá nos encontramos con lo que habíamos visto en aquella oportunidad, acá aparecen esas situaciones de pérdida que van a llevarlo al sujeto en cualquier momento posterior del desarrollo a una regresión a aquellos puntos disposicionales en los cuales había quedado fijado cuando no pudo resolver su conflicto de ambivalencia y hace la depresión regresional. Este sujeto va a volver al punto en el cual se juntan elementos de la depresión del desarrollo, elementos de la posición esquizoparanoide, elementos de la protodepresión y la depresión regresional. Entonces, cuando lo regresional lleva a volver a este punto del desarrollo en el cual se había quedado fijado, porque no había podido superar la depresión del desarrollo para seguir el camino hacia la salud, no había tenido buena capacidad integratoria y había quedado fijado en los mecanismos de disociación de la posición esquizoparanoide, vuelve nuevamente a este punto porque las técnicas que usó en ese momento para seguir adelante le fueron útiles, porque recuerden que en aquel momento volver a usar los mecanismo de disociación le era útil para seguir adelante aunque rengueando. Pero ahora, en el momento actual, ya no le son útiles porque se han estereotipado, porque están solo al servicio del manejo de las ansiedades y porque le han empobrecido y distorsionado su lectura de la realidad, porque le han producido un bloqueo de las emociones, de los pensamientos, de las fantasías. Entonces, al volver a este punto disposicional el sujeto vuelve a usar los mecanismos de disociación, y va a proyectar los vínculos buenos y malos disociados en las distintas áreas. Ahora el mecanismo va a ser disociar lo bueno de lo malo (al no poder integrar lo tiene disociado) y estos vínculos buenos y malos disociados los va a ubicar proyectivamente en las distintas áreas dando lugar a la configuración de todos los cuadros psicopatológicos.

Vamos a hacer el esquema de las áreas de conducta: área 1, área 2 y área3. Si el sujeto proyecta el vínculo bueno en área 1 y malo en área 3 se configura el cuadro prototípico de la esquizofrenia, en donde el sujeto en la medida que tiene el objeto bueno proyectado en área 1, comienza a hacer un diálogo progresivo y cada vez mayor consigo mismo, se va volcando cada vez más hacia adentro, se da un proceso de introversión cada vez mayor que llega, en los casos extremos, al autismo, con un aislamiento total del mundo exterior. Por supuesto que esto de aislamiento total del mundo exterior es relativo. El esquizofrénico no está tan aislado del mundo. Por otro lado, en la medida en que proyecta el vínculo malo en área 3, ahí desarrolla las características paranoides que son más propias de la esquizfrenia de tipo paranoide, donde el sujeto se siente perseguido por el mundo exterior, todo lo que lo rodea es malo, persecutorio y desconfía de todo. Ahí aparecen los delirios, alucinaciones, en donde se cree que todo el mundo lo persigue, escucha voces que lo amenazan, etc.

En cambio si el sujeto, a la inversa, proyecta el vínculo malo en área 1 y el vínculo bueno en área 3, nos vamos a encontrar con el cuadro de la melancolía, en donde si el sujeto tiene el vínculo malo en área 1 se siente malo por dentro, siente que no vale nada, se siente muy poca cosa, la autoestima es muy baja, tiene una gran inseguridad y falta de confianza en sí mismo, se desvaloriza y de alguna manera se autocastiga, justamente por tener el objeto malo adentro. Y si tiene el objeto bueno afuera, todo lo bueno está afuera y si todo lo bueno está afuera y todo lo malo está adentro, en las situaciones extremas puede llegar a la autoeliminación, que por un lado es una especie de castigo y por otro lado es eliminar el objeto malo que sienten adentro, con lo cual estamos frente a la conducta suicida. Con respecto a la conducta suicida les quiero aclarar que esto no es tan simple, en realidad el suicida quiere matar a otros, pero se equivoca de blanco y apunta hacía sí mismo. ¿Y por qué se equivoca? Porque tiene el objeto malo adentro. Pichón Rivière fue el primero acá en la Argentina, allá por la década del 50, en crear el primer centro de atención al suicida, y ya en aquella época Pichón daba la siguiente consigna a los voluntarios que atendían el teléfono. Pichón recomendaba que cuando se recibía la llamada y el potencial suicida decía, como es habitual: "quiero matarme", lo primero que había que decirle era: "a quién quiere matar Ud.? Por lo general, del otro lado de la línea telefónica respondía un sollozo, y se establecía ya el vínculo y se seguía trabajando a partir de ahí, porque si no habitualmente cortaba. En cambio, frente a esta pregunta que era muy directa, lo sacaban de la línea de autoeliminación para tratar de buscar a quien quería matar, porque en el fondo el suicida siempre tiene un monto de agresión reprimida, que en la medida en que no se puede volver hacia el objeto exterior frustrante, se vuelca hacia sí mismo. En el fondo hay una carga de frustración muy grande con respecto a alguien del mundo exterior.

También tendríamos que diferenciar lo que es un intento de suicidio de un simulacro de suicidio. Muchas veces hay simulacros de suicidios y esos podríamos decir que no son en serio porque toman todos los recaudos, todas las precauciones para que no les llegue a pasar nada.

Sin embargo todo simulacro de suicidio tiene un riesgo potencial de que en cualquier momento se transforme, sin darse cuenta, en un intento de suicidio. Por ello siempre hay que prestarles la debida atención.

De esta manera vemos como funciona el mecanismo de disociación de vínculos y proyección en las áreas, y cómo se generan las distintas patologías a partir de eso, los distintos cuadros. Pero esto no es todo. Hay otros enfoques, hay otras cosas complementarias. Esta es solo una de las posibilidades de comprensión, pero una posibilidad de comprensión muy importante y muy creativa, porque a partir de eso Pichón revoluciona lo que eran todos los cuadros psicopatológicos que habían sido encarados más organicísticamete y les da un enfoque dinámico a partir de la disociación de vínculos y la proyección.

¿Qué pasa si el sujeto proyecta el objeto malo en el área 2 y el objeto bueno en el área 3? Acá estamos frente al cuadro de la histeria. El sujeto, en la medida en que proyecta el objeto malo en el cuerpo y en particular a nivel de la musculatura estriada (voluntaria) y de los órganos de los sentidos (visión, oído, olfato, etc.), desarrolla lo que se llaman las parálisis histéricas, cegueras histéricas, sorderas histéricas, etc. Es decir que orgánicamente no hay ninguna alteración que justifique esta sintomatología, sin embargo, funcionalmente se producen. Y en la medida en que tiene el objeto bueno depositado en el mundo exterior, toma una característica muy especial porque el objeto bueno fundamentalmente se transforma en un público y entonces aparece la conducta teatral, propia del histérico, y aparece también la simulación. Estas son las dos características que están fundamentalmente dirigidas hacia un público expectante, y si no hay público por lo general desaparece la sintomatología.

También podría darse otra situación en la que, con la misma estructura de proyección nos encontramos con distinto cuadro que es el caso de las enfermedades psicosomáticas. En las enfermedades psicosomáticas también hay un objeto malo proyectado en área 2, en el cuerpo, y un objeto bueno proyectado en área 3, pero la diferencia es que acá se proyecta fundamentalmente a nivel de vísceras, a nivel de órganos internos y en particular órganos de musculatura lisa, involuntarios y que dependen más del sistema nervioso autónomo. Por supuesto que podríamos decir que las enfermedades tienen un componente psicosomático, pero me refiero más específicamente a aquellas que se consideran especialmente, tales como úlcera, colitis ulcerosa, asma, hipertensión, infarto, etc.

En la hipocondría el objeto bueno está en el área 3, pero el objeto malo está en el área 1 y 2, yo lo ubico como cabalgando entre el área 1 y 2. ¿Por qué? Porque el hipocondríaco cree que está enfermo de algo y podríamos decir que en realidad tiene razón en parte, porque además siente los dolores y no es que los está inventando o simulando o es una cosa alucinatoria. Él siente los dolores, las molestias, los trastornos, cualesquiera que fueran. Lo que pasa es que esos trastornos son funcionales, o sea, si hacemos una exhaustiva revisación, los órganos no tienen daño, no hay ninguna alteración orgánica, lo que está alterado es la percepción que el sujeto tiene de esos órganos. No es que no existe el trastorno, el trastorno está, es funcional. Además es muy común – de ahí lo de objeto bueno en área 3- que para el hipocondríaco el objeto bueno es el médico, y a veces podríamos completarlo: el médico, el bioquímico, el radiólogo, el farmacéutico y la bolsa de remedios con la cual anda por la calle, son una farmacia ambulante. Pero lo que pasa es que como por lo general el médico no le resuelve el problema, cuando lo desidealiza, se transforma en objeto malo y va rotando constantemente de médico.

Ahora, si el sujeto proyecta el objeto bueno y malo en área 1 nos encontramos con la neurosis obsesiva. ¿Cuál es el objeto de disociar los vínculos y proyectarlos? Que no se junten. ¿Por qué? Porque si se juntan, vuelven al conflicto no superado, o sea, ellos no han podido integrar nunca lo bueno y lo malo. Entonces, acá están juntos relativamente, juntos en cuanto a que están los dos en área 1 pero están separados, están disociados, proyectados en área 1 pero disociadamente.

En la neurosis obsesiva el sujeto se la pasa tratando de evitar que se le junten porque están los dos en el área 1.

Eso lleva a la sintomatología propia de la neurosis obsesiva: aparecen los mecanismos de anulación; por ej. Si parece un pensamiento malo inmediatamente tiene que aparecer un pensamiento bueno para contrarrestarlo; aparecen todos los rituales propios del obsesivo, los ceremoniales, y aparece otra cosa que es prototípica que es la duda eterna, viven constantemente dudando, nunca están seguros ya que siempre aparece, frente a una decisión, que es o algo bueno algo malo, no pueden decidirse nunca.

Si en cambio tuviéramos la proyección de vínculo bueno y vínculo malo en área 3, nos encontramos con las fobias. ¿Qué pasa si el sujeto tiene bueno y malo en el mundo exterior? El objeto malo es lo que se llama el objeto fobígeno, al cual el sujeto va a tratar de evitar. Lo característico de la fobia es la conducta evitativa. ¿Y qué trata de evitar? Al objeto depositario de todo lo malo, y se la pasa tratando de evitar que se junte con el objeto bueno, pero acá de otra manera. Y en este caso el objeto bueno es otro objeto cualquiera que por lo general suele ser un sujeto, pero también puede ser un objeto, objeto o sujeto acompañante, que es lo que se llama "acompañante contra-fóbico" con el cual el sujeto puede salir al mundo exterior para enfrentar al objeto malo.

Ahora vamos a entrar a la quinta depresión: la depresión iatrogénica. La palabra iatrogenia proviene del griego, significa daño o enfermedad causada por el médico. Pero me parece importante que se pueda diferenciar, dentro de estos criterios, entre lo que sería un daño causado por el terapeuta, y lo que sería la depresión causada por el terapeuta, en donde el objetivo que se persigue es que el sujeto que ha recorrido un camino hacia la enfermedad, que ha mal andado un camino, pueda desandar lo andado y reandarlo pero de una forma positiva y en el camino hacia la salud. Pero para esto, si el problema del sujeto es que no pudo superar la depresión del desarrollo y no pudo resolver la ambivalencia, el terapeuta tratará de llevarlo – por lo menos en un momento dado del proceso terapéutico- a desandar lo andado, a volver a aquella situación, a deprimirse, a poder enfrentar el conflicto no resuelto y a poder entonces superarlo, asumiendo la culpa y pudiendo por sobre todas las cosas, integrar lo bueno y lo malo que mantiene hasta ese momento siempre disociados. Y no solo integrar lo bueno y lo malo, sino también integrar ciertos aspectos existenciales, vitales, como son la concepción que tiene el sujeto acerca de la vida y de la muerte. O sea, que la integración apunta a integrar no solo aspectos buenos y malos, apunta a integrar estos otros aspectos vitales, apunta a integrar dentro del proyecto de vida a la propia muerte como algo concreto. Esto es muy difícil de entender, tal vez para nuestra filosofía occidental. En oriente lo integran de una manera muy diferente y desde muy pequeños tienen integrado esto.

Empresa Familiar

Prof. Dr. Marcos Berstein

Concepto

Lo que las define no es su tamaño o capacidad de gestión, sino el simple hecho de que la propiedad y la dirección están en manos de uno o más miembros de una o más familias. Esto las diferencia de las "empresas de capital familiar", cuya dirección está encomendada a profesionales.

Las trampas principales de la Empresa Familiar

1. La confusión entre la propiedad y capacidad de dirigir: consiste en confundir el derecho que el propietario tiene sobre la empresa con la capacidad para dirigirla eficientemente.

• Debilidades de la dirección: resistencias a no aceptar que los dirija alguien que no pertenezca a la familia.

• Preferencias personales de los directivos familiares: muchos empresarios familiares se dejan llevar por sus gustos en la toma de decisiones.

• Resistencia al ingreso de socios no familiares: es habitual que los directivos familiares se resistan a que parte del capital pase a manos de terceros, Etc.

2. La confusión entre los vínculos que ligan a una familia y los que unen a quienes forman una empresa: esta confusión se origina por el hecho de que no se comprenden los conflictos de valores que suelen existir al no independizar las relaciones de las dos instituciones- familia y empresa- comprometidas en las empresas familiares. Los valores propios

de la familia están cargados de afectividad. Su origen está en la consanguinidad y en el amor, mientras que el valor principal que mueve a la empresa es la competitividad. Si bien ambos valores no son opuestos, tampoco son similares; por lo tanto, es necesario tener conciencia de que no se pueden trasladar conductas de una institución a la otra.

3. Se confunde remuneración por el trabajo con las necesidades de la familia: con frecuencia el monto de los sueldos de los directivos familiares se fijan según las necesidades personales de cada uno, más que en función de los que se pagaría en el mercado por sus capacidades. Es muy sintomático que al hijo del dueño se le eleve el sueldo al contraer matrimonio.

4. Retrasar la sucesión: los fundadores retrasan la sucesión, especialmente de la dirección, debido a lo que significa la empresa para ellos, es parte de su vida, un símbolo del status que han alcanzado frente a los demás.

5. Pensar que en ninguna de las 4 trampas anteriores ha caído o caerá la empresa propia: el directivo familiar principal suele ver con facilidad los problemas típicos que afectan a las empresas familiares, pero no los percibe como propios, se resiste a reconocerlos, se justifica, etc.

Necesidad de la Planificación estratégica de empresa y familia

Entendemos como estrategia la especificación de la situación que se quiere llegar y la explicitación del modo de hacerlo. En el caso de las EF no solo hay que desarrollar la planificación estratégica de la empresa sino también de la familia. La planificación estratégica familiar requiere por parte de los padres contestar a tiempo algunas preguntas tales como:

* ¿Qué tipo de educación daré o fomentaré en mis hijos?
* ¿Fomentaré que mis hijos trabajen en la empresa?
* ¿Cómo haré la inserción de mis hijos en la empresa?

• ¿Por qué no vender la empresa y distribuir el dinero para que cada uno desarrolle su propio proyecto profesional?

• ¿Cuál será la filosofía de la familia sobre la empresa?

• ¿Tendrán derecho de trabajar en la empresa todos los familiares que así lo deseen? ¿Qué condiciones se pondrían, conociendo ya las trampas principales de las EF?

Familias presas de empresas: Cómo abordar el conflicto sin hacer daño

Prof. Dr. Marcos Berstein

"PRIMUN NON NOCERE": LO PRIMERO ES NO HACER DAÑO.

Los conflictos familiares pueden dañar o hasta destruir una empresa, y recíprocamente los problemas de la empresa impactan y pueden desorganizar a la familia, son muchas las tensiones familiares que tienen su origen en la empresa familiar.

Una empresa familiar puede adoptar diferentes formas y también ser distintos los modos de participar en ella la familia. Pero hay un rasgo característico de las empresas familiares: el que resulta de la interrelación que se establece entre la familia y las decisiones en la empresa, y el cómo pueden combinarse ambos sistemas e influenciarse mutuamente.

En términos generales, puede decirse que una empresa es familiar cuando más de un integrante de la familia trabaja en ella. Inclusive si es sólo uno de los miembros quién trabaja, la familia también participa brindándole tiempo propio y también apoyo, aunque no siempre es todo el necesario.

Consideremos un problema típico de la empresa familiar: cuando aparece el enfrentamiento entre las generaciones, entre los fundadores y los que los suceden, se establece una lucha de valores entre lo tradicional y lo moderno. En la empresa puede aparecer como una lucha por el poder, pero es más que un forcejeo, es una lucha de ideologías por percepciones diferentes.

Los fundadores suelen ser inmigrantes o hijos de inmigrantes, que vivieron el esfuerzo y el desgaste consiguiente, que recorrieron un largo y trabajoso camino para llegar hasta donde están. La segunda generación tiene valores diferentes, no pasaron por todo esto.

Así, la tendencia de la primera generación es mantener los valores tradicionales, mientras que la segunda generación tiende a buscar nuevas modalidades. Se puede configurar un conflicto de identidades.

Toda familia trata de lograr una identidad grupal familiar. Puede ocurrir que si el padre no lo logra en la casa, trate de hacerlo en la empresa. Pero entonces resultan más padres que empresarios. Y en definitiva el padre siente que apresa a sus hijos y los hijos se sienten apresados, encadenados a un lugar no elegido, ligados a un destino impuesto.

¿Y mientras tanto, que rol juega la madre en todo esto? Hay empresas donde la dirección la ejercen manifiestamente ambos: marido y mujer, pero en última instancia, ¿quién toma las decisiones? También puede ocurrir que hay empresas donde, si bien el padre ejerce la dirección explícitamente, quien dirige es la madre, de múltiples y sutiles maneras.

¿Qué sucede cuando los hijos crecen, se casan, forman una nueva familia, y hay que incorporar otros miembros a la familia y a la empresa?

¿Qué pasa cuando la segunda generación son hijas?

¿Qué pasa cuando los hijos tienen hijos, los nietos se incorporan a la empresa y los nietos dicen a los abuelos aquello que los hijos, por ser hijos, no podían decir?

¿Cómo abordar los conflictos que surgen sin hacer daño ni a la empresa ni a la familia?

La familia es un grupo primario, donde la relación es cara a cara, altamente emocional, que funciona básicamente por sentimientos.

En la empresa es necesario pasar a una gestión donde se pueda planificar reflexivamente, discriminando los mitos y proyectos familiares de los empresariales, considerando múltiples factores, más en el actual contexto socioeconómico, que exige tantos cambios. El desarrollo de la empresa requiere cada vez más propuestas orientadas al cliente. Una cultura de empresa centrada en el trabajo, si bien fundamental ya no es suficiente, se debe ajustar la óptica y los esfuerzos.

Recientes trabajos de investigación han permitido comprobar fehacientemente la influencia positiva del trabajo con calidad en las organizaciones, como también en la vida familiar empresaria.

El desarrollo de una cultura de calidad requiere considerar tanto el pasado como el presente, valorar el pasado de la empresa atento a que las organizaciones, como las familias tienen costumbres que están profundamente arraigadas. En un proceso de cambio de cultura empresarial continúa siendo fundamental el rol de los fundadores, quizá tanto como lo que fue en el origen de la propia familia.

Es también importante discriminar el proyecto familiar individual de cada integrante de la familia. Sin embargo, para que haya crecimiento sano del grupo y del individuo, el proceso de individualización debe darse manteniendo la pertenencia. Individualización y pertenencia es la clave del éxito.

En toda empresa hay un rubro denominado "pérdidas y ganancias". Pero la forma en que se las toma en la familia es muy diferente. Las ganancias: en la empresa se piensa como invertirlas. En la familia en cómo gastarlas. Las pérdidas: en la empresa son números, en la familia pueden provocar un verdadero desastre emocional.

Nadie hace una empresa para perder plata. Una empresa se hace para ganar dinero, pero no sólo para eso. En la empresa familiar se juegan cosas mucho más profundas, complejas y difíciles de tratar, que pueden muchas veces comprometer el futuro del negocio.

Por eso el abordaje de estas situaciones debe hacerse tal como hacen el amor los erizos de mar ¿Saben cómo hacen el amor los erizos de mar? ¡CON MUCHO CUIDADO!

Informe especialmente preparado para: Transportes Ambientales S.A.

Prof. Dr. Marcos Berstein
Lic. Mariano Vinocur
Lic. Carlos Fumagalli

El presente informe surge de las entrevistas grupales e individuales que hemos realizado, entre las mismas se encuentra incluida la primera entrevista de consulta que hiciera el contador de la empresa señor Daniel Borman.

Previamente a la presentación de nuestras conclusiones diagnósticas y recomendaciones, consideramos oportuno incluir algunas reflexiones generales sobre la dinámica de las empresas familiares, con la finalidad de tener puntos de referencia, para una mejor comprensión de la particular situación que se está atravesando. A la vez, entendemos que puede resultar de utilidad tenerlos en cuenta para preguntarse en qué medida estos problemas típicos están presentes e inciden en la actualidad.

Problemas típicos de las empresas familiares como causa de conflictos, dificultades y problemas:

1. La confusión que se puede generar entre la propiedad de la empresa y la capacidad de dirigirla eficientemente.

2. Confusión entre los vínculos que ligan a una familia y aquellos que unen a quienes forman la empresa. Un aspecto a considerar especialmente es el relativo a los conflictos de "valores" que se pueden presentar al no "independizar" las relaciones entre ambas instituciones: familia y empresa. No

debe perderse de vista que los valores propios de la familia están cargados fundamentalmente de afectividad. Si bien no hay una oposición total entre los valores de ambos sistemas, tampoco son similares.

3. Confundir la remuneración en el trabajo con las necesidades de la familia; conducta frecuente en las empresas familiares.

4. No enfrentar el problema de la sucesión. En muchos casos se retrasa la sucesión, especialmente por lo que representa la empresa para los fundadores. En otros casos se puede adelantar la sucesión aunque en la práctica no se transfiere la capacidad de decisión.

Hemos expuesto estos problemas típicos para considerarlos en su posible presencia e incidencia, a la vez que pensamos que es oportuno entender que son algunos de los problemas que necesariamente se presentan (se podría incluir otros, como por ejemplo la influencia de miembros de la familia que no trabajan en la empresa).

Otro tipo de problema que hay que incluir en este listado surge cuando los directivos principales muchas veces ven con bastante facilidad estos problemas típicos que afectan a las empresas familiares, pero llamativamente no los perciben como propias, resistiéndose muchas veces a verlos realmente como problemas quedando encerrados en situaciones dilemáticas.

Nos parece también oportuno hacer una breve caracterización de qué entendemos por empresa familiar. Hay varias ideas al respecto que también pueden ser motivo de reflexión.

Cualquier empresa en la cual la propiedad a título mayoritario y la dirección está en manos de uno o más miembros de una familia o más familias. Esta es una característica que las diferencia de las "empresas de capital familiar", cuya dirección está a cargo de profesionales.

A la vez, si consideramos la relación familia- empresa es posible hacer una clasificación desde diferentes puntos de vista:

1) En base a los vínculos

2) Unigeneracional (Ej. 2 hermanos, un matrimonio)

3) Intergeneracional. Aparecen habitualmente en una etapa posterior del ciclo de desarrollo de la empresa.

Algunas cuestiones a resolver en el caso b) ¿Cómo debe ser la relación padres- hijos que trabajan juntos? ¿Cómo preparar la sucesión?

Es útil también considerar la relación familia-empresa a partir de cómo se posiciona la familia respecto a lo que es la empresa, teniendo presente que son sistemas distintos pero íntimamente relacionados y que puede dar lugar a otorgarle prioridad a uno u otro de los sistemas: primero la familia o primero la empresa. En relación a este punto es que se habla de "familia empresaria", que además de ser familia con todas las vicisitudes que esto implica es trabajar juntos. La experiencia dice que no todas las familias que tienen una empresa familiar se definen a sí mismas como familia empresaria.

Diagnóstico de la situación

Cuando utilizamos el término diagnóstico nos estamos refiriendo básicamente a una descripción y explicación de la situación. En esta devolución hemos tenido especialmente en cuenta las explicaciones que los "protagonistas directos" tienen de la situación. Tal como lo señalamos en la última reunión, el diagnóstico en última instancia es un co-diagnóstico y surge de la colaboración conjunta para arribar a una comprensión de los problemas y pasos a seguir.

Desde nuestra perspectiva entendemos que el primer punto a considerar es que la empresa esta abordando, se puede decir de manera natural y espontánea, el problema de la sucesión (un problema típico). En esta cuestión es interesante señalar el camino que se está siguiendo: resolverlo a través de un "instructor" de confianza que no es de la familia, el contador de la firma seños Daniel Borman. El criterio es válido, y está confirmado por la práctica en empresas familiares, criterio que se complementa trabajando los familiares en la empresa en puestos específicos que la organización verdaderamente necesita.

Es necesario subrayar que según nuestro análisis, es a partir –tal como nos fue oportunamente explicado- de la cesión y posterior retiro de derechos accionarios, que se produce una particular dinámica en la empresa que interroga los niveles de capacidad de la generación joven para hacerse realmente cargo de la empresa. Este es un punto que esta teñido de ambivalencia e inclusive de cierta confusión y que requiere una especial comprensión de todos los protagonistas: padres, hijos y Daniel como hombre de confianza.

Un segundo aspecto a considerar relacionado al anterior, es el referido al crecimiento de la empresa: emprendimiento de Martínez. La concreción de este proyecto señala la vitalidad de los actuales dueños y directivos, a la vez que pone en evidencia las diferencias generacionales: es un proyecto que difícilmente hubieran podido concretar los hijos, aunque si colaborar tal como realmente ocurrió.

Otro aspecto sumamente importante a tener en cuenta es la conformación del "grupo joven". En este ámbito observamos algunas diferencias entre los tres mayores y el menor: Martín. Las diferencias están relacionadas en principio a la actitud y los deseos personales y donde la edad entendemos que es un factor que influye de manera significativa.

Es muy indicado el proyecto de capacitación y de apoyo que se está siguiendo con los "sucesores en perspectiva". Volviendo al tema de "la sucesión" entendemos que habría que clarificar más las expectativas de ambas partes. Nos parece que se ha configurado una situación originada en "dobles mensajes" que debería ser aclarada.

Recomendaciones

Un modo de consolidar la situación de la generación joven en la empresa a la vez que afianzar responsabilidades es realizando un trabajo de formación de equipo. En las entrevistas que mantuvimos con Martín, Leo, Roberto y Fabián surgió con bastante claridad esta necesidad. A título de enmarcar la situación se dijo: "Osvaldo y Eduardo se eligieron, nosotros no", como un modo de señalar las diferencias con ellos.

Previamente, y como primer paso entendemos que es indicado realizar una reunión conjunta de padres, hijos y Daniel para trabajar este informe.

A la vez, consideramos que sería conveniente continuar trabajando en la clarificación de la visión (cómo ven el futuro) que se tiene de la empresa y cuál es la misión que tiene la generación joven de una empresa de familias.

Monografía Graciela M. Costa[1]

Supervisión: Prof. Dr. Marcos Berstein

Duelos

El duelo es la elaboración de una pérdida de todo aquello a lo que estamos ligados afectivamente: objetos, personas, mascotas, situaciones, autonomía.

El psiquiatra británico John Bowlby sostiene una teoría en la que conceptualiza acerca de la tendencia que tenemos los seres humanos de establecer fuertes lazos emocionales con otras personas. "Apegos" que provienen de la necesidad que tenemos de protección y seguridad. Conducta normal no sólo en los niños sino también en los adultos.

La relación del niño con el otro significativo condicionará los lazos afectivos que podrá entablar en su vida adulta. Este concepto es similar al de Erik Erikson de confianza básica, el buen cuidado paterno estimulará el propio cuidado, además el niño aprende a considerarse merecedor de la ayuda de los demás. Del mismo modo un cuidado paterno inadecuado puede llevar a las personas a apegos ansiosos o demasiado lábiles.

Un duelo no elaborado nos deja fijos en el sufrimiento, atrapados en una tristeza vieja y rancia que no nos permite poner nuestra existencia al servicio de nuestros propósitos.

La pérdida de un ser amado es psicológicamente tan traumática como herirse o quemarse gravemente en el plano fi-

---

[1] Curso de Posgrado Operador Familiar. Universidad Nacional de Lujan. Modulo 3- Agosto 2013.

siológico. Como toda herida que no sanó vuelve a supurar por lo tanto hay que prestarle atención y curarla. Un duelo puede postergarse por diversas razones en general suele quedar arrumbado en un lugar remoto al que rara vez regresamos de manera voluntaria. Puede que tengamos una sensación difusa de malestar, tiene que ocurrir algo que nos haga tomar contacto con aquella herida otra vez para que reiniciemos ese proceso que quedó trunco.

Las pérdidas ocasionadas por muertes de seres queridos, mascotas, salud, el desgaste de un cuerpo joven, belleza, la pérdida de un ideal, de un empleo, una casa, un miembro, un seno, un aborto natural, exilios, status social; son situaciones dolorosamente irreparables que nos llevan a sentirnos desconsolados durante cierto tiempo. Las ganas de vivir así como el ánimo de trabajar se aminoran, la sensación es la de quedar fijados en una rumiación triste que disminuye el impulso vital.

En un mundo postmoderno y globalizado, en que pareciera que vivimos en la dependencia de las máquinas, hablar de lo simple, de nuestras fortalezas y debilidades, de sueños, dolores, de lo que nos emociona de aquello que da sentido a nuestra vida, es algo a valorar.

En todo duelo nos vemos obligados a replantearnos nuestra vida, muchas personas son capaces de afrontar esta situación sin ayuda, sin embargo otras tienen problemas a la hora de resolver sus sentimientos y necesitan asesoramiento profesional.

La adaptación a la pérdida se puede ver como un proceso que implica cuatro tareas básicas, estas tareas requieren de un esfuerzo de la persona siguiendo a Freud decimos "trabajo de duelo".

La primera es aceptar la realidad de la pérdida, lo opuesto es negar la irreversibilidad de la misma, no es sólo una aceptación intelectual sino también emocional.

Al negarla se puede recurrir a una "momificación", es decir, guardar las posesiones del fallecido preparadas para ser usadas cuando él o ella vuelva, lo contrario es deshacerse de todas sus pertenencias rápidamente, incluso de las fotos, como si no hubiera existido, otra estrategia es negar el significado de la pérdida: "no era un buen padre", "no estábamos tan unidos".

Los rituales como el funeral ayudan a encaminarse a la aceptación aunque los mismos se van perdiendo.

La segunda tarea consiste en trabajar las emociones. A veces se las quiere aprisionar sin embargo éstas son puro movimiento por lo tanto de todos modos van a parecer, en algunos casos se suele reaccionar con un estado de sopor o adormecimiento que nos hace vibrar en una frecuenta baja no dejándonos lo suficientemente livianos para disfrutar de los acontecimientos alegres y si abrumados como para no poder hacer frente a los inconvenientes que la vida nos plantea.

No todas las personas expresan el dolor de la misma manera, pero es imposible no experimentar cierto nivel de angustia o pesar ante la pérdida de alguien a quien se ha estado profundamente vinculado.

Hay personas que se consuelan como pueden con compensaciones materiales y físicas usan alcohol, drogas, chocolates, juego como alivio a sus emociones; otros viajan iniciando una especie de cura geográfica, lo opuesto es dar rienda suelta a su sentir sabiendo que un día pasará.

Algunos hacen promesas "renuncio a...", estos regateos representan una resistencia al cambio y una incapacidad de aceptar la verdadera realidad.

La tristeza es el sentimiento más común que no se manifiesta necesariamente a través de la conducta de llorar.

El enojo este proviene de dos fuentes: frustración por no haber podido evitar la pérdida, la otra deviene de una experiencia regresiva de desamparo que produce pánico y ansiedad.

El enojo puede dirigirse a la persona que ya no está, otras se desplaza al médico, a una amigo insensible o a Dios.

Una de las desadaptaciones más peligrosas es dirigirlo

hacia el sí mismo, situación que puede conducir a una depresión.

La culpa casi siempre se cuela en los duelos generando que el dolor se vuelva más amargo, boicotea nuestros logros, nos impide ver la realidad, el autorreproche nos lleva a hacer acusaciones, a juzgar y condenar, se vincula con algo que se descuidó "si hubiera hecho tal cosa", "si no hubiera dicho tal otra".

El perdón sana y libera. Nos permite concluir el proceso de duelo y retomar la vida que aún nos queda por vivir con confianza y entusiasmo.

Al soltar las ataduras del rencor dejamos de ser esclavos y volvemos a ser dueños e nosotros mismos, la falta de perdón es mantenernos cautivos del pasado y a merced del accionar de otros.

Perdonar no significa aceptar las faltas cometidas sino comprender a quién las cometió. No perdonar es la manera más efectiva de perder nuestro poder interior, ya que en vez de accionar, reaccionamos a lo que hacen o dicen los demás.

Otros sentimientos pueden ser: anhelo, soledad, sobre todo si había una relación muy estrecha con el objeto perdido.

Impotencia, fatiga, apatía o indiferencia.

Shock frente a una desaparición repentina.

Liberación frente a alguien muy inflexible.

Alivio si ese ser sufrió una agonía larga y dolorosa.

Insensibilidad, esa ausencia de sentimientos ya que permitir que se hagan todos concientes sería muy desbordante.

La represión de los sentimientos, el equilibrio calmo, representa en realidad un siniestro empobrecimiento.

La tercera tarea es adaptarse a un medio sin aquello o aquél a quien perdimos.

El superviviente no es conciente de todos los roles que desempeña la otra persona. Hay quienes definen su identidad a través de sus relaciones y del cuidado a los otros por lo tanto sobreviene una sensación de pérdida del sí mismo sobre todo cuando hay muy baja autoestima. Se cuestionan valores, creencias. El suelo firme que antes se pisaba se transforma en arena movediza. Es necesario que como profesionales de la ayuda acompañemos a desarrollar habilidades para retomar el control de sus vidas.

La cuarta tarea es recolocar emocionalmente al objeto perdido y continuar viviendo.

No se trata de olvidar, quizá alguien pueda creer que enterrar los recuerdos dolorosos ayuda a vivir mejor. Nada más alejado de la verdad. Recordar viene del latín re-cordis y significa volver a pasar por el corazón. En inglés remember significa volver a unir. No es una tarea intelectual aunque la incluye. Si intentamos mantener las heridas del pasado en el exilio terminarán por gritar más fuerte con síntomas y otros malestares incómodos.

Nunca podremos eliminar a aquellos que han estado cerca de nosotros y formando parte de nuestra historia, excepto mediante actos psíquicos que hieren nuestra identidad.

La tarea del asesor se convierte entonces, no en ayudar a la persona en duelo a renunciar al cónyuge fallecido, sino en ayudarle a encontrar un lugar adecuado para él en su vida emocional, un lugar que le permita seguir viviendo de manera eficaz.

Marcos Berstein refiere al "duelo central no elaborado". Alude en principio familiar- parental que es cuando se termina una relación y se inicia otra, los hijos pierden la situación anterior, dejan de vivir con alguno de sus padres.

Duelo familiar conyugal vinculado a la pérdida de intimidad de la pareja con la llegada de los hijos.

Duelo de los hijos, al nacer pierden el ámbito protegido y seguro donde están abastecidas todas sus necesidades en el útero materno. Luego pierden el pecho, aparece el biberón que también se les quita.

En la vida perdemos y ganamos, sino no estaríamos vivos porque nadie podría sobrevivir a sólo pérdidas.

Cuando la familia consulta lo hace por el duelo actual o desencadenante, éste condensa las pérdidas anteriores que se reactivan en el actual.

Las enfermedades orgánicas graves, así como las psico-somáticas o ciertas depresiones están relacionadas por un duelo no hecho que repite el shock de una pérdida sufrida y remontada en la infancia. Cuando sobreviene la segunda, ésta es vivida más dramáticamente, porque viene un eco que reactiva a la primera "pérdida del objeto de amor".

Una de las posibilidades en que un trabajo de duelo normal puede transformarse en uno complicado es cuando un superviviente no puede superar la posición depresiva, idealiza al objeto y no puede liberarse de la ambivalencia, el yo se simbiotiza con el objeto muerto.-vivo. Freud decía que el sujeto alimenta al objeto para evitar su muerte y se produce una fuga de energía psíquica. Cuando hay una relación simbiótica entre el sujeto y el objeto al desaparecer uno de ellos se lleva aquellos aspectos del yo depositados en él, por lo tanto el yo se empobrece.

Muchas de las conductas normales en un duelo pueden parecer iguales a las manifestaciones de la depresión.

Las principales distinciones entre el duelo y la depresión son: en ambos se pueden encontrar los síntomas clásicos de trastorno de sueño, del apetito e intensa tristeza. Sin embargo, en el duelo no hay la pérdida de autoestima que si se encuentra en la mayoría de las depresiones clínicas.

Freud creía que en el duelo el mundo parece pobre y vacío, mientras que en la depresión, la persona se siente pobre y vacía.

Nadie tiene conciencia real de la propia muerte pero la muerte de los seres cercanos nos remite a la propia.

Dentro de la línea sistémica se trata de encontrar el lado positivo en lo negativo, como por ejemplo resaltar qué dejó el que se fue, no sólo que se llevó.

Algunos indicios para saber cómo responderá una persona ante una pérdida son: Primero quién era el fallecido, por ejemplo no es lo mismo que sea un hijo que un primo lejano. Segundo, la intensidad del apego. Tercero, cuán necesario era. Cuarto el grado de ambivalencia, si los sentimientos negativos sobrepasan a los positivos se desemboca en culpa.

Quinto posibles conflictos. Sexto, tipo de muerte (accidente, suicidios). Séptimo antecedentes históricos, cómo afrontó pérdidas anteriores, ya que si no se elaboraron adecuadamente se pueden añadir a la actual. Octavo variables de personalidad.

El trabajo de duelo es necesario para el equilibrio y la salud. Evitarse y evitarle a los otros las consecuencias a menudo dramáticas de la depresión, los accidentes y las enfermedades. Permite afrontar la realidad y aferrarse a nuevos proyectos y esperanzas de lo contrario quedará una tarea inconclusa, Kurt Lewin demuestra que "repetimos aquellos que quedó inconcluso en nuestras vidas y sólo podemos dar vuelta la página una vez que la gestalt esté cerrada y se encuentre en buena forma".

Un punto de referencia de su finalización es cuando la persona puede volver a invertir sus emociones en la vida y en los vivos, recupera sus intereses, se siente más esperanzado, experimenta nuevamente gratificación y se adapta a nuevos roles. El proceso no es lineal puede haber malos días, sobre todos en los aniversarios y cumpleaños.

El objetivo del asesoramiento es ayudar al superviviente a completar cualquier cuestión no resuelta con el objeto perdido y a ser capaz de decir un adiós final.

Bibliografía

Bernstein, Marcos: *"Psicología de la vida cotidiana en el grupo familiar"*. Revista terapia familiar. Número 9. Segundo congreso Argentino de terapia familiar. 1982.

Bernstein, Marcos: Seminario: *"Familias con duelos no elaborados"*. Curso de posgrado: "Operador Familiar". Universidad Nacional de Lujan. 2013.

Worden, Willian: *"El tratamiento del duelo: asesoramiento psicológico y terapia"*. Editorial Paidós. 1997 Cap. 1 y 2.

Schutzenberger, Anne Ancelin: *"Importancia del trabajo de duelo"*. Omeba. 2005.

Haydée, Andrés: *"Pérdidas y duelos"* (Ficha).

Baranger, Wily: *"El muerto- vivo: estructura de los objetos en el duelo y los estados depresivos"*. Revista Uruguaya de psicoanálisis. Número 4. 1961. Cap. X

Seminario: Duelos no elaborados
Introducción: Las Meninas

Prof. Dr. Marcos Berstein

Buenos días. Para mí es un gusto estar con todos Uds. hoy acá.

Hoy vamos a hacer seminario de terapia familiar integracional, entonces vamos a ver de qué manera podemos adaptar las diferentes modalidades de abordaje, diferentes enfoques, cuando se trabaja con familias, tratando entonces de, en lugar de adaptar las necesidades de una familia a una única técnica, adaptar diferentes técnicas a las necesidades de las familias.

Cuando comienzo a trabajar con terapia familiar suelo contar el chiste de Inodoro Pereyra. Inodoro estaba sentado en la cocina, tomando mate, y la Eulogia, que es la china, barriendo, y le dice: "¿Sabe don Inodoro?, anoche soñé con mi familia". Inodoro, pensativo, responde: "Caramba, yo también dormí mal".

Pero también suelo agregar que yo pienso que en algún momento vamos a poder modificar esto de tal manera de que, cuando le diga la Eulogia "Anoche soñé con mi familia", Inodoro le pueda contestar: "Yo también dormí bien". Trabajando con la familia se puede lograr que uno duerma bien, aunque sueñe con la familia. Pero no es fácil.

Un segundo chiste: Una vez le preguntaron a un doctor con qué técnica trabaja Ud., o a qué escuela pertenece, y este doctor contestó: "¿De qué paciente se trata?" Creo que esto es muy importante y viene al tema de lo que es mi enfoque de Terapia Familiar Integracional. ¿De qué familia se trata? De acuerdo a eso voy a decir a qué escuela pertenezco y qué técnica uso.

Por último, voy a relatar una anécdota, un cuento.

Había una vez un joven que iba a salir a recorrer el mundo porque quería encontrar cuál era el secreto del éxito. Entonces, antes de salir va a ver a un hombre sabio y le pregunta: "¿Cuál es el secreto del éxito?", y el hombre sabio le dice: "El secreto del éxito es el buen juicio". Entonces este joven le dice: "Bueno, excelente, pero, ¿cuál es el secreto del buen juicio?". Entonces el hombre sabio piensa un poco y le responde: "El secreto del buen juicio es la experiencia". El hombre se queda pensando y le dice: "Y bueno, pero ¿cuál es el secreto de la experiencia?". Entonces el hombre sabio le contesta: "Te daré una última respuesta. El secreto de la experiencia es el mal juicio". Es decir, el haberse equivocado, el haber cometido errores. Entonces, síntesis: El secreto del éxito es el cometer errores y el aprender de ellos, por supuesto.

¿Por qué digo esto? Cuando veamos el video, yo voy a ir señalándoles cosas, con las cuales visto el video, después de ya realizado, yo pienso que pueden haber sido errores míos y de esos errores, es justamente de lo que más se aprende, donde uno sabe que eso no hay que hacerlo de vuelta.

No es fácil eso porque en general, los terapeutas tenemos la tendencia a mostrar los casos exitosos, donde todo sale bien y además a mostrar, cuando presentamos un trabajo, un video, las partes lindas. Recortamos el video, chac-chac-chac, lo armamos de nuevo, y mostramos. Pero antes sacamos todo lo que estaba mal. Yo creo que, al revés, eso es lo que hay que mostrar, para mostrar lo que no debe hacerse. Lo que pasa es que hay que tener capacidad de autocrítica y disminuir un poco el narcisismo y la omnipotencia.

Para entender esto de integracional, voy a hacer una breve introducción con respecto a diferenciar lo que es integración de lo que es una mezcla. Porque hacer una mezcolanza donde se pierden los límites entre las cosas, donde no se discrimine bien qué es qué, no sirve para nada. O sea, una mezcla, según el diccionario de la Real Academia Española es: "una reunión confusa de elementos, personas, lo que sea". Reunión confusa.

Mezclar, implica, entonces, juntar, unir y reunir cosas diversas, pero es una cosa confusa porque una vez que se mezcla todo, se revuelve y ya no se sabe que es lo que era una cosa y la otra. En cambio, integración tiene varios significados. Por un lado: coordinación de las actividades de varios órganos- eso es en fisiología-. Y por otro lado en matemáticas, viene de cálculo integral. Cálculo integral es la parte del cálculo infinitesimal que tiene por objeto determinar las cantidades variables, conociendo sus diferencias infinitamente pequeñas. Esto es fundamental remarcarlo, las diferencias existen y es importante reconocerlas.

Entonces, en el cálculo integral se trata de obtener el resultado, integrando las pequeñas partes en que el todo ha sido dividido, para lo cual se reducen al máximo posible las mínimas diferencias de cada parte. En el gráfico número 1, tenemos representada una integral, matemáticamente, y tenemos un eje de absisas y ordenadas. Si queremos calcular la superficie de la estructura que tenemos señalada, si fuera un rectángulo, es muy fácil calcular la superficie, porque es lado por lado. Pero en la figura del gráfico, no podemos hacer lo mismo porque tenemos una curva; entonces, ¿Qué se hace en el cálculo infinitesimal? Se reducen al mínimo posible las diferencias entre cada parte, las partes en que el todo ha sido dividido. Por supuesto que las infinitas rayitas con las que representamos la división, son con una separación mínima, de ahí lo de cálculo infinitesimal. Son miles o millones de pequeñas rayitas que van separando.

En el gráfico número dos la barra representa al espacio que hay entre dos rayitas, aumentado. De esta manera podemos ver cómo la curvatura, en una cosa tan pequeñita, se reduce al mínimo posible, queda casi recto. Entonces es despreciable el error.

Una vez leí lo siguiente: Frente a un problema de elevada complejidad, un matemático trata siempre de plantear hipótesis significativas, razonables, tendientes a reducir las dificultades a un mínimo, o sea al mínimo posible. Es el mismo esquema de filosofía que aquello.

Pero ¿qué es lo que pasa? Estamos hasta ahora en el campo de las matemáticas. Esto es sólo a título de ejemplo. Pasemos al campo de la psicología.

En psicología, ideológicamente, por lo menos desde como yo lo veo, como ideologías terapéuticas, la dificultad para integrar diferentes enfoques, diferentes escuelas, se basa en dos cosas: Una, es que se nos ha enseñado clásicamente, que tenemos que formarnos en una sola técnica, porque si no nos podemos confundir. Si vamos a manejar más de una, nos vamos a confundir. Entonces, mejor quedarse con una, esa que uno sabe que la maneja bien y que no se le confunde nada, supuestamente.

Yo creo que esta es una ideología muy reduccionista, y que no podemos comparar nunca lo que es la polifonía de una orquesta sinfónica, con todos los instrumentos tocando, a lo que es el sonido de un solo instrumento.

Ustedes saben que en economía política se dice que monocultivo y sub-desarrollo van juntos. Yo creo que en ciencia pasa lo mismo. Mono-cultivo, cultivar una sola técnica y subdesarrollo van juntos científicamente.

El otro elemento que nos permite entender esta dificultad para integrar se basa en lo que Freud, ya a fines del siglo pasado, denominó "el narcisismo de las pequeñas diferencias". Ustedes saben que el narcisismo es un problema general del ser humano, y justamente en esto, nos vamos a encontrar con aquello de: "cada maestrito con su librito". Y entonces, viene el narcisismo de que "mi librito es mejor que el tuyo", "mi escuela es la única que sirve, la única que vale, es la mejor; las demás son todas una basura".

Y, ¿por qué lo de las pequeñas diferencias? Porque cuando alguien trata de enfocar algo de una manera diferente a aquella que uno conoce, la tendencia es a agarrarse de las más pequeñas diferencias para decir, "Ah, no, pero mi enfoque es diferente del tuyo" y además, por supuesto, es mejor.

Esto, a manera de introducción con respecto a lo que sería la importancia de integrar.

Ahora dos o tres conceptos teóricos, porque en el video los vamos a ver en la clínica; pero yo quiero explicarles dos o tres cositas teóricas como introducción general, después lo desarrollamos desde la clínica.

Una de ellas es el tema del "secreto familiar". En todas las familias hay un secreto. Nadie habla del secreto, pero todos saben de qué se trata. Lo callan porque corresponde a algo vergonzante para la familia, o algo doloroso para la familia. Puede ser la presencia de un drogadicto, un homosexual, un loco; o puede ser una muerte, una separación, una adopción, una infidelidad, aborto, cosas ocultables, nadie habla. Pero todos saben. Y si no lo saben, lo perciben, lo intuyen.

El otro tema que va a aparecer acá en el video es un tema al que yo le doy mucha importancia, que yo lo llamo "la prehistoria familiar", y dentro de la prehistoria familiar, o sea, todo lo que ha pasado antes, investigar cómo se formó esta familia, cómo se juntó esta pareja, cómo fue antes de casarse. Hay muchas cosas de antes. Qué relación tenían con las familias de origen, etc. Además también esta el tema de los nombres. Los nombres propios, es decir el nombre que cada uno lleva. Y esto es muy importante. Ustedes después van a ver que importante que es cuando vean el video.

Yo ahora les cuento muy rápidamente que mi propio nombre, Marcos, era el de mi abuelo, mi abuelo paterno. Yo nunca supe por qué, peo desde joven me dediqué a la enseñanza, con mucho apasionamiento. Recién de grande me vengo a enterar de que este abuelo se había dedicado a la enseñanza. Era Profesor de Talmud en un pequeño pueblito de Europa. ¿Por qué yo no me enteré de eso? Porque nunca se habla de él en mi casa. Entonces, el tema sería por qué no se habla de él. Y acá es donde me vine a enterar del secreto, ya de adulto. Y también me enteré de otras cosas. Yo llevo el nombre de este abuelo, Marcos, y me dedico a la enseñanza mucho. Yo no sabía de esto hasta grande. Sin embargo, mi pasión por la enseñanza estaba desde joven, desde chico. ¿Cómo se transmiten estas cosas? ¿Cómo, de alguna manera se detectan? ¿Qué tipo de mandatos hay cuando se le pone el nombre de alguien a otro, sobre todo si ese alguien murió? O aunque esté vivo. Las fantasías de reencarnación, y el mandato de que uno sea igual que aquel a quien lleva el nombre son universales.

Si se empiezan a preguntar ustedes ahora por qué llevan el nombre que tienen, paro. Hacemos una sesión de psicoterapia colectiva y después seguimos.

Lo que me vine a enterar luego es por qué no se habla de este abuelo. No era nada malo que se hubiera dedicado a la enseñanza, no era nada ocultable, pero había algo ocultable: Este abuelo había tenido un cuadro depresivo muy grave. Estamos hablando del año 40, o sea, cuando yo estaba en la panza de mi madre. Ahí muere mi abuelo, y yo nazco poco tiempo después que él muere, y entonces me ponen el nombre de él. Mi madre estaba embarazada de mi en el momento en que él muere.

Recién de adulto me entero de que poco antes de que él muriera, por ahí un año antes, él había estado internado por este cuadro depresivo tan grande, en el Open Door, sanatorio de puertas abiertas, que recién se había creado. Y esto era algo muy ocultable para la familia, obviamente, más aún, en aquella época. No se olviden de que todo lo que sea enfermedad mental, aún hoy sigue siendo ocultable, y hasta qué punto. Imagínense en aquella época. Con lo cual acabo de confesar mi edad también. Pero no importa. No hay problema. Todavía es confesable.

Vamos a rescatar otra cosa que es muy importante, que es el tema de los duelos en las familias. Porque en esta familia que vamos a ver en el video juega un papel muy importante.

Cuando trabajamos con duelos familiares, nos vamos a encontrar con un concepto que Pichon llamó: "el duelo central no elaborado", que existe, como estructura general y que, a partir de ese concepto de "duelo central no elaborado" en las familias, el dr. Kesselman primero, y luego yo, tomamos este concepto y lo desarrollamos, dándole un significado digamos, particularizado en tres instancias, 3 situaciones de duelo.

La primera es el duelo parental familiar. Este es el duelo que tienen que elaborar los hijos cuando se casan y se alejan de las familias de origen, el duelo por la pérdida de los padres. No pierden a los padres en una forma, digamos, total; pero sí se pierde el rol de hijos que tenían hasta ese momento, ya que a partir de ese momento empiezan a asumir una serie de nuevas responsabilidades.

Y la separación del grupo familiar de origen no es fácil. Cuando se elabora bien el duelo, cuando esta separación se puede dar bien, entonces se da un proceso de separación conservando la pertenencia, es decir, no se corta el vínculo familiar, sino que se conserva la pertenencia al grupo, pero al mismo tiempo se hace un proceso de individuación y de separación y de independización. Cuando esto se da bien entonces la nueva pareja puede conformarse y estructurarse bien.

Junto con el duelo parental familiar lo que comienza ahí es un período en el cual ya las familias de origen entran a jugar un papel muy importante, porque lo primero que aparece es cuál de las familias de origen cobra preponderancia, cuál de las familias de origen va a tener más cercanía, más participación en la nueva familia que se está formando. Y esto, la gente se sonríe ya, da lugar a, a veces, problemas muy serios, si no son bien trabajados.

El segundo duelo es el duelo conyugal familiar, que es cuando en una familia que ya se está formando, la pareja, que está recién casada, ya deciden tener hijos. Entonces se produce una segunda situación de duelo.

Tienen que elaborar ahora la pérdida por la relación de la pareja como tal, la pareja conyugal digamos, es una cosa y la pareja como tal se pierde, en el sentido de que nunca vuelven más a ser dos, par, pareja; ya, a partir de ahí, son 3, 4, 4, todos los que vayan viviendo. De aquí la importancia de remarcar cómo se formó esta pareja, cuánto tiempo pasó hasta que tuvieron hijos, qué espacio de tiempo tuvieron para formarse como pareja en sí, para consolidarse. Incluso muchas veces ocurre de que los hijos vienen al mundo, o digamos, son encargados, antes de que se case la pareja. Y muchas veces, justamente, se casan porque hubo un embarazo y etc. etc. Y ya eso marca la relación de la pareja también. Son todas cosas fundamentales para investigar en la prehistoria y en las situaciones de duelo.

Luego tenemos los duelos de los hijos. Los hijos también van teniendo duelos, porque van perdiendo a medida que salen al mundo. Pierden primero cuando salen del vientre materno. Pierden el pecho luego, cuando los destetan, después le sacan la mamadera y después le sacan el chupete. Y después empiezan a fumar o a tomar caramelos o chicles. Yo suelo decir que el chicle, el chicle globo el famoso Bazoka es el reemplazante ideal del pecho gigante, se rompe y luego vuelve nuevamente a formarse. Entonces, un pecho inagotable, permanente, uno mismo se lo fabrica, es fantástico.

Alumna: el objeto perdido

MB: El objeto perdido, encontramos el objeto perdido.

Estos 3 conforman la situación de duelo central no elaborado. Pero las familias cuando vienen a vernos, ¿con qué vienen? Con un cuarto duelo, que no forma parte del duelo central no elaborado. Es otra cosa. Es lo que llamamos- por esto lo ponemos aparte- duelo actual o desencadenante, porque es una situación de pérdida, que actualmente ha tenido la familia. Pérdida puede ser, no sólo una muerte, puede ser la pérdida del trabajo por parte del padre; puede ser la pérdida de un rol activo porque alguien se jubiló, puede ser pérdida porque alguien está enfermo. Es decir, pérdida, frustración, situaciones de crisis de la familia.

Las Meninas

Hecha esta introducción, ahora sí. Sras. Y sres., he aquí, con mi mano maestra, "Las Meninas" de Velázquez (risas).

"Las Meninas", el famoso cuadro "Las Meninas" de Veláz-quez.

Si tuviéramos una visión modernista, postmoderna, digamos, no figurativa.

Vamos a imaginarnos que estamos haciendo una hipotética visita al Museo del Prado. En el Museo del Prado, en Madrid, existe una pequeña habitación, en donde hay un solo cuadro "Las Meninas" de Velázquez. Es el único cuadro, de todo el museo, que tiene una habitación para él solo. Y por algo será. Y ahí hay cuadros de los más grandes pintores de todo el mundo.

"Las Meninas" de Velázquez es un cuadro excepcional. Tanto por la parte técnica, pictórica en sí misma, que yo no voy a entrar a describir, podríamos hablar, con gusto, me gustaría detenerme a hablarles sobre los detalles pictóricos de la obra, los juegos de luces y sombras. Es un cuadro espectacular. Pero no es mi interés, ni es el interés de uds. Pero sí vamos a ver algo que también nos va a ser útil para lo que luego vamos a ver en el video. ¿Por qué? Porque la escena es la siguiente. Un pintor, que esta ubicado acá, el pintor, obviamente, es Velázquez, que hace un autorretrato. Acá está Velázquez. Acá se ve la parte de atrás de un cuadro gigantesco, o sea, es un cuadro (acople grabador) que está acá. O sea, todo esto es el cuadro.

Acá está Velázquez mirando hacia acá. Acá se ve algo así como la parte de atrás del cuadro, que va desde arriba hasta abajo. Acá, porque todo esto forma parte de una parte del cuadro. Acá están las Meninas, las Meninas son las nenas. Están jugando. Acá hay una enana y un enano, como corresponde a toda buena corte de aquella época, y acá hay un perro, un perro grande.

La Menina del centro es la Infanta Margarita, hija de los Reyes, que está evidentemente muy custodiada por el séquito que la sigue a todas partes.

Acá hay un espejo, en la parte posterior. Y en el espejo se ven reflejados los Reyes de España. O sea, acá se ven los reyes de España que se supone que están posando para el pintor, o sea, están de frente acá. Acá está el espejo, y ahí se ven los Reyes de España de frente, mirando hacia allá, o sea, como si estuvieran parados donde están uds. Uds. son los Reyes de España. Y acá hay una puerta, una puerta abierta por donde sale un señor. Hay un señor saliendo, en la actitud de salir, o sea, dando un paso.

Y los niños miran. Los niños miran. Entonces, el pintor pinta un cuadro de los Reyes de España, pero ellos no están, se los percibe en un espejo que está detrás del pintor, y un señor sale por la puerta de atrás.

La pregunta es, ¿dónde tiene que situarse uno frente al cuadro? ¿Dónde está la acción real del mismo? ¿Qué es este cuadro, en definitiva? ¿Es un cuadro de los Reyes de España? Es decir, porque el pintor está pintando a los Reyes de España pero los Reyes de España no están en el cuadro, pero aparecen en el espejo.

La acción que vemos está situada por detrás de la descripción que se intenta reflejar. El espectador, uds. mirando el cuadro, el espectador se sitúa en el lugar de los Reyes de España y ve al pintor que los está por pintar... Esa es la sensación que da el cuadro, al mirarlo.

El pintor es, a la vez, imagen y ejecutor del cuadro. Aparece en el cuadro como imagen- está pintado-, pero es el ejecutor del cuadro, es quien está pintando el cuadro. ¿Cuál es la realidad de la acción? ¿Lo que vemos en la imagen? ¿O la acción que está dentro del cuadro? ¿O la acción que está fuera del cuadro?

De lo que se trata el cuadro- de los Reyes de España-, está en otro lugar de lo que se ve. Está fuera de lo que se ve. Pero lo importante es lo que se ve.

Hay un señor que sale por la puerta lateral posterior y contempla a su vez, desde ahí, al pintor, a los niños y a los Reyes. O sea, aquél que está al fondo de todo, en esa puerta, los mira desde el otro lado, desde el frente. Como si acá tuviéramos esta habitación, acá está el cuadro, y en la otra habitación, de al lado, estaría el señor que sale. Y nos mira a todos nosotros.

Parece sugerir el cuadro que la única posibilidad de verlo todo es salir afuera. Que si nos quedamos desde adentro no vamos a poder ver qué es lo que pasa, cuál es la acción real.

Pero resulta que él mismo, o sea, el señor que sale, fue atrapado en la pintura en el acto de salir afuera. El también está atrapado. Sólo la realidad de la acción central de los Reyes posando, se puede ver en el espejo.

Hay que tomar frente a esto una posición relacional. Dónde nos situamos. ¿Dentro, con las Meninas?, ¿Fuera, con los Reyes?, ¿Más afuera aún, con el señor que sale por la puerta de atrás? ¿O más afuera aún, como espectadores actuales, mirando el cuadro?

De acuerdo a esto, sólo el que trate de salir y mirar desde afuera, es capaz de ver todo. Y podríamos decir que, agregar, y si lo han llamado, tal vez pueda intervenir en lo que está pasando. Michael Foucault, en "Las palabras y las cosas", dedica el primer capitulo a Las Meninas. Y en el libro trabaja con "el plano de atrás de las cosas, el plano de lo simbólico". Como me interesó el tema, realicé un estudio histórico sobre el cuadro. Velázquez pintaba un cuadro de los Reyes de España cuando irrumpieron su hija, la Infanta Margarita, y un cortejo de personajes que la seguían a todas partes. Revolotearon por ahí, formando grupos graciosos, y los Reyes pidieron a Velázquez que los pinte. El pintor registró la imagen, y pintó el cuadro. Le llevó cuatro años pintarlo. Lo terminó en 1656, y fue registrado en el Palacio del Alcázar con el título: "La Familia".

Para entender la hipótesis que sigue a continuación, veamos algo de la pre-historia de esta familia. Felipe IV se casó con Isabel de Borbón con quien tuvieron 2 hijos: Baltazar, quien murió siendo chico, y la Infanta María Teresa, quien se casó con Luis XIV de Francia. Al morir Isabel de Borbón, Felipe se casó con su sobrina, Mariana de Austria, y tuvieron 2 hijos. La Infanta Margarita y Carlos II.

Si rescatamos ahora "el plano de atrás de las cosas, el plano de lo simbólico", podemos leer en el cuadro que la Infanta Margarita aparece en el centro de la escena, rodeada, mirada y custodiada por el séquito, y la imagen de los Reyes en el espejo sería una representación simbólica de la presencia de los Reyes cuidando, mirando y vigilando a la Infanta. Esta actitud sobreprotectora se puede entender a partir del duelo no elaborado por la pérdida temprana del 1º hijo de Felipe, Baltazar, y de ahí el miedo que tenían de que a Margarita, que en esa época tenía 5 años, le pasara lo mismo.

¿Por qué todo esto entonces? Porque a mí me llamaron para intervenir en una familia, precisamente en España, precisamente al día siguiente de haber visto el cuadro "Las Meninas" en el Museo del Prado, al día siguiente viajamos a Bilbao. La recorrida por el Museo del Prado fue accidentada. Hacía mucho calor en Madrid, los veranos de Madrid, 40 y pico de grados. Y, cuando llego a Bilbao me piden, la Asociación Vasca de terapeutas de familia –yo iba para dar un curso en la Universidad de Lejona-, la Asociación Vasca me pide que vea una familia. Entonces me llevan al Hospital Psiquiátrico de Bilbao, es el hospital de Zamudio. Y me presentan una familia. Una familia que yo no conocía, y que todavía no estaba en tratamiento la familia. Quien era el secretario de la Asociación Vasca de Terapeutas de Familia, Dr. Pereyra, era el terapeuta; el secretario estaba viendo a la paciente identificada, aunque en esta familia no había un solo paciente identificado como paciente, como el enfermo. Había más de uno, pero la que aparecía como la más identificada como paciente era la madre. Entonces, la estaba viendo en terapia individual. La madre tenía una serie de ataques en los cuales se quedaba paralizada, se caía al suelo, se desmayaba, escenas que podían ser histéricas o no. Había que investigar qué le pasaba. Y me llaman porque es una familia con 4 hijos, y había una serie de problemas bastante serios, no sólo en la madre sino también en los hijos.

Entonces, vamos a ver. Yo diría que podríamos ya empezar con el video, para que yo les vaya explicando sobe la marcha, que es la forma más rica de aprendizaje.

Uds. van a ver ahora cómo comienza esto. Presten atención a todos los detalles. Miren cómo se ubican geográficamente, la familia. Qué dicen, qué comentarios. Quién habla. Quién no. Traten de ver todos los detalles. Yo de todas maneras les voy a ir explicando.

VIDEO

Vamos a rebobinarlo un poquito para ver desde el comienzo cómo entraron. La madre, el terapeuta, hijo Juan José, Amador, Marimar y ése es el padre. Falta una hija, la mayor. Este es el dr. Zurimendi, Presidente de la Sociedad Vasca y filma, es el que filma.

VIDEO (habla M.B., se presenta y explica la razón de que se encuentren allí).

MB: ¿Qué les parece?

(no se escucha, una persona habla).

Alumna: que es lo más importante.

Alumna: ¿Qué pasó con la hija?

MB: La madre explicó de que

(Pasa lado B)

Lo primero que llama la atención es que la hija no vino, la madre explica de que no pudo venir, la hija mayor, porque trabaja en un negocio y el dueño no apareció, ella es empleada, entonces ella no podía irse y dejar el negocio cerrado.

Ahora, ¿Qué les llama la atención? Además de la silla vacía.

Alumna: Como están sentados.

MB. Como están sentados ¿Qué les llama la atención?

Alumna: El padre, la madre, la hija y el hijo varón.

(Hablan varios juntos)

Alumno: el otro hijo quedó afuera

Alumna: o del otro lado.

MB: del otro lado, ya significa algo. Tomémoslo como quieran, pero fíjense qué importancia la ubicación que toman. Eso no es lo único ni es lo más determinante, pero es útil. Cuando uno tiene en cuenta estas cosas, ya desde entrada, empieza a ver cosas en la familia. Son indicadores, indicadores de algo. Entonces, hay una silla vacía y hay la familia ubicada, padre, madre, los hijos de un lado y un hijo que quedó del otro lado. Y fíjense que cuando entraron yo les dije, siéntense donde quieran, ubíquense como quieran. Eso es muy importante para que ellos, libremente, elijan. Y no eligen por casualidad, nunca.

¿Qué más les llama la atención con respecto a lo que ocurrió hasta ahora?

Alumna: la que habló, la única hasta ahora fue la madre.

MB: hablé yo también

Alumna: de la familia

MB: ¿y de lo que yo dije? (hablan varios). O sea, 2 cosas. Una, por un lado, les digo que yo he venido desde otro país y me han pedido que los ayude a ellos, o sea, me estoy ubicando one up, o sea, por arriba.

Yo soy el experto, que traen de otro país, para ayudarlos, pero al mismo tiempo, me pongo one down, o sea, por debajo (alumna, no se escucha).

Exactamente, porque les digo, yo les pido que para que

pueda yo ayudarlos uds. me ayuden, me ayuden contándome qué les pasa, explicándome, porque uds. son quienes mejor se conocen a sí mismos. Es una forma de entrar en la familia, desde abajo. Porque no es fácil entrar en las familias, porque las familias, por definición, son sistemas abiertos, o sea, todo sistema vivo es un sistema abierto, desde el punto de vista fisiológico, sistema viviente, sistema abierto. Sin embargo, desde otro punto de vista, son sistemas cerrados, muy cerrados, son clanes. Y es difícil entrar en una familia. No solo a los terapeutas les cuesta entrar a una familia. Pregúntenles a las nueras o a los yernos (risas).

Vamos a ver cómo se hace para entrar en una familia, por lo menos terapéuticamente. Lo otro ya es más difícil.

(CONTINUA VIDEO)

Lo que dice la madre es que Salvador, este hijo de acá, dejó los estudios; que Juan José, el hijo de allá está muy enfermo del riñón, es un chico hipertenso, y estuvo internado varias veces, muy enfermo somáticamente. Y ella dice que ella tiene ataques que la dejan paralizada totalmente, se desmaya y que a la hija le pasa lo mismo que a ella, o sea, tiene los mismos síntomas; y que entonces todos tienen problemas, y que Juan José, el hijo ése que está de este lado, siempre está nervioso y que al verla a ella así, más aún, se ponen más nerviosos y que eso les pasa cuando la ven mal a ella. O sea que se ponen peor los chicos cuando la ven mal a ella.

Alumna: ¿la hermana de acá no tiene nada?

MB: no, no, no la describen.

(VIDEO. Dice MB: ¿uds. se ponen mal cuando la ven mal a mamá?)

Acá tenemos una primera intervención mía. ¿Qué piensan de esto que yo acabo de hacer? Acá va a empezar la sesión, la madre describe esto que describió.

Alumna: él quiere que vaya otra persona, cómo que quiere que hable alguien más, no solamente la mamá la que (no se escucha)

MB: Por un lado eso

Alumno: además está planteando la duda.

MB: efectivamente, Yo me estoy planteando la duda si todo es así como ella lo describe.

Alumna: quiere escuchar otra versión.

MB: exactamente. Quiero escuchar cómo repican las otras campanas.

Alumna: y ella no se puede sentir culpable (habla otra persona, no se escucha), no, no, no al decirle cómo (¿se debe?) cuando la mamá se siente mal.

MB: No, ella es la que dice eso. Yo le pregunto a los hijos si es que es verdad que eso es así.

Alumna: ah, ella dice que los demás se sienten mal cuando (hablan juntos).

MB: Sí.

Alumna: cuesta entenderlos porque hablan muy cerrado.

MB: Son vascos. En realidad, yo les voy a ir traduciendo todo. Ellos hablan vasco. Acá están hablando castellano porque estoy yo. Para ellos es un esfuerzo. Ellos hablan en vasco y el vasco no se entiende nada.

Es muy importante cuando alguien habla acerca de otros, preguntarles a los otros qué piensan de lo que están hablando acerca de ellos.

VIDEO.

MB: Juan José. No es exclusivo de lo que le pasa a mi madre.

Lo que cuenta la madre es que, o sea, Juan José dice que lo que a él le pasa no es exclusivo de lo que le pasa a la madre. Dice: "mi hermano y yo estuvimos en colegios de curas y a mí no me dejaron seguir en el colegio". Entonces la madre aclara que a él, a Juan José, no le veían vocación. Juan José es el que está enfrente, Salvador es el que está del lado de los padres.

(Alumnos, no se entiende).

No, no. En el colegio de curas no le veían vocación a Juan

José y no lo dejaron seguir. En cambio a Salvador no lo dejaron seguir ellos, los padres. O sea cuando vieron que se tenía que ir de España, cunado se tenía que ir a Venezuela, lo sacaron del colegio de curas.

Uds. vayan registrando todos estos datos para unir después.

VIDEO.

Más o menos sigue hablando de esto mismo (Habla en el video MB, la mamá está muy reocupada por lo que le pasa a los hijos).

El padre confirma, habla y confirma. Sí, sr. Muy firme.

Es decir, esta primera intervención es una redefinición de la situación. Por un lado, lo que había planteado, el motivo de la consulta era la preocupación de todos por la madre. Y yo lo que hago ahora es una redefinición del problema y planteo de que en realidad parecería de que es al revés, que es la madre que está preocupada por todos, por lo que le pasa a todos. Y entonce, obviamente, además de que estamos redefiniendo el problema y redefiniendo el síntoma, o sea, este tipo de intervención es una maniobra sistémica, o sea, es una maniobra que tiende a modificar las pautas de funcionamiento del sistema, sacando al paciente –ya éste es un primer inicio, primera aproximación terapéutica-, de tratar de sacar al paciente identificado, o sea, al portavoz, que en este caso es la madre, chivo emisario, depositario de todo el problema de la familia, sacarlo del rol en el cual está y dar vuelta la cosa, y por e.j. acá que aparezca ella como preocupada por todos, que es al revés de lo que habían planteado. Pero además no es inventado, sino que es una, está extraído de lo que acabo de ver. Pero a su vez, tengo ya una hipótesis acá: es que esta madre, en la medida que hace todos estos planteos, yo ya estoy viendo una tendencia sobreprotectora en esta madre y digitadota, manejadora.

Alumna: quisiera manejar todos los hilos.

MB: esto ya se va viendo. Vamos a ir entonces, profundizándolo

(Alumna no se escucha)

MB: Así es, así es, hay una relación entre padre y madre que, de entrada, aunque están sentados juntos, la actitud con que están ahí es una actitud muy clara de separación emocional, no física en ese momento, pero sí claramente emocional.

Alumna: distintos puntos de vista (total)

MB: total

(VIDEO)

MB: (el padre habla) los quiere tener debajo de la falda y no puede ser (el padre dice en el video: "ya son mayorcitos, tienen que dejar, salir adelante... pero ella es una madraza..."). ¿Lo entienden a él? Sí, a él se lo entiende. Viene de herencia dice, es una madraza, pero tiene que dejarlos salir dice. Dice él algo así como: "quiere tenerlos siempre bajo el ala, es muy madraza, como una gallina, viene de herencia, su madre era así".

Alumna: muy peyorativo, no los nombra a los hijos, éste, éste.

Alumna: se acostumbra allá.

MB: a veces son modismos culturales, propios del lugar. Hay que tener en cuenta de dónde proviene cada familia

(Alumna, no se escucha)

MB: A veces sí, pero allá se usa, se usa mucho.

Alumna: ...a hacer eso, son un poco así.

(VIDEO)

MB: (en el video: ¿su mamá era así?- mujer habla, no se entiende- ud. estaba llorando, ¿qué, su mamá también era así? – Sra. No, no)

Uds. vean como yo, desde el principio, estoy interviniendo, o sea, creo que es importante que uds. vayan viendo que yo no estoy ahí esperando que aparezcan las cosas. Estoy buscando, constantemente. Además, cuando alguien dice algo de otro, le pregunto al otro. Nuevamente hago igual. Él habló de la madre de ella.

Alumna: ella contestó.

MB: dice que sí, se confirmó. Son intervenciones permanente, activas. Por eso además no recorté el video, porque si les recorto el video se perdería parte de él.

Alumna: además la intervención que hizo, primera, de alguna manera es la forma de hacer alianza con él para darle participación, porque es lo que él está pensando.

MB: claro, claro. Uds. van a ver que yo voy a ir haciendo algo así como alianzas sucesivas y alternantes, es decir, yo suelo decir de que se puede hacer alianzas con los miembros de la familia, siempre y cuando uno sepa salir, es decir, que hay que tener boleto de ida y vuelta. Si uno puede salir, no hay problema. Ahora, si se queda entrampado en la alianza con uno, sonó.

(VIDEO. Habla la madre, no se entiende)

Alumna: la casa de Bernarda Alba, la casa de la madre.

MB: o sea, habla de la madre maravillas, o sea, que la madre era muy protectora, que los cuidaba mucho, que era una madre que nunca salía de su casa, que trabajaba todo el día para ellos, que los bañaba y les preparaba el fuego en la pieza al lado para que no tomaran frío, y que les tenía ya rápidamente preparada y servida la comida, y que todo, todo.

Alumna: era (¿media piola?) la madre (no se entiende),

MB: Sí.

Alumna: ¿cuántos años tiene la sra. esa?

MB: no me acuerdo. Tendrá, calculo yo, 45 o 50.

Alumna: … ella cuenta, el padre estaba en guerra.

MB: Sí, sí, justo.

Alumna: ¿Es reciente, doctor?

MB: ¿Esto? Del 86

Alumna: y el más trabajador del pueblo.

Alumno: el padre.

MB: el padre, el padre era el más trabajador del pueblo, 8 hijos eran, 8 hermanos digamos.

Alumna: a mí me parece que es una (?)

MB: el momento.

Alumna: porta el trauma de la guerra que ella pasó.

Alumno: habla de la dinámica interna que tiene ella y que (?) a todo el grupo familiar, da la impresión como que (no se entiende)

MB: obviamente sí, son consideraciones que son muy importantes, porque son consideraciones del contexto social europeo y, es decir, cuando yo hablo de integracional –viene bien esto para que se agregue algo a lo que les dije antes- no sólo me refiero a integrar diferentes técnicas. Sería demasiado poco. Me refiero a integrar lo individual, el enfoque individual con el enfoque familiar con el enfoque social. Y a su vez en el individual integrar la parte biológica, con la parte psicológica. Cuando vemos a un paciente tenemos que integrar todo, todo, o sea su cuerpo, su mente como individuo, la familia en la cual está y el contexto social en el cual se ha desenvuelto. Todo.

(Alumna no se escucha)

Alumna: ...la institución iglesia como primera salida.

MB: iglesia, como primera salida. Tal cual.

Alumna: la madre (hablan varios)

MB: la Madre Iglesia.

Alumna: ¿a nivel sacerdote?

MB: sí, sí, a un colegio de curas. Iban a ser.

Alumna: pero no les encontraron la

Alumna: ella por estar la más enferma, me parece a mí que era la más autoritaria, la que maneja toda la familia.

MB: la definición de autoritarismo es exactamente lo que aparece a continuación. Te has adelantado al video.

Fíjense qué interesante ahora, la intervención del padre, cómo va a intervenir para hacer una redefinición de la suegra: una redefinición de todo lo que la sr.a dijo acerca de su madre. Presenten atención por favor.

(VIDEO)

La familia es muy buena, extraordinaria la suegra... El padre un trabajador. Yo fui el primero que entré como yerno, el 1º que entró (Hombre, padre habla: "mi suegra, una mujer muy dominante")

Muy dominante. Quería tener todo en sus manos. Como

buenos son extraordinarios (al hombre se e escuchan palabras sueltas)

Miren Uds.

Alumna: las manos.

MB: las manos. Miren las manos de la madre y las manos de los chicos. Esta escena es genial. El que filma (dicen alumnos es buena filmación) es el presidente e la Asociación Vasca de Terapeutas de Familia. O sea, no es un improvisado, no es un cameraman, filma a la familia, maravilla es.

Alumna: y la cara del padre en la, donde ud. paró anteriormente, la cara de sufrimiento.

MB: sufrimiento.

Alumna: porque el padre se ve que sufre todo.

MB: redefine la descripción de la madre respecto a la suegra, como muy solícita, que los cuidaba mucho y todo lo demás, pero que en realidad era muy dominante y que hacía lo que quería y les hacía hacer a todos los que ella quería.

(VIDEO. Al padre se le entiende solamente "bruja")

(Alumnos hablan juntos)

MB: o sea, él dice que ella es muy buena la mujer, dijo antes, era muy buena, que él la quiere mucho pero que los hace sufrir a todos, con lo que le pasa les amarga la vida, porque siempre la ven triste. Cuando tiene buen día estamos todos contentos.

MB: ahora, yo voy a hacer otra intervención. Esta intervención es muy importante, porque yo voy a tomar esto que dijo el padre, de que cuando la madre tiene un buen día, están todos contentos, sino están todos tristes. Vean lo que hago, en ves de explicarlo.

Alumno: ¿le parece que maneja a la familia con su enfermedad ella?

MB: claro, claro. Maneja a la familia.

Alumna: es la enfermedad de todos.

Alumna: y enferma a todo un grupo.

(VIDEO. MB y el padre hablan alternadamente, no se entiende bien).

MB: tiene un carácter muy fuerte. Yo lo que hago es decirle que una mujer tan chiquita, bajita, flaquita, pero digo, qué fuerte que es porque maneja a toda la familia. Si ella está contenta, están todos bien, si no están todos tristes, qué poder tiene ella con la enfermedad.

Alumna: pero eso dice el padre

(otra persona no se entiende)

MB: no, pero eso lo digo yo. Yo digo de que esa madre no es tan débil.

Alumna: es muy fuerte.

MB: tiene un poder enorme, maneja a todos con la enfermedad.

Alumna: y ella que contestó (?)

MB: no, la contestación de ella mucho no se pescó. Yo mismo no la entiendo, pero vamos a ver.

(VIDEO)

MB: carácter muy fuerte. El Dr. Pereyra lo sabe. 4 años. Desde hace 4 años es muy amiga de los animales, anda con los perros, dándole de comer, por un sitio o por otro. Desde que empezó con los animales sufre mucho, sufre mucho. La ha llevado hasta la policía casi pues se ha desmayado porque va a curarlos y se desmaya.

El terapeuta de ella salió en defensa de ella. Dijo: lo que pasa es que María es una mujer que se preocupa mucho, es muy sensible, se preocupa mucho por la gente, por los animales, por todo el mundo. El terapeuta, es un buen terapeuta, es el Secretario de la Asociación Vasca de Terapeutas de Familia. Va a hacer algunas intervenciones, que a mi juicio son bastante acertadas, y otras no tanto. Pero de todas maneras, yo estoy trabajando con él ahí, o sea, yo siempre llamo al terapeuta, ya sea si es terapeuta de la familia o si es terapeuta del paciente individual identificado, para que participe conmigo, es muy importante. 1º por los datos que pueda aportar, porque además conoce a la familia o al paciente; pero además para que luego quede él con la línea de lo que yo estoy trabajando.

Alumna: la ha visto como enferma y no como mala persona.

MB: ahí él sale. El dice solamente que es una buena persona, que es muy sensible, que trata de ayudar a todos. Nada más. Hasta ahí no hay problema. Pero después va a decir o va a hacer algunas cosas que

(Alumna no se escucha)

Depende, o sea, a veces hago eso, lo tomo como un emergente portavoz de una situación que se está dando en ese momento, ahí, en el aquí y ahora. Otras veces lo que hago es, directamente, darle intervención o pararlo, directivamente. Pero eso dependerá. Ahora van a ver. O directamente apoyarlo, o apoyarlo y tomar la línea que él me está dando, si la considero válida.

(VIDEO)

MB: Yo tengo un perro en mi casa, pero no ando dando de comer a todos en San Juan de Dios, es un pueblo. Se fue a ver a un perro él... (Madre... me caigo, me caigo. Me han recogido y me han llevado a la policía).

Cuando a mí me da el ataque de nervios me quedo paralizada y me caigo, han llamado a la policía para que me recogiera. Ella fue a buscar un perro ahí. Le dio el ataque de nervios. Me han recogido, me han llevado a San Juan de Dios.

Dice (repite palabras del padre): "ha traído como a 50 mil para comer y yo no la grito, porque si la grito es peor porque se arma la bronca".

Lo que dijo Pereyra es: La policía hace con ud. lo mismo que ud. hace con los perros, o sea, ud. va a recoger perros que están

Alumna: desvalidos.

MB: desvalidos; la policía hace lo mismo con ud. Es una redefinición de la situación. Está bien, podía no haberse hecho ese comentario también y no pasaba nada. Ese comentario no es relevante, diría yo. No modifica mucho.

Alumna: (no se escucha) porque ella va a buscar perros desvalidos, no va a buscar perros que tienen dueño o que alguien los cuida (...) ocupa la policía de las cosas de ella porque

MB: eso puede ser una línea posible, en cuanto a algo que me parece muy importante que uds. vayan marcando ya, que es la línea del desvalimiento.

Alumno: no hay otro manejando la... el conjunto (no se escucha)

MB: tal cual, tal cual.

Alumno: o sea (trabajo) ni nada, justamente se evita.

MB: se evita, se silencia, está muy silenciado eso. Límites rígidos. No permeables.

(VIDEO)

MB: obviamente, ya viendo toda esta situación, lo que tenemos a entrar es a trabajar con la problemática de la pareja, o sea, como uds. bien venían viendo, hay todo un problema que, de alguna forma tenemos que entrar al problema. ¿De qué manera entramos? Y entramos por ej. desde ahí, entramos a manejar el problema, incorporamos esto que nos traen ellos, esto que nos traen ¿qué es? Es un problema con los perros, pero lo que vamos a hacer es sacarlos del problema con los perros y ver qué problemas tienen entre ellos.

Pero de todas maneras, ¿de qué forma entramos? No les vamos a preguntar, uds. cómo andan. Vamos a preguntarles, ¿y esto que me acaban de contar?, ¿les trae algún tipo de problema entre uds.? entonces, hacemos el puente.

(VIDEO)

Presten atención de que él dijo: a mí no hay nadie que me haya dominado.

Alumna: autoritario.

MB: hasta que llegó ella (se ríe).

Alumno: Marcos, él dijo somos como el vino y después se corrigió.

MB: el vino y el agua, dijo, el vino y el pan. Dijo 1º el vino y el pan y después dijo el vino y el agua... Para marcar diferencias. Y yo creo que lo que él quiso decir es otra cosa. El quiso decir el agua y el aceite, para mí en ese, que no se mezclan.

Alumna: él dijo que hizo su vida solo.

MB: que hizo su vida solo, y que nunca fue dominado por nadie.

Alumna: eso de… su vida solo es como que no hay una comunicación dentro de ellos, que hay problemas.

Alumna. Como que no comparten.

Alumna: como que no comparte el rol de ella, se desdibuja totalmente.

Alumno: hablar con el cariño, que no lo escuchamos…

Alumna: cada uno hizo su camino

MB: cada uno hizo su camino

(VIDEO)

MB: que si hoy esto, que si hoy lo otro, siempre problemas. Dice, (repite palabras del padre) hago lo que ella quiere porque ya no tengo hijos mayores para darle el gusto, no porque yo quiera, para darle el gusto.

(MB; en el video: "¿Qué piensan uds. acerca de esto que pasa entre papá y mamá? … ¿se pelean, se llevan mal?)

Uds. traten de ir viendo como yo voy pasando de un subsistema a otro de un personaje, de un miembro de la familia a otro y de un subsistema a otro. 1° entré por el subsistema de la pareja conyugal. Ahora quiero ver qué pasa con el subsistema de los hijos, pero qué pasa en relación a ese problema de la pareja conyugal, o sea, cómo estos hijos ven a los padres o lo que pasa entre ellos y cómo los afecta lo que pasa entre ellos.

Alumna: está articulando

MB: estamos articulando los subsistemas.

(VIDEO)

Salvador lo que dice que sí, que la madre es muy dominante, que si no hacen lo que ella quiere, ahí vienen los problemas.

(VIDEO "a mi lo que me preocupa es realmente el hecho de que mi madre desde hace 4 años empezó mi madre a cuidar perros. El primer perro que tuvimos se murió… lo que me gustaría es saber si eso fue la causa o la consecuencia de lo que le pasa a mi madre… si la depresión le viene por causas de los perros, de esa sensibilidad que tiene mi madre o realmente es por la consecuencia de algo anterior".)

MB: fíjense. ¿Por qué les digo ahora esto? Por lo siguiente.

Cuando les conté la anécdota del hombre sabio, recuerdan la anécdota del hombre sabio que les conté al principio, yo les decía de que el secreto del éxito era el buen juicio, pero el secreto del buen juicio era la experiencia, y el secreto de la experiencia el mal juicio, o sea, haberse equivocado.

Yo pienso que visto desde un enfoque, podría ser un error mío, en el momento que yo paso de un subsistema al otro. Se estaba trabajando con el subsistema de los padres, podría haber seguido trabajando con el subsistema de los padres, ojo, en una terapia familiar se pueden seguir tantas líneas como gente hay acá, y cada uno puede ir diciendo: no, yo hubiera hecho esto en ese momento.

Alumna: a mí me parece que no.

MB: gracias, gracias (risas).

Alumna: no podría seguir eso, dr. Porque iban a seguir repitiendo

MB: ellos más o menos han descripto lo que pasa ahí. Yo más o menos veo lo que está pasando, pero podría haberse seguido trabajando ahí y podría haberse considerado como un error, por ej. Cambiar de subsistema.

También podría ser considerado como un error –yo se los digo porque son cosas que yo después repienso y me autocritico y a veces encuentro cosas que se podrían haber hecho de otra forma. También puede ser un error darles a los hijos, digamos, una intervención con respecto a lo que pasa entre los padres. Desde el punto de vista de las jerarquías entre los subsistemas, algún terapeuta podría llegar a decir no, no conviene preguntarles a los hijos, qué ven ellos en los padres.

Yo creo que fue útil, fue muy útil y que abrió el campo y además permitió la inclusión de un material que de otra forma, o no aparecía o hubiera tardado muchísimo más en aparecer. Pero, de todas maneras, yo se los comento estas cosas, para que uds. También piensen conmigo acerca de posibilidades, alternativas, etc.

Alumno: también puede aparecer la existencia de alianzas

MB: ahí está.

Alumno: uno de los hijos con el padre

MB: correcto. Y eso precisamente es lo que vamos a ver ahora. Cómo se dan los juegos de alianzas entre los hijos y padres.

(VIDEO. Hijo habla: "hay una causa para que mi madre diga eso, mi madre es muy nerviosa, era muy susceptible, de hecho, como dice mi padre… quiso tenernos siempre debajo de sus faldas, nunca nos resistimos, porque ella era así. Muchas veces discute… pero realmente pienso que mi madre ha llegado a esta situación por motivos que yo realmente no conozco")

MB: motivos que no conozco…

(VIDEO. Hijo: "… la raíz es eso, mi madre es depresiva, tiene sus depresiones, es nerviosa… por una causa, por algo que realmente ha pasado…")

MB: (en el video: ¿esa causa tú la conoces?

MB: acá está el secreto de la familia del cual hablábamos al principio. Vamos a empezar a investigar cuál es el secreto de esta familia. Y ¿por qué me dirijo a él? Y, porque él dice que no conoce. Obviamente, si dice que no conoce, es porque sí conoce.

Alumna: sino sospecharía.

MB: claro, y no haría todo el enunciado que acaba de hacer. El definió muy claro. Mamá está así por alguna causa, es decir, lo de los perros es por algo, la depresión es por algo.

(Hablan juntos)

Alumna: dentro del grupo familiar, son muy observadores, no participan pero conocen a veces más un problema que pueden tener los padres.

MB: por supuesto. Muchas veces tenemos miembros silenciosos pero que son muy participantes, por el grado de observación y es muy importante rescatar todo lo que ellos detectan.

(VIDEO:

MB: ¿alguna vez preguntaste a tu madre?

Hijo: bueno es muy difícil

MB:¿por qué no pruebas de preguntarle?)

MB: yo quiero que vean uds. El tipo de intervenciones que yo hago. No son por ahí muy largas, son intervenciones y son muy directivas. Fíjense que yo estoy ahora trabajando con, ya cambié de subsistema. Ahora ya estoy en el subsistema madre- hijo. Porque de acuerdo al emergente, que fue lo que él dijo, ahora paso a trabajar con lo que él dijo.

Alumna: ¿qué le preguntaste?

MB: Yo le pregunté si él sabía cuál era la causa, él dice que no, y yo le pregunto si alguna vez le preguntó a la madre, por qué. Y él dice, no, no se puede hablar con ella. Y entonces yo le digo, por qué no le preguntas ahora. O sea, directamente lo saco del relato y ahora sí paso a hacer lo que estructuralmente sería una escenificación, vamos a hacer ahí una escena y vamos a ver cómo es el diálogo o el no diálogo.

(PASA A CASETTE 2)
(VIDEO. Cariño que...)

Alumnos: mmm (varios)

MB: Si bien yo tuve que rajar ahí para (mirar?) Yo trato de que hablen entre ellos, no les es fácil el diálogo, pero cuando empiezan a hablar entre ellos, inmediatamente el padre quiere intervenir. Podríamos dejar que intervenga. Pero no, yo lo paro. No lo paro mal, pero lo paro firme, muy firme pero con una sonrisa y con un tono de voz muy afectivo.

Le digo: "No, no, papá por favor, espere un poquito, que están empezando a hablar entre ellos..." Pero muy firme. Ahora sí quiero ver qué es lo que pasa, qué va a salir.

(VIDEO:

Hijo: no se por qué ha sido así sinceramente, porque yo pienso que hay algo que te preocupa (no se entiende)

MB: déjelos que ellos hablen, él está preguntando algo, está pudiendo hablar con ella.

Hijo: yo sé que es algo que realmente te preocupa, bueno, lo de los perros para mí... y la causa es que buscas un cariño, un cariño que te ha sido negado muchas veces por tu marido, tus hijos, lo buscas en los perros... tremenda, a mí me pasa a mí.

Madre: No lo he tenido.)

MB: no lo he tenido el cariño

(VIDEO: madre e hijo, no se entiende

Madre: animales, mi padre era un hombre que quería a los animales... era muy amigo de ellos...)

MB: les quiero hacer una pregunta, porque ya hace un largo rato que estamos trabajando.

Podemos hacer dos cosas. Podemos hacer un break para tomar un café y seguir luego hasta las 12.15 ¿quieren que hagamos una pequeña interrupción? O seguir hasta las 12 y luego hacer la interrupción de 12 a 1.

Hay mayoría, 10 minutos.

Vamos a seguir. Sigamos directamente con el video y vamos haciendo los comentarios.

(VIDEO.

Madre no se entiende.

MB: Perdón mamá, ¿cuando su hijo le pregunta algo ud. siempre le contesta a través de otra persona?

Madre no se entiende)

MB: el hijo le había preguntado algo y ella me contesta a mí. Uds. Vieron que yo traté ahí que el hijo estableciera un diálogo con la madre, una interacción directa, yo les dije vamos a hacer una escenificación. Ella responde, y en lugar de responderle a él, me responde a mí. Entonces yo le pregunto si cuando el hijo le pregunta algo ella le contesta siempre a través de una 3ra persona. Para que entiendan por qué.

(VIDEO.MB: Dígaselo a él)

MB: Dígaselo a él le digo. El hijo dijo: falla el diálogo directo.

Alumna: falla la comunicación.

MB: claro. Yo le insisto porque ella me sigue hablando a mí. A pesar de que le dije yo me sigue hablando a mí.

(VIDEO: Madre habla muy rápido, no se entiende. "entonces yo me quiero hacer cargo de todos los perros).

MB: Ella describe cómo es su preocupación por los perros, que nadie les da de comer, que nadie los cuida, entonces ella tiene que hacerse cargo, etc. etc.

(VIDEO.

MB: pero dígaselo a él a mí no. Cuando yo hablo con... la miro a los ojos.

Madre: ... nadie hace nada por ellos.

MB:... Ud. está hablando en forma impersonal... hablar en forma directa, personal. Su hijo le habló en forma directa.

Madre. No se entiende)

Alumna: ella no está hablando de los hijos, que... necesitan.

MB: yo ahora acabo de hacer un salto. Ella está hablando de los perros, en lo manifiesto. Yo acabo de hacer un salto y la llevo a si no está hablando de los hijos. O sea, para llevarla a los temas que había traído Juan José. El tema del cariño, pero el cariño no es sólo, porque Juan José hablaba del cariño que la madre no recibió del marido o de los hijos. Pero yo estoy hablando también del que ella da o no da. Se lo da a los perros, a lo mejor no se lo da a los hijos.

(VIDEO. MB: hablarle a su hijo)

MB: ella dijo, no sé expresarme. No creo que no sepa expresarse, creo que no puede hablarle en forma directa a su hijo.

(VIDEO.

Madre no se entiende

MB: ¿pero ha escuchado a su hijo?

Madre:... pienso que no son los perros...)

MB: Ahora vamos a empezar otro tipo de acción. En general, cuando yo me pongo de pie es porque voy a jerarquizar alguna intervención. Esto es un poco, como dije al principio, ponerme one up, yo ahora estoy mirándolos a uds. desde arriba, uds. me tienen que mirar desde abajo. Estoy ya físicamente por arriba. Entonces, me voy a poner de pie, pero además, porque quiero, además de eso, jerarquizar la intervención, quiero hacer un cambio de lugares. Voy a poner más cerca a la madre con el hijo, porque están muy lejos y veo que, yo estoy trabajando ahora con el subsistema madre- hijo, pero veo que hay una dificultad muy grande para poder dialogar, para poder comunicarse. Entonces voy a tratar de ponerlos más cerca para acercarlos ya corporalmente, físicamente y facilitar el diálogo, y trabajar yo mejor con el subsistema.

(VIDEO: MB: vamos a hacer un intercambio de cables. Ahora está más cerca.)

MB: ahora yo no voy a poder mirarlo a ud.

No es eso

(VIDEO NO SE ENTIENDE

Mujer: ... me daba pena... darle de comer... todos ahí)

MB: está hablando de un perro, se subía atrás de ella, lo cuidaba, le daba de comer.

El chico le dijo (alumna no se escucha), tal cual, de que hace 4, 5 años se murió un perro, un perro que era el perro, parece, más querido y a partir de esa muerte como que la madre empezó con todo esto, de los perros y todo lo demás. Habla de la muerte de ese perro.

Ahora viene.

Alumna: no lo miraba la madre.

MB: no, seguía hablando pero sin mirarlo. Ahora viene el secreto familiar.

(VIDEO.

MB: mamá, no se enoje, no está hablando del perro que se murió.)

MB: no está hablando del perro que se murió

(MB- VIDEO: a mí me parece que alguna otra... y tengo un dato que hay un hijo que se murió también. Un hijo que se murió... bastante más diferente que un perro, ¿no?.

Madre no se entiende.)

Alumna: ahí está

MB: ahí está. La silla vacía no es la de la hija mayor que no vino, es el hijo que murió. Ese es el único dato que yo tenía de esta familia, y lo que a mí me habían comentado es que en esta familia, la madre hacía ataques y que había un hijo muerto. Eso es todos los datos que yo tenía.

Alumna: un hijo menor.

MB: no, no fue el primer hijo que habían tenido.

Alumna: el mayor, Los demás no tenían conocimiento.

MB: sí, sí tenían conocimiento por supuesto que sí, lo sabían. Digo secreto en el sentido de que nadie lo habla, son cosas silenciadas y que se habla de la muerte del perro y no se habla de la muerte del hijo.

Alumna: cuándo...

MB: ahora van a ver cuando murió. Es una historia terrible, trágica.

(VIDEO. No se entiende a la madre)

MB: o sea que el marido le decía por qué no le cuentas esto al dr. Pereyra, y que ahora lo que pasó es que sacaron el tema de los perros y ella siguió entonces el tema de los perros.

(VIDEO

MB: yo creo que es una forma de escaparle a otra cosa.

Hijo no se entiende).

MB: hay algo por debajo del tema de los perros.

Dice: el día que se murió el perro estuvo una semana como si se le hubiera muerto un hijo o peor que si se le hubiera muerto un hijo. Un amor especial.

(VIDEO. Hijo: ... el perro como algo petrificado, no sé si realmente será mi hermano que se murió, o si realmente es falta de cariño).

MB: el perro que se murió es como algo personificado, antropomorfizado. O sea, el perro, obviamente, la muerte del perro hace 5 años desencadenó una serie de cosas que estaban desde la muerte del hijo. Por eso ese perro está antropomorfizado. Y el hijo éste pero es clarísimo en la definición de todas estas situaciones.

(VIDEO. Hijo: mi hermano se murió, lo que pasa que el cariño, le falta cariño...)

MB: yo no sé si es que esa muerte del perro le movió lo de mi hermano que se murió, si en realidad es lo del hermano lo que está llorando o si es que le falta el cariño de toda la familia.

(VIDEO)

Esta intervención excelente del coterapeuta. El coterapeuta sabía el dato, pero es muy preciso en el momento en que lo largó. Le preguntó, ¿cómo se llamaba tu hermano? El hermano que murió, que es el hermano mayor, el 1°, y entonces le dice Juan José: Juan José. Como él. Entonces fíjense uds. toda la introducción teórica que les hice hoy. Toda la introducción teórica. Punto 1°, las Meninas de Velázquez, yo como estoy trabajando ahí como espectador que mira el cuadro desde afuera, pero estando adentro. Estoy en la acción pero a su vez tomo distancia. Pero es ese juego como el cuadro de las Meninas de Velázquez, donde el que está adentro está afuera y el que está afuera está adentro.

2° la noción de duelo central no elaborado. Clarísima. Los duelos, las pérdidas tempranas.

3° el secreto familiar, lo oculto. ¿Ven cómo se va compaginando todo, lo teórico con el material clínico?

¿Pero qué es lo que pasa? Un terapeuta que no está adiestrado en la teoría de todo lo que yo les expliqué, directamente no registra porque no asocia frente a la emergencia del material. El material puede aparecer, pero es como que el río está lleno de pescados, pero para pescar hay que tener una buena caña, sino no agarrás ningún pescado.

El que busca, encuentra. Si sabe lo que está buscando.

Y lo otro de la introducción teórica,

4° los nombres, ¿se acuerdan? Les dije, la prehistoria de la familia, el origen de los nombres, cuando le ponen a alguien un nombre que es de muerto.

Alumna: la reencarnación.

MB: la reencarnación. Tiene el mismo nombre del muerto, del hermano muerto.

Alumno: además la cuestión de la enfermedad. Es el que tiene la enfermedad orgánica.

MB: éste es el que tiene la enfermedad orgánica. Entre comillas, porque es un enfermo somático gravísimo y se puede morir en cualquier momento y parte. En estructuras somáticas tan graves algo juega acá, esto no es sólo el cuerpo. Cuerpo es cuerpo-mente. No podemos disociar.

Alumna: ¿y el otro chico murió por enfermedad?

MB: ahora viene, ah, ah, ah ¿de qué murió?

Alumna: ¿y quién es mayor Salvador o Juan José?

MB: Creo que J. José.

Alumno: seguro, porque nadie le pone al 2°.

MB: al primero.

Alumna: ¿Cuándo se murió?

MB: No, era el mayor.

Alumna: ¿pero cuándo, en qué momento se murió?

MB: ahora vamos a ver.

Alumno: él me está diciendo que nunca se pone al 2°, pero no sabemos en que momento se murió.

MB: pero tiene razón, se murió de recién nacido.

(VIDEO:

MB: ¿Y ud. cómo se llama?

Padre: Yo Juan José también.)

MB: ahora yo cacé la onda y la seguí. Tomé lo del coterapeuta y le di una vuelta más de tuerca. El terapeuta le preguntó a él ¿Cómo te llamas vos? Él sabía que se llamaba Juan José. Yo cacé la onda y dándole una vuelta más de tuerza lo llevé al padre. Yo no sabía cómo se llamaba el padre, pero supuse, y el padre también se llama Juan José.

(No se escucha alumnos)

MB: Carlos, cómo encontraste (?) (lejos está)

Alumno: aparecían atrás… con la hija…

MB: con buena voluntad

(VIDEO)

MB: el padre de él también. Ya viene 4ª. Generación.

(VIDEO)

MB: (repite padre), por desgracia se asfixió, lo aplastamos en la cama al hijo, a ése (se vuelve atrás). Se asfixió, durmiendo con nosotros en la cama. El 12 de octubre, día del pilar. Como no teníamos cuna lo metimos en la cama. Eran pobres. Cuando nos levantamos, el niño estaba asfixiado. Paso eso, después llegó éste y le pusimos (sigue video, no se entiende)

(Padre, tuve un hermano y le puse como a mi hermano, a mi hijo)

MB: Perdón, yo les dije al principio Salvador y era Amador. Me corrijo.

Alumno: por el amor.

MB: Salvador era mi fantasía, de que le hubieran puesto Salvador. Le pusieron Amador por un hermano del padre que había muerto.

(VIDEO)

MB: Marimar no hay nadie en la familia que se llama Marimar. Les gustó el nombre.

(VIDEO: MB: ...qué está pasando acá, en la familia ésta, ¿no?. A mí me parece que lo 1° que yo opino es que mamá estaba muy preocupada por sus hijos aparentemente lo que... mamá era que sus hijos...)

MB: Yo ahora voy a hacer una de esas intervenciones en donde redondeo, o sea, retomo intervenciones mías previas, elementos que recogí en el rastrillaje. Todo lo que yo he estado haciendo es un rastrillaje, yo paso el rastillo y voy recogiendo material, interrogando a uno, interrogando a otro, haciendo interactuar los subsistemas, y luego, en algún momento, empiezo a juntar las piezas del rompecabezas, y se empieza a armar, empieza a aparecer la figura.

(VIDEO. MB: ...muy comprensiblemente, pero lo que yo veía era que mamá estaba muy preocupada por sus hijos... forma como muy permanente, muy constante, como no puede desprenderse, despegarse).

MB: el padre dice sí señor.

Voy a remarcar ahora una línea, que es la línea del desprendimiento. Voy a tratar de trabajar este aspecto que es estos hijos son hijos adolescentes, y obviamente a esta mamá le cuesta mucho desprenderse de estos hijos. Vamos a trabajar la línea que sería independización- adolescencia- proceso de individuación, que, desde un punto de vista psicoanalítico, podríamos trabajarlo como problemática edípica y podríamos trabajarlo como la dificultad del pasaje de la endogamia a la exogamia. Y esto sería un buen enfoque para encararlo psicoanalíticamente.

Sistémicamente lo podríamos encarar como momento del ciclo vital, o sea, una de las llamadas crisis del ciclo vital. Además el momento más clave en una familia, como momento de crisis, que es el momento en el cual los hijos crecen y empiezan a irse de la casa. O tendrían que empezar a irse de la casa. Y acá es donde viene, justamente, sistémicamente hablando, que si esta familia era una familia disfuncional, por e.j. en este caso la hipótesis sería con duelos no elaborados, y con un problema de mala alianza marital y una lucha por el poder terrible en la pareja.

Entonces, esta familia era disfuncional y uno de estos hijos o todos mantenían la homeostasis familiar, el equilibrio familiar. Esta familia se estaba manteniendo precariamente unida en la medida, en la medida en que estuvieran todos juntos, porque es como una especie de pacto de alianzas, que es un poco lo que se llaman "lealtades invisibles", si tomamos un libro de Nagui Iván, un libro hermoso de él que se llama lealtades invisibles, que son las lealtades que se tienen dentro de la familia como lazos que unen, invisibles, incluso tienen que ver, desde un punto de vista sistémico, este enfoque de Nagui, tiene que ver con lo que, de un punto de vista psicoanalítico, yo les definí como el duelo parental familiar. El duelo parental familiar implicaba la separación con la familia de origen y de un enfoque sistémico de Nagui, sería lo que se llaman lealtades invisibles.

Yo les voy haciendo puentes. Y entonces. Si uno de estos chicos mantiene la homeostasis y llega el momento de la adolescencia, y va a intentar irse, obviamente, estos padres, si se llevan mal, van a intentar retenerlo y obviamente, toda la familia va a intentar retenerlo para mantener la homeostasis. Y obviamente, él mismo va a intentar retenerse. No se va. Va a tratar de quedarse. Se va a enfermar. Algo va a hacer para seguir quedándose. Va a hacer alguna enfermedad grave, algo para que los padres estén ocupados con él, para que no pueda irse.

Entonces ven ya uds. cómo se va armando el rompecabezas. Y recién llevamos 15 minutos.

(VIDEO)

MB: le cuesta desprenderlos

(MB: puede ser, que tenga que ver con esta historia que uds. están contando).

MB: ahora les relaciono todo, la historia del duelo no elaborado con la dificultad de desprendimiento de los hijos. Y recuerden que a un hijo que estaba estudiando para cura ella lo sacó, porque tenía miedo que se le vaya al exterior, a Venezuela. Está clarísimo.

(VIDEO. Padre habla)

MB: al ser los hijos mayores.

(VIDEO. Padre, creo que se me van)

MB: se van

(VIDEO. Padre… algo de (represión?) que los hijos se le van a ir.

MB: hay que tener reflexión, que los hijos se van a ir. Es ley de vida. Lo que pasa que no quiere comprender. Es ley de vida. O no lo quiere o no lo sabe comprender.

Él está hablando de la madre, pero yo le pregunto a él ¿Y ud.?

(VIDEO. No se entiende, padre luego MB y así sucesivamente)

MB: ahora doy un paso más ¿Por qué será que hay un problema con la independencia de los hijos? ¿Será porque tienen miedo de quedarse solos? Él por supuesto que lo va a negar. Ahora vamos a ver qué dice ella, porque yo tampoco entendí.

(VIDEO.

MB: ¿Cómo se casaron? Porque ella había quedado embarazada (dice el padre)

Mb: ahora investigo lo que les dije de la prehistoria, o sea, cómo se formó esta pareja, cómo es que se casaron. Fíjese el dato que salta, que se casaron porque ella había quedado embarazada.

¿Se acuerdan de lo que les expliqué antes desde la teoría?

(VIDEO)

MB: ella estaba en casa de sus padres, hasta que él se licenció, ella quedó en casa de los padres. Estuvo 2 o 3 semanas con un hermano. Vivieron. Trabajaba en el campo. Después encontraron una casa y vivieron juntos. O sea que 1° vivieron separados y ella estaba embarazada.

(VIDEO)

MN: o sea que uds. se casaron estando embarazada mamá...

Padre: cuando tenía 25 años.

MB: ¿Uds. estarían dispuestos a volver a casarse?

Padre: Yo sí.)

Alumna: fuerte.

MB: fuerte, sí. Esta historia es muy trágica. Vamos develando o revelando toda esta historia y esta prehistoria y yo ya tengo acá 2 hipótesis. Una es que hay mucha culpa acá, en esta familia, en esta pareja.

Hay una situación de duelo no elaborado, y que además, hay una bronca que no aparece. Mi hipótesis es que esta mujer arrastra esto desde que quedó embarazada. Obviamente, o sea, la sensación mí era de que, aunque nadie se embaraza por casualidad, y que en algo debe haber tenido que ver ella para quedar embarazada también.

Alumna: ... tiene nada que ver.

MB: pero, de todas maneras, yo creo que ella debe tener mucha bronca por haber tenido que casarse de esta forma, o sea, porque él la dejó embarazada estando soltera. Y que arrastra esa bronca desde ahí.

Alumna: aparte ella dijo en un momento que nunca tuvo amor.

MB: que nunca tuvo amor.

Alumno: aparte dése cuenta que conflicto, porque en un pueblito de España, en 1940, una mujer soltera embarazada era...

Alumna: terrible, en España.

Alumno: En España, le aparece la... moral, le aparece.

Alumna: con esa madre

MB: y con esa madre

Alumna: pero quizá con esa madre... casarse y no embarazarse

MB: muy bien, excelente. Yo iba a comentar algo parecido pero con otra visón. Que a lo mejor, aunque ella seguramente guarda esta bronca con respecto a ese embarazo, esa bronca hacia él, siguiendo esa línea, pero dándole una vuelta más de tuerca, es muy probable de que ella lo enganchó de esa manera. O sea, era para irse de su casa pero para poder engancharlo a él.

Alumna: además se... de la madre

MB: también puede ser una venganza, también,

Alumna: haberse casado estando embarazada y despúes perder el hijo es... es...porque ellos dos

Alumna: que pasó con él... de esa madre

MB: qué pasó con el deseo de esa madre que el chico se murió. Ojo, no podemos entrar en hipótesis tan, nos faltan datos, ésta es una cola entrevista, habría que profundizar, incluso no es muy claro cómo murió el chico. Puede haber sido

Alumna: muerte blanca

MB: tal cual. Puede ser tranquilamente, lo que se llama "la muerte blanca" Es la muerte del recién nacido, que es espontánea, es natural, muere y no se sabe muy bien por qué. Muere y se llama así. Y puede estar solo en la cuna, sin nadie, igual. O se puede haber sido una muerte blanca, y esto era una hipótesis que aparece luego en la discusión con los terapeutas vascos. Porque luego, cuando el video termina, hay una discusión con los terapeutas vascos, que estaban viendo atrás de cámara, atrás del espejo. Y la primera hipótesis que apareció era de que a lo mejor no ha sido una asfixia.

Alumna: porque dicen que... el niñito en la cama con los padres no muere. Nunca la madre puede asfixiar a su hijo. No lo puede asfixiar

(Alumno no se entiende)

MB: puede, pero lo que pasa es que no se sabe bien a

veces, el diagnóstico final si es por una cosa o por otra, es decir, cabe la posibilidad que sea.

Alumna: ...la muerte del hijo, el duelo parental familiar...

MB: tal cual. Por eso insistí en el esquema teórico, la importancia de la mala separación de los grupos familiares de origen. Y eso es lo que voy a trabajar luego. Mala separación de los grupos familiares de origen. Y problemas con los grupos familiares cruzados. Los suegros con, etc. Tal cual. De cada uno de los cónyuges con los respectivos suegros.

(VIDEO)

MB: le pregunté a él si se casaría de nuevo con ella, y él dijo que sí, que la quiere mucho. Entonces le pregunté a ella ¿Y ud. se casaría con él? No sé. Han pasado muchas cosas.

(sigue video, no se entiende. Padre y madre hablan. Madre: podría hacerlo pero no sé.)

Yo le pregunté a ella ¿qué es lo que no le perdona? Eso le pregunté. Porque para mí está muy claro de que ella no le perdona algo, o sea, no quiere volver a casarse.

¿Saben cuál es el título de este video? ¿Que yo le puse el título a este video? "Una mujer descasada" Es una película, existe. Y para mí el título era "Una mujer descasada". Y tiene otro título esta película. Tiene dos títulos. Pero el 2° se los voy a dar cuando lleguemos al momento en el cual, suspenso.

¿Quieren escuchar esto? Escúchenlo ahora.

(VIDEO)

MB: ella dice que ella no le perdona, pero dice cosas de la interacción cotidiana, ponerte en planes que no son realizables, que dices cosas que yo no estoy de acuerdo. Cosas de las discusiones cotidianas. No toca los temas de atrás.

Los chicos han visto lo mismo que ella, dice.

Una punta a la otra (dice el padre) igual que mi suegra. Ella es muy dominante.

(VIDEO. Padre y madre hablan en voz muy fuerte y se interrumpen, tapan unos a otros)

MB: ahí está clarito

Alumna: ella le reclama por cosas cotidianas, pero no va al fondo del problema.

Alumna: al suegro y a la suegra.

MB: lo que ella dice es muy claro, que ella está repitiendo los pasos de la madre. Ella dijo, yo no salgo de mi casa, por cuidar y atender a todos. Que era lo que había dicho que hacía la madre.

Alumna: se ponía... sácate eso que no te conviene, la ropa.

MB: ella va a tratar de redefinir todo lo que ella hace, que es igual que la madre. Todos esos cuidados son una forma sutil de dominación, de manejo, etc. de definirlo como cuidado. Por eso ella le dice: tú me dices dominante cuando yo lo que hago es cuidar a los chicos.

(VIDEO

MB: ¿Ud. se siente dominado por ella?

Padre: Sí.

MB: ¿Ud. ve en la relación entre papá y mamá algo así, algo de eso?- MB a los hijos-

Juan José: ...sido tan dominante... ellos se entienden... porque si no te pones tal cosa no te deja salir, así no.)

MB: el chico está ambivalente, que sí, que no, dominante, dominante del todo, como que te orienta la acción, te dice qué te tienes que poner si no te deja salir, etc.

Alumno: lo mismo que dijo antes que...

(FIN LAFO- PASA LADO B)

MB: dominante, dominante

(VIDEO

HIJO: mi padre lo mismo, o sea, también

MB: ¿uds. piensan que papá está dominado por tu mamá?

Juan José: puede estarlo, pero mucho menos que con nosotros.

Mi abuela y mi abuelo, por parte de mi madre... y bien, cada uno como quería, pero eso de que cada uno estaba como quería, no significa que se llevan mal, es decir, aunque mi abuelo... porque mi abuela era dominante.)

MB: obviamente, acá salta clarito, este chico, la alianza, más que alianza vamos a ver que es una coalición de este hijo con la madre. Es clarísimo, clarísimo como ahora salta en defensa de la madre y luego en contra del padre. Está clarito la coalición de 2 contra un 3°. Obviamente que acá, cuando surge este tipo de cosas, lo que tenemos que pensar es lo siguiente: por un lado, cuando llegue el momento les voy a dar toda la explicación.

(VIDEO

Juan José: otra cosa es que tú para... cosas, es que mi madre es una persona, pues no sé, tiene como...

Porque no tiene nada que ver con que tú hagas cosas que no tienen que ver con un padre, que no hace un padre, porque yo te lo he echado en cara pero hemos echado mucho en cara, o sea que hay toda una recriminación al padre. Salta en defensa de la madre y directamente atacando al padre.)

El terapeuta interviene. Le dice a Juan José: Tú siempre sales en defensa de tu madre. O sea, puntualiza el hecho que está ocurriendo ahí.

(VIDEO)

MB: Muy buena la intervención. Yo no sabía- dice él- que tú estabas estudiando un seminario, que tal vez te ibas a ir a otro país. Me parece tan raro eso. No podría creer que tu madre pudiera prescindir de ti. Genial. Una excelente intervención sistémica.

Alumna: claro, era el que estaba ligado a ella.

MB: claro, claro.

Alumna: a éste le habían dicho que no tenía vocación

(hablan otros, no se entiende)

MB: a éste le habían dicho que no tenía vocación.

(VIDEO

JJ: no es por el hecho de que sea mi madre. Yo siempre salgo en defensa de la persona que necesita ayuda, la persona más débil, no es porque sea mi madre.

Pero mi madre está enferma, porque yo no estoy seguro... es asesinato... mi padre no discute mucho las ideas que se puede discutir a mi madre...)

MB: sea que dice que el padre no discute muchas veces

las ideas de la madre pero está en desacuerdo. O sea que se silencia.

Alumna: la primera parte... no... contrasistémica ahí, esa relación del pibe? No es (contra la primera parte?) eso de ... sales en defensa de tu madre? Porque demasiado directo.

MB: demasiado directo, la primera parte sí, pero la 2° no

Alumna: es una reacción.

MB: una respuesta a la primera

Alumna: la primera parte de la intervención del terapeuta

MB: puede ser

Alumna: sale a explicar que no, que no es en defensa de la madre, la madre es pero en realidad (toses, no se escucha), la primera parte o sea la 2ª, parte de la intervención.

MB: puede ser, Vamos a verlo un poquitito más, a ver cómo vino.

(VIDEO ...en desacuerdo con mi madre y en desacuerdo...)

Alumno: en desacuerdo con mi madre y en desacuerdo con todos

MB: con todos

(VIDEO:

JJ: es una mujer que lo necesita, no por... sino simplemente porque yo veo que mi madre es una enferma, ella lo necesita).

MB: acá, presten atención a esto. Si bien él salta en defensa de la madre en contra del padre, pero por otro lado, la rotula como la enferma directamente, la enferma. Entonces ahora vamos a ver qué pasa)

(VIDEO)

MB: el terapeuta dice, no es que el dominio esté en tu madre, entonces sino en la enfermedad de tu madre, la enfermedad usada como instrumento de poder, que es lo que yo había señalado antes, precisamente, cuando le hablaba, ¿se acuerdan?, pero ¿cómo? ¿Una mujer tan flaquita y tiene tanta fuerza? ¿tanto poder? Cómo puede ser que a través de los síntomas maneje.

(VIDEO. JJ: es muy nerviosa mi madre)

MB: está hablando de la dependencia, de la dependencia de los padres con respecto a ellos, como que no los dejan ir. Pero dice que hay que ver, hasta cierto punto, si.

Alumna: ellos querían realmente ir

MB: porque si realmente hubieran querido irse, se hubieran ido. Lo cual está bastante bien también, una cosa de interacción.

(VIDEO

MB: No estoy tan seguro de que mamá la podamos considerar como la enferma de la familia. A mí me parece que tu mamá hace muchas cosas por esta familia.)

MB: Tomo el emergente de él, de Juan José y voy a tratar de desrotularla como enferma y de redefinir los síntomas en términos ¿de qué?, de una connotación positiva. O sea, vamos a describir los síntomas como una conducta ayudadora. Ella hace todo eso, porque a través de eso es como ella puede ayudar a todos.

Preocupación por todo lo que les pasa.

(VIDEO

Padre: ésta es una de éstas y la otra que tengo es mayor que ésta, éstos dos son chicos, la ayudan a su madre en casa, pero...)

MB: dice que él tiene 2 hijas que los dos hijos la ayudan a la madre más que las hijas, cosa que habla de la problemática edípica psicoanalíticamente y de la competencia con las hijas que esta mujer tiene, y todo lo demás, pero él lo que trata ahora es traer nuevamente el problema del dominio, o sea, cómo.

Alumna: ¿dijo, van a la ciudad o algo así?

Alumna: no, dijo, esta chica es una monja.

MB: no, no

Alumna: ella no ha hablado, esta chica, todavía.

MB: ésta es una monja

Alumna: la otra es mayor que ésta.

MB: estos 2 son chicos, ayudan a su madre en casa, ayudan más que ellas, pero va la chica, va a su cuarto, lo hagan bien o lo hagan mal, hay que dejarlos porque nadie nació enseñado. Eso está mal, daña. O sea, como que la madre no los deja hacer nada. La chica se sentó a comer, ya tenía el plato de la comida encima de la mesa, llegó la chica, se sentó a la mesa. La madre ya estaba lavando todos los platos, la obligaba a comer rápido a la hija para que termine rápido, entonces la hija le decía no me atosigues tanto. Estaba nerviosa la madre porque no terminaba de comer la hija. Él le decía: deja a la chica que ella después va a recoger los cacharros y arréglate tú y nos vamos. Pero hasta que no deja la cocina limpia no salimos de casa.

(VIDEO.

MB: …¿se preocupa tanto mamá de atender a todas estas necesidades de todos los miembros de la familia?)

MB: así como antes redefiní el síntoma en términos de conducta ayudadora, ahora voy a tratar de redefinir esta conducta ayudadora de la madre pero tratando de entender por qué ella tiene esta conducta, y ahora ya no sistémicamente, sino individualmente. Ojo, podría ser perfectamente como diagnóstico primero de psicopatología. Podría tener rasgos obsesivos, además de los depresivos, obvios. Además corresponde a los núcleos de base, o sea un núcleo de base melancólico, núcleo psicótico de base melancólico, puede tener superestructuras neuróticas, ya sea depresivas u obsesivas. Esto es psicopatología.

Pero a lo que voy a tratar de ver ahora es, de redefinir, desde el individuo en relación a otros, nunca lo podemos tomar aisladamente. Entonces yo quiero apuntar ahora a por qué esta mujer tiene esta necesidad de hacer todas estas conductas ayudadoras, por qué será. Entonces voy a volver al tema que antes habíamos tocado que es el tema del desvalimiento.

(VIDEO

MB no se entiende

Madre: como dije anteriormente, ya es cosa de herencia… constantemente o que esto se hace así y esto se hace así)

MB: quiero que mis hijos estén bien constantemente.

(Madre: yo no lo hago porque esto, porque sos tan vieja…

o sea, me contestan y todo, entonces yo no tuve la oportunidad... en casa de mi madre...)

MB: ella habla, cuando yo le pregunto por qué tiene esa necesidad, porque los hijos no hacen nada, o se hacen lo hacen mal, que ella les dice pero no hacen caso, y habla de las hijas, las hijas contestan, contestan mal y entonces habla de la hija, yo le pregunto de esta hija que yo tengo al lado. Ahora voy a agarrarla a la hija, porque hasta ahora no habló.

Entonces la voy a agarrar a ella.

(VIDEO

MB: me gustaría... escuchar a vos... ¿Estás de acuerdo con lo que dice mamá?

Hija: bueno sí, pero también por ej. El que... y decir, por ej. No sabes hacer nada, nada...

no se entiende ni a MB ni a la mujer

Madre: le digo nena, lo estás haciendo mal, tienes la ropa de ayer y de antes de ayer... que he recogido yo, la dejan en el día, la dejan, por que terminan de sacar toda la ropa del armario... déjala, terminan de sacar toda la ropa del armario y toda la ropa tirada en el cuarto. En mi vida he tenido yo la casa como la tengo hoy, cuando eran pequeños y... para todos. Tienes tiempo para todo, no sé cómo te las arreglas... es cuando necesitan mucho... yo como le digo... una compañera... y no he sido (blanda?) en absoluto porque yo no tengo tal impresión pero la verdad que... previas, y ahora veo mis hijos mayores...

MB: Mamá por qué no puede ud. escuchar también de que su hija está diciendo que no la deja hacer nada.)

MB: No le entra, dice la hija.

(VIDEO.

Madre: es un riesgo que se han corrido todos.

MB: venga para acá, hable con ella, con ella directamente, no me mire a mí.)

MB: cambio de subsistema y como siempre, la madre se dirige a mí, me mira a mí para evitar el diálogo directo con el hijo. Entonces vuelta otra vez, la ponemos allá, y que interactúen.

Hablaba en 3ª. Persona, impersonal, entonces la llevo a hablar en primera persona, porque qué diálogo se puede establecer si yo me dirijo a Lidia y por ej., en lugar de decirle: vos estás escuchando, porque la miro, le digo: porque cuando ud., cuando ella escuchaba, en vez de decir, cuando vos escuchabas, cuando ella escuchaba, no hay diálogo ahí, estoy contándole al otro aunque no lo mire.

(VIDEO

MB: tú

Madre: porque has cogido tú

MB: ahí está, no me mire a mí, yo no estoy acá.

Y de pronto tiro los zapatos… los zapatos in limpiar… saliendo a la calle con los zapatos sin limpiar, 5, 6 veces resulta que por las noches quedan los zapatos sin limpiar.

 Hija: lo de los zapatos lo ves mal.

Madre: eso es una cosa… la costumbre de limpiar los zapatos todas las noches…5,6 veces, no se limpian los zapatos… esos zapatos quedan sin limpiar… (sin brillo?)… los zapatos sin limpiar…)

MB: obviamente no la deja hacer nada.

Alumna: ni hablar

MB: eso está mal fregado, hay que echarle lejía.

(Hija: siempre igual, esto está mal…)

MB: ella dice, lo que pasa que cualquier cosa que yo hago me dice siempre que está mal, entonces ya no hago.

(Madre: las muñecas que están encima de la cama. Cuánto le cuesta pasarlas de la cama…

MB: yo creo mamá que acá el problema es el siguiente: sus hijos, su hija están creciendo, se están haciendo adultos).

MB: vamos a parar esta discusión, porque esta discusión ya está investigado lo que se quería investigar, no tiene sentido porque van a seguir diciendo lo mismo y repitiendo 2 horas lo mismo. Ella que hace mal las cosas, la madre y la hija que no me deja hacer nada. No hay salida. Entonces vamos a tratar de intervenir acá, desde la, ahora, incorporación de lo que yo les había explicado antes, el ciclo vital.

Vamos a redefinir toda esta situación como una situación de crisis del ciclo vital, donde esta madre no puede manejar hijos adolescentes, que ya tienen criterio propio. Pero esto, se los voy a explicar a la vuelta (risas) Nos hemos pasado de la hora. Yo sé que está muy entusiasmante eso. Yo soy el 1° que se entusiasma. Pero además los detecto a uds. entusiasmados también, por eso sigo.

Lo último. Hemos visto una intervención del otro terapeuta, que le parecía raro que la madre pudiera prescindir del hijo, cuando estaba hablando acerca de que lo iban a mandar a estudiar afuera.

Esta intervención habíamos visto que apunta a la relación simbiótica que hay entre esta madre y este hijo... Y después habíamos visto el asunto de

Alumna: madre e hija

MB: sí, la relación entre la madre y la hija, creo que una de las últimas cosas era el asunto de la redefinición de la enfermedad de la madre como enferma. En eso estábamos.

Alumna: habíamos pasado. Recriminaciones de madre a hija.

MB: estábamos en las recriminaciones

(alumna no se entiende)

MB: eso mismo, el proceso de independización.

Alumno: homeostasis

(VIDEO)

MB: parece Chaplin

(VIDEO. MB repite sus hijos e hijas están creciendo, se están haciendo adultos y me parece que mamá no puede ver cómo estos chicos crecen. Ellos tienen su propia opinión y que también es su manera de hacer las cosas. Y mamá tiene la suta. Y no hay una que sea la mejor, o la única, o la buena y las otras son las malas. Mamá limpia de una manera, a lo mejor Maria del Mar limpia de otra.

Madre: muy distinta, completamente

MB: ... es muy distinta porque María del Mar es otra persona.

Padre: No sabe plantear la juventud. Debes saber comprender la juventud... porque como lo he dicho antes cada uno tenemos un estilo, un estilo diferente... el camino, a mí no me importa, ya se van a (entender?) el día de mañana cuando se vean solos, se despabilarán.

Por el bien de ellos, ya no pido ni para su madre ni para mí...Yo lo que quiero es que se defiendan ellos...

?: yo no conocía a mi madre como ahora conozco, y por lo que me habían contando, sobre todo María, vuestra madre me ha dicho... que los hijos se casan, así, asao).

MB: quiero decirles una cosa. Yo no conocía a Marymar y por lo que me había contado la madre, yo tenía una impresión muy diferente de lo que era esta hija.

Esta expresión mía es una expresión muy de atención, hacia lo que está enunciando el terapeuta. Para ser sincero, en ese momento yo estaba molesto por la intervención del terapeuta. Me sacaba de la línea que yo estaba siguiendo. Yo quería seguir desarrollando la línea de independización, etc. y el terapeuta intervenía por su lado. Obviamente, éste es el riesgo cuando trabajan 2 terapeutas juntos, que no se conocen. De ahí la importancia de la coterapia, pero la coterapia entre terapeutas que se conocen, y no sólo que se conocen, sino que tienen un ecro común, un esquema conceptual, referencial y operativo común, que tienen códigos comunes, que tienen afinidades. Es muy útil trabajar en coterapia, Quien opera, vamos a hablar de un cirujano, quien opera un apéndice, lo opera solo. Yo operaba solo apéndice, en mi época de guardia en el Fiorito. Pero quien opera una operación cerebral tiene que, por lo menos, tienen que ser dos, y dos buenos especialistas además, además de todo el equipo, el resto del equipo.

Intervenir en una familia implica una intervención de cirugía mayor, o sea, no es soplar y hacer botellas. Entonces si se puede trabajar en coterapia, 4 ojos ven más que dos. Incluso, muchas veces, lo que se hace es que un terapeuta esté adentro con la familia y otro esté afuera, en la cámara Gesell, viendo a través del espejo e interviniendo cuando haga falta, llamando al otro terapeuta o entrando en la sesión en un momento dado, etc. Pero acá es otra la situación. No es parte de un equipo. Pero es importante la presencia del terapeuta también.

Ahora el asunto es cuando de repente, empiezan a surgir diferentes líneas, y por ahí cada terapeuta puede seguir su línea, si no se ponen de acuerdo, puede ser un desastre.

Yo voy a tratar de retomar, de retomar la línea de él, acoplándola a la mía. O sea, incorporarlo y hacerlo como agua para nuestro molino.

Alumno: me llamó la atención que ud. en un momento de (…) levantó la ceja.

MB: Mirá, es simplemente una manifestación sutil de la molestia que me estaba empezando a ocasionar las intervenciones del otro terapeuta. En vez de decir andate a la p-, levanté las cejas.

Alumna: Más suave.

MB: más suave. Obviamente que escuché la intervención atentamente y la incorporé. Pero les cuento esto porque son sensaciones contratransferenciales, que no se dan sólo con la familia, sino con el otro terapeuta también. Es decir, lo que yo percibí ahí es que ese terapeuta estaba empezando a entrar en una situación de competencia, conmigo, la cosa de dominio en la pareja se empezaba a dramatizar en la relación entre los terapeutas. Es muy común eso, que las familias transfieren y si los co-terapeutas no están entrenados para trabajar en coterapia y con el ecro común y con la afinidad y con todo lo demás, que entren en competencia, repitiendo el modelo que le está transmitiendo la pareja. Se enganchan.

(VIDEO)

MB: pero Marymar es una chica guapísima, bien arreglada.

Video (con todos los detalles bien puestos)

MB: no es lo que la madre me transmitió.

Video (terapeuta, no se entiende)

MB: (es tipo corte?) serviría entonces eso mismo que estábamos viendo antes, de que a lo mejor mamá no está tan mal como ella misma piensa que está porque parece que algunas cosas les ha transmitido a sus hijos

(Padre...)

VIDEO. MB: ¿Pero por qué ud. está tan pendiente de que ella esté bien?

(se escucha otra intervención del padre)

MB: ahí está. El insiste en el hecho de que cuando ella está mal, él está mal. Pero acá el asunto también es tratar de ver qué pasa, por qué hay esa dependencia de él de que ella este mal, por qué otra persona puede estar mal, algo así como tiene derecho a estar mal, y uno puede no engancharse de esa manera. O sea, cómo está tal vez él usando también el malestar de ella y qué dependencia, él que dice que a él no lo domina nadie, o sea, cómo está dominado por el malestar de ella.

Video (Hombre: la quiso cuidar)

MB: entonces, él lo que hace es defenderse diciendo que lo que pasa él se preocupa por ella, o sea, todo esto es porque él la quiere, entonces cuando ella está mal a él le hace mal.

Acá yo hago otro movimiento. Me voy a sentar ahora yo al lado de él para trabajae directo yo con él. Le voy a decir algunas cosas que seguramente lo van a tocar. Entonces empiezo a tocarlo yo, corporalmente. O sea, me le acerco corporalmente, sentándome al lado de él, pero no sólo me le acerco sino que lo empiezo a tocar a él.

Alumno: casi con la misma modalidad gestual con la que él se refería a la esposa, con los brazos extendidos, desde lo gestual, lo puramente inconsciente.

MB: pero ojo que él no la tocaba. Pero hay una diferencia, Mirá que el asunto del contacto corporal es fundamental acá. Yo puedo extender mi brazo y si no llego al otro cuerpo no llega, no es lo mismo.

Yo acostumbro a tocar mucho a los pacientes, a tocarlos, sobre todo cuando quiero transmitir algo más intensamente, quiero que llegue, cuando quiero reforzar un mensaje; o cuando quiero apoyarlo, apoyarlo físicamente en este caso, porque además lo que le voy a decir es algo que le puede movilizar mucho. Entonces, le pongo una mano en el hombro, lo abrazo, lo agarro y le digo lo que le tengo que ecir.

(VIDEO.

MB: ¿Por qué ud. está tan pendiente de que ella esté bien? Por qué no la deja que esté mal y ella esté mal Ud. a lo mejor piensa que ella está mal a veces con Ud. A lo mejor ella está mal por sus cosas.

Padre: No... no lo (digo?) en ese sentido. Yo la quiero ver bien de salud. Y que (lo diga conmigo?) díjese, la quiero bien porque yo como la quiero... que viva conmigo como si no quiere vivir conmigo. La quiero ver con... no más.)

MB: la quiero ver bien, lo mismo conmigo o sinmigo diría Herminio (risas). O sea, si quiere vivir con otro o quiere vivir conmigo, pero yo la quiero que esté bien, la quiere ver bien. Entonces conmigo o sinmigo, bien a lo Herminio.

(VIDEO. No se entiende)

MB: se ríe. Cuando él dijo eso y uds. ven que yo lo estaba mirando a él, porque yo quiero que uds. observen esto. Yo lo estoy mirando a él. Observen.

(VIDEO. MB: ¿Ud. le cree?)

MB: ahí cambié la vista. Ud. le cree? Cambié la vista, pero yo antes de cambiar la vista la estaba mirando a ella.

Es tan importante tener ojos en las sienes y en las nucas, es decir, cuando trabajan con la familia, no pueden mirar a una persona. Aunque miren a una, tienen que estar mirando a todos. Y aunque estén de espaldas, tienen que saber quién tosió. Entonces, muy atentos a todo y porque cuando él decía esto yo la estaba viendo a ella. Lo miraba a él y la estaba viendo a ella. Ella ponía cara de no creerle nada.

Alumna: está macaneando

Alumna: porque ya debía ser reiterativo

MB: claro

(VIDEO. MB: lo digo por la cara que pone

MB: ya me estoy dando cuenta que ud. es muy detallista)

VIDEO (no se entiende)

MB: ahora voy a hacer algo que es una intervención contratransferencial y voy a largarme a explicitar la contratransferencia. Es una intervención psicoanalítica, si quieren verla así, pero a su vez es sistémica, porque en este momento es contratransferencia a nivel grupal. Y voy a tratar de ver que me está pasando a mí en la intervención con esta pareja. Cuando trabajamos con familias tenemos que tener muy en cuenta qué es lo que nos mueve esa familia. Porque hay identificaciones que los terapeutas hacemos con las familias, porque los terapeutas no provenimos por generación espontánea, sino que tenemos nuestras propias familias de origen y hay cosas que nos mueven las familias que vemos. Nos demos cuenta o no nos demos cuenta. Y esas cosas las tenemos que tratar de registrar, tomar conciencia y usarlas, tomando distancia óptima, salir y entrar, percibir lo que estamos sintiendo; si algo nos paraliza, si algo nos angustia, si no entendemos. Entonces salir y entrar. Ver qué pasa en esa familia que nos está pasando eso. Qué estamos sintiendo. Por qué será. Y, a veces, lo que hacemos a partir de ahí, es una intervención, una intervención que puede ser una interpretación o una prescripción o una connotación positiva o una maniobra de movimientos de sillas. Pero a veces, lo que hacemos es esto: explicitar la contratransferencia.

¿Qué les parece que podía estar sintiendo yo? No, es pedirles que adivinen. Por ahí, qué sentirían uds. tal vez, ubicados en ese momento frente a esa pareja, a lo que estaban transmitiendo ellos.

Alumna: yo lo que sentiría es que él está independiente de toda la familia, que se quiere más bien como abrir. Eso es lo que yo interpreto, y que Ud. yo, estaría tratando de unirla, de unificarla.

MB: excelente Lidia. Excelente pero con una ligera diferencia. Tiempos, tiempos, Cronos. Después va a aparecer que él estaba abierto de esa familia.

Alumno: se ve (totalmente?)

Alumna: está totalmente al margen.

MB: pero, pero, pero ahora, en este momento, él quiere volver. Es muy claro que él quiere volver, pero él estuvo abierto. Y la sensación mía era precisamente, como verán ahora.

(VIDEO

Madre: Ya me estoy dando cuenta

MB: ¿sabés una cosa? YO tengo la sensación todo el tiempo, desde que empezó esta sesión, no sé por qué, yo me siento como un cura, todo el tiempo, desde que empezó esta sesión me siento yo como un cura. Uds. empezaron hablando del asunto de los curas y todo el tiempo me siento yo como un cura).

MB: Ojo. Estoy uniendo la sensación contratransferencial con material de la sesión. Ellos hablaron de los curas... Yo no estoy trayendo las cosas, de los cabellos o paracaidísticamente. Tomo el material de ellos.

(VIDEO

MB: entonces me empecé a preguntar, ¿por qué me siento yo como un cura? Me siento así. Estaba yo constantemente pensando de qué manera se podrían volver a casar uds... Me da la impresión que uds. están descasados. Me da la impresión de que papá está queriendo casarse con mamá constantemente. Y tu mamá me parece que se le escapa por acá, por allá, hace alianzas con los hijos, hace alianzas con los perros, hace alianza con cualquier otro, con papá nunca.)

MB: acá tenemos una hipótesis de trabajo; es una hipótesis de trabajo, nada más, pero que tiene fundamento en todo lo que hemos visto antes. Y acá ya incorporo ahora, doy un paso más. O sea, apunto a: son una pareja descasada- de ahí el título "una mujer descasada"- pero el título es "una mujer descasada", porque en realidad, en este aquí y ahora es ella la que no quiere saber nada y él es quien quiere volver.

Y entonces voy a trabajar esa línea más el tema de que esta mamá hace alianzas con los hijos, o con los perros, o con cualquiera, pero menos con el padre.

Acá podríamos pensar, ¿quién nació primero? ¿el huevo o la gallina? ¿Es que esta mujer ha tenido que hacer alianzas con perros, gatos, hijos, y quien sea porque este sr. no estaba?

Alumna: no estaba

MB: O es que este señor no estaba porque esta sra. hacía alianzas con perros, gatos e hijos.

Alumna: no estaba él.

MB: acá hay una respuesta que me dicen, no estaba él. ¿Alguien tiene otra respuesta?

Alumna: lo está expulsando todo el tiempo.

Alumno: y ella hace todo el tiempo alianzas con los hijos como allá entonces... hacer con la madre.

MB: claro, ahí está la cosa. La alianza primera, allá atrás, a lo lejos y hace tiempo. La prehistoria de que hablábamos antes.

¿Cuándo empieza toda esta historia? Porque empieza en la prehistoria, empieza en las alianzas de ella con su madre.

Alumna: ¿no es con la madre de él?

MB: todavía no hemos llegado. A la familia de él todavía no hemos llegado, pero no te preocupes que estamos por entrar. No creas que la voy a saltear.

Alumna: me parece que se pone afuera como esposo, pero se pone adentro como hijo que fue.

MB: pero ya vamos a llegar. Ya está. Ahora estamos a las puertas de eso.

Son ambas cosas. Pero así como hay gallinas que salen de los huevos y huevos que salen de las gallinas, y hoy día lo que vemos es la circularidad con la cual se retroalimenta el circuito, de la misma manera, no tiene sentido que nos pongamos a determinar quién empezó primero esta historia. Lo que sí nos interesa es ver sistémicamente cómo circula esto y entonces trabajar siempre con todas las puntas.

Alumna: Marcos, yo pensaba en relación a los nombres. Él habló de los nombres varones y del nombre Marymar, como que era un nombre que gustó, lo asocié al nombre de la madre, que es María.

MB: que es María.

Alumna: no sabemos el nombre de la otra hija pero ésta sí.

MB: está muy cerquita el nombre. Mary, María.

Alumna: y además Mar también parece que con María.

MB: y además fíjense, esta hija, además, parece que es igual que la madre, no sólo en el nombre, sino en la sintomatología.

(VIDEO

MB: No se quiere casar, y... ¿estoy yo queriendo casarlos?)

MB: explicito esto, ¿saben para qué? Para salirme de la contratransferencia, o sea, de repente me pregunto ¿qué es esto? ¿Estoy yo queriendo casarlos? Yo no puedo casarlos a ellos. Yo no soy él, soy el terapeuta, no soy cura.

(FIN CASETTE)

Cassette Nº3
LADO 1

... faltan los dos últimos minutos porque dio vuelta el cassette y lo puso en el lado que ya había estado grabado, así que se iba a grabar dos veces y se perdía, o sea que tuve que cambiar el cassette.

¿Me repite los dos últimos minutos? ¿Qué dijo Juan José?

(…)

Son antagónicos

(…)

O sea, yo le estoy dando ahora a este hijo Juan José, lugar, para decir todo esto que él piensa.

Esto que él piensa, yo creo que es parte de lo que él hace. Refleja lo que uno dice o piensa, reflejan las acciones. Es parte de de la coalición que él ha establecido con la madre.

Y, yo quiero realmente, que ahí aparezca todo esto, porque después, voy a... o sea, a lo que yo voy a apuntar, es a sacarlo a él de ese lugar que está ocupando entre los padres.

Bueno, pero vamos a ver como llegamos a esto.

(…)

Bueno, presten atención a la mano de la madre. Pero presenten atención también a la mano de la hija, Marimar, y presten atención también a la mano del hijo, Salvador, que ahora viene. Ahora van a ver a...Amador. Ahora lo van a escuchar y van a escuchar la seguidilla de preguntas que le hago yo.

(…)

"No me conocían bien los hijos".

Y yo le pregunto ¿por qué?

"Porque yo en casa no paraba nada".

Entonces le pregunto: ¿y por qué?

(…)

"y porque estaba siempre trabajando"

¿Y por qué estaba siempre trabajando?

Vean la secuencia entera, ahora.

(...)

"Por necesidad, por orgullo o para rajar un poco de la casa, le digo"

(...)

Miren, miren las dos manos, miren.

(...)

Ahora le pongo una mano, yo.

(...)

Bueno, le pongo una mano porque la que le voy a decir ahora es gorda ¿eh?

(Risas)

Y acá viene el segundo título de este video.

Tal vez lo pueden imaginar ya.

Les doy una pista: estamos en España...

(...)

Podría ser, Asignatura Pendiente, pero no.

(...)

No, no me refiero a una película, me refiero a un dicho popular español.

(...)

No, tendrían que adivinarme a mí el pensamiento, adonde iba yo pero...

(...)

"Papá ha dejado un lugar vacío..."

(...)

Cuando yo dije eso, él dijo: "Y me pesa".

Y me pesa, dijo. Quiere volver, Quiere volver pero no lo dejan ¿Por qué?

Porque quien fue a Sevilla, perdió su silla.

¿Les gustó? A mi me encantó. Me gusté a mí mismo. Me dije ¡qué lindo que soy!

(Risas)

(...)

La cara del padre, es terrible, la angustia...

Es que realmente es así.

Este señor estuvo ausente, y se fue a Sevilla, y perdió su silla. Y quiere volver, pero no lo dejan.

¡Ah! Perdón. Además, alguien ocupó la silla.

Quien deja un espacio vacío, alguien lo ocupa…

(…)

Bueno, después de todo eso, le voy a dar un poquito de ánimo, porque sino se me caía ahí. Se me caía. Ahí iba resbalando por la silla.

Entonces le voy a dar un poco de ánimo, pensando que además realmente puede hacer…

(…)

Exactamente, que vale la pena que la pelee. ¿No es cierto? Que vale la pena que luche.

(…)

"Cuesta trabajo recuperar", dijo.

(…)

Bueno, yo, en este momento, estaba ya sobre la hora, la hora acordada.

Es decir, atrás de esta familia, venía otra familia, estábamos en un Hospital Psiquiátrico, con horas dadas, o sea que…

Esta sesión se podría seguir. En este momento se puede seguir. Pero llevábamos ya una hora reloj y atrás venía otra familia.

Entonces, bueno, yo interrumpo acá, y ahora vamos a salir, yo me reúno con el Coterapeuta y con los Terapeutas del equipo y con todos los que estaban observando, sacamos conclusiones y luego, volvemos a entrar y les damos las indicaciones para seguir luego, cómo van a seguir ellos.

(…)

Yo acá vuelvo a retomar la línea contratransferencial que había señalado antes, pero además, puntualizando, por un lado, mis limitaciones como Terapeuta, y por otro lado que no sé realmente qué es lo mejor para ellos.

Tal vez sí, tal vez no, tal vez sería mejor que se junten o que se separen.

(…)

Habitualmente sí, yo habitualmente vuelvo, en estos viajes, al año siguiente, y los vuelvo a ver.

En este caso, no. Porque a España no volví.

Habitualmente, en mis viajes por Centroamérica sí. O sea, yo voy regularmente una vez por año, las asesorías para la Organización Mundial de la Salud, entonces tengo un seguimiento de las familias...

(...)

Lamentablemente yo escribí a España, y no me respondieron. Yo escribí una carta preguntando por esta familia, pero no tuve respuesta.

Ahora, para el año que viene, precisamente en Bilbao va a haber un Congreso Mundial sobre Drogadicción y, como yo estoy trabajando ahora como Asesor de la Presidencia en la Secretaría de Prevención de la Droga, vamos a viajar, gente de acá para allá, y precisamente se hace en Bilbao, así que seguramente ahí ya voy a tener oportunidad de contactar y ver qué pasó.

(...)

¿Uds. escucharon lo que me dijo él y lo que me dijo ella?

(...)

Ella, escuchen.

(...)

Muchísimas gracias por su buena atención.

(...)

Bueno acá es la post- sesión.

(...)

Claro, porque hasta acá, el planteo había sido, que cada uno tenía problemas, ¿cierto?, individuales, y, las terapias eran individuales.

Entonces, un poco la indicación es que sigan trabajando en familia.

La Asociación Vasca de Terapia de Familia, hacía muy poquito que se había creado.

Entonces, bueno, la indicación es que sigan con el Dr. Pereyra trabajando en familia.

(...)

Bien, o sea, estoy dándole una connotación positiva a cómo el hijo se mete.

Yo estoy diciendo que los hijos se ven cargados con los problemas de los padres, no tienen que verse cargados.

La contrapartida de ésto, es que los hijos no deben meterse en ciertos problemas de los padres.

(...)

Por supuesto...

O sea, tiene que haber un espacio compartido donde los hijos participen con los padres de todo, y también tiene que haber espacios de intimidad para la pareja.

Yo suelo decir que las parejas tendrían que construir un castillo tipo medieval, con puentes levadizos, de tal manera que, cuando ellos quieran, levantan el puente, y no pasa nadie, y cuando...

(...)

...dragones también, podría ser...

Y por otro lado, en otros momentos, bajar el puente para que entren y salgan, y hay un fluido constante, una buena comunicación. Pero tiene que haber la posibilidad de levantar el puente en algún momento.

Porque preservar la intimidad de la pareja es fundamental.

Y además, porque si entre ellos anda mal, los hijos van a andar mal, y van a andar mal ellos con los hijos, y toda la familia va a estar mal.

(...)

El dice: "a veces no puedo venir con ella por problemas de trabajo, de horarios"

Obviamente, en parte, hay una realidad de trabajo y en parte, con seguridad, está ahí la resistencia.

Entonces vamos a...

(...)

"Algún horario va a haber"

(...)

Ya hicieron una cita, calculando que él iba a estar trabajando de noche.

(...)

El padre, ya ahí, ya se prepara para una nueva intervención de cualquier cosa.

O sea, va a abrir un nuevo frente de lucha.

La prescripción ya está dada.

Al mejor estilo de la Escuela de Milán, o sea Cervini Parasoli.

Cuando se da la prescripción, se acabó la sesión. No hay más preguntas, no hay más comentarios, la prescripción está dada, y se terminó.

Si se da espacio para que se reabra la cosa, no sirve. Ya está dado.

Entonces, vamos a cortar...

(...)

Esta es la post-sesión. Acá estamos con todos los Terapeutas Vascos, y un Terapeuta Argentino, que es Norberto, Norberto Mascaró, un viejo amigo.

No, no está acá, le hice una seña a mi esposa.

Bueno, y quien está hablando, es Norberto, por eso no le van a sentir ni acento vasco, ni gallego, ni andaluz, sino que es bien porteño, Norberto es bien porteño.

Él habla, hace mucho énfasis en la cosa de desvalimiento, en la cosa de los duelos.

(...)

Bueno, es muy interesante el aporte que hace Norberto.

O sea, él da un paso más allá todavía, porque retoma no sólo lo que sería el enfoque edípico, sino que va a una cosa más regresiva. Por eso él hace mucho énfasis en la cosa del desvalimiento. Pero como una cosa muy primitiva, digamos, pre-edípica, a nivel de necesidades orales muy poco satisfechas.

Bueno, esta post- sesión, dura una hora más. Porque seguimos trabajando luego una hora.

Muy rico todo este material.

Pero no nos va a dar el tiempo.

Entonces, lo que yo quisiera es que, abriéramos ahora un pequeño espacio de preguntas y respuestas, si es que las tengo, y si no, las pensaremos juntos, para ver un poquito qué cosas les quedan a Uds. como dudas, o conclusiones, u observaciones acerca de todo este material.

Adelante

(…)

Hay un momento en que se ve una silla que estaba vacía.

Precisamente, cuando Ud. indica la silla que se encuentra vacía, es cuando temporalmente van al momento en que la pareja, a raíz de ese embarazo, podemos decir, sufre la pareja y se produce como un corte con la familia de origen.

Ud. se sienta justamente en ese momento en la silla ¿no?

Entonces, ¿esto Ud. lo hace pensadamente o surge espontáneamente?

Buena pregunta.

(…) es como si van y se meten en la familia y se va y luego digamos, vuelve a la pareja.

Bien, sí.

Si yo fuera un poquitito más mentiroso de lo que soy, diría que eso fue fríamente calculado, y que lo hice a propósito.

Pero no es así.

O sea, en todo caso, es posible que algo de eso haya, y que tal vez yo, en ese momento, actué desde una percepción, digamos, subliminal, de esa situación, ¿no?

Yo lo hice por otras razones, por lo menos desde el registro más conciente.

O sea, tenía un objetivo, una planificación, no es casual, no es hecho porque sí.

O sea, eso era específicamente para acercarme físicamente al padre, tomar contacto físico con él, apoyarlo de acuerdo a lo que yo le iba a decir ahora a él, e interactuar más, más de cerca.

O sea, en ese momento no tuve en cuenta, por lo menos a nivel conciente, el ocupar la silla vacía en ese sentido.

(…) se me plantea una incógnita si realmente la actitud del señor era volver a ocupar la silla que había abandonado, o si, tomando como válida esa intención, él sentía muy fuertemente el rechazo del grupo a lo que hiciera, a través de una actitud que él repite cada vez que se encuentra al lado de la mujer.

Cada vez que se sienta al lado de la mujer, se sienta de costado y le da el trasero, sistemáticamente.

Hay no menos de tres veces que esa es la actitud que él toma cuando se sienta al lado de la mujer.

Yo no sé si se está defendiendo de los palos que le tira el grupo de la familia o realmente no está realmente tan convencido de querer volver a integrarse, digamos, esa es la duda que me queda...

(...) interrupción de otro integrante del público.

A ver, si es que tiene que ver.

(...) a mí se me ocurre esto.

Él sistemáticamente y de un modo ambivalente dice que él nunca se dejó dominar por nadie, pero que ella lo domina.

A mí se me ocurre que esto de darle el trasero y el dominio tienen una muy íntima relación ¿no?

Correcto, es decir, lo que yo voy a responder tiene que ver con esto, en el sentido en que a mí no me cabe duda de que hay una ambivalencia fuertísima en él ¿no?, pero, la ambivalencia significa de que están las dos cosas.

Yo acá estoy remarcando una línea, uno de los aspectos de la ambivalencia ¿no es cierto?

Porque además, él es el que pone más de manifiesto, es el portavoz tal vez más cantado, en cuanto al intento de reconstrucción, bueno, de volver a casarse, pero la ambivalencia está.

(...)

Exacto.

(...) siguiendo lo que decía... que todo lo que fue hasta ahora por el ausente, bueno, que el ausente se la banque... (no es nada clara la voz femenina que aparece)

Claro, lo que pasa es lo siguiente.

El problema que hay acá de fondo, y que tiene que ver con lo que vos planteabas, y con lo que vos traes ahora, es un problema de desconfianza.

O sea, hay una desconfianza básica con respecto a él.

Ella no le cree nada.

¿Se acuerdan que yo le preguntaba a ella? Escuchame, por qué no me llamás por teléfono esta noche a casa así charlamos aquello de lo de Tandil ¿sí? Vos tenés los números, llamame, chau chau.

Acá tenemos representantes del interior, varios, de varios lugares. La señora es de Tandil. Quería preguntarme algo y no tuvimos tiempo, y se tiene que volver a sus pagos.

No, se me había perdido el señor de Reconquista, el Doctor…

Entonces el asunto es que no le creen, como habíamos visto antes. Nadie le cree. Ella es la más manifiesta. Pero nadie le cree.

Por ejemplo, si yo hubiera tenido más tiempo para trabajar ahí, yo le hubiera dicho, o sea, les hubiera dicho ¿no? Les hubiera dicho algo que yo suelo usar mucho que es un dicho del campo que dice: "el que se quemó con leche, cuando ve una vaca llora".

Entonces, yo les hubiera dicho, "mire, señora, su marido no es una vaca, pero Ud. cada vez que lo ve llora, porque ya se quemó".

O, los hijos ya se quemaron.

Claro, son muchos años que él estuvo ausente.

Entonces, no es fácil volver a ocupar el lugar, y además ya no le creen.

(…) y eso del discurso de él, cuando dice que la imagen son él, ella…

¡Ah! ¿Conmigo y sinmigo?

(…) yo pensaba que tenía que ver algo, de pronto que los dos hijos que tienen (confuso) y de pronto cuando él (confuso) familiar por el embarazo de ella.

¿Cómo lo tomarán los hijos? Especialmente…

Él no quiere que se vuelvan a casar, de pronto esto sería un error, por ahí, a quien le están depositando la culpa, como algo malo, prohibido, el embarazo que ha llevado al matrimonio.

No nos olvidemos también, ligado a esto, lo que traía ella

lo del contexto social y de la época en que ocurre esto, ¿no es cierto?

En la década del 40, esto era...

No, estamos fuera de contexto, esto fue en la década del sesenta...

(...)

Pero igual, por eso, cuando ella era chica.

Por eso yo lo relacioné con aquello.

Pero no, lo que trae ella es posterior, o sea es después, pero de todas maneras...

(...) es reactualizado, con los hijos...

Es reactualizado, y además sigue siendo también mucho tiempo atrás, que estaba muy fuerte eso.

(...) lo que pasa que parece ser... (Confuso)

... hasta con un ansia de liberación bárbara, y él vive pegado al esquema paterno, laburar, orgulloso de laburar, ¿por qué tiene que estar en la casa?, eso es asunto de la mujer

(Superposición de voces)

Exactamente, con los mitos familiares y sociales.

O sea, esos mitos familiares que tienen mucho que ver con la estructura social en la cual viven...

(...) con roles fijos.

Con roles fijos, exactamente.

(...) ... el modelo familiar de ella, donde el padre también trabajaba...

Claro, era muy trabajador y ella estaba todo el día en la casa, la madre.

(...) pero ella está todo el día en la casa, pero a su vez, reclama, porque ella no está muy contenta con...

Claro, reclama con los desmayos, pero, por lo menos, desde lo que expresa, lo dice como orgullosamente, ¿no es cierto?, pero, por algo protesta.

(...) ... la culpabilidad de uno hacia el otro.

... el contexto cambiaría con la pérdida de un hijo, con la desintegración familiar, la no participación de los hijos dentro de la ... él no participa con los hijos de la educación todo esto creo que tiene que ver como que hay una culpabilidad donde el otro se manifiesta.

(...) yo tengo una pregunta que es... a mí se me escapa quizás, donde en esta sesión se registró algún tipo de cambio en el sistema de funcionamiento de esta pareja.

(...) Esta pareja fue forzada a dialogar a enfrentarse, creo verlo así, pero fue forzada, digamos.

Inmediatamente, cuando uno deja de forzarlos, vuelven a la situación.

Entonces yo me preguntaba donde operamos el cambio, o donde se apuntó a aplicar el cambio, para que esa estructura cambie.

Todo lo que trabajamos, apunta al cambio, pero yo no pretendía lograr en una sola entrevista, recolectar toda la historia de la familia, hacer las veinte mil quinientas intervenciones que hice, y además lograr el cambio en esa sola entrevista.

Sería Mandrake, si lo lograra.

Pero, de todas maneras, yo creo que hay ya algo que empieza a ocurrir, desde el momento en que aparece la emergencia de todo lo que apareció.

O sea, surge a través de lo que primero denuncia Juan José, luego a través de lo que logran empezar a hablar entre ellos, y luego, la idea del cambio está fundada en la continuidad.

O sea, el cambio tendrá que venir a través del trabajo que van a ir haciendo, no sólo como Terapia Familiar, sino como Terapia de pareja, que es la indicación específica.

(...)

... de Pareja e incorporando al grupo cuando haga falta.

Pero un cambio así tan... en una...

(...) el mecanismo que se necesitaría es volver a forzar este diálogo todo lo posible, para que eso no se olvide.

Bueno, no sólo eso. O sea, yo creo que hay que seguir trabajando con los duelos, hay que seguir trabajando con las culpas, hay que seguir trabajando el desvalimiento de ella, la ausencia de él, las alianzas y coaliciones entre los subsistemas.

Hay que seguir trabajando todo esto, hasta lograr que esas cosas que han venido funcionando de esta manera, empiecen a funcionar de otra.

(...) (muy baja la voz) ... hay como un inicio de ambos. Tuvieron que visualizar cosas y rescatar...

O sea, tenemos que seguir trabajando con la ruptura de la simbiosis, de la simbiosis madre- hijo, la ruptura de las coaliciones, el establecimiento de nuevas alianzas, el fortalecimiento o no de la alianza marital.

Digo, o no, porque a lo mejor la línea va a ser trabajar la separación de la pareja.

(...) ... un permanecer, la madre con sus dos hijos.

Yo, en principio, habitualmente, ideológicamente, o por características personales, soy pro-pareja.

O sea, cuando viene una pareja, una familia, trato de, algo así como de reparar lo destruido y reconstruir nuevos puentes.

(...)

Claro.

Pero, no siempre se puede.

Entonces, uno, así como hay jueces divorcistas y jueces antidivorcistas, los terapeutas también ¿cierto?, también, seguro.

Y decir que, el asunto de la neutralidad terapéutica, es un cuento, no existe la neutralidad terapéutica.

El terapeuta es una persona, tiene su propia historia...

Podrá tener elementos técnicos y teóricos, que le permitan tomar distancia, funcionar con cierta distancia óptima, pero lo de él está, está presente en todo.

El asunto es saberlo, tenerlo en cuenta, y cuando uno lo tiene en cuenta, lo puede manejar mejor.

Pero, neutro, no hay nadie.

Por de pronto, el principio de Indeterminación de Hisenberg Uds. lo conocen, es decir, cámara de niebla de Wilson, bombardeamos un electrón ¿sí? Y, ¿qué es lo que se ve?, que la acción del observador, modifica la secuencia, es decir, y que además, no podemos medir al mismo tiempo la posición de una partícula y la velocidad que tiene.

Es imposible determinar al mismo tiempo, la velocidad de una partícula subatómica y determinar el lugar.

Y esto pasa lo mismo cuando trabajamos con una familia.

Porque la intervención del observador, que no es un observador, es un observador participante, ya está modificando la acción. Y porque el observador no es neutro.

De la misma manera que no es neutro el bombardeo que hacemos en la cámara de niebla.

Ese es el principio de indeterminación de Hisenberg.

(…) (no se registra la pregunta pues está hecha en un tono demasiado bajo)

Bueno, con respecto a eso del cuadro, que les conté al principio, de las Meninas, de Velázquez, les quiero agregar algo. Hay algo que no les comenté.

Acá, donde está el señor que sale por la puerta de atrás, hay un detalle. Hay una gran, intensa, luminosidad. Es la parte más luminosa del cuadro.

Todo el cuadro de las Meninas, si bien los colores son muy lindos, pero son oscuros, son medio oscuros, son tenues. Acá es una luz brillante que entra desde afuera.

Entonces, la parábola sería lo que les dije antes ¿recuerdan? Cuando les decía que sólo el que trata de salir, es capaz de ver todo, y si lo llamaron, tal vez pueda intervenir ¿si?

(…)

Bueno, entonces, les quiero, antes de terminar, hacer un comentario con respecto a los próximos Seminarios y la apertura del ciclo anual de mi Escuela.

Lo hago regularmente, todos los años, más o menos tres Seminarios por año ¿cierto?

Habitualmente son en Abril, Junio y Noviembre. O a veces Agosto o Julio. Por ahí. O sea, uno es a principio de año, otro es a mediados de año y otro cerca de fin de año.

Para el año que viene el de Abril probablemente se haga… o antes o después, yo en Abril voy a estar en Costa Rica, hay un Congreso Mundial de la Adolescencia, y son Cien años de Psiquiatría en Costa Rica, junto con Cien años de Democracia en Costa Rica, interrumpidos.

El Premio Nobel de la Paz, Arias, hace entrega del poder.

Y, entonces, en esto, junto con los festejos de los cien años de Democracia, se hacen los festejos de los cien años de Psiquiatría, cumple cien años la Asociación Costarricense de Psiquiatría y Psicología...

(...) cumplen cien años de que no tienen Ejército.

Y cien años que no tienen Ejército.

Por eso está la Democracia.

Bueno, y yo voy a ir invitado para hablar sobre Familia y Adolescencia, entonces en abril no voy a estar este año acá.

Pero el Seminario se va a hacer o antes o después.

O a fines de Marzo o a principios de Mayo. Yo les voy a avisar, yo tengo los teléfonos de todos.

La Escuela, es un Curso Bianual, comienza todos los años en Marzo, a mediados de Marzo, y, hasta el 30 de Noviembre, dura dos años, tiene un primer cuatrimestre con desarrollos teóricos, el Primer Cuatrimestre lo doy íntegramente yo, dando todos los desarrollos teóricos de distintas Escuelas, o sea, distintos enfoques, tanto psicoanalíticos como sistémicos.

Dentro de lo Psicoanalítico, especialmente tomo lo de Pichón Rivière, que fue mi gran maestro, y otras cosas más también.

Y dentro de lo Sistémico tomo, digamos, tomo todas las líneas, pero fundamentalmente, el Enfoque Estructural de Minuci, el Existencial Gestáltico de Virginia Satir, el Existencial de Whitaker, y el Paradojal de Cervini Parasoli.

Y otras cosas que vamos picando.

Y luego, porque esto es una introducción teórica general, con las principales líneas. Obviamente, después cada uno tiene que seguir estudiando, porque, así como les digo que con un solo Seminario de éstos, nadie sale un Terapeuta Familiar, también les digo que con ver en un Cuatrimestre, todas estas líneas, no se las puede ver en profundidad, Es una introducción.

Y luego viene un Segundo Cuatrimestre, donde trabajamos con Videos, terapias familiares hechas por Minuci, por Mara Cervini Parasoli, por Whitaker, etc.

O sea, yo tengo los Videos de todos ellos, pero los vamos trabajando en vivo y en directo.

O sea, desde la Clínica, ahora.

Luego viene un Segundo Año en el cual ya trabajamos con familias en vivo, en cámara Gesell, haciendo un adiestramiento de Terapeutas en cámara.

Con co-terapias y con todo el trabajo que habitualmente saben, a través del espejo.

Bueno, va a haber una reunión informativa, un poco más ampliada de todo ésto que les estoy explicando, va a haber una reunión informativa o a mediados de Diciembre, si hago a tiempo de planificar las cosas, o sino, a principios de Marzo.

Entonces, yo les voy a avisar para que los que quieran asistir, puedan asistir a la reunión informativa.

Y cualquier dato que Uds. quieran solicitar, tienen los teléfonos de mi Escuela, pueden llamar, y si me quieren hacer alguna pregunta, también.

(…) (no se registra)

Bueno, por ejemplo, este año se dictaba Martes y Jueves.

No porque sea dos veces, la Escuela funciona una vez por semana, una hora y media, ¿si? Pero había dos turnos: uno era los Martes a las 19 y otro los Jueves a las 14.30.

Para el año que viene, voy a poner también, un grupo con horario diurno y otro grupo con horario nocturno, porque siempre hay gente que le conviene más, justamente, por razones laborales, ir de noche, y otros que les conviene más, o sea, no llegar tarde a la casa, por la familia, por ejemplo, por la propia ¿eh?

(…)

Entonces, nuevamente va a haber dos horarios, todavía

no tengo los días, pero va a haber dos horarios, uno diurno y otro nocturno.

¿Qué más?

(…)

Ahí afuera me preguntaron…

Seminario: Duelos
(Familia Vasca)

Lado2

(…)

Me he resignado y he perdido el 100%

(…)

El comienza con una nueva arremetida crítica y hay de víctima, ya de víctima, que ha perdido todo, el 100%, porque se ha tenido que adaptar a ella, ha perdido todo.

Entonces vamos a tratar de redefinir esa pérdida de otra manera.

(…)

Tomo las palabras de él. Él dijo eso.

(…)

Ella discute conmigo

(…)

… le pregunta qué es lo que ella no le perdona

(…)

Tengo un estado de nervios, hace tanto, hace tanto, dice, de eso.

(…)

Yo le pregunto por qué se desvaloriza tanto ella.

(…)

Lo que ella cuenta, es todo lo que ella ha sufrido con este hijo, con las enfermedades gravísimas que pasó desde chiquito, y entonces, esto que cuenta, es parte de lo que yo le pregunté a ella.

O sea, qué es lo que no le perdona a él.

Y aparte de lo que no le perdona a él es todo esto que ella pasó con este hijo, porque ahí es donde ese padre no estaba.

(…)

Bueno, vamos a ver.

(…)

Es decir, que él estaba poco tiempo en la casa. Que él

participó de distinta manera, porque él estaba poco tiempo en la casa.

Esto es lo que no le perdona. Una de las cosas que no le perdona ¿si? Se encontró muy sola.

(...)

Bueno, vamos a hacer otra escenificación. Ahora vamos a trabajar con la pareja conyugal, y como están sentados uno al lado del otro, mirándome a mí, voy a directamente cambiarlos, en el mismo lugar en que están, pero cambiar la posición de las sillas.

O sea, los voy a poner enfrentados, frente a frente. De tal manera que se tengan que mirar entre ellos y tengan que trabajar entre ellos acerca de qué es lo que pasa con toda esta historia.

(...)

Bueno, en fin, la mejor sonrisa Kolynos.

(risas)

Cuando yo empiezo a hacer esto, que esto es una dramatización. Uds. saben que en una dramatización no se puede interrumpir, la dramatización.

Más de un Terapeuta sabe que si yo voy a hacer ahora una dramatización, donde se están compenetrando los protagonistas con respecto a los roles, y van a tener que discutir entre ellos.

Él empezó a intervenir para, con otra cosa que yo ahora no lo registro bien porque no se entiende, pero era nada que ver. Entonces, cortaba totalmente el hilo de la dramatización.

Es decir, si interrumpía, la dramatización esa se moría.

Entonces ahí lo paré en seco. Pero no en seco, digamos, violentamente, sino con vaselina, perdón, no era en seco.

Lo paré con dulzura, con cariño, con una sonrisa, pero le dije stop, basta, hasta acá, más no.

En esa intervención es un sabotaje.

Ojo, en otras que hizo, no, y yo tomé lo que él trajo, ¿eh? Y era importante. Pero acá es un sabotaje, entonces, stop.

(...)

Yo quiero que Uds. hablen de esto.

(...)

A los nueve meses con fiebre, no se supo lo que tenía, éramos nuevos aquí, prácticamente. Fui con médicos de pago, o sea cooperativos, de un sitio a otro sitio, lo fui llevando, no había plata para medicamentos, para tantos médicos. Venían mis hermanas, venía mi madre, me ayudaban, con plata. Y el padre no.

No le alcanzaba el sueldo...

(...)

Me parece que Ud. le está queriendo decir algo ahora con respecto a la familia...

(...)

Bueno, muy bien.

Entonces, faltaban dos minutos faltaban, bueno, te adelantaste en dos minutos.

Bueno, ahora como ven, nuevamente me pongo de pie, me acerco y ahora la apoyo a ella ¿sí?

La abrazo, la toco. Y vamos a hablar de cosas que le están pasando a ella con respecto a la familia del marido, porque obviamente, acá, todo lo que aparece es la familia de ella, cómo ella se ha refugiado en la familia de ella.

Pero ¿qué pasa con la familia del marido? ¿Cierto? Bueno, vamos a ver lo que pasa.

(...)

¿Qué pasa con que la familia suya se preocupaba y la familia de él no?

(...)

O sea, ¿por qué hago esta intervención?

Porque yo veo como remarca ella, la intervención, la preocupación y la ayuda de la familia de ella, ¿estamos? Y no menciona nada de la otra.

(...)

Quién se ha preocupado ha sido mi familia, para todo.

(...)

Estoy de acuerdo, dice él.

(...)

Aceptó.

(…)

Perdón, yo voy a interrumpir porque a mí me parece que hay algo que Ud. tiene, y que ella no.

(…)

Sí, sí, son pañuelitos de papel, porque, y además porque hacía mucho calor ahí, te digo que hacía más de 40° entonces, son pañuelitos para la transpiración, para secarse.

(…)

Claro, él lo que dice es que la familia de él nunca le hizo nada, pero que ella nunca permitió que se acerquen.

Hay que ver, hay que ver de los dos lados, siempre, siempre a dos puntas, ¿cierto? Bueno.

Pero yo aquí voy a agregar algo.

Es decir, estoy nuevamente emitiendo una hipótesis ¿sí? De ella frente a la familia de él, es porque, por ejemplo, ella perdió a sus dos padres. Los padres de ella murieron, mientras que los padres de él estaban vivos hasta hace poco y ahora hace poco murió uno, pero está vivo el otro.

Entonces, si hubo algún tipo de… digamos de envidia porque estaban los padres vivos de él y ella no los tenía.

Son hipótesis.

Yo, en este tipo de entrevistas, hago múltiples intervenciones, trato de rastrillar, de buscar, me quedo con algunas líneas, con otras no pero voy tocando, voy tocando, y de lo que voy tocando, termino sacando luego, cuando hago esa síntesis de redondeo, las líneas que encontré eco, ¿sí? Que hay resonancia.

Porque uno puede hacer una intervención y resulta que no pasa nada.

O uno hace una intervención y la familia se produce toda una movilización, una respuesta, un enganche y una resonancia.

Además, son videos didácticos, éstos, donde, atrás de cámara, había como 50 terapeutas vascos en cámara, que Uds. después van a ver la escena del trabajo con los terapeutas vascos, que es muy linda, y yo trato de mostrar diferentes líneas, diferentes hipótesis, lo más que pueda en una sola entrevista.

Esta es una entrevista de sesenta minutos. O sea, todo esto pasa en sesenta minutos, todavía falta, falta bastante.

(...)

Sí, duelos de ella, más duelos de ella, vive la madre de él.

(...)

O sea, ella cuidó a la madre en esa agonía, fue muy duro.

(...)

Dice que no, no, por favor, como voy a pensar yo una cosa de esas.

(...)

En eso me parece que está equivocado Ud. a lo mejor soy yo la equivocada, dice despúes.

(...)

Bueno, ¿recuerdan lo de los ojos en la nuca?

Mientras yo estaba hablando con los padres todo esto, estaba de espaldas, allá. Yo estaba mirando a este señor, a esta señorita y a este señor. Y desde acá se ve, y se escucha también.

Y él y ella se habían movido y habían hablado algo entre ellos, que yo no había escuchado que decían.

Pero algo había pasado allá atrás, mientras tanto.

Entonces, vamos a ver qué pasó.

(...)

Mientras papá y mamá hablan de sus cosas.

(...)

O sea, le quitan importancia totalmente, diciendo no, no estábamos hablando, estábamos diciendo que hacía calor. Lo cual es cierto, puede ser, pero ¿tendrá algún significado eso?

Puede ser, hacía calor, es verdad. Pero se estaba poniendo caliente la cosa ¿eh?

(...)

Estamos adelantando, sí.

(...)

No, no hablan.

(…)

Hay diálogo, una pequeña introducción, un minuto, y después no, no hay nada, lo único que hay es bronca.

(…)

Él relaciona todo lo que pasaba entre los padres, con los problemas que hubo en sus hermanos, ¿sí?

O sea, que su hermano tuvo que dejar los estudios, la hermana tiene los síntomas que tiene, y lo relaciona con las pelas que había entre los padres, o la no relación también.

(…)

Lo que él dijo es que apenas pasa algo en la casa, enseguida (en la casa de ellos), ella enseguida corre a contarlo a la familia (se refiere a la familia de origen)

Pero habla de la familia de origen de ella como la familia, que "apenas pasa algo, ella corre a contarle a la familia".

Como si la familia estuviera afuera.

Ojo, que acá hay que ver dos cosas.

Una es el tipo de, como dijimos antes, duelo parental no elaborado. O sea, esta mamá no cortó bien, no pudo separarse bien del grupo familiar de origen, ¿sí?

Pero también tenemos que ver qué pasa con el marido.

O sea, que le ofrece el marido, o que le ofreció, para que ella pudiera hacer ese corte, esa separación.

Porque sin el sustento de la figura parental, es muy difícil que ella pueda cortar el vínculo ese.

Tampoco tenemos que verla a ella como un monstruo, ¿está claro?

(…)

Bien, entonces, ahora, yo le di intervención nuevamente a los hijos, ¿sí?, cuando estábamos haciendo esta dramatización, porque percibí los movimientos de ellos y porque además estaban quedándose sino totalmente excluidos y afuera.

Y si no ¿para qué están ahí presentes? ¿Sí? Muy bien.

Entonces, pero ahora, lo que voy a hacer es tratar de marcar que pasó con los hijos y qué pasó con Juan José, qué lugar ocupa Juan José.

Porque estas intervenciones de Juan José, que por un

lado son muy precisas, por otro lado son también una mezcla de coalición con la madre, en contra del padre…o sea, está ocupando un lugar este hijo, que no es el que le corresponde. Entonces veámoslo.

(…)

Ven, como ahora rescato al final, el comienzo de la sesión.

Porque uno puede señalar al comienzo por qué se sentaron ahí, pero uno puede registrarlo y usarlo en el momento oportuno, uniéndolo al material que va apareciendo.

(…)

O sea, él es un Portavoz…

(…)

…enfermándose, a veces dice lo que le pasa entre los padres, enfermándose.

(…)

Acá los problemas que ha habido entre mi mujer y yo, han sido a consecuencia de la familia.

Se refiere a la familia de ella, nuevamente.

(…)

Sí, sí, por supuesto.

Digamos… lo que pasa, cuando un hijo que interviene de esta manera en una sesión familiar, la pregunta que el Terapeuta tiene que hacerse siempre es: ¿sobre los hombros de qué padre está montado ese hijo, para poder ponerse en alto?

O sea, que tipo, y vuelvo a lo que dije antes, ¿qué tipo de alianza ha establecido con uno de los padres, o coalición, mejor dicho, que le permite dirigirse al otro padre desde esa altura?

Pero no por la alianza con los terapeutas, es por la alianza con la madre.

(…)

Bueno, él no sabía dónde me iba a sentar yo ¿eh?

Sí se sentó al lado del otro Terapeuta, pero no entre los dos. Yo, después, ubiqué yo mi lugar al final.

(…)

Ambas cosas, por momentos ha actuado como mediador,

como intermediario, sí, para mantener unidos, y por momentos, como en estas intervenciones hace claramente la coalición con la madre contra el padre.

(…)

Pues miren, yo sí, dice.

Mi aseveración es, en ese contexto y en ese lugar y de acuerdo a lo que está pasando ahí.

Estoy tratando de rescatar la familia como ésta familia, porque están hablando de la familia como de otra, la de afuera.

O sea, las cosas no son tan así.

La familia es todo. Está la familia nuclear, que son ellos y está la familia extensa, que abarcan las otras generaciones, ¿estamos?

Y obviamente lo trigeneracional es fundamental, y por algo yo mismo le di tanta importancia e investigué lo trigeneracional.

No vamos a dejar afuera a los abuelos, nunca.

Pero, en ese momento, situacionalmente, lo que voy a tratar es de rescatar el contexto familiar éste, por sobre lo que están definiendo ellos como "la familia", afuera.

(…)

Ya tiene mucha familia ella, y él está solo.

(…)

Perdón, me tuve que salir, porque cada vez que me veía, me hablaba a mí.

(…)

Él también. O sea, la tendencia es a evitar el diálogo, tal como lo evitan en la vida diaria.

Y lo que yo estoy haciendo ahí es trabajar, forzar el diálogo directo entre ellos. Y si me agarran en la línea de fuego, me enganchan.

(…)

Bueno, entonces, ahí ella trató cuando empezamos a hablar esto, de pedir auxilio y alianza con los hijos ¿estamos?

Entonces ahí si nos metemos, dejamos los chicos a un lado, ahora sí, y que puedan hablar entre ellos.

(…)

Que hablen tus hijos, que hablen…

(…)

Él se ríe y aprueba.

(…)

Sí, yo le diría, con él no se puede hablar.

(…)

Quizás en estos momentos sí.

(…)

O sea, ella me va a tratar de llevar a mí al pasado ¿sí?

"Con él no se puede hablar"

Pero en el aquí y ahora, aquí están hablando.

Lo que a mí me interesa ahora es que puedan seguir hablando aquí. Porque pueden hablar. Lo están haciendo.

(…)

"No tiene ni un diálogo formal".

(…)

Bueno, entonces dice que "yo dice", "hablo con mi familia, porque ellos me apoyan en todo. Si tienen que venir a ayudarme, vienen…"

(…)

Entonces, acabo de decirles que me parece muy bien que sean unidos.

Obviamente, yo voy a tratar de trabajar con la misma línea que es la de la ruptura de la simbiosis. De ella con sus hijos y de ella con sus padres o hermanos o lo que sea.

No, que rompa vínculos, sino simbiosis, que es otra cosa.

Pero le voy a dar connotación positiva.

Porque si yo acá la enfrento, pierdo, la pierdo.

Además, es un personaje importante en esta familia, tiene mucho poder en esta familia, no me conviene ponérmele en contra, tengo que hacer también alianzas con ella, tengo que connotarla positivamente de alguna manera.

Entonces la voy a connotar positivamente en el sentido de que me parece muy bien que sean unidos, porque el Martín Fierro dice: "los hermanos sean unidos, sea ésta la ley primera, si entre ellos pelean, los devoran los de ajuera."

(...)

De darle con Martín Fierro.

(...)

Le voy a dar connotación totalmente positiva a la actitud de ella con la familia de él.

Todo lo que ella hace, digamos, atacando a la familia de él, es para ayudarlo a él y protegerlo a él de la familia de él.

Y para eso, ella se hace cargo de decir las cosas, que él, siendo miembro de su familia, no puede decirlas. Ella, desde afuera, puede. Es buena, y lo cuida y lo protege.

(...)

Y el lugar, y el lugar que ella ocupa y el lugar que ella toma de él mismo, ella le critica a la familia de él cosas, que a lo mejor él no puede criticar a sus propios padres o hermanos, precisamente porque está enganchado emocionalmente.

Vamos a dar vuelta toda la tortilla.

(...)

"Ella me quiere mucho, eso lo sé de sobra"

(...)

O sea, ahora le dimos otra vueltita de tuerca.

Así como antes la había agarrado a ella para decirle por ahí si le envidiaba de él que tuviera a los padres vivos, y ella no, y todo lo demás, bien, ahora vamos a ver si él no le envidia que ella tenga una familia tan unida, que se preocupan, que la cuidan, que traen plata, que ayudan, y él es de una familia dispersa, cada uno por su lado, ¿eh?

Tipológicamente son dos grupos familiares.

Uno es esquizoide, el de él. Y el de ella es epileptoide, tipológicamente.

Digamos, en otros términos, uno es disperso, grupo familiar centrífugo, y el otro es centrípeto, el epileptoide, ¿sí?, es aglutinado, pegoteado.

En términos de Escuela Estructuralista, Minuchi, sería familia con, una tiene fronteras... en una prácticamente no hay fronteras, o sea, son laxas, tan laxas que casi no existen, y en la otra, las fronteras son muros, directamente.

(...)

Porque, claro, yo le digo, y él me dice "no, no", porque va a negarlo, pero él me decía que él estaba solo.

(…)

"Yo soy hombre, y el hombre se arregla solo, es diferente".

(…)

"Nosotros nos queremos los hermanos".

(…)

Bueno, dice, "nosotros nos queremos los hermanos, pero somos diferentes. En la familia de ella pasa una cosita así y ya están todos pegoteados. En cambio, nosotros, no".

Y entonces dice, "apenas pasa una cosita, entonces ya están ellos contándose". Y ella dice: "no, contándose no, actuando".

O sea, concreta, presencia física.

"Me necesitan, yo los necesito, ahí estamos"

(…)

"Si Juanjo se opera, mi hermano vino".

(…)

"Cuando la operación del chaval, me llamaban por teléfono todos los días"

(…)

"Salió de la operación, y llamó desde una cabina, desde donde podía, llamaba"

(…)

O sea, que la familia de él ni preguntó, ni llamó, ni se acordó, y cuando ella dijo, estaban en babia, ni sabían que se había operado.

Y es que la madre de él, la suegra, se olvidó.

(…)

"Mi hermana pagó mis gastos"

(…)

Ahora rescato la prehistoria.

(…)

Yo sigo también largando hipótesis de las cosas que ella no le perdona a él, por las cuales no está dispuesta a volver a casarse nunca.

Volver a casarse es una forma de decir. Están casados.

(…)

No, no, no. Al padre también.

Siempre que trabajo con familias me dirijo a los padres designándolos como papá y mamá, mientras que a los hijos los llamo Juan, Perico y Andrés, los tres calzan Llavetex.

(risas)

Perdón, eso es por mi edad. O sea, cuando Uds. Nacieron ya no estaba esa propaganda.

Entonces…algunos se la acuerdan ¿no? Algunos se la acuerdan, fue muy famosa.

(…)

Hay que renovarlos…

Entonces, yo jerarquizo de ésta manera, el rol jerárquico de madre y padre, siempre. A los hijos los llamo con el nombre que tienen.

Bueno, entonces, estamos haciendo una nueva recapitulación dentro de la cual incluyo cosas de la prehistoria, trato de ver si ella no le perdona tampoco esto.

Obviamente no le perdona aquello de haberse casado embarazada.

(…)

¿Por qué dije esto? Porque es muy común cuando…

Si es que murió el hijo, ¿cierto?. Y estaba entre los dos. Y, es muy fácil que cada uno… Porque la culpa es muy grande, así que lo más fácil es ponerle la culpa a otro.

Es decir, tratar de sacarse el peso de encima, ¿quién lo aplastó de los dos? A lo mejor no lo aplastó ninguno, pero es muy fácil que cada uno piense que lo aplastó el otro.

(…)

JJ: "Mamá se ha separado de papá, y no se ha vuelto a casar"

(…)

Perdón, véanlo realmente, porque es muy importante detectar los movimientos de todos ¿no? Frente a las intervenciones.

(…)

Voy a tratar ahora de redefinir eso que él denominó que

él cede, ¿no es cierto?, a veces para no pelear. Tratar de redefinirlo de otra manera. Darles otra visión. Darle a él otra visión de lo que significa ceder.

O sea, un poco apunto a que no siempre ceder es someterse.

Existen, lo que se llaman con-cesiones. Son cesiones en conjunto, en una pareja. Concesiones son cesiones donde uno cede hoy, porque sabe que el otro va a ceder mañana, o uno cede en una cosa porque el otro cede en la otra, ¿está?

(...)

La cara de Juan José...

(...)

Chivo Expiatorio[1]

Silvia Graciela. Meresman,
Supervisión: Prof. Dr. Marcos Berstein.

Introducción

Desde sus orígenes a los hombres les resultó difícil asumir sus errores y responsabilidades de sus actos. En el Génesis del Antiguo Testamento, cuando Dios descubre que Adán y Eva, habían comido del fruto de conocimiento y los increpa, se encuentra con una reacción nueva: la de culpabilizar al otro, por actos propios. El hombre acusa a la mujer, que lo convenció y la mujer acusa a la serpiente. Así fue que en una de las primeras historias contadas sobre la humanidad, todos buscan el culpable en otros.

Sin embargo, a pesar de todas las intenciones de deshacerse de las responsabilidades, hubo consecuencias sobre sus actos sobre todos los integrantes de este extraño trío.

Siguiendo con el Génesis y quizás la prehistoria el Chivo Expiatorio, aparece con la muerte de Abel a manos de su hermano Caín. No sólo no se responsabiliza por su crimen, sino que confunde la situación contestando a Dios: "¿Acaso debo ser el guardián de mi hermano?" Aquí también hay consecuencias: el destierro, se lleva las culpas hacia otro lugar. El mal es expulsado del lugar, así los que quedan son los

---

[1]   Curso de Posgrado Operador Familiar. Modulo 1-Universidad Nacional de Lujan. Departamento de Ciencias Sociales- Centro de Asistencia Técnica.

buenos, ellos como familia, no asumen la responsabilidad en la rivalidad fraternal, el único culpable es Caín...

En la historia de Jesús, también aparece el tema de la expiación: muere para redimir al pueblo. Se sacrifica por ellos y paga sus pecados.

Y siguen los ejemplos: en la Inquisición Española con la persecución de las mujeres y "herejes" como culpables de todos los males. Los nazis en Alemania, culpando a los judíos de todos los males de la humanidad. Y los ejemplos siguen: los inmigrantes en todo el mundo "que dejan sin trabajo a los nativos". Y en el trabajo, en los grupos operativos, siempre a mano: "el Chivo Expiatorio" para calmar la conciencia.

Orígenes del Término

En la Torá (Viejo Testamento), en el Levítico aparece la siguiente indicación:

Lev 16:5: Recibirá de la comunidad de los israelitas dos machos cabríos para el holocausto.

Lev 16:6: Después de ofrecer su novillo por el pecado como expiación por sí mismo y por su casa,

Lev 16:7: tomará Aarón los dos machos cabríos y los presentará ante Yahveh, a la entrada de la Tienda del Encuentro.

Lev 16:8: Luego echará suertes sobre los dos machos cabríos, una para Yahveh, y otra para Azazel.

Lev 16:9: Presentará el macho cabrío sobre el cual haya caído la suerte "para Yahveh" ofreciéndolo como sacrificio por el pecado.

Lev 16:10: El macho cabrío sobre el cual haya caído la suerte "para Azazel" lo colocará vivo delante de Yahveh para hacer sobre él la expiación y echarlo al desierto, para Azazel.

Como se entiende por estas indicaciones, la ceremonia del chivo expiatorio, fue una práctica de los judíos en la antigüedad. El gran Sacerdote, se vestía de blanco y se purificaba con anterioridad en un baño ritual. Llegaba el Día de la Expiación: día en que se purificaban las culpas por medio de un sacrificio. En esa ocasión se elegían machos cabríos, que debían ser totalmente parecidos en su aspecto, altura y su precio de venta. Posteriormente se hacía un sorteo y se echaba la suerte de los dos: uno de ellos era entregado a Jehová, elegido para el sacrificio. El otro era enviado al campo, abandonado a su suerte, para Azazel- una de las interpretaciones de Azazel, es que se trata de un demonio y otras se refieren a un lugar desierto y desolado-.

Anteriormente a esto, el Gran Sacerdote confesaba los pecados del pueblo de Israel. La gente seguía al macho cabrío en medio de insultos y pedradas. De esta manera se expiaban las culpas.

Muchos judíos siguen realizando esta ceremonia en nuestros días (utilizando una gallina o billetes de dinero). Hoy el concepto es diferente: funciona como vehículo para simbolizar lo que debiera sufrir el trasgresor y de esta manera marcarle su obligación futura de enmendar su conducta. Dicho de otra manera, el objeto (en este caso la gallina o el dinero), no libera de responsabilidad ni de sufrimiento, sino que simplemente provoca que no tenga que sufrir físicamente lo que está sufriendo emocionalmente. Es un camino hacia la liberación personal, el arrepentimiento y la reparación, al haber reconocido los males propios. Se interpreta en el judaísmo que de esta manera al colocar afuera lo que le está sucediendo internamente, se cristaliza un equilibrio personal con el entorno.

Diferencias entre la Torá y la Psicología Social

a) En la psicología, el Chivo Expiatorio es una persona o un grupo mientras que en la Torá es un objeto en este caso un macho cabrío (o en la era moderna: dinero)

b) Mientras que en la psicología nos referimos a un acto inconsciente, en la Torá es un acto ritual totalmente consciente.

c) La psicología se refiere cuando una persona o un grupo carga sobre una persona o un grupo, aspectos que pueden ser personales o grupales y que son rechazados por éstos. De esta manera pasan a ser considerados ajenos, mientras que en Torá hay un pleno conocimiento de los roles adjudicados: el pecador, el arrepentido, el lugar, etc.: todo está claro.

d) En psicología el sujeto (en el cual se deposita todo lo malo), pasa a tener defectos, deficiencias o diferencias (reales o no) muy notorias y molestas. En cambio en la Torá al objeto no se le atribuyen ni defectos ni deficiencias.

e) En psicología el Chivo Expiatorio es el culpable de todo, mientras que en la Torá es el que carga con los pecados ajenos: no son propios.

f) En psicología se persigue al chivo expiatorio y hay un ensañamiento hacia el mismo, lo que provoca una falta total de cuestionamiento, acerca de las conductas de los depositantes, en cambio en la Torá, sirve como espejo para entender las conductas inadecuadas o transgresoras, cuestionarlas y hacerse cargo de éstas.

g) En psicología es un acto destructor y negativo (al ensañarse con el objeto). A diferencia de esto, en la Torá es una actitud constructora ya que incentiva el reconocimiento propio de lo inadecuado, el arrepentimiento y la posible reparación.

h) Mientras que en la psicología se interpreta como una

manera de enmascarar la disfuncionalidad, en la Torá hay un deseo de crecer y elevarse[2].

Otros chivos expiatorios

Mani, un líder religioso persa, que vivió entre el año 215 a 276 DC, fundó el maniqueísmo, una religión que divide el mundo en dos fuerzas: la luz que era la bondad y la oscuridad que era la maldad, y que se enfrentaban entre sí. Todo aquel que no siguiera la doctrina de esta nueva religión, era el culpable de todos los males: el Chivo Expiatorio.

Festival de Targelia en Atenas antigua: se celebraba en el mes de mayo en honor al hermano Artemiso (el Dios Purificador) al que se le ofrecía pastel o sopa. Se elegían dos hombres feos (o criminales) y se los obligaba a recorrer las calles mientras se los golpeaba con ramas de higuera y tallos de cebollas. Después, se los echaba de la ciudad y se alejaban así las impurezas de todos.

Mayas de Centroamérica: Cuando finalizaba el año, hacían una figura del demonio que llamaban: Uuayayah. Luego colocaban esta figura enfrente del que debía gobernar el año entrante. Después de esta ceremonia llevaban la figura lejos de la villa para alejar todo mal[3].

En Roma Antigua: Frebruarius era el mes dedicado a la diosa Februa. Era un mes dedicado al sacrificio y ceremonias religiosas de expiación. Se realizaban como desagravio a los dioses por los pecados cometidos y por el descanso de las almas muertas.

En el Tibet, la fiesta más importante era la fiesta de Fin de año. Un chivo expiatorio era representado por un individuo

---

[2]   http://serjudio.com/rap1251_1300/rap1265.htm. Yehuda Ribco

[3]   http://www.scribd.com/doc/10936298/el-chivo-expiatoriomichael-a-galascio-sanchez

que huía de la ciudad, mientras se celebraban danzas sagradas purificadoras, en las cuales los bailarines se cubrían el rostro con máscaras.

En la Grecia Antigua se celebraba el ritual de Pharmakós. Se sacrificaba a alguien para purgar las tensiones acumuladas, especialmente cuando se notaba mucha violencia en la polis. La persona elegida iba en procesión mientras todos la escupían, insultaban y golpeaban en sus genitales, para finalmente lapidarla. Su cadáver era cremado y sus cenizas esparcidas. Para los griegos esta era la única forma de expulsar el mal de la comunidad.

Los Cafres de Sudáfrica utilizan una cabra que llevaban ante una persona enferma. Esta persona le confesaba sus pecados sobre el animal. Posteriormente dicho animal era abandonado en un lugar lejano y deshabitado fuera del poblado, al llevarse las confesiones, creían que de esta manera la enfermedad se iba a ir.

Los Chamanes de varias culturas americanas siguen utilizando un sapo para curar los dolores del enfermo. Frotan con éste la parte dolorida y luego lo sacrifican. Piensan de esta manera que al transferir el dolor al animal, desaparecerá inmediatamente.

En el Himalaya occidental, menciona Frazer que existe la costumbre de buscar un perro para que sirva de chivo expiatorio. Le emborrachan con alcohol y cannabis y luego lo matan a palos y pedradas. Así creen que no habrá enfermedades durante el año.

En algunos lugares de la India, cuando un viejo Rajah estaba enfermo, se buscaba un santo brahmán a quien se pagaba generosamente por llevar sobre sí los pecados del enfermo. El brahmán se abrazaba al rajah y exclamaba: "Yo llevaré vuestros pecados y vuestras enfermedades. Deseo que Su Alteza viva muchos años y reine felizmente". Después era desterrado del país a donde no podía volver nunca y dedicaría el resto de su vida a rezar por el alma del rajah (Frazer, La Rama Dorada)

En algunas localidades rurales españolas, queman un muñeco de paja al que llaman "Judas" en el cementerio, con lo que destruyen los males que les aquejan y propician la cosecha que vendrá.

En Oceanía, la expiación se celebraba enviando un pequeño "prao" mar adentro cargado con provisiones y una figura humana sobre la cubierta. Con esto estarían protegidos contra toda clase de plagas, ya que los demonios y los males se tiraban al mar.

En Roma antigua la ceremonia del Tíber del 15 de mayo era una festividad de purificación que se sucedía así: Una procesión presidida por los pontífices, los vestales, los pretores y la sacerdotisa de Júpiter vestida de luto, recogía, en cada una de las 27 capillas, una estatuilla de una figura humana atada de pies y manos que representaba a un individuo con taras. Luego eran tiradas al Tiber. Algunos autores antiguos suponen que originalmente eran ancianos terminales que se sacrificaban en épocas de grandes hambrunas, como la de 440 a.C. En época de Cicerón era común el dicho "(Tirar) desde el puente a los sexagenarios".

Diferencia entre Chivo Expiatorio y Chivo emisario

En el judaísmo el concepto de chivo expiatorio y chivo emisario no hay diferencias pero en la psicología se habla de dos conceptos diferentes.

El chivo emisario es el que está cumpliendo el rol del que lleva y trae información, el que genera alianzas (sea positivas como negativas), suele actuar entonces como portavoz y dinamizante del grupo.

El chivo expiatorio, por su parte, es el que está asumiendo el rol asignado por el grupo de ser depositario de todo aspecto negativo grupal. Es el que carga con la culpa colectiva, sin ser materialmente culpable.

Ambos roles, el de chivo emisario y el de chivo expiatorio,

son complementarios en los grupos; ya que esencialmente es desplazada sobre el expiatorio la culpa de los fallos ocasionados por la actuación no adecuada del emisario.

Pichón Rivière habla del concepto de Portavoz, para referirse al enfermo mental como depositario. Y aparece el juego de las tres "D": "... el enfermo mental aparece como el "depositario" de todas las patologías y ansiedades de su grupo familiar, los cuales son entonces los "depositantes". Y lo que "depositan o lo depositado" son justamente esas ansiedades, esa patología."[4] Hoy en día se utiliza el término de PI: Paciente Identificado. El enfermo es segregado de la familia y como es depositario de las ansiedades familiares, en el caso de la ansiedad de tipo depresiva, tienden a mantenerlo en la casa, pero en el caso de la ansiedad paranoica, se tiende a depositarlo en una institución y de esta forma, se separa "el mal de la familia". Con el síntoma él denuncia una situación insostenible familiar, habla por todos. Marcos Berstein, hace un juego de palabras con esta situación: el portavoz con lo que "enuncia", "denuncia". (Sic)

Distintos Roles en Grupos Operativos

Hay otros roles que pueden asumirse en los distintos grupos humanos, además de los anteriormente nombrados.

El emergente: Es aquél que "habla" primero acerca de lo que está sucediendo en el grupo (puede ser una situación interna o algo externo al mismo). Es una reacción primaria.

El Portavoz: Es el "denunciante" del grupo, de las ansiedades y las necesidades de todos. No habla por sí, sino por todos.

El Líder: Asume la organización de la tarea, es el que centraliza.

Chivo Emisario: Como se comenta anteriormente, es el depositario de todos los aspectos negativos, pero también

---

[4]   Contribuciones de Enrique Pichon Rivière a la psicoterapia de grupo. Marcos Berstein.

gracias a eso: preserva el trabajo del Líder ya que a diferencia de éste, en él se depositan todos loas aspectos positivos.

El Saboteador: Es el que resiste los cambios, se excluye, no ayuda, no puede manejar sus miedos personales.

El Coordinador: Es el que ayuda a los miembros a pensar, a superar los miedos y las ansiedades básicas.

El Observador: Generalmente no participa, retiene lo que se expresa a nivel digital y a nivel analógico. De esta manera colabora con la tarea del Coordinador.

El Moderador: Es el que toma todo lo manifestado, elabora y trata de colaborar posibilitando una comunicación fluida dentro del grupo.

El Secretario: Este es un papel asumido, por aquellos que son capaces de sintetizar y recoger información.

Bibliografía

Torá (Antiguo Testamento)
http://serjudio.com/rap1251_1300/rap1265.htm. Yehuda Ribco
http://www.scribd.com/doc/10936298/el-chivo-expiatoriomichael-a-galascio-sanchez
Los Juegos Psicóticos en la Familia. Palazzoli y otros.
Teoría de la Comunicación Humana. Watzlawick y otros.
Paradoja y Contraparadoja. Palazzoli y otros.
Contribuciones de Enrique Pichon Rivière a la psicoterapia de grupo. Marcos Berstein
Aperturas a nivel Grupal. Marcos Berstein.

Clase del Curso de Posgrado de "Operador Familiar"

Prof. Dr. Marcos Berstein

Primer Modulo

Historia de la Terapia Familiar

El término familia se utilizó en un principio para denotar a todos los miembros que vivían en una misma casa, incluyendo servidumbre, cautivos, esclavos y a toda su descendencia. Entre ellos había un acuerdo tácito a través del cual se debían protección y lealtad mutua. Esto ocurre desde el siglo XV hasta lo que hoy consideramos familia. Recién se considera familia como entidad única en el siglo XX, aproximadamente en 1930.

Luego de la primera guerra mundial, a causa de los hogares destruidos y los terribles conflictos familiares ocasionados por esta, surgen como una necesidad de estudio los fenómenos de crisis familiares. En 1929 surgen los primeros servicios de atención a familias y matrimonios con los llamados consejeros matrimoniales, conjuntamente con funcionarios judiciales y asistentes sociales.

Pero es recién en las décadas del 40, 50 y 60 que se desarrolla con más plenitud el estudio y trabajo con familias:

1) El Grupo de Palo Alto (California- Costa Oeste de USA) siendo sus principales exponentes Bateson G.(1956) Teoría del Doble Vinculo. Paul Watzlawick, teoría de la comunicación humana (1966). Virginia Satir, Desarrollos Gestálicos en terapia Familiar. Jackson, Bertanalfy, Teoría General de

los sistemas, Bowen, Murray, Lidz, Lyman Wynne, Searle, Rubistein, Haley, J, Boszormenyi-Nagy, I. entre muchos otros.

Estos investigadores centran su atención y su estudio en familias de transacción esquizofrénica.

2) Grupo de la Costa Este o Nordeste de EE.UU., siendo sus principales exponentes: Nathan Ackermsn, Salvador Minuchin, Carl Witaker, entre otros. Quienes tenían una fuerte formación psicoanalítica. Estos comprobaron que en muchas ocasiones el tratamiento individual no era suficiente. Dedicaron sus estudios a las psicopatías y patologías que derivan de un contenido social importante, como ser: delincuencia, drogadicción, violencia familiar, barrios marginales, etc.

Al mismo tiempo en Italia surgen otros Grupos, se crea la Escuela de Milan siendo sus principales representantes, Mara Selvini Pallazzoli, Giuliana Pratta, Bóscolo, Chéchin, que desarrollaron sus trabajos también con familias de transacción esquizofrénica, (Paradoja y contra paradoja). Por otra parte, en la baja o media Italia, precisamente en Roma, trabajan Luigi Cancrini, Mauricio Andolfi, quienes como en la Costa Este desarrollan sus trabajos en familias con problemáticas de drogadicción, delincuencia y violencia familiar.

Simultáneamente, Milton Erickson desarrolla la terapia con inducciones hipnóticas, (Escuela de Terapia Familiar con Hipnosis). Desarrollo Histórico Basado en el Cap. I de Ivan Boszormenyi-Nagy, "Terapia Familiar Intensiva".

Argentina Década del 40: Pichón Riviére (esto no figura en el libro) en forma pionera realiza los primeros enfoques en Terapia Familiar, cuando él trabajaba en el Borda, veía muchos casos de esquizofrenia notando que comienza a edades muy tempranas (adolescencia), y para esta época desarrollo su teoría de la tres "D".

1940-1950: La madre "patógena" y el padre "inadecuado":

- En 1940, David Levy describe a la familia con un miembro esquizo. Con una madre que tuvo a su vez problemáticas personales con su madre. Ha tenido falta de amor en su infancia debido a la carencia afectiva y trata de obtener de sus hijos lo que no obtuvo de su progenitora. Levy distinguió varios tipos de madres: sobreprotectora por un lado y por el otro la indulgente. Los hijos de madres de la primera clase se mostraban sumisos en el hogar, resultándoles difícil hacer amigos en la escuela y en la vecindad; asimismo mostraron problemas de alimentación y una carencia relativa de trastornos con el sueño o las evaluaciones. Los niños de madres de la segunda clase eran desobedientes en el hogar, pero se comportaban bien en la escuela y tenían buenas calificaciones.

- En 1948 Fromm y Reichmann, hablan de una madre "esquizofrenogénica", de tipo abiertamente ofensiva, insegura, dominante y rechazante; de tipo encubiertamente rechazante, y de padre esquizofrenogénico de tipo dominante, pero al mismo tiempo pasivo e indiferente. Forman una "díada", son socios.

En 1955 Thomas, estudio las relaciones madre-hija en 18 esquizofrénicas negras y llego a la conclusión de que las madres no soportaban la verbalización de la hostilidad. Las madres se mostraban excesivamente punitivas con las pacientes después de la pubertad; en la mayoría de los casos el padre estaba ausente por fallecimiento, abandono o separación.

En 1956 Galvin encontró que el excesivo control materno, que no reconocen fácilmente estas madres, se ejerce a través de incitaciones ante determinados hechos a la vergüenza y culpa.

A fines de 1940 y principios de 1950, se llevaron a cabo nuevos experimentos en materia de técnicas terapéuticas. Entre otros Ross (1948), Bauer y Gurevich (1952), Kirby y Priestman (1957) utilizaron la técnica de psicoterapia de grupo con pacientes esquizofrénicos y sus padres. En las sesiones se puso de manifiesto la gran dependencia emocional de las madres respecto a los hijos. La necesidad de sentirse superiores se mantuvo a costa de que las hijas se sintiesen despreciables.

- 1949 Kaner, al describir el autismo infantil, habla de la relación simbiótica madre-hijo, por la simbiosis el hijo no puede relacionarse bien con el mundo interno y con el mundo externo.

Década de 1950 y principios del 60: La Familia "Patógena":

- En 1957 Midelfort, plantea que el esquizofrénico esta presionado para mantener la subcultura familiar. Mantiene la construcción de la realidad que hace la familia, o sea los mitos. En este sentido es un adelantado porque ya en esta época habla de constructivismo sistémico. Asimismo asevera que la terapia familiar es un ejemplo de terapia de grupo y utiliza los "activos" existentes en el grupo familiar, para convertir en reales y externas u objetivas aquellas actividades que satisfacen las necesidades sociales y culturales de la persona.

- 1959/60 Bowen, llevo a los padres a vivir en el Hospital (hasta por periodos de dos años y medio) y a que participen activamente en la terapia. Vio que los padres hacían a los terapeutas depositarios del paciente. Es un antecedente de los modelos psicoeducacionales, en los cuales: A) El terapeuta, funciona como docente enseñando a la familia y educando acerca de la enfermedad, en como tratar al paciente; y B) Les enseña, a la familia, a construir realidades alternativas diferentes a aquellos mitos familiares patologizantes. Luego remarcó el inicio y la crisis de la enfermedad en la adolescencia, lo trigeneracional en el desarrollo de la enfermedad, y la mala alianza marital. Utiliza el concepto de "divorcio emocional" para explicar un rasgo importante de la vida matrimonial de los padres de esquizofrénicos.

- En 1957 Theodor Lidz y colaboradores, plantean como fundamental el rol del padre descalificante y la mala relación marital y por esta actitud busca refugiarse en el hijo. Aparece entonces una simbiosis madre-hijo y al mismo tiempo una coalición en contra del padre. Los autores subrayan que las familias esquizofrénicas no logran diferenciar claramente las dos generaciones que participan de manera más directa en las relaciones de la familia nuclear –haciendo un puente con Minuchin, hay falta de fronteras ente los subsistemas-. Diferencian a su vez dos tipos de relación matrimonial (véase Lidz, Cornelison, Fleck y Terry, 1957) a saber: A) Cisma Marital, las familias se mantienen unidas a pesar de las peleas y desacuerdos manifiestos; y B) Sesgo Marital o Desviación Matrimonial, en las cuales hay una armonía manifiesta que encubre los desacuerdos latentes.- no se habla de las diferencias, no es que no estén-. En estos dos procesos se observa un fracaso mutuo de los cónyuges en lo que respecta a satisfacer las necesidades de cada uno de ellos. Los cismas y desviaciones matrimoniales, tienden a preparar el camino para la seducción del hijo por parte de alguno de los cónyuges, con el objeto de formar una alianza patológica.

- En 1958 Lyman Wynne, desarrolla el concepto de "pseudomutualidad", donde todos armonizan a expensas de la identidad individual, entonces esta prohibida la divergencia porque implica una amenaza de disolución. Por consiguiente tienen que tratar de estar todos juntos y de acuerdo a costa de perder la individualidad. Mientras que en el caso de la verdadera Mutualidad, los miembros de la familia pueden experimentar un sentimiento de identidad personal y de separatividad en la pseudomutualidad, los miembros de la familia se esfuerzan por mantener una apariencia externa de uniformidad. Mucho tiempo después Carl Witaker, en el proceso o en el camino de la normalidad o la patología, marca como fundante la "Individuación con pertenencia". Haciendo un puente entre Wynne, Witaker y Berstein en una verdadera mutualidad tener pertenencia no significa negar las diferencias. Retomando a Wynne, se castiga al hijo si quiere independizarse (si desea manifestarse de alguna forma diferente), en este sentido el brote esquizofrénico es un intento de ruptura de la pseudomutualidad, constituyendo una manera patológica de independizarse.

- En 1956, Bateson, Jackson, Haley y Weakland, describieron la situación patológica de doble vínculo o doble ligadura de la siguiente manera:

Dos o más personas en la cual una resulta la victima.

Tiene que haber experiencia repetida o conducta recurrente del hecho.

Una instrucción negativa primaria, -"no hagas esto o te castigaré", denotado el castigo de no siempre abiertamente, distintas formas: manipulaciones, silencio absoluto, violencia, etc.

Una instrucción secundaria que contradice a la primaria en un nivel más abstracto. -"pero no veas esto como un castigo".

Una instrucción negativa terciaria que prohíbe escapar. No puede la victima hacer comentario alguno sobre la contradicción de los mensajes anteriores, esta prohibición puede ser explicita o implícita, manifiesta o latente.

La teoría del Doble Vinculo, toma la palabra vínculo de una etimología muy especial que significa: atar, envolver, aprisionar, encerrar, obligar, enlazar; también se puede traducir como doble lazo, doble trampa, etc. Es doble porque hay un Doble Mensaje, uno anula al otro. Por Ej. La madre que visita a su hijo internado en el Hospital, mientras que con las palabras le dice una cosa -"hijo querido como te quiero, como te extraño", con el cuerpo le dice otra, dado que cuando el hijo la abraza se queda rígida sin devolver el abrazo, el hijo la suelta y esta dice -"que pasa ya no la querés a mamá como antes". Transmitiendo rechazo, además impide comunicar el segundo mensaje por temor al castigo. El doble vínculo tiene como efectos: A) la víctima se ve atrapada en dos mensajes de distinto orden y contradictorios; B) no puede hacer comentarios sobre esos mensajes para corregir si discriminación y saber a cual debe responder, lo deja atrapado en el sistema familiar; son mensajes incongruentes junto con otros que niegan a tapan la incongruencia, dados los mensajes por uno o varios miembros de la familia.

- En 1960 R. D. Laing, en Inglaterra (Tavistock Clinic) sostiene que de una generación a otra hay: A) una inducción producida por generaciones anteriores, B) una proyección producida por generaciones anteriores y C) como la persona reacciona a esa proyección y a esa inducción. Ej. -"luisito es la imagen de su abuelo". Tomando así por lo menos tres generaciones para comprender una problemática actual.

- En 1961 Jackson habla de desventajas y ventajas de la Terapia Familiar. Como ventaja es que el uso de la técnica aumenta las posibilidades de romper con el "código" de comunicación del esquizofrénico. La desventaja primordial mencionada por Jackson, es el peligro de que la psicoterapia familiar produzca una grave desarmonía familiar y tenga como consecuencia periodos de trastornos psicosomáticos, separación y divorcio. En este trabajo menciona también los problemas inherentes a la relación entre los miembros del equipo terapéutico.

- En 1962 Boszormenyi-Nagy, sobre la base de experiencias de tratamiento individual y familiar emprendidos simultáneamente, desarrolla el concepto de "Complementariedad Patológica de Necesidades". Se intereso en establecer como las necesidades inconscientes de posesión en los padres, dan forma a la estructura psíquica del niño. Las necesidades inconscientes se transmiten al niño como rígidas demandas del superyo, que aquel acepta de manera pasiva. Los padres que se habían visto privados de sus propios padres por deceso o separación, tratan de recuperar al padre perdido, inconscientemente, a través de una relación con el hijo; el hijo se transforma entonces en padre de los padres.

- En 1962 Jay Haley describió a la familia, diciendo que es un sistema homeostático en el cual el cambio efectuado en una parte efectúa una relación en otra. El cambio puede ser efectivo si se produce en un punto clave.

- También en 1962 Framo ha examinado diferentes aspectos de la resistencia, la transferencia y el trabajo de equipo de la terapia. En el mismo año Prietman ha descripto la terapia familiar levada a cabo en el hogar del paciente; sostiene que este método tiene la ventaja de permitir la observación directa del hábitat natural de la familia. Asimismo Sonne, Speck y Jungreis estudiaron una forma particular de resistencia de las familias a la cual calificaron de "maniobra del miembro ausente".

- Investigadores europeos y de otra parte del mundo como: Lyketsos (1959), Main (1958), Ellies (1962), Howells (1961), y Shindler(1958), han aportado interesantes observaciones en el área de psicopatología familiar. Rubinstein (1960) ha propuesto un concepto de esquizogenia "que afirma que el proceso patológico se produce en el genus, la familia, en contraste al concepto de esquizofrenia que pretende que la enfermedad reside en el individuo.

- Aún en 1962 Nathan Ackerman señaló diferencias sustanciales entre psicoanálisis y terapia familiar. El modelo psicoanalítico es un fenómeno de una persona, es esencialmente no social. El modelo de la Psicoterapia Familiar es un fenómeno plenamente social considerando conjuntamente acontecimientos de origen intrapsíquico e interpersonal.

- Mucho más recientemente Salvador Minuchin desarrolla la idea de la familia como una estructura y trabaja con toda la familia aunque falten algunos de sus miembros (técnica de la silla vacía). Carl Witacker, trabajaba con toda la familia y si no concurrían todos no comenzaba la sesión obligando a la familia a participar toda (también extensa en alguno casos) de la psicoterapia. Pichon Rivière, decía que vengan los que puedan, produciendo el fenómeno paradójico de obligar a comprometerse, a tratar de concurrir, pero trabajando con los que están.

Problemas Cotidianos y el ciclo de la vida en el grupo familiar

Prof. Dr. Marcos Berstein

Milton Erikson desarrolló brillantemente el concepto de ciclo vital, dentro del grupo familiar. Es decir, que toda familia pasa por una serie de etapas y que en cada una de esas etapas suceden cosas. Un discípulo y yo, Jay Haley, expone detalladamente este ciclo en "Terapia no convencional, las técnicas psiquiátricas de Milton Erikson". Yo voy a retomar hoy estas ideas agregándole conceptos extraídos de mi propia experiencia clínica a través de más de 25 años de trabajar con familias.

En una época se creía que cuando alguien se enfermaba o tenía problemas de conducta era porque tenía una alteración biológica. Entonces se lo medicaba y listo. Posteriormente ya a fines del siglo pasado, con el advenimiento de Freud, se vio que existían problemas psicológicos que podían motivar esas alteraciones de la conducta y se descubre el mundo del inconsciente.

Pero seguíamos tratando a individuos. Realmente se ve que ese individuo que enferma no enferma por casualidad si no se enferma dentro de una estructura familiar determinada. Una estructura familiar que tiene su propia patología, de la cual él es un portavoz. Un depositario. Es emergente de una situación enferma que está en todo el grupo familiar, y de la cual él se hace cargo para denunciarla. Entonces él con lo que enuncia, denuncia lo qué está pasando en su grupo familiar.

Pero posteriormente, se vio que esto no sucedía en cualquier momento. No sólo no sucedía en cualquier familia, sino que no sucedía en cualquier momento. Sino en determinados momentos del ciclo vital de la familia.

Es decir, cuando la familia pasaba por ciertas situaciones de cambio, de una etapa a otra, y que se producían ciertas alteraciones en la estructura, en el sistema familiar, esto llevaba a que se produjera la emergencia de la enfermedad.

Para entender esto de la producción de la patología en el ciclo vital, vamos a ver cómo, para que se forme una familia, primero tiene que haber dos personas que se junten, decidan formar una familia.

Existe aquello que se llama el período previo a la formación de la familia que es el período del noviazgo. Es el período en el cual un joven conoce a una joven, se gustan, se atraen, se quieren, se enamoran, y juegan múltiples factores más, y deciden encontrarse y juntarse para formar una nueva familia. Múltiples factores juegan. Uds. Saben que todo encuentro es un reencuentro y que toda situación actual es heredada de otra, anterior. Y entonces cuando conocemos a alguien, algo de ese alguien nos recuerda, habitualmente, a algo de otro alguien.

Y cuando elegimos pareja, muchas veces, en esa búsqueda hay ese reencuentro con figuras muy arcaicas de nuestro pasado y de nuestro mundo interno.

Muchas veces figuras paternas o maternas, pues buscamos en el otro la reedición de ese vínculo, que por supuesto, como el otro no es ni papá ni mamá, ni podrá llegar a serlo, si luego no se cumple la expectativa, sobrevienen frustraciones.

De la misma forma que si uno espera encontrar en el otro una fuente de autoestima y el otro esperaba lo mismo de uno, resulta que los dos se van a frustrar mucho.

Hay múltiples expectativas que son explícitas, acerca de lo que se espera del otro.

Otras veces estas expectativas son implícitas, no están dichas, pero están pensadas. Se espera del otro, en la pareja, tal cosa. Pero muchas veces no son ni dichas ni pensadas, porque están en el inconsciente. Pero están.

Y cuando no se cumplen las expectativas sobrevienen problemas cotidianos en la pareja, porque el otro no es el que uno esperaba que fuera, lo que uno deseaba. El otro es como es y no como uno quiere que el otro sea.

A veces nos resulta difícil aceptarlo. En todas las etapas de la vida, y con respecto a toda la gente, no sólo a la pareja.

Obviamente, a medida que yo vaya hablando, se van a ir viendo identificados con cosas que digo y se van a empezar a mover en el asiento, van a hacer toses, pero es normal que ocurra esto.

Por eso como ponen al comienzo de las películas: "los hechos y sucesos que voy a relatar son imaginarios. Cualquier parecido o semejanza con la realidad, es pura coincidencia."

En este período de galanteo podríamos comparar incluso con los animales. Uds. saben que hay distintas especies que tienen distintos tipos de galanteo. Por ejemplo hay especies animales que se aparean unos con otros en cualquier momento, en cualquier lugar y con cualquier otro. Y van variando.

Hay otras especies animales que se aparean con otros sólo en épocas determinadas, o sea la época del celo. Ahí buscan pareja, sino no.

Hay otros animales que forman una única pareja en toda la vida. Existen sí. Uds. tal vez no lo sepan, pero existen son las orcas, los pingüinos y los gansos. Alguien dijo una vez: por eso se los llama gansos. Pero otro dijo: a lo mejor no son tan gansos ¿eh? Depende de cómo se lo mire. Los gansos forman pareja para toda la vida. Siempre con la misma pareja. Y si se muere no vuelven a formar pareja. Lo lloran.

Los seres humanos pueden hacer cualquiera de estas variantes.

¿Pero qué pasa cuando alguien no forma pareja?

Entre los animales se queda periférico. Un animal que no forma pareja y queda periférico es radiado del grupo, lo ponen aparte, no lo dejan entrar, no tiene territorio, no lo respetan.

Y entre los seres humanos pasa muchas veces algo parecido. Es decir que parece que es muy importante esto de formar pareja. Y luego la continuación en la familia con los hijos que es otro tema.

Pero tampoco tendríamos que pensar que aquellos que no forman pareja, necesariamente van a tener problemas. A veces vimos que no forman pareja porque es una elección. Hay que respetar a cada ser humano en la elección que hace para su propia vida. Y no porque haya ciertas pautas culturales, obligar a la gente a hacer algo que no quiere.

¿Qué pasa entonces cuando termina este período de noviazgo? Comienzan las parejas a asentarse. A conformarse como pareja. Establecen el matrimonio. Y acá viene algo muy importante.

Hoy día muchas parejas se juntan, y no se casan. Es bastante común. Cada vez más difundido. Hacen un período previo de convivencia para conocerse y ver si se llevan bien. Y si después ven que se llevan bien, ahí sí, se casan.

Pero la idea, habitualmente, es casarse en estas parejas. Aún cuando hagan el período previo. ¿Y por qué? Porque las ceremonias del casamiento son fundamentales. Lo mismo que son para los animales cuando se unen en una pareja.

Hay ciertos rituales que no son sólo para el casamiento. Los seres humanos por algo tenemos rituales y ceremonias. Que son para el casamiento de uno, que son para el casamiento de un hijo, que son para cuando un hijo ya es adolescente, que son para cuando alguien muere. Son rituales. Son muy importantes.

El del matrimonio, en todas las culturas que Uds. busquen, existe.

Entramos así a la etapa del matrimonio.

Si es que se habían casado para escapar de sus grupos familiares de origen, como a veces ocurre; algunos se casan para salir del grupo familiar y otros se casan para quedarse; pero en cualquiera de estos casos si la motivación inconsciente no era el amor que los une sino escapar del grupo, o adosar al otro al grupo, desaparecido el motivo que los llevaba a unirse, en estas parejas, en cualquier momento de la vida, va a haber problemas y entonces empiezan las dificultades conyugales, porque la motivación más importante ha desaparecido.

Los que querían salir del grupo, ya se salieron. Si querían adosar al grupo al otro, ya lo adosaron. Entonces ya ahora se quedan sin motivo.

Y viene una época muy importante porque tienen que llegar a entenderse. Porque no es fácil ponerse de acuerdo y porque empiezan a encontrar las diferencias.

Porque después de una época, una etapa que puede ser la luna de miel, puede ser la etapa previa, empiezan a ver al otro diferente de uno. Y que no están de acuerdo en todo.

Entonces, empieza esa lucha. Cada vez que dos seres humanos se encuentran, sea para formar pareja, o en cualquier situación, se da esa lucha que en el fondo es la lucha por el poder. Una lucha por el dominio. Que a veces no es por el placer de someter al otro y pisarle la cabeza. No, no es eso. A veces sí, pero a veces no es eso.

Es que, se da naturalmente: yo quiero salir esta noche a comer asado a la costanera y mi esposa quiere ir a un restaurante de Palermo. Y nada que ver la carne con la comida esa.

O yo quiero ir a comer pizza y ella quiere ir a comer fideos.

¿Y qué hacemos? Porque, a donde vayamos, uno va de alguna manera, a imponer la decisión sobre el otro y el otro va a tener que aceptar la elección de uno.

Y desde esas pequeñas cositas hasta: que si la noche cierro la ventana o abro la ventana. Esto pasa en todas las mejores familias. Es una lucha constante por cada pequeña cosa cotidiana, y entonces cuando él se duerme ella va y abre la ventana, o al revés, cuando ella se duerme, despacito va él y la cierra. Y así se pasan toda la noche.

Pero, ¿qué pasa? En esta estructura familiar que se está

gestando tiene que darse algún tipo de concesión. Saber conceder. Conceder es ceder con el otro. O sea, hoy será por vos, mañana será por mí. Hoy iremos a comer fideos y mañana iremos a comer pizza.

Si se puede lograr ese tipo de equilibrio, la pareja empieza a andar. Van a tener que acordar formas de relacionarse, no sólo entre ellos sino también con algo muy importante, que es, con las familias de origen. Y éste es un capítulo especial.

Porque además, yo les diría que las familias de origen entran a jugar fuerte, incluso antes, en el período de noviazgo, en la elección de la pareja.

Hay culturas en donde hasta el día de hoy son los padres los que eligen la pareja del cónyuge.

Y aún en las parejas donde eso no ocurre, de esa manera tan directa, la influencia y la participación de las familias de origen es fundamental.

Y esta participación puede ser buena si de lo que se trata es de orientar. Por ejemplo los padres tratan de orientar al hijo que es joven, quien empieza su vida. Y esa orientación es buena. Que los padres lo hagan. No dejen de hacerla. Porque si no, sería desentenderse de los hijos. Y no participar para nada en la vida de ellos.

Pero, el problema es que a veces, esa participación se convierte en una imposición, un sometimiento. Ahí si empieza una situación que puede ser conflictiva. Pero la participación siempre yo diría que desde que se empieza a formar una pareja hay dos parejas de padres, de los dos lados; entran a jugar, incluso ya para ver qué tipo de dominio ejercen sobre la futura pareja. Y quién va a tener la manija. Si los padres de ella o los padres de él.

Y eso se empieza a jugar de entrada. Pero, ¿qué pasa?

Una vez casados, viene la etapa en la cual hay que acordar, estar de acuerdo, en la forma de relacionarse con la familia de origen. Porque no es fácil, porque hay que buscar equilibrio.

Hoy por ti, mañana por mí: si para Navidad vamos a cenar a la casa de los padres de ella; para Año Nuevo iremos a la casa de él.

Se juegan los mismos partidos en cualquier cultura, en cualquier religión. Y si no se juegan bien, pueden traer serios problemas en la vida cotidiana. La de todos los días. En realidad, esto de la participación de los grupos familiares es muy importante. Tienen que participar. Pero ni tan tan, ni muy muy. Como siempre: todo en su medida y armoniosamente, decían los griegos. Todos los extremos son malos.

Sería muy malo que los padres se desafecten, se desinvolucren, y no participen en la vida de esta futura pareja. Sería muy negativo.

Pero también sería muy negativo que se metan demasiado, porque tienen que respetar que son una nueva pareja. Y que tienen que tener su grado de privacidad, de intimidad. Y todos, en su medida y armoniosamente, sepan medir las cosas.

A su vez para la pareja nueva tampoco sirve, ni dejar que los padres se metan demasiado en su vida, porque les cortan cierto grado de independencia; ni tampoco sirve, para ellos, desinvolucrarse afectivamente de su grupo familiar de origen y cortar lazos.

La verdadera independización se da cuando se logra mantener con los grupos de origen una involucración afectiva. Es decir cuando se logra permanecer ligado afectivamente a su grupo de origen, entonces sí pueden tomar una distancia para manejarse en forma amable.

En esta etapa, hay otra cosa que mencionar, que dentro de la participación de los grupos familiares de origen, es un capítulo especial: la participación económica.

Los grupos familiares de origen, sobre todo hoy día, cuando para formar una pareja cuesta tanto económicamente, ayudan a la gente joven a formar pareja. Aún cuando sean profesionales, o comerciantes están empezando la lucha por la vida. No es tan fácil. Entonces la ayuda económica de los padres suele ser necesaria, en muchos casos hasta muy importante.

Pero el dar dinero ¿hasta qué punto les da derecho a esos padres a meterse en la vida de esos hijos? ¿hasta qué punto la intromisión puede estar dada sanamente para ayudar, pero no porque estén dando dinero; sino porque es natural que los padres intervengan? (cuando yo salga de acá, algunos me van a besar y otros me van a pegar)

Vamos a pasar ya a la otra etapa: esta pareja se casó, ya pasaron esa etapa en la cual se empezaron a entender, las cosas van más o menos bien, entonces deciden tener un hijo. Y ¡zás!

Otra vez van a aparecer dificultades, porque es un momento de cambio. Puede haber crisis. Habitualmente se le da a la palabra crisis una connotación negativa. Sin embargo, los chinos la representan con un ideograma de dos partes. Una parte quiere decir: peligro. La otra significa: Oportunidad. Es decir: oportunidad para el cambio. En Italiano, la palabra proviene de "criscere", que significa crecimiento. Y en griego "creseo" quiere decir elección.

Porque en primer lugar eran dos. De acá en adelante, van a ser tres. Situación triangular.

Todas las situaciones triangulares son difíciles de manejar. De cualquier tipo que sean, son muy difíciles de manejar.

La llegada de un bebé es algo muy lindo, porque hay muchas satisfacciones para estos nuevos padres, pero también puede haber problemas.

Porque en primer lugar se pierde la intimidad de la pareja. Intimidad viene del griego in-tymos=afecto entre dos.

Dos, ya no son. Ya son tres. Serán cuatro, cinco, seis. Los que quieran, pero ya no van a ser dos. Van a volver a ser dos cuando sean más viejitos y los hijos se vayan, pero van a ser dos de otra manera.

En esta etapa se empiezan a gestar situaciones triangulares. ¿Y qué es lo que pasa? Incluso ya desde antes del matrimonio, hay parejas que ya está el hijo, porque se casan porque ella está embarazada. Es muy común. Hay más de un hijo nacido de esa situación. Y eso puede generar problemas o no, según cómo se maneje.

Hay una pérdida de la intimidad en parejas, que ya se casan con la mujer embarazada. Primero se están casando, a veces, por obligación. Segundo, el hijo suele ser un hijo no deseado, porque no fue buscado (principalmente en pareja). Y además les quita a la pareja el espacio de tiempo que toda pareja necesita para estar solos. Sin hijos.

Yo, siempre digo que una pareja tiene que tener hijos, que es muy lindo, pero tiene que darse un espacio de tiempo antes de tener hijos, para estar solitos, disfrutar de la pareja, entenderse, comprenderse, conocerse y encontrar formas de dar y recibir en este hacer común. (Ej. Del castillo medieval con puente levadizo)

Pero a veces las cosas no suceden así. Entonces los hijos vienen porque ya estaban de antes, o porque apenas se casaron ya tienen hijos, y entonces entramos frente a esta situación triangular.

Apenas se inicia el embarazo, la madre empieza a conectarse con el hijo. La conexión no es sólo el cordón umbilical. Establece el vínculo en el mundo interno. Hay una relación importantísima de la mamá y ese ser que lleva en el vientre ¿Y el papá?

El papá es el primer gran excluido, porque en ese vínculo que ha formado el hijo y la madre, no corta ni pincha. A veces sí, pero a veces no. Ni corta ni pincha.

Cuando nace este bebé, el papá empieza a participar. Porque el bebé ya está a la vista. Lo puede tocar, lo puede mirar. Cambia el vínculo.

Pero sin embargo un bebé recién nacido, es un bebé correspondiente a ese vínculo en la relación con el pecho; que no existe, imposible, con el padre. A menos que el padre ganara el premio de la Reina Victoria, al hombre que tenga un bebé. Pero hasta ahora no ha ocurrido.

Y los hombres no sabemos lo que es tener un bebé en la panza, no lo podemos entender. Por más que lo expliquen, no va, hay que tenerlo adentro.

Y en ese vínculo tan especial, el papá pierde. Y pueden darse situaciones muy cotidianas de celos, del papá hacia la mamá. Que si la mamá no sabe manejar bien la relación con sus hijos y con su marido, corre el riesgo de que este señor busque en otro lado lo que no encuentra; o sea, si lo desplazaron del afecto, buscará afecto en otro lado.

Claro que si el señor tiene una cuota de comprensión sabrá entender que esto es transitorio, es un momento especial en el ciclo vital. Que los hijos crecen y se volverá a establecer un vínculo con su mujer en el cual se restablezca el vínculo y entonces se equilibren las cosas.

Tiene que darse de ambos lados.

¿Y qué pasa cuando nace un bebé? Además de que estos señores se vuelven padres y los padres de estos señores se vuelven abuelos. Y los hermanos de estos padres se vuelven tíos. O sea toda la familia extensa se ve involucrada. Hay un cambio total en toda la estructura familiar. En todo el sistema y los padres de los padres tienen que aprender un nuevo rol. Que no lo conocían. Que es ser abuelos. Tienen que asumirse como abuelos.

También acá va a venir otro momento de lucha, cuando nace el bebé: en cuánto participa el grupo de ella y en cuánto participa el grupo de él.

Es la lucha eterna, pero si se la sabe llevar bien y buscar soluciones de equilibrio se puede seguir en el ciclo vital.

A su vez la nueva pareja queda, por un lado, más distanciados de los padres. En parte porque ellos son ahora padres. Son más adultos. Pero a su vez quedan más enredados con los grupos familiares de origen. Porque la abuela tiene que venir a ayudarle a cuidar a los nietos. Tiene que venir, si la mamá trabaja, o si la mamá nunca tuvo un chico, enseñarle eso de los pañales y de la mamadera.

Hay una mayor involucración junto con el hijo, circunstancial, entre las tres generaciones.

Bien. Y en ese momento los hijos, para la mujer, son algo muy importante. Todas las mujeres, por lo general, encuentran en el hijo una forma de autorrealización como madre, pero también la llegada del hijo, los hijos, les corta ciertas posibilidades de desarrollo personal, propio, en otras áreas de la vida. Personalmente, profesionalmente, empresarialmente, en lo que estuvieran haciendo o en lo que querían llegar a ser.

Ese es otro capítulo muy importante, y más adelante vamos a ir viendo cómo entra a jugar, porque ya desde acá puede tener situaciones cotidianas también si la madre no asume bien el rol de madre; en los primeros tiempos es importante que la madre sea madre.

Claro que hay madres que trabajan todo el día y hay que entenderlo a eso. Pero si la madre está bien con el bebé el tiempo que está, es muy importante.

En esas primeras épocas es probable que la madre pueda entrar en una situación de angustia por tener que dejar otras cosas. Por ahí hasta envidie que el esposo se siga desarrollando profesionalmente en una forma que ella no puede.

Entramos, entonces, en el momento que los hijos crecen y ya empiezan a ir a la escuela.

Es un momento importantísimo, porque esta mamá que se dedicó por entero a estos hijos, cuando los hijos empiezan a ir a la escuela, ve que se le están yendo, y que es el primer paso de la vida. Eso recién empieza, el alejamiento.

Y ese suele ser un momento de crisis en el grupo familiar. ¿Por qué?

Porque si el hijo estaba funcionando como intermediario de estos padres, si estos padres tienen una mala relación marital y habían usado al hijo, por ejemplo para comunicarse entre ellos, porque no sabían comunicarse; si este hijo empieza a ir a la escuela, los padres van a tener que enfrentar sus propios problemas, porque su hijo ya no va a estar todo el día en la casa. Y esto da lugar a que empiecen problemas cotidianos.

Vamos a ver el siguiente momento que las dificultades conyugales que aparecen en el período intermedio en la vida personal de cada uno. ¿Uds. han sentido hablar de la crisis de la Edad Media de la vida?

Alrededor de los cuarenta años, año más, año menos, por ahí anda la cosa. Cada uno empieza a hacer un balance. Y ver qué hice en la vida. Qué no hice. Qué me faltaría hacer. Qué cosas si me propongo, puedo llegar a hacer. Qué cosas ya no.

O sea, un momento bravo.

Dentro de la pareja coincide con el período intermedio de la vida y pueden ocurrir dos variantes. Por ejemplo: si les ha ido bien en la vida a esta pareja, los años han ido transcurriendo, han pasado ya diez años, quince años de casados, y por ejemplo al marido le va muy bien en los negocios, gana mucha plata o es un profesional exitoso, de fama internacional; o le va bien en lo que hace: tiene industria, tiene algo que hace que le va muy bien. A su vez su esposa comparte los éxitos junto a él. Viven felices. Los hijos han crecido. Se llevan bien con las familias de origen. Han desarrollado nuevas amistades y están disfrutando de la vida y están disfrutando de los hijos, viéndolos crecer y desarrollarse.

Pero puede haber otra variante. Puede ocurrir que al señor no le haya ido tan bien en la vida y que no haya llegado a ser lo que él esperaba ser, o lo que su esposa esperaba que él llegara a ser. Y no puede, a su vez, darle a sus hijos todo lo que quisiera. Y sobrevienen entonces conflictos.

O puede ocurrir que él haya llegado a ser algo muy grande pero la esposa lo sigue tratando como cuando era muy chico. Y no reconoce el lugar que él ocupa. O desvaloriza lo que él ha alcanzado.

Esto afecta a toda la familia.

Y acá entramos en una muy común etapa. Es la etapa de la "desparejidad". Tenemos que hablarlo porque pasa. Suele pasar.

En esta etapa de la vida suele ocurrir que el hombre haya alcanzado una posición importante, y tenga un status y un reconocimiento exterior muy importante. Y esto lo hace más atractivo para otras mujeres. Para mujeres más jóvenes. Es muy común.

Y es muy común que la esposa para esta misma edad, esta misma época, más dependiente de su apariencia física que el hombre, se sienta, aunque no siempre sea así en la realidad, pero se sienta menos atractiva.

Y todo esto crea una cosa de desparejidad en la pareja.

Si no es bien avenida la pareja, si no se aman realmente, si no se quieren, ahí es un momento que suelen darse serias crisis matrimoniales que muchas veces llevan a la separación.

Estamos frente a otro momento. Si la madre no desarrolló una actividad profesional o una actividad comercial o lo que fuera, llega este momento en que los hijos están creciendo cada vez más, y se puede sentir realmente muy vacía. Y puede ser un momento de crisis para la mujer porque el vacío que le van dejando los hijos no lo puede llenar. Porque entregó su vida a estos hijos. Y no se desarrolló personalmente.

Y entonces es muy importante en esta etapa que ese señor, ese papá, ese marido, pueda entender lo que le está pasando a esa mamá

Porque él llegó a donde llegó, en gran parte, gracias a eso que hizo esa mujer. Porque sin la retaguardia ningún general gana en ninguna batalla. Y desde la retaguardia los suministros tienen que llegar.

Y esa mamá se brindó por entero a sus hijos y a su marido para que él pueda dedicarse por entero a llegar a donde ha llegado. Y si él no sabe reconocerlo, "mala fariña". Y si él no sabe reconocerlo, esta mamá se va a poner muy mal. Esta mamá puede llegar a hacer un cuadro depresivo.

Y es el momento en el cual se ve cómo es la pareja. Si este señor sabe entender o no a su mujer. Y si este señor le da, en este momento, todo su apoyo para que ella pueda crecer y desarrollarse en cosas en las cuales no lo hizo porque estuvo muy ocupada.

Si el señor sabe hacer esto, esta pareja supera esta crisis y sigue adelante. Yo siempre suelo recordar ese dicho popular que dice: "detrás de un gran hombre siempre hay una gran mujer". Claro que este dicho, que aparentemente realza a la mujer, sigue la concepción machista, ya que la mujer sigue "detrás".

Bien, entonces estamos frente a este momento de crecimiento. Los hijos están cada vez menos en la casa, cada vez salen más. Y se sabe que van a terminar por irse. Y que quedarán marido y mujer, frente a frente, solitos y con las cosas de las cuales no hablaron, evitaron hablar, o las hablaron a través de los hijos, y ahora las tendrán que enfrentar.

Y a medida que los hijos crecen, viene un fenómeno muy importante, muy interesante de modificación en el sistema familiar que es que dicen que: "los hijos chicos, problemas chicos, hijos grandes, problemas grandes".

Porque un hijo criado no es que se acabó. No, ahí empieza el trabajo.

Como decíamos, comienza en el crecimiento de los hijos también una modificación en la estructura jerárquica del grupo familiar. Esto de las jerarquías es muy importante en la familia, porque cuando los hijos son chicos, los padres hacemos lo que queremos de los hijos: vení para acá, andá para allá, hacé esto, hacé lo otro.

Pero cuando los hijos crecen, "cualquier día". Llega un momento en el cual los chicos empiezan a decir: no. Y al primer no, puede arder Troya. , porque "¿cómo que no?".

Ahí viene una etapa muy difícil, porque es el pasaje a la adolescencia, y suele ocurrir que por un lado los hijos suelen ser pequeños dictadores. ¿No es cierto?

Para lo que les conviene dicen: ya soy grande para que me mandes. Y para lo que no les conviene: "yo todavía soy chico para que me encargues tales cosas".

Hay que tener un manejo muy especial en este momento.

Pero también los padres suelen hacer el mismo juego, y decirles a los hijos: "vos ya sos bastante grande para hacer esto" o "sos demasiado chico para estas libertades". Padres e hijos suelen estar enganchados en las mismas contradicciones.

Y esto se ve mucho en la relación madre e hija. Por ejemplo una mujer que tenía una relación muy buena con la hija niña. Y sabía cómo manejarse muy bien con otras mujeres pares, en situaciones de competencia por ejemplo.

¿Pero qué pasa cuando la hija niña se transforma en hija mujer? ¿Y qué pasa, entonces, cuando entra también a entrar en competencia?

No es tan fácil, porque no es lo mismo manejarse en la relación de competencia con una mujer cualquiera que con su hija mujer, porque ya se está haciendo mujer.

Ahí tienen que llegar constantemente a acuerdos y los padres tienen que aceptar que los hijos están creciendo, y aprender a manejarse de otra manera diferente con ellos, respetando ciertas pautas. Y los hijos tienen también que poder aceptar que recién están empezando a crecer. Así que todavía los padres son los padres y son más grandes que ellos, saben más de la vida, y que todavía están en relación de dependencia, con ellos.

Entonces acá hay que buscar, como siempre, una interacción. Y un acuerdo, para poder seguir adelante.

Y llegamos a una etapa que es muy importante, que Milton Erikson la llamaba, el destete de los padres. O sea, una especie de juego de palabras.

Habitualmente cuando un bebé se desteta, habla del destete de los hijos, ¿no es cierto?

Y acá hablaba del destete de los padres, ¿por qué?

Porque estamos entrando en otra etapa. El hijo ahora sí ya empieza a irse de la casa. Porque va a formar una pareja, se va a casar. O porque sin casarse se va a vivir solo. Porque llegó el momento evolutivo, en el cual el hijo tiene que desprenderse.

Porque la naturaleza es así. Porque así como cuando un hijo está en el vientre y llegan los nueve meses y tiene que salir, o se muere; cuando llega el momento en el cual el hijo adulto, joven, adolescente, en el momento en el cual tienen que salir del grupo familiar, tiene que salir o se enferma.

Cuando el grupo familiar no lo deja salir porque estaba cumpliendo un rol demasiado importante para mantener a esos padres unidos, yo lo llamo el hijo "poxipol". Los mantiene pegados, pegados artificialmente, porque un hijo no puede mantener unidos a estos padres que están tan desunidos.

Entonces, cuando esto ocurre estamos frente a un rol. Este hijo está destinado al fracaso, porque si la misión que tenía era mantenerlos unidos, no lo va a lograr. Y porque además para lograr mantenerlos unidos tiene que enfermarse y por eso la esquizofrenia es la enfermedad de los jóvenes. La esquizofrenia no aparece de grande, Aparece generalmente alrededor de la adolescencia.

Y otras enfermedades mentales también. Y hoy día la drogadicción, en quien prende, de a millones de adolescentes.

Entonces, cuando este hijo no quiere irse, no lo dejan irse. Y él a su vez, porque la interacción es circular, es sistémica, siente que no puede irse porque sería dejar a sus padres abandonados, entonces hay una convivencia entre la depositación que le hacen, el rol adjudicado y el rol asumido por él.

Entonces, entramos en que puede hacer cualquier enfermedad mental o entrar en la drogadicción, como les decía antes. ¿Y cómo hace un hijo para desprenderse, cuando no quiere quedarse?

Estamos todavía tratando de entender, estamos todavía investigando cómo un hijo se separa a tiempo de su grupo familiar de origen.

Lo que sí sabemos es que en los extremos siempre pierde.

Si un hijo se queda sobreinvolucrado, con el grupo familiar de origen, pierde porque se enferma. Si un hijo se desentiende y corta totalmente con el grupo familiar de origen, para poder salirse, pierde porque necesita la involucración afectiva con los padres.

Tenemos que entender que tiene que separarse, pero bien. Seguir relacionado afectivamente con sus padres. ¿Y por qué?

Porque cada generación depende de la otra. Y porque la involucración de las generaciones es muy importante. Y porque cuando ellos se casen y tengan hijos, les tienen que dar a sus hijos la presencia de los abuelos, porque estos hijos de ellos necesitan de todas las generaciones y necesitan tener abuelos también.

Llegamos así por fin al momento final, a la etapa final del ciclo de la vida familiar, que es cuando llega ya el momento del retiro de la vida activa. Los hijos ya crecieron, ya se casaron, ya tienen hijos y todo sigue evolucionando, pero ellos se vienen cada vez más viejos.

A su vez ya están en la etapa en la cual sus propios padres o se han muerto o están cerca de morir. Tienen que elaborar los duelos por esas pérdidas.

Y elaborar los duelos por las pérdidas de padres es muy difícil, pero como es ley de vida, puede ser tolerable.

Quienes pierden a sus hijos no pueden elaborar el suelo porque es contra natura. Porque un padre no está preparado para perder un hijo. Un hijo sí sabe que en algún momento van a morir sus padres.

Y entramos en el momento éste del retiro de la vida activa, de la vejez y queda la pareja solita. Y si se llevaban bien, han superado los problemas esos de los cuales hablábamos en los distintos momentos del ciclo, los han ido superando y por ejemplo: el señor tiene que jubilarse y ¿qué pasa ahí? Pasan muchas cosas con esto, pero una cosa que suele ocurrir, que solemos ver en cuanto a la díada, la relación de la pareja es cómo se arman estructuras patológicas. En una oportunidad, un oftalmólogo me deriva una paciente de 65 años que estaba quedando ciega, pero los estudios no mostraban daño orgánico. La paciente viene con su marido y decidí hacerlos pasar a los dos. Investigo cuándo empezó con los trastornos de la visión, y me cuenta que fue hace alrededor de seis meses. Le pregunto qué pasó en la familia en esa época y me cuenta que el marido se jubiló, que no se había preparado para dejar el rol activo, que entró en un severo cuadro depresivo y que ella no podía soportar verlo así. A partir de ahí pudimos ver que ella tuvo que "inventarse" una enfermedad (la ceguera) para encontrarle a él un nuevo "trabajo": ocuparse de ella, hacer de "lazarillo de Thormes": cuidarla, atenderla, llevarla a todas partes, etc.

Cuando vimos todo esto, ella empezó a ver de nuevo. Pero él se volvió a deprimir y ella dejó de ver. Entonces trabajamos que tenían que salir de esa circularidad negativa que los encerraba en roles repetitivos, estereotipados. Que no era necesario que ella "enceguezca" y le busque un trabajo, para que él no se deprima. Que había otras formas, otras alternativas, para que él recuperara un rol activo, buscando actividades que a él le gusten. Y ahí rescaté una frase maravillosa del poeta hindú Rabindranath Tagore: "Para la vejez, hay tantas oportunidades como para la adultez. Al atardecer, el cielo se cubre de estrellas que no eran visibles durante el día."

ADICCIONES

Un loco amor

Cuando yo la conocí tenía 16 años.

Fuimos presentados en una fiesta, por un "pibe" que se decía mi amigo

Fue amor a primera vista.

Ella me enloquecía.

Nuestro amor llegó a un punto, que ya no conseguía vivir sin ella.

Pero era un amor prohibido.

Mis padres no la aceptaban.

Fui reprendido en la escuela y pasamos a encontrarnos a escondidas.

Pero ahí no aguanté más, quedé loco.

Yo la quería, pero no la tenía.

Yo no podía permitir que me apartaran de ella.

Yo la amaba: choqué el auto, rompí todo dentro de la casa y casi maté a mi hermana. Estaba loco, precisaba de ella.

Hoy tengo 39 años; estoy internado en un hospital, soy inútil y voy a morir abandonado por mis padres, amigos y por ella.

Su nombre?

Cocaína

A ella le debo mi amor, mi vida, mi destrucción y mi
Muerte.

Freddie Mercuey
Lo escribió antes de morir

La persona con problemas de adicción: El derecho a la vida como bien supremo

Prof. Prof. Dr. Marcos Berstein
Alejandro Berstein.
Abogado Especialista en
Drogadependencia, Salud Mental y
Accidentes de Tránsito

La persona con problemas de adicción es un portavoz, un emergente de su grupo familiar y de la sociedad en la que vive. Es un depositario del grado de alienación familiar y social.

En una sociedad en la que el valor primordial pasa a través de la posibilidad de consumir, hay una subversión de los valores, que se transmite a través de los medios de comunicación. El ser o no ser de Hamlet, se transforma en tener o no tener, o a veces la disyuntiva es tener o ser. En esta subversión de valores, el que no tiene no es, perdió su identidad. La tasa de suicidios y de cuadros depresivos, presumiblemente ha ido en aumento en relación a las sucesivas crisis económicas.

Durkheim describía que entre las causas principales del suicidio esta la anomia; termino acuñado por Platón varios siglos antes de Cristo, que significa: falta de normas y reglas. A lo cual Durkheim le agregó la falta de pertenencia a grupos humanos. En una sociedad bombardeada y destruida éticamente, hay falta de normas, de reglas y hay una tendencia al aislamiento.

Hay formas rápidas de suicidarse y formas lentas. Al consumo de sustancias se la considera una forma autodestructiva lenta, pero forma efectiva de suicidio. La drogadicción, está transformándose de enfermedad en epidemia, y cada persona que presenta problemas de drogadependencia se calcula que potencialmente genera cuatro más, que a su vez generan cuatro más cada uno. La progresión es geométrica. Además esto facilita el contagio de HIV.

El aumento de HIV, tiene una relación proporcionalmente directa con el aumento de consumo de drogas. Facilitado por la promiscuidad tanto en el compartir jeringas, como en el aspecto sexual.

Por otro lado, en las estadísticas de la Organización Mundial de la Salud, el aumento de la curva de vida es alrededor de setenta y cinco años en las sociedades más desarrolladas. No obstante, aparece como silenciado que en esa curva, entre los diecisiete y los veinticinco años, considerada edad de la adolescencia, decrece la curva de crecimiento vital, porque aumenta el índice de suicidios o de diferentes tipos de muertes. Hay cuatro causas de muerte con relación a los jóvenes, según la OMS: abortos, suicidio, violencia y accidentes. Resulta que estas cuatro causas de muerte, en mayor o menor grado, tienen que ver con el consumo de drogas.

En base a lo expuesto, se considera más que importante tener en cuenta no sólo lo familiar y lo individual, sino también los aspectos sociales. Ortega y Gasset (1914), en uno de sus libros más importantes "Meditación sobre el Quijote", dice "Yo soy yo y mis circunstancias, y si no las salvo a ellas, no me salvo yo; y este sector de la realidad circundante forma la otra mitad de mi persona. Solo a través de él puedo integrarme y ser plenamente yo mismo".

Concretamente, respecto a los efectos psicofísicos y neurológicos que causa la marihuana en el ser humano, la revista mensual "Journal of the American Psychiatric Asociattion", órgano oficial de la Asociación Psiquiátrica Americana

(APA), correspondiente al mes de noviembre del año 2004, Nro. 11 del Volumen 161- páginas 1967 a 1977, los Dres. Budney, Hughes, Moore y Vandney, en un artículo denominado "Revisión de los conocimientos acerca de la validez y significado del Síndrome de Abstinencia al Cannabis" concluyen: "A partir de la convergencia de estudios clínicos y de laboratorio, surge en forma confiable que existe el síndrome de abstinencia al discontinuar el consumo crónico de marihuana o de tetrahidrocannabinol. Los síntomas más comunes son emocionales y en la conducta, el apetito cambia, se pierde peso y los malestares físicos son frecuentemente reportados. El comienzo y el curso que sigue ésta sintomatología es igual al de otros síndromes de abstinencia registrados con las otras substancias. La magnitud y severidad de éstos síntomas sugieren que éste síndrome tiene importancia clínica".

La marihuana es un tipo de tabaco, que no contiene nicotina, pero sí los otros componentes dañinos como hidrocarburos policiclícos aromáticos, benzopireno (el principal agente del cáncer de pulmón), etc., es decir agentes carcinogenéticos, que duplican a los del tabaco, pues la marihuana se fuma hasta el final del cigarrillo, llegando parte de los usuarios a agarrarla con una pinza para no quemarse los dedos, aspirando fuertemente y el humo caliente se retiene "lo máximo posible en los pulmones", técnica que favorece la hiperconcentración y la absorción de estos agentes nocivos.

Transcribimos a continuación la "Tabla 4: Complicaciones médicas del consumo de cannabis", publicada en el año 2008, en el libro "Consenso de la Sociedad Española de Psiquiatría sobre el consumo de cannabis": 1) Obstrucción leve crónica de las vías aéreas, 2) Bronquitis, 3) Faringitis, 4) Sinusitis, 5) Ulceraciones del epitelio y fibrosis puntuales, 6) Metaplásia de células escamosas e hiperplasia de células basales, 7) Infiltrados locales de macrófagos alrededor de los bronquios, 8) Infiltración linfocitaria de los alvéolos, 9) Enfermedad pulmonar obstructiva crónica (EPOC).

Indudablemente la marihuana carece de los efectos "vasculodestructivos e hipertensores" que sí son inherentes a las acciones de nicotina, pero es neurotóxica pudiendo causar alucinaciones auditivas y visuales y con menor frecuencia delirios de persecución a veces acompañados de alucinaciones complejas. Además pueden producir "psicosis cannábicas" o favorecer el desencadenamiento de cuadros psiquiátricos premórbidos a una psicosis independiente de la cannábica como podría ser una esquizofrenia.

Al igual que el tabaco común, el consumo crónico de marihuana puede ser el origen de diferentes formas de impotencia e infertilidad, habiéndose descrito un descenso significativo en el número y movilidad de los espermatozoides. Al respecto, en las primeras etapas del consumo de marihuana, el usuario siente que se facilita su actividad sexual por la desinhibición, sociabilidad y extroversión que le provoca fumarla o sea un efecto tipo alcohol, pero su consumo crónico produce una importante sedación que interfiere con la actividad sexual.

Asimismo, la marihuana al inhibir la liberación de acetilcolina disminuye el aprendizaje y la memoria.

En el 63º Congreso Anual de la Sociedad de Psiquiatría Biológica de los Estados Unidos llevado a cabo en Washington, en abril del 2008, se presentaron trabajos acerca de los resultados obtenidos en investigaciones recientes. A continuación se resumen dos trabajos de investigación especialmente ilustrativos:

a) "Usar cannabis antes de los 15 años se asocia con el empobrecimiento de la atención y de la función "ejecutiva" ("Cannabis use before age 15 years is associated with poorer attention and executive function")". Este trabajo fue presentado por un equipo encabezado por María Alice Fontes Pinto Novaes, y otros de las Universidades Federal de San Pablo, Brasil y The John Hopkins Bayview, Baltimore, USA.

Las conclusiones son las siguientes: "Los usadores en edades tempranas menores de 15 años de edad – exhiben resultados pobres en evaluaciones cognitivas en comparación con grupos de control, en la atención y funciones ejecutivas, mientras los que empiezan después de los 18 años no difieren mayormente de los controles"

Analizando los resultados los investigadores arriba nombrados plantean que fumar marihuana en los primeros años de la vida puede traer efectos deletéreos en las funciones neurocognitivas producto de efectos neurotóxicos.

b) "Correlatos neurales de daños en la memoria e inducción de síntomas psicóticos por marihuana", ("Neural correlates of memory impaiment and induction of psychotic symptoms by marihuana"). Ese trabajo fue presentado por un grupo de investigadores de Inglaterra y Australia, encabezados por Sagnik Bhattacharyya y otros.

El Cannabis puede producir estos daños en forma aguda o luego de un largo periodo de uso o sea crónica. "Lo que aún no está claro es cómo actúa en el cerebro", dicen estos investigadores, para lo cual estudiaron uno de los "ingredientes psicoactivos, el delta-9-tetrahidrocannabinol (THC)" y a través de 15 hombres sanos con mínima exposición al cannabis, a los que le suministraron 10 mg de THC o placebo, una hora antes de hacerles una resonancia magnética nuclear cerebral, en comparación a otro grupo de control siguiendo la metodología del doble ciego, y realizaron pruebas con los sujetos, examinando los efectos de la droga, de la tarea, y de la interacción entre droga y tarea.

Conclusiones: "Los trastornos en la memoria estuvieron mediatizados por la acción del THC sobre la corteza temporal medial, mientras que los síntomas psicóticos fueron inducidos por la acción sobre el cingulado anterior y el striatum ventral" La síntesis de estos trabajos fueron publicadas en el Vol. 63 N° 75, del 1° de Abril de 2008, de la Revista Biological Psychiatry, órgano oficial de la "Society for Biological Psychiatry", de los Estados Unidos.

Recientemente se ha comenzado a hablar de la "neurofilosofía", como una respuesta directa al desarrollo de la investigación en neurociencias, y se ha planteado que la moral tiene su sede neurobiológica a nivel del lóbulo frontal que es el más dañado por la cocaína, ya que por su acción vasoconstrictora produce isquemias y micro o macro infartos cerebrales especialmente a nivel del lóbulo frontal.

La realidad actual se ha complejizado y extendido, y cada año se incorporan al consumo de estupefacientes personas con menor edad de comienzo y con mayores déficit nutricionales; lo cual significa mucho mayor grado de riesgos de que puedan sufrir daños irreversibles, especialmente a nivel cerebral, además de cardiovascular, pulmonar, etc.

El prefijo "a" significa "sin". La Marihuana es más peligrosa que la "Triple A". La denominamos la droga de la "Séptuple A", ya que produce amnesias, abulia, adinamia, astenia, apatía, amotivación y asexualidad.

La cantidad de "adultos jóvenes psicóticos crónicos", de portadores-difusores de VIH y de enfermos ya muertos de sida, el incremento de accidentes de tránsito, de las patologías cerebrales, cardíacas y pulmonares, etc., son solo alguna de las consecuencias del consumo de substancias psicotrópicas.

En un Estado de Derecho existen bienes jurídicos protegidos. Se los puede definir como aquellos valores de la vida humana protegidos por el derecho. Su origen reside en el interés de la vida existente antes del Derecho y surgido de las relaciones sociales. El interés social no se convierte en bien jurídico hasta que no es protegido por el Derecho.

Representan el reflejo de valores permanentes e inmutables, que por su dimensión axiológica han merecido el reconocimiento constitucional, a saber: la vida, la integridad física, el honor, la propiedad, la libertad, el decoro, la honestidad, la salud pública, la justicia, la seguridad. Merecen tal reconocimiento porque el legislador ha querido preservarlos, protegerlos de las acciones que puedan dañarlos. Los bienes jurídicos tutelados hacen a la naturaleza misma del hombre.

Puntualmente en materia de estupefacientes, los bienes jurídicos protegidos son la VIDA MISMA y la SALUD PUBLICA en general, en razón que el consumo no medicamentado de estupefacientes, constituye un daño severo para los individuos tanto fisiológico como psicológico, y también en su relación con el mundo de los valores.

Mas existen otros bienes en juego y que también deben ser protegidos: la familia como célula social, la misma sociedad culturalmente considerada y la continuidad generacional. En este sentido, nuestra Constitución Nacional consagra como bienes jurídicamente tutelados la promoción del bienestar general (Preámbulo), la promoción integral de la familia, y el orden y la moral públicos (arts. 14 bis, 3er. párr. y 19 de la C.N.).

Ahora bien, la protección de dichos valores sumamente preciados para cualquier sociedad debe ser necesariamente armonizada justamente con el mencionado art. 19 de la Constitución Nacional, el cual en su primera parte establece el "Principio de Autonomía de la Voluntad". Su texto dice: "Las acciones privadas de los hombres que en ningún modo ofendan al orden y a la moral pública, ni perjudiquen a un tercero, están reservadas a Dios y exentas de la autoridad de los magistrados"

Cabe preguntarse entonces, si la tenencia de estupefacientes para consumo personal representa "una acción privada de los hombres" que no perjudica a terceros, o si por el contrario, trasciende los límites de lo privado afectando a terceras personas.

La Corte Suprema de Justicia de la Nación en el caso "Arriola" (2009), declaró inconstitucional el castigo de la tenencia para consumo personal de marihuana en adultos, si la misma es dentro del ámbito privado (sin exhibición pública), en cantidades muy bajas y en la medida que no implique peligros para terceros, aunque no dispuso la despenalización general del consumo de marihuana ni de otras drogas. Asimismo, los vendedores de droga fueron condenados. Sostuvo que se debe proteger la libertad personal.

El mensaje es claro: se debe respetar la intimidad y la autonomía de la voluntad de las personas (en tanto no se perjudique a terceros), lo que implica desincriminar la tenencia para consumo personal, y al mismo tiempo se debe perseguir el narcotráfico y la comercialización de estupefacientes.

Así, en el caso mencionado, el Presidente del Máximo Tribunal, Prof. Dr. Ricardo L. Lorenzetti, sostuvo: "El artículo 19 de la Constitución Nacional constituye una frontera que protege la libertad personal frente a cualquier intervención ajena, incluida la estatal... Esta libertad que se reserva cada individuo fue definida... como el poder de hacer todo lo que no dañe a terceros..." Sin embargo, agrega: "El ejercicio de la libertad tiene límites y puede dar lugar a la punición, pero un Estado de Derecho debe construirse sobre una cuidadosa delimitación de esa frontera... De ello se sigue que debe respetarse el ámbito de ejercicio de la libertad personal cuando no hay daño o peligro concreto para terceros, y que no son admisibles los delitos de peligro abstracto..."

Finalmente, afirma que "... el consumo que traiga aparejado una lesión a un bien jurídico o derecho de terceros o los ponga en concreto peligro, y la distribución de estupefacientes deben ser combatidos"

En un país democrático, la defensa de las libertades personales debe estar fuera de discusión. Pero al mismo tiempo, no debemos descuidar el bien jurídicamente protegido más supremo del hombre: LA VIDA misma. Nuestra Constitución Nacional ha expresado dicho reconocimiento por vía de incorporación de la Convención Americana sobre Derechos Humanos, también conocida como Pacto de San José de Costa Rica.

Es preciso internalizar definitivamente la idea de que la droga no libera a la persona. Muy por el contrario la esclaviza y a veces la mata (como sucede a menudo con el "paco"), vulnerando así el derecho más importante del ser humano: el derecho a la vida.

El Prof. Dr. Fouquet en 1951 definió al alcoholismo "como la pérdida de la libertad frente al alcohol". Esta definición es extensiva a las demás substancias.

Sin bien no es posible generalizar en un tema tan complejo y delicado, en el que entran en juego múltiples factores, en un sinnúmero de casos reales el consumo de estupefacientes (en virtud de la naturaleza de los daños que provoca en el ser humano), ha trascendido el ámbito privado afectando de manera concreta (y no abstracta) no solo al consumidor, sino también a terceros y a la sociedad en su conjunto.

La cocaína por ejemplo, tal como fuera señalado anteriormente produce efectos destructivos sobre el lóbulo frontal del cerebro humano, sede de la ética y la moral y de nuestra capacidad de ser civilizados. Son trágicas las consecuencias que el consumo de drogas provoca desde el punto de vista biológico, familiar, social y económico.

El incremento notable de la violencia en el tráfico vehicular y la consecuentemente estadística escalofriante de muertes que se registran anualmente por accidentes de tránsito, no solo es por el consumo de alcohol en quienes conducen. También es consecuencia de los que conducen bajo los efectos de la marihuana o cocaína y mucho mas grave cuando asocian el consumo de éstas substancias con alcohol, conducta que en nuestro medio es más habitual de lo que creemos.

En Argentina, la situación es muy grave, ya que nuestro país ostenta uno de los índices más altos de mortalidad por accidentes de tránsito: 7.500 aproximadamente por año, 125.000 heridos de distinta gravedad, y pérdidas materiales estimadas en una cifra superior a los 10.000 millones de dólares anuales. Asimismo, el 25% de los conductores jóvenes fallecidos en accidentes de tránsito habían bebido alcohol previamente. Por otra parte, a nivel mundial, más del 10% de las camas de hospital del mundo son ocupadas por accidentados en el camino.

Pues bien, en virtud de lo expuesto hasta aquí emerge la siguiente inquietud: ¿cómo podemos encontrar un punto de justo equilibrio que permita proteger el bienestar general y respetar las libertades individuales al mismo tiempo, sin caer en concepciones "pendulares" que van de un extremo al otro según las diferentes corrientes del pensamiento imperantes según el momento histórico que se transite?

Posiblemente, el Preámbulo de nuestra Carta Magna une las "dos puntas del ovillo" al establecer sabiamente que se debe "... promover el bienestar general, y asegurar los beneficios de la libertad... " (uno no es posible sin el otro).

Promover el bienestar general significa impulsar el bien común de todos, permitiendo al hombre el pleno desarrollo de su personalidad.

Por otro lado, para asegurar los beneficios de la libertad, es necesario de la concurrencia simultánea de otros valores como orden, seguridad, igualdad, justicia y bienestar general. No se trata de una libertad sin obligaciones, abusiva de los derechos de los demás, contraria a la justicia y a la paz social e impeditiva del bienestar general.

Al mismo tiempo, en nombre del bienestar general no es posible afectar las libertades individuales, siempre y cuando, estas últimas no generen un perjuicio o peligro concreto a terceros.

En dicha dirección, el propio Pacto de San José de Costa Rica antes mencionado reafirma en su Preámbulo el propósito de consolidar "... dentro del cuadro de las instituciones democráticas, un régimen de libertad personal y de justicia social, fundado en el respeto de los derechos esenciales del hombre"

Pero tales derechos implican a su vez deberes y en tal sentido el Pacto aludido establece que "Toda persona tiene deberes para con la familia, la comunidad y la humanidad. Los derechos de cada persona están limitados por los derechos de los demás, por la seguridad de todos y por las justas exigencias del bien común, en una sociedad democrática"

A partir del fallo dictado por la Corte se han presentado ante la Cámara de Diputados varios proyectos de ley de estupefacientes, en reemplazo de la actual legislación que sanciona la tenencia para consumo personal.

Veamos pues, como se ha tratado el tema desde el punto de vista legislativo en nuestro país y en otros lugares del mundo. Citaremos solo algunos ejemplos:

ARGENTINA: Nuestra Ley 23.737 aun vigente, sanciona

penalmente la tenencia para uso personal, sin distinción alguna en el tipo de sustancia, tomando como parámetro "la escasa cantidad". Pero a la vez instituye una especie atenuada dentro de la tenencia ilegal no solo porque prevé una pena más benigna sino porque permite al juez aplicar las medidas de seguridad curativas (tratamientos para desintoxicación y rehabilitación) y educativas (programas especializados relativo al comportamiento responsable frente al uso y tenencia indebida de estupefacientes), suspendiendo el trámite del proceso o dejando en suspenso la aplicación de la pena. De obtenerse un resultado satisfactorio de la medida de seguridad aplicada, se dicta sobreseimiento definitivo o la eximición de la pena, según el estado procesal del caso.

ESPAÑA: La posesión ilícita que no sea para tráfico es penada por sanciones administrativas, de acuerdo al Art. 25-28 de la Ley 1/1992 de la protección de la seguridad pública. Estas penas van desde los €301 hasta los €30000 y/o suspensión de la licencia de conducir. Las penalidades para la posesión para tráfico depende de la peligrosidad de la sustancia y por la cantidad. (Art. 368-70 del Código Penal). Tanto el régimen jurídico argentino como el español no permiten la tenencia ilícita de estupefacientes. La primera gran oposición entre ambos Estados es que en Argentina la tenencia de estupefacientes se considera un delito, en cambio, en España el consumo en lugares, vías, establecimientos o trasportes públicos, así como la tenencia ilícita, aunque no estuviera destinada al tráfico, de drogas tóxicas, estupefacientes o sustancias psicotrópicas, así como el abandono en los sitios mencionados de útiles o instrumentos utilizados para su consumo es considera una infracción administrativa. Se la puede asimilar a una infracción de tránsito.

ESTADOS UNIDOS: Permite la compra y venta de marihuana para uso medicinal, con receta médica, en 17 Estados y en el distrito de Columbia. Colorado y Washington también legalizaron, en noviembre de 2012, el uso recreativo de la planta, permitiendo la posesión de una onza (28 gramos) por persona. Dichas regulaciones chocan con la legislación federal que sanciona penalmente la tenencia para consumo personal y está por ver si podrán aplicarse. Se calcula que las ventas de marihuana medicinal ascendieron a entre 1.200 y 4.000 millones de dólares en 2012 (entre 900 y 3.000 millones de euros), según el Medical Marijuana Business Daily.

INGLATERRA: Tomo medidas en los años 60 y 70 para que los consumidores pudieran recibir heroína legalmente en las farmacias; el resultado fue un aumento del 100% en el número de usuarios de dicha sustancia y un aumento del 300% del tráfico ilegal. Consecuentemente, debió retroceder con dicha política: En el Acta "Misuse of Drugs" de 1971 s.5 se diferencia el delito de posesión: en posesión, y posesión con la intención de venta. Los castigos están relacionados con la clase de droga que se trate (A, B, C, siendo A la más dañina) y si la sentencia es dictaminada por la Corte de la Magistratura, que es un sumario, o si es dictaminada por la Corte de la Corona, que ya es un delito procesable. El "Drug Act" de 2005 introduce el concepto de cantidad, a partir del cual hay presunción de intención de venta.

Las penalidades por posesión para uso personal para las drogas de la clase A son de hasta 6 meses de prisión y/o multa (sumario) y hasta 7 años si es un delito procesable. Para las de clase B hasta 3 meses de prisión y/o multa y hasta 5 años si es un delito procesable. Por último para los de la clase C hasta 3 meses de prisión y/o multa y hasta 2 años si es un delito procesable.

HOLANDA: El "Opium Act" artículos 2C y 3C establecen límites a la posesión de drogas de acuerdo a dos listas, lista I y lista II. De acuerdo a estos límites la posesión es ilegal, pero si es una pequeña cantidad para uso personal (cannabis) puede no ser penado. Cantidades superiores a los definidos por esta ley, es considerado que existe intención de venta. La "Opium Act" da directrices con respecto a diferentes cantidades y diferentes sustancias. Las penalidades para pequeñas cantidades y para uso personal de las drogas que se encuentran en la lista I son de 1 año y/o multa y para las de la lista II no se aplica ninguna penalidad (por ejemplo cannabis).

BRASIL: La ley brasileña 11.343, del 23 de agosto de 2006, instituyó el Sistema Nacional de Políticas Públicas sobre Drogas y en su artículo 28 decidió contemplar la tenencia para consumo personal a la que no incrimina penalmente, sino que aplica sustitutivos penales como la advertencia al tenedor sobre los efectos de las drogas, la prestación de servicios a la comunidad o la aplicación de medidas educativas de asistencia a cursos educativos. Dicha Legislación es mencionada en el caso "Arriola", como derecho comparado en la materia.

URUGUAY: El 31 de julio de 2013, se aprobó en la cámara de diputados el proyecto que legaliza la venta y autocultivo de marihuana con 50 votos a favor, 46 en contra y 3 ausencias. Para convertirse definitivamente en ley, el proyecto deberá ser aprobado por la cámara de senadores. No solo será el primer país latinoamericano que despenalizará su consumo, sino que se convertirá en el primero en el mundo que gestionará y regulará la producción de marihuana para uso recreativo. El Congreso uruguayo aprobó un proyecto de ley que permitirá al Estado controlar el negocio del cannabis, permitir su autocultivo y ponerlo a la venta en las farmacias.

El Estado asumirá el control y otorgará licencias a algunas empresas para que realicen la distribución y producción. Cada cultivador podrá tener seis plantas, se podrán constituir clubes de cannabis de hasta 45 miembros y 99 plantas y cada usuario —mayor de edad y residente en Uruguay— tendrá una cuota de 40 gramos mensuales para su consumo, que deberá adquirir en las farmacias. Asimismo se estipula la regulación de permisos a empresas privadas para cultivo de marihuana psicoactiva orientado al uso medicinal o recreativo, cultivo de cáñamo para usos industriales (producción de papel, textiles o combustibles, entre otros) y cultivo con fines de investigación.

La ONU emitió un comunicado a través de la Junta Internacional de Control de Estupefacientes (JIFE), expresando su "preocupación" por la legalización y afirmando que está en "completa contravención" con los tratados internacionales sobre drogas, de los que Uruguay es parte.

En España, la portavoz del Plan Nacional sobre Drogas considera que "no existen razones sociales ni de salud para favorecer un comercio legal del cannabis" en nuestro país. En su opinión, la legalización de la planta supondría un aumento de su consumo, una banalización de sus efectos, una disminución en la edad de inicio y un incremento de los costos sanitarios"

OTROS PAISES: Sancionan la tenencia para consumo personal. Es el caso de Canadá, Luxemburgo, Noruega, Suecia, Finlandia y la mayoría de los latinoamericanos.

En definitiva, ningún régimen legal permite en la actualidad el tráfico de estupefacientes, el cual es severamente castigado. Con respecto, a la tenencia para uso personal, como podemos ver hay diferentes tipos de legislación. Pero aun los países más "tolerantes" han despenalizado la tenencia solo para algunas drogas supuestamente "menos dañinas" como la marihuana o el hachis, y para pequeñas dosis o cantidades. Salvo determinados supuestos muy acotados como el de Uruguay, la tenencia para uso personal es en general de algún modo sancionada.

Es de esperar que el criterio adoptado por la Corte de como resultado una ley que contemple en un justo equilibrio las libertades individuales y el bienestar general, respetando el delicado limite entre ambos derechos constitucionales, y que a su vez, emerja claramente de la letra y espíritu de la norma, el derecho impostergable de las personas con uso problemático de sustancias a recibir la ayuda y apoyo pertinente para su rehabilitación y reinserción social. Además de lo expuesto, será indispensable que la nueva ley no favorezca ni facilite el tráfico de drogas.

Con todo, una nueva ley de estupefacientes no basta. Se requiere una política de Estado seria y sostenida en el tiempo para enfrentar la problemática en cuestión, con adecuadas estrategias asistenciales, comunitarias y educativas; y asimismo, con eficaces mecanismos para perseguir el narcotráfico.

En tal sentido, la CSJN en el mentado caso "Arriola" llamó a "exhortar a todos los poderes públicos a asegurar una política de estado contra el tráfico ilícito de estupefacientes y a adoptar medidas de salud preventivas, con información y educación disuasiva del consumo", debiendo apuntar dichas políticas especialmente a los niños y adolescentes.

El consumo abusivo de substancias psicotrópicas está aumentando en todos los grupos etarios y en todas las clases sociales de nuestro país, según un informe de la ONU (mencionado por la Corte Suprema en el caso analizado). Nadie ignora esta realidad, la cual traerá consecuencias que vamos a lamentar profundamente en un futuro cercano, con costos muy altos para la sociedad.

Es por ello, que se deben desarrollar políticas de Estado más fuertemente orientadas a la equidad social, con mayor acceso a la salud y la educación, que permitan a nuestros jóvenes alcanzar un futuro mejor, más ético, más inclusivo y en consecuencia, más esperanzador.

Pero también se deben desarrollar programas de prevención y atención primaria de la salud mental, mientras intentamos recuperar a quienes ya han caído en las drogas. Prevenir significa trabajar sostenidamente en el plano comunitario, dificultar lo más posible el acceso a las drogas y educar en forma permanente.

Se debe investigar y planificar a corto y largo plazo planes de acción sobre la materia, tanto a nivel nacional como provincial. Las adicciones son un problema complejo y multideterminado, razón por la cual requiere respuestas múltiples, armonizadas y aplicadas de manera sostenida durante un prolongado período de tiempo por equipos idóneos e interdisciplinarios.

Si a su vez, los organismos estatales competentes en la materia proveen lo necesario para el tratamiento de esta problemática (en línea con la actual legislación vigente en materia de niñez y salud mental), poniendo el acento en los grupos más vulnerables de nuestra sociedad, principalmente en nuestros niños y adolescentes, seguramente podremos mitigar y prevenir los efectos destructivos del consumo de estupefacientes sobre la población.

Más allá de la posición que tomemos sobre el tema, indudablemente y por sobre todas las cosas, se debe tener una mirada más humana de esta problemática, más inclusiva de aquel semejante que atraviesa una tragedia como son las adicciones, tratando de priorizar a la vida como bien supremo de la humanidad.

FAMILIA, DROGADICCIÓN Y MITOLOGÍA

Prof. Dr. Marcos Berstein

A pesar del auge de la drogadicción en los últimos tiempos, relativamente poca gente, por lo menos dentro del campo de la terapia familiar, se dedica al problema. Tal vez un emergente de esta situación es algo que ocurrió en el I Congreso Panamericano de Terapia Familiar, realizado en Buenos Aires en agosto de 1985.

El panel sobre familia y drogadicción fue el único al cual no llegaron comunicaciones libres, o sea, no se presentaron ningún tipo de trabajos sobre este tema. Es significativo y lo tomamos como un emergente de esta situación relativamente nueva, aunque muy vieja por otro lado.

El aumento de la drogadicción, como ya dije, es francamente pavoroso. En los últimos años se ha incluso ampliado el espectro a todas las clases sociales, a todas las edades. El problema rebasa de esta forma los límites de una problemática individual para entrar en el ámbito socio- dinámico o grupal- familiar y en los ámbitos institucional y comunitario.

Así, la drogadicción es el emergente de una situación familiar y social, y el drogadicto es el portavoz a través del cual se manifiesta esta situación. Al igual que "el loco", denuncia las relaciones de dependencia y explotación del mundo en el que vive. Ambos son emergentes sociales y ambos han sido marginados por la sociedad para mantener ocultas las contradicciones del sistema.

Podríamos decir que de una manera especular – como si fuera un espejo- el grupo familiar refleja sobre el adicto la problemática de una sociedad alienada dedicada al consumo de todo tipo de cosas: consumo desenfrenado de bienes materiales, de objetos innecesarios, de la naturaleza en sí misma, desgastándola a través de una actividad francamente ecocida; y al consumo, por fin, de todo tipo de drogas, algunas incluso de uso "social", es decir, permitidas por la misma sociedad y aún más, estimuladas, como el tabaco, el alcohol, etc.

Es decir, en el grupo familiar los adultos consumen cotidianamente este tipo de drogas aceptadas socialmente (incluso sedantes y estimulantes), y van transmitiendo un modelo adictivo a sus hijos adolescentes, quienes asisten al espectáculo de sus mayores totalmente confundidos. Una forma a través de la cual estos adolescentes buscan rebelarse a esta alienación familiar y social es la droga. Pero, les resulta inútil. En lugar de liberarlos, los hace dependientes y pasivos. Tratan de ser diferentes a sus padres, y son iguales. Se identifican con ellos y eso los lleva al fracaso.

En definitiva, son verdaderos chivos emisarios de una microsociedad y una microsociedad- la familia- francamente filicidas.

La droga aparece así como una respuesta- desviada- frente a la anomia, término acuñado por Platón y utilizado por Durheim, que implica pérdida de valores y normas, inadecuación entre las metas sociales impuestas por el sistema y los medios para alcanzarlas, y falta de pertenencia a grupos humanos.

Las condiciones de extrema pobreza son uno de los determinantes, en este momento, del auge del consumo de drogas en todo el mundo.

Los niños abandonados que vagan por las calles encuentran en la droga un paliativo- espúreo, por cierto- para el hambre y el frío. Estos son emergentes sociales y sólo una profunda transformación de la estructura socioeconómica de explotación y subdesarrollo que los genera, podrá resolver ese problema.

Pero el adicto no es sólo un emergente social. Como dijimos antes, es al mismo tiempo portavoz de una problemática grupal familiar.

En "La droga máscara del miedo", Kalina y Kavadloff describen ciertas características de la familia del adicto, que he corroborado en mi práctica clínica, a lo largo de siete años de trabajar en coterapia de familias de adictos con el primero de ellos: 1) una madre depresiva, con un núcleo melancólico, que usa al hijo para llenar su gran vacío; 2) un padre ausente, periférico, que hace "la vista gorda" y denigra a la madre; 3) una situación de abandono respecto del hijo; 4) una gran dificultad para ponerle límites; 6) un modelo adictivo (otros miembros de la familia tienen adicciones diversas: drogas, alcohol, comida, tabaco, psicofármacos, etc.).

Las tendencias adictivas existen desde los albores de la humanidad. En el British Museum hay una plaqueta egipcia que muestra una cervecería, cuya antigüedad se calcula en más de 5000 años.

En la mitología griega encontramos la historia de Dionisios, cuyo correlato en la mitología romana es Baco, más conocido entre nosotros como el Dios del vino.

Investigando en la historia de Dionisios encontramos que refleja muy fielmente las características descriptas para la familia del adicto.

Para la mitología griega Dionisios representa la procreación, la muerte y resurrección. Esto nos remite a una característica del adicto: la fantasía de inmortalidad. Como desconocen los límites, los buscan y los encuentran en el límite final que les pone su propio cuerpo. Creen que a través de la droga vivirán para siempre en el paraíso, pero lo que encuentran es la muerte.

El mito dice que Dionisios es hijo de Zeus y de su amante, una mortal, llamada Sémele. Hera, la esposa de Zeus, celosa, trata de eliminar a Sémele. Sémele le pide a Zeus que se le muestre en todo su esplendor, (Uds. Saben que los mortales no podemos ver a los Dioses); Zeus accede a mostrarse a Sémele, en parte inducido por Hera, que quería eliminarla, y Sémele cae fulminada – por supuesto- por los rayos que emite Zeus. Como Sémele estaba embarazada de 6 meses, Zeus le saca de su vientre el hijo que llevaba y lo cose en su muslo, en donde sigue luego su evolución hasta nacer. Por eso se dice que Dionisios es el dios que nació dos veces.

De esta forma Dionisios nace, pero es perseguido por Hera, que no tolera que exista un hijo de su rival. Es perseguido de tal forma que Zeus, para protegerlo, lo va llevando de familia en familia (padre ausente); y se van produciendo así sucesivos abandonos, y por ser hijo de Zeus, es criado sin que se le pongan límites. Primero lo lleva con Atamante e Ino, son dos personajes de la historia; luego lo lleva con la Nereida Tetis que lo oculta bajo el mar; luego con las ninfas en Nisa, una ciudad de Asia, y así sucesivamente. Sucesivos abandonos, hasta que al final llega a Frigia, donde es recogido por el viejo Cibeles. Cibeles es un viejo "curda", o un "curda viejo" si les gusta más, y ahí lo inicia a Dionisios en los ritos del vino, en el culto del vino. De esta forma se le transmite a Dionisios el modelo adictivo.

La historia sigue, es muy larga pero la voy a tratar de sintetizar, sobre todo en el aspecto de Dionisios que se dedica luego a la búsqueda de su madre; tanto es así que desciende hasta los infiernos para buscar la sombra de su madre. Hades le permite retirar a su madre, siempre y cuando le dé él algo muy preciado, y Dionisios le da el mirto que era lo que más preciaba. Acá se ve nuevamente la relación madre- hijo. Y cómo este hijo le dá a la madre. (En la familia del adicto, el hijo vive para gratificar a una madre con autoestima baja, y se convierte en su principal fuente de valorización, ya que el marido no la apoya. El hijo pasa a ser la "droga" que saca a la madre de la depresión. De esta manera es "chupado" o "vaciado" y busca luego con la droga llenar ese vacío y aliviar su propia depresión. Si a esto le agregamos la figura de un padre aparentemente fuerte y todopoderoso – como Zeus, por ejemplo- pero que no está, tenemos completado el panorama de la familia del adicto=.

En el sacrificio de Sémele, cuando pide a Zeus que se le muestre, aparece claramente el núcleo melancólico de la madre, con el cual el hijo establece un pacto. Entonces nos encontramos acá con sucesión de abandonos repetitivos en el grupo familiar, una madre con un núcleo melancólico, un pacto madre-hijo, un padre ausente, nos encontramos con modelos adictivos que se transmiten dentro de la familia, aquello del "has lo que yo digo y no lo que yo hago", y por último la falta de límites, desconocen el no

Solamente quiero terminar diciendo que las civilizaciones de la antigüedad sabían mucho de muchas cosas. Volver a las fuentes – y esto de la mitología es un poco volver a las fuentes- puede abrevar nuestra sed de conocimientos.

Familias Disfuncionales Generadoras de conductas adictivas[1]

Prof. Dr. Marcos Berstein.

El presente artículo desarrolla, sobre la base de más de treinta años de experiencia en el trabajo con familias con pacientes adictos, un cuadro sintetizador acerca de las familias generadoras de conductas adictivas, utilizando para ello puentes epistemológicos entre el modelo psicodinámico y el modelo sistémico. Asimismo se articulan los conceptos con la mitología griega y la Sagrada Biblia. El cuadro se presenta como una guía operativa para el mejor abordaje de familias disfuncionales, articulando para ello diferentes enfoques y metodologías.

Palabras clave: Familia- Adicción- Modelo Psicodinámico- Modelo sistémico- Puentes.

Introduccion

Es muy importante aclarar, en primer término, que el problema de la drogadicción es muy amplio, muy grave y que tiene connotaciones de distinto tipo.

La terapia familiar es parte fundamental y no excluible del tratamiento de pacientes con problemas de uso de sustancias psicoactivas. No obstante, es necesario un abordaje múltiple que incluya simultáneamente un abordaje indivi-

[1] *Sistemas Familiares, 24 (1), 37-57, 2008.*

dual social- psicológico y un abordaje biológico. Desde el punto de vista biológico, la ayuda medicamentosa puede ser muy útil particularmente en la etapa de desintoxicación.

El abordaje individual no es solo biológico, implica también la terapia individual que no es contradictoria de manera alguna de la terapia familiar. Pero sería muy limitante reducir todo al individuo y la familia.

El paciente con problemas de adicción es un portavoz, un emergente de su grupo familiar y de la sociedad en la que vive. En todo caso, se constituye en un depositario del grado de alienación familiar y social. En este sentido es menester destacar que en las adicciones los factores sociales no son menores.

Boszormengi Nagy (1995) plantea un nivel de abordaje socio- ético que hay que considerar especialmente cuando se trabaja con familias, entre éstas, las que facilitan por su particular dinámica, la aparición de jóvenes con problemas de consumo de sustancias psicoactivas.

El diálogo y la comunicación, que son fundamentales para todas las relaciones humanas y para la salud mental, están severamente perturbados en las familias con miembros adictos. El diálogo generacional se resiente, está perturbado. Uno de los significados de palabra adicto viene del latín a-dictum, "lo no dicho". Lo no hablado, lo que no se puede decir, y por consiguiente, no se lo dice. Tal como plantea Yaria (1993), este diálogo entre generaciones es lo que se transmite a través de la cultura y es lo que permite que los padres transmitan a sus hijos las enseñanzas básicas con las cuales se puede iniciar una nueva etapa. A veces el diálogo puede llegar a significar confrontación, porque no siempre se va a estar de acuerdo, y muchas veces se evita el diálogo para evitar la confrontación. En estas familias hay que enseñar a confrontar, pues confrontar no significa pelearse. Al revés, se destruye cuando no se confronta, cuando no hay diálogo. Es confrontación por un lado, y es retomar lo dado por una generación previa, por otro.

Cuando la generación joven retoma lo que le da la otra

generación, el pasado forma al futuro y la historia se transforma en un proyecto. Pero si este diálogo no ocurre, ya sea por ausencia o por sordera o porque no hay escucha del otro, el riesgo de la droga está latente. El crecimiento del ser humano se da a través del diálogo, a través de la escucha. En la familia donde se da el diálogo genuino, se establece la mejor vacuna contra la droga.

Watzlawick (1989), en la famosa trilogía de los libros sobre el cambio2, menciona que el padre Salimbeni de Parma, historiador del rey Federico II de Alemania, cuenta en su libro La bizarra cronaca di Frate Salimbene que este quería saber qué lenguaje hablarían los seres humanos si no se les enseñaba ningún lenguaje específico. Entonces se le ocurrió la brillante idea de sacar a un grupo de niños de sus familias, alejarlos de sus madres, y ponerlos en un lugar cerrado donde los atiendan con todos los cuidados posibles de aquella época: alimentación, vestido, pulcritud. Pero que nadie les dirigiera la palabra, para ver qué idioma hablarían. El experimento fracasó porque todos los niños murieron.

En una sociedad en la que el valor primordial pasa a través de la posibilidad de consumir, hay una subversión de los valores que se transmite a través de los medios de comunicación. El ser o no ser de Hamlet se transforma en tener o no tener, o a veces la disyuntiva es ser o tener. En esta subversión de valores, el que no tiene no es, perdió su identidad. La tasa de suicidios y de cuadros depresivos, presumiblemente ha ido en aumento con relación a las sucesivas crisis económicas. Los jubilados se suicidan porque se sienten excluidos, y personas de otro nivel económico lo hacen porque ya no tienen lo que tenían.

En una investigación psicosocial, hay que tener en cuenta el tiempo histórico que le da forma. Durkheim (1951), el padre de la sociología francesa, describía a fines del siglo IXX que entre las causas principales del suicidio está la anomia, término acuñado por Platón varios siglos antes de Cristo,

---

2   Las obras que componen la trilogía de Watzlawick son: Cambio, El lenguaje del cambio y ¿Es real la realidad?

que significa: falta de normas y reglas. A lo cual Durkheim le agregó la falta de pertenencia a grupos humanos. En una sociedad bombardeada y destruida éticamente, hay falta de normas y de reglas y hay una tendencia al aislamiento.

Precisamente en la pertenencia a grupos humanos está una de las posibles salidas, porque a través de la pertenencia se da la cooperación y la solidaridad, y sin eso no hay ninguna sociedad que subsista ni ninguna familia.

Hay formas rápidas de suicidarse, y formas lentas. Al consumo de sustancias se la considera una forma autodestructiva lenta, pero forma efectiva de suicidio. La drogadicción, por la elevación que hay de los índices, está transformándose de enfermedad en epidemia, y cada persona que presenta problemas de drogadependencia se calcula que potencialmente genera cuatro más, que a su vez generan cuatro más cada uno. La progresión es geométrica. Además esto facilita el contagio de HIV.

El aumento de HIV tiene una relación proporcionalmente directa con el aumento de consumo de drogas. Facilitado, sin duda, por la promiscuidad tanto en el compartir jeringas, como en el aspecto sexual.

Por otro lado, en las estadísticas de la Organización Mundial de la Salud, se observa un aumento de la curva de vida, alrededor de los setenta y cinco años en las sociedades más desarrolladas. No obstante, aparece como silenciado que, entre los diecisiete y los veinticinco años, considerada edad de la adolescencia, decrece la curva de crecimiento vital, porque aumenta el índice de suicidios o de diferentes tipos de muertes. Hay cuatro causas de muerte con relación a los jóvenes, según la OMS: abortos, suicidio, violencia y accidentes. Resulta que estas cuatro causas de muerte, en mayor o menor grado, tienen que ver con el consumo de droga.

Sobre la base de lo expuesto, se considera más que importante tener en cuenta no sólo lo familiar y lo individual, sino también los aspectos sociales. Ortega y Gasset (1914), en uno de sus libros más importantes, Meditación sobre el Quijote, dice: "Yo soy yo y mis circunstancias, y si no las salvo a ellas, no me salvo yo; y este sector de la realidad circundante forma la otra mitad de mi persona. Solo a través de él puedo integrarme y ser plenamente yo mismo."

Método
Dos epistemologías diferentes. Un recorrido convergente.

Una vez planteada la importancia de tener en cuenta los aspectos individuales y sociales se desarrollará la idea central de esta presentación: los aspectos familiares.

Desde la práctica clínica se observa que las familias presentan ciertas características disfuncionales comunes, las cuales se pueden agrupar tanto desde un enfoque psicodinámico (más centrado en el mundo interno del paciente y su grupo familiar) como desde un enfoque sistémico (referido a los aspectos relacionales, vinculares o interaccionales.)

Habitualmente estos enfoques son vistos como contrapuestos y excluyentes. No obstante estos pueden articularse a través de puentes, respetando las diferencias epistemológicas que los separan.

En el siguiente cuadro se desarrollan las características desde ambos modelos. Este cuadro puede ser visto como si fueran dos edificios de diez pisos cada uno, separados, ya que son diferentes, pero conectados a través de los puentes. A su vez, como en cualquier edificio, un ascensor que sube y baja permite relacionar los pisos entre sí. A la izquierda se encuentra el enfoque psicodinámico y a la derecha el enfoque sistémico, sin connotaciones políticas de ningún tipo y sin identificar la izquierda o la derecha con lo psicodinámico o lo sistémico.

Este es un esquema y, como todos los esquemas, adolece de rigidez. Está expuesto así a los fines de hacerlo más didáctico y pedagógico. Estas divisiones no son compartimentos estancos y unas características se relacionan con otras. El cuadro, originalmente fue pensado para explicar específicamente la familia del drogadependiente. Pero con el tiempo y sobre la base de la observación clínica se fue ampliando a los efectos de dar sustento teórico a otras problemáticas, entre ellas: enfermedades mentales, violencia familiar, bulimia y anorexia. Las características diferenciales entre las familias generadoras de adicciones y las que generan otras patologías serían merecedoras de un trabajo aparte.

Dividir entre psicodinámico y sistémico marca una diferencia, pero si es contextualizado en un punto de vista que integra diferentes miradas, estaríamos hablando desde un horizonte sistémico, que incluye la mirada psicodinámica.

Algunos de los elementos teóricos de este cuadro provienen de autores con enfoque psicodinámico (Kalina, 1990, 1997, 2000; Yaría 1993, 2005), que hablan del tema drogadicción. De la misma manera que algunos de los conceptos que describo sistémicamente los van a encontrar en los libros de los autores sistémicos que trabajaron con este tema. Por ejemplo: Haley (1994, 1995), Madanes (1993), Stanton y Todd (1997), Minuchin (1992, 2000, 2004). Para desarrollar este cuadro se obtuvieron elementos de otros autores sumados a la experiencia del autor a lo largo de más de 30 años trabajando con familias de adictos. Toda creación es una recreación. Como decía Winicott (1993): "Cuando tengo una idea, primero la pienso, luego la desarrollo y después me pregunto: ¿a quién se la robé?".

El cuadro fue presentado en su versión original en el congreso: Towards an ecology of Mind. Second Internacional Family Therapy "Bridges" Conference, Between Eastern and Western Countries (Budapest, Hungría. 12 al 16 de Julio de 1989). Posteriormente algunos ítems fueron modificados y se agregaron otros nuevos, producto de los cambios en las estructuras familiares y de la observación de casos clínicos, llegándose así a la configuración actual. Se han jerarquizado estas características por ser repetitivas aunque hay otras que aparecen en forma discontinua, y que no figuran aquí. Este cuadro puede servir de guía frente a familias generadoras de conductas adictivas y lograr así un mejor abordaje operativo.

Modelo Psicodinámico		Puentes	Modelo Sistémico	
1	MD	2 4	MAM	1
2	PAA	1 3 4	ISMH	2
3	HA	2	CI	3
4	FL	5 6	PSI PP	4
5	MA	7	FF	5
6	PC	8	IJ	6
7	IA	9	DM	7
8	TI	2 3 5	DM	8
9	DNE	9	CV	9
10	SF	10	SF	10

MD: Madre Depresiva

PA A: Padre Ausente y Autoritario

HA: Hijo abandonado

FL: Falta de Límites

MA: Modelo Adictivo

PC: Pacto Criminoso

IA: Independización- Adolescencia

TI: Tabú del Incesto

DNE: Duelos No Elaborados

SF: Secretos Familiares

MAM: Mala Alianza Marital

ISMH: Interacción Simbiótica Madre- Hijo

CI: Coalición Intergeneracional

PSI- PP: Progenitor Sobreinvolucrado y Progenitor Periferico

FF: Falta de Fronteras

IJ: Incongruencia Jerárquica.

DM: Dobles Mensajes

DM: Deseos de Muerte

CV: Ciclo Vital o Curso de Vida.

SF: Secretos Familiares.

Enfoque psicodinámico

1- MD: Madre depresiva.

Desde un enfoque psicodinámico, en primer lugar encontramos la existencia de MD, que es madre depresiva, una mujer con características depresivas que tiene un núcleo melancólico de base y un gran vacío existencial, y llena ese vacío existencial a través de su hijo. Ese hijo se transforma así en la droga antidepresiva de la madre. Levy (1943) describió, en las primeras experiencias de terapia familiar, la importancia de lo trigeneracional. Cuando se aborda una familia hay que tener en cuenta por lo menos tres generaciones: hijos, padres y abuelos. Lo que Levy encuentra es que había una correlación entre las madres que tenían una actitud sobreprotectora, y la falta de amor en su infancia. O sea, madres que aparecían como sobreprotectoras habían sido muy carenciadas afectivamente de niñas, y esto las llevaba a hacer una especie de compensación y de reparación simbólica que se concreta a través del hijo. Un efecto vicariante a través del otro que llevaba por un lado a darles a sus hijos sobreprotección, pero a su vez a obtener contención de ellos. Las conductas sobreprotectoras son altamente absorbentes. La madre sobreprotectora es una madre que lo absorbe al hijo hasta que no queda nada de él. Esto la lleva a la madre a obtener de sus hijos lo que no tuvo de su madre. Boszormenyi- Nagy (1995, 2003) sobre la base de experiencias de tratamiento individual y familiar emprendido simultaneamente desarrolla el concepto de "Complementariedad patológica de necesidades". Se interesó en establecer como las necesidades inconscientes de posesión en los padres dan forma a la estructura psíquica del niño. Las necesidades inconscientes se transmiten al niño como rígidas demandas del superyó, que aquel acepta de manera pasiva. Los padres que se habían visto privados de sus propios padres por deceso o separación tratan de recuperar el padre perdido, inconscientemente, a través de una relación con el hijo; el hijo se transforma entonces en padre de los padres.

2- PPA: Padre ausente y autoritario:

Dicen que siempre hay un roto para un descosido. Y al lado de esa madre hay un padre ausente, que también podemos definirlo como autoritario. Padre ausente significa a veces que el padre efectivamente no está presente en la vida del hijo. Situación muy frecuente en familias con un hijo con problemas de uso indebido de drogas: familias separadas, hijos de madres solteras, madres viudas. Pero el concepto de padre ausente se refiere a una idea mucho más amplia, porque puede estar presente de cuerpo pero ausente en el rol. Ese padre presente pero ausente es un padre que no cumple con la función paterna, el rol paterno, no cumple la función que desde la cultura se espera que cumpla, y que la familia espera que cumpla. Desde un enfoque lacaniano se puede decir que es un padre que tiene pene pero no tiene falo. No basta con tener pene, eso no da la condición de hombre ni de padre. El falo representa la ley y el orden establecidos y trasmitidos socio- culturalmente. Y ese padre que no está, o que está pero no está, en todo caso: "está para no estar". Se trabaja con el padre en la retoma del diálogo, en la forma a través de la cual pueda hacerse presente. Es importante remarcar un juego perverso en la relación entre este padre y esta madre. Muchas veces se es autoritario cuando no se tiene autoridad. Para poder superar la falta de autoridad, se hace autoritario. El que en verdad tiene autoridad no necesita imponer nada. La autoridad no se impone, se merece. Este padre autoritario es un padre por lo general muy duro, muy rígido, y trata a la madre con mucho desprecio. Hay un mal trato. Es un padre sometedor. La madre es una madre sometida (facilitado por su núcleo melancólico), y con fuertes rasgos depresivos. A su vez, en ese pacto perverso, la madre sostiene al padre en lo alto, lo apoya; a pesar de que él la denigra constantemente.

3- HA: Hijo Abandonado.

De una madre depresiva y un padre ausente resulta un hijo abandonado. Una madre depresiva es habitualmente sobreprotectora, y en la sobreprotección por lo general hay abandono. Es una madre más preocupada de sí misma que del hijo, y está más preocupada en que el hijo le dé, que en darle ella al hijo. Se nutre del hijo, lo absorbe, lo transforma en su droga antidepresiva. Y este hijo, como resultado final, es un hijo abandonado. Abandonado por la madre y por el padre, pues si este es un padre ausente, obviamente el abandono es total. Además se encuentra en la historia del paciente identificado una serie de abandonos sucesivos, sufridos de distintas maneras como consecuencia del vínculo que mantiene con los padres. Este hijo abandonado y vaciado afectivamente encuentra como recurso ilusorio la droga, para llenar su propio vacío. En la química de la droga encuentra una solución espuria, falsa. La droga le da una pseudo-independencia, y le llena supuestamente el vacío existencial. El paciente adicto puede tener muchas motivaciones conscientes para el consumo de drogas, y obviamente una de ellas es que la droga lo llena, le da fuerzas y le permite evadirse del mundo que lo rodea. El tema de la energía y la fuerza lo ha trabajado Kalina (1989) como "la droga espinaca, a Popeye cuando comía espinaca le salían músculos y se energizaba. Y en la historieta, Popeye aparece muchas veces buscando a su Padre.

4- FL: Falta de Límites.

Para poner límites no hace falta el garrote; no confundir con aquello de que "la letra con sangre entra". Los límites se pueden poner fácilmente, con energía, decididamente. Lo cual no significa con violencia, ni significa con agresión. Precisamente, cuando hay autoridad los límites se pueden poner y muy bien, con todo amor. Amor implica la puesta de límites. Cuando se quiere bien, se ponen límites. Poner el No, no es fácil, hay que aprender a ponerlo. El No tiene que ver con el respeto, y el No asimismo es constitutivo del sujeto humano. En la tumba de un faraón egipcio, 5000 años antes de Cristo, se encontró una plaqueta que hoy día está en el British Museum, en Londres, que dice: "El mundo ya no tiene solución, los hijos no respetan a sus padres". Uno de los caldos de cultivo del consumo de drogas es cuando no hay límites. Asimismo, son familias donde falta el No, pero también falta el Sí. El Sí de los valores y principios. Ese Sí que da base al No, para que se respete la autoridad.

5- MA: Modelo adictivo.

Estas familias son familias adictivas. El paciente adicto es un portavoz, un emergente de la estructura familiar adictiva. Sería un gravísimo error considerarlo individualmente. Siempre hay un modelo adictivo que está en la familia, en cualquier otro miembro, ya sea porque ese otro miembro también se droga, y eso está oculto, o a veces no. También pueden ser miembros de familias adictivas con adicciones socialmente aceptadas. Alguien toma alcohol o funa o come mucho o trabaja en exceso o es jugador compulsivo, o es adicto a la televisión o a la computadora, al chat, o al sexo. Hay múltiples adicciones, y dentro de estas también hay que considerar a los adictos a las personas. En estos casos no se considera al otro en el sentido de la otredad, en el sentido de la alteridad, concepto sartreano (Kalina y Kovadloff, 1991). Alteridad implica considerar al otro como otro, y como un espejo que me permite a mí ser yo mismo; y establezco un vínculo y un diálogo con el otro, enriquecedor mutuamente. Este tipo de adicto es adicto al otro, como la madre depresiva. O sea, se nutre de este otro, es un usador del otro. Establece un vínculo utilitario funcional. Son familias en donde toman sedantes durante el día para estar tranquilos o estimulantes para levantarse el ánimo, o antidepresivos, o hipnóticos a la noche porque no pueden dormir, o polifarmacología. Es clínicamente observable que en estas familias hay otros adictos aparte del paciente identificado. Desde lo social: hay modalidad adictiva. Los adolescentes necesitan incluirse en el grupo de pares. Si sus amigos consumen, consideran que para pertenecer al grupo hay que consumir drogas; y por otra parte están las inducciones publicitarias al consumo, que por identificación funcionan como modelo.

6- PC: Pacto criminoso.

En las familias generadoras de conductas problemáticas, los padres establecen un verdadero pacto criminoso entre ellos y en contra del hijo, haciendo muchas veces la "vista gorda" ante los episodios de consumo del hijo. Los padres son los últimos en enterarse (Kalina, 1992). La familia lo impulsa a la muerte, en parte con mandatos de grandiosidad que él no puede cumplir. Suele haber en estas familias expectativas de grandiosidad para el hijo. Por ejemplo, en un caso trabajado, el paciente identificado era hijo de un famoso científico. Lo que había era una expectativa explícita de que este joven fuera lo que había sido el padre. La expectativa familiar era tan directa de que fuera un genio, que al no poder cumplirlo, como forma compensatoria comenzó con el consumo de sustancias psicoactivas. Esto se explicó claramente a través de la terapia y cuando el paciente pudo verlo y trabajarlo y también la familia, ésta le sacó el mandato, la exigencia. Este joven era considerado un adicto irrecuperable, que había estado años internado. A través de la terapia familiar e individual emprendida simultáneamente, logró remitir la sintomatología y al poco tiempo se casó. Hoy día trabaja normalmente en ámbitos a nivel científico. La muerte aparece como el único triunfo posible para aquellos que familiarmente tienen ese mandato. Con respecto a la familia equivale al "pars pro totto" (la parte por el todo). Es posible establecer sus antecedentes bíblicos: Es el pacto de Abraham con Dios cuando Dios le pide que sacrifique a su hijo. Lo estaba poniendo a prueba, y cuando Abraham va a sacrificar a su hijo, lo detiene y pone un cordero en su lugar. Desde el punto de vista psicodinámico, la génesis del pacto criminoso está en la trama edípica. Si se interpreta a la trama edípica literal y no metafóricamente, se da una conducta inductora en la familia, con este desenlace fatal. Lo que aparece es el filicidio concretado. En la trama edípica lo mostrado es el parricidio, pero lo latente es el filicidio, porque previo al parricidio de Edipo, fue Layo quien quiso matarlo a Edipo, dejándolo en la cumbre del Monte Citerón, cuando el Oráculo le dijo que el hijo que Yocasta llevaba en sus entrañas, estaba destinado a matarlo, y a ocupar su lugar, y a casarse con ella.

7- IA: Independización- Adolescencia.

Los problemas con el consumo de drogas se pueden dar

en cualquier momento de la vida, pero en la adolescencia es más frecuente debido a que son las víctimas propiciatorias de la sociedad y de los narcotraficantes. De la sociedad porque representan el cambio, y los más "viejos" suelen resistirse al cambio, entonces los adolescentes son "carne de cañón". Desde el punto de vista psicodinámico decimos que la adolescencia es la etapa en la cual se puede desarrollar más fácilmente una adicción, ya que es el período de la vida en el cual se da la resolución del proceso edípico, y la resolución de la relación simbiótica entre madre e hijo. La familia del adolescente se atascó en un punto de transición diferente: el comienzo de la individuación adolescente. Empiezan a desplazarse al grupo de pares, a asumir responsabilidades, a tener relaciones sexuales, a experimentar nuevas conductas, a establecer relaciones ajenas a la familia; y comienza el alejamiento del hogar. Si la familia no puede desarrollar pautas adaptativas, entra en crisis. Entonces aflora el síntoma (droga) como un intento de restablecer, por un lado, la homeostasis familiar; y por otro, como metáfora de la conflicitiva familiar. El síntoma siempre funciona como una metáfora, enuncia y a la vez denuncia aquello que la familia se empeña en ocultar: sus conflictos no resueltos.

8- TI: Tabú del incesto.

Se relaciona con la resolución del proceso edípico. El Edipo temprano, definido por la teoría kleiniana, y luego el Edipo freudiano en la primera infancia. No obstante, se puede considerar a la adolescencia como la segunda etapa de separación e individuación, ya que es la etapa de separación del grupo familiar, de enfrentamiento con el mundo exterior y del duelo por la pérdida de la endogamia. Tiene que salir del grupo familiar, buscar afuera y formar su pareja. Cuando hablamos de adolescencia, hablamos de crisis adolescente. A la palabra crisis de le da habitualmente una connotación negativa. Sin embargo es posible darle una connotación positiva, debido a que etimológicamente viene del latín crescere, que quiere decir crecer. La palabra crisis, en el ideograma chino, es representada con un símbolo que quiere decir oportunidad y peligro. Entonces la crisis adolescente es un momento de cambio, y es, con cierto peligro, oportunidad para el cambio. En griego, crisis viene de Krynen, que quiere decir: momento de elección, o de decisión. Y en hebreo viene de Mashber, que significa ruptura de un equilibrio previo, para lograr un nuevo equilibrio. Complementado esto, decimos que el Edipo infantil es un esnayo introductorio al Edipo adolescente, y este es el momento culminante porque el adolescente puede consumar el Edipo. El niño puede fantasearlo; pero el adolescente podría eventualmente llegar a consumarlo. Puede tener relaciones sexuales completas, puede procrear, hasta incluso puede matar (en la tragedia griega Edipo asesina a Layo, su padre). Este punto es continuación del anterior: lo desarrollado como fundamentación psicodinámica de la importancia del momento de independización en la adolescencia se refiere al tema de la prohibición de la endogamia, que es el tabú del incesto y el momento de la salida al mundo exterior de este hijo. La intención es desarrollar estos conceptos en la forma más comprensible y didáctica posible, y que parezca que las cosas explicadas son casi obvias. El profesor Dick Auerswald , fue llamado por el rector de la Universidad de Hawai para decirle que un grupo de alumnos se había quejado porque sus clases eran tan simples, que lo que decía parecía casi obvio. Dick Auerswald respondió: "Maravilloso, me he pasado toda la vida tratando de lograr que las cosas más difíciles, más complejas, parezcan obvias cuando las explico".

9- DNE: Duelos no elaborados.

Este concepto apunta a dos ideas. Por un lado, se refiere a duelos históricos: son las familias en que históricamente se encuentran situaciones de muerte de miembros cercanos, y por ende a duelos que no han sido elaborados. Por otro, tiene importancia desde el punto de vista psicodinámico, el concepto de Pichon- Rivière (1985), quien habló del duelo central no elaborado que toda la familia tiene, y ese concepto es retomado y ampliado como duelo parental familiar y duelo conyugal familiar (Berstein, 1986, 1988). El concepto de duelo parental se refiere a familias donde no han elaborado el duelo por la pérdida de los grupos familiares de origen. No han podido desprenderse bien. Hay un antecedente trigeneracional de malos desprendimientos. Stanton y Todd (1997) presentan un dato estadístico. En una investigación que se hizo con familias de inmigrantes se encontró que sus hijos tienen más predisposición para caer en la droga y que esto parece tener que ver con un duelo no elaborado. Provienen de familias en las que los padres del hijo drogadicto son inmigrantes. Ellos cortaron y se alejaron de sus grupos familiares de origen; luego, tienen miedo de que sus hijos repitan con ellos lo que ellos hicieron con sus padres. Son padres que hacen este tipo de sobreprotección y retención, lo cual inhabilita para el crecimiento, y es "caldo de cultivo" para el consumo de droga. Además está el duelo conyugal, que es el duelo que hace la pareja de esposos cuando llega el hijo y se tiene que perder de alguna manera la intimidad de la pareja. Si eso no fue bien elaborado también es "caldo de cultivo". A veces se da en parejas que han tenido un hijo muy rápidamente y no han dejado un espacio de tiempo para conformarse como pareja.

10- SF: Secretos familiares.

Los secretos familiares perturban la comunicación y el diálogo. La palabra adicto, como ya fue expuesto, etimológicamente tiene dos significados. Uno es esclavo. Y el otro proviene del latín a-dictum, lo no dicho. La noción de secreto familiar implica aquello de que hay cosas que todos saben pero nadie dice. A veces las saben conscientemente, y otras veces las saben inconscientemente. Se percibe, se huele, está en el aire, se saben. Siempre hay secretos familiares históricos. Se relaciona con el concepto de tiempo mítico desarrollado por Berstein (1994), en el que es algo oculto encapsulado en el tiempo, pero efectivo en la actualidad. Son cosas que vienen de mucho tiempo atrás. A veces tiene que ver con circunstancias vergonzantes para la familia, cosas ocultables, como por ejemplo si hubo algún miembro drogadicto o algún sicótico, enfermedades mentales, enfermedades graves, alcoholismo. Hay tantos elementos ocultables dentro del ámbito familiar: infidelidades, sean políticas, religiosas, matrimoniales, o de cualquier otro tipo; o situaciones ocultables que hacen que haya algo que no se dice. Los hijos adoptados, abortos, actos delictivos, SIDA, homosexualidad, intentos de suicidio, violencia familiar, abuso sexual, y tantos otros.

Enfoque sistémico

1- MAM: Mala alianza marital.

Habitualmente los autores que trabajan en teoría sistémica, cuando describen ciertas características de las familias patológicas, en especial de adictos, ponen énfasis en el punto 4 de este cuadro (progenitor sobreinvolucrado- progenitor periférico). En cambio, es importante poner el acento en el primer punto, es decir en la mala alianza marital. En términos de interacciones es una pareja disfuncional. Hay problemas muy serios en el ámbito conyugal, sea por cisma o por sesgo marital; es decir, cuando hay conflictos explicitados, manifiestos, o cuando hay una armonía aparente pero conflictos latentes (Lidz, 1980). Cuando se trabaja con adictos, la existencia de esta mala alianza marital, si bien hay que tenerla en cuenta y poder manejarla tácticamente, hay que posponerla hasta que el paciente identificado se recupera (Haley, 1955). Es el ABC desde el punto de vista sistémico que si bien esto es lo fundante de todo, a pesar de esto, y paradójicamente, es lo que no hay que tocar por el momento, ya que la idea es poner a los padres a cargo del paciente adicto. Que se hagan responsables, lo que implica utilizar los recursos propios de cada familia. Usar los modelos psicoeducacionales. Esta problemática es el trasfondo que lleva al paciente identificado desde lo sistémico (Bateson et al, 1980) a la adicción. Hay que tratar de que los padres se unan para hacerse cargo y se responsabilicen de su hijo.

2- ISMH: Interacción simbiótica madre- hijo.

En términos interaccionales hay una interacción simbiótica entre la madre y el hijo. Es una relación de pegoteo y de no discriminación. La simbiosis normalmente implica una relación entre dos organismos que se unen para mantenerse vivos. Eso desde el punto de vista biológico no es malo, pero en el ámbito sistémico, la interacción simbiótica es algo muy peligroso porque significa la no discriminación madre- hijo, y una relación aglutinada donde no se sabe quién es quién. La madre considera a ese hijo como una prolongación suya. Asimismo, el hijo por la simbiosis no puede vincularse bien con su mundo interno ni con el mundo exterior. El término simbiosis tiene raíces psicodinámicas (Mahler, 1971; Bleger, 1995), sin embargo remarcamos aquí más los aspectos interaccionales observables en las relaciones simbióticas que la que ocurre en el mundo interno del sujeto.

3- CI: Coalición Intergeneracional.

Una mala alianza marital lleva a la interacción simbiótica, porque si la madre se lleva mal con el padre, muchas veces se refugia en el hijo, y establece con él una relación privilegiada. Esta relación privilegiada implica una coalición intergeneracional. Esto es muy importante desde el punto de vista sistémico, primero porque es coalición y segundo porque es intergeneracional. Es necesario diferenciar, que desde una mirada centrada en la interacción y comunicación, la alianza implica dos que se unen en pro de algo. Coalición es en cambio dos contra uno (Haley, 1995). Algo destructivo. En términos de guerra: dos países que se unen contra otro.

Una coalición si es intergeneracional, termina de complicar las cosas, porque si en el nivel de relación esposo- esposa, la situación vincular es mala, la coalición se hace con el de otra generación. Hay un salteamiento de generaciones y esto no es útil. La coalición puede darse entre madre e hijo (complejo de Edipo) o entre padre e hija (complejo de Electra), si nos circunscribimos a un modelo psicodinámico. Pero desde el modelo sistémico, y en nuestra práctica clínica, nos encontramos también con coaliciones entre padre e hijo, madre e hija, o entre abuelos y nietos.

4- PSI- PP: Progenitor sobreinvolucrado y progenitor periférico.

Es lo más observable y lo primero que se describe; la existencia de un progenitor sobre involucrado y otro periférico, en relación al hijo. O sea un progenitor sobre involucrado, que en caso de hablar de un hijo varón adicto, habitualmente suele ser la madre, y en ese caso el progenitor periférico es el padre. Si es una hija mujer pudiera darse esta misma situación pero al revés (generalmente así ocurre, pero no necesariamente). La existencia de este tipo de interacción es muy clara, y aparece como consecuencia directa de la coalición intergeneracional; la relación simbiótica madre- hijo implica que está sobreinvolucrada, y a su vez que hay una exclusión a través de la coalición, de un tercero: que es el padre. Y este padre "se" autoexcluye, pero también "es" excluido, por la muy fuerte relación madre- hijo. En este sentido, ocurre una retroalimentación en la forma de interacción, por la circularidad. La lejanía del padre, provoca la cercanía de la madre, y viceversa. Por consiguiente se hace necesario trabajar en ambas direcciones.

5- FF: Falta de fronteras.

Este es un concepto específicamente sistémico, ampliamente desarrollado por Minuchin y Fishman (1992), se refiere a que dentro de un sistema, hay subsistemas y entre ellos hay fronteras más o menos rígidas, más o menos permeables. Dentro de las múltiples variables posibles, una de las más comunes en las familias generadoras de conductas problemáticas es la existencia de fronteras rígidas e impermeables entre el sistema familiar y el mundo exterior, por un lado, y fronteras laxas, débiles, agujereadas (es decir falta de fronteras), entre el subsistema paterno y el subsistema filial. En estas familias es muy difícil ya sea entrar o salir del sistema familiar. Cuando no hay fronteras estamos frente a un problema muy grave, pues la falta de fronteras implica la falta de intimidad dentro del sistema familiar sosteniendo de muchas maneras los puntos hasta ahora descriptos.

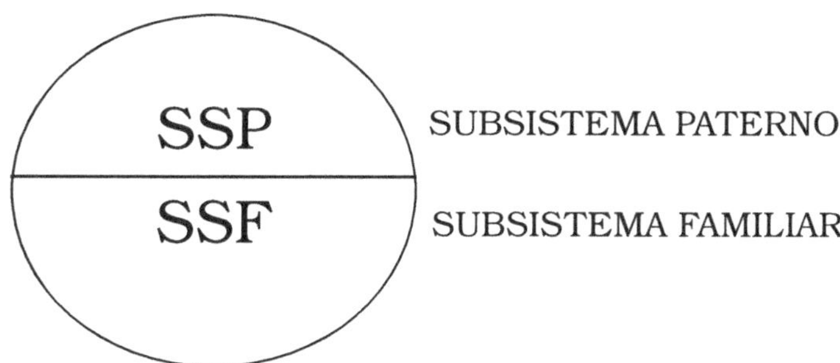

6- IJ: Incongruencia jerárquica.

Las familias, como toda organización, necesitan de jerarquías claras para su buen funcionamiento. Si esto no ocurre, es porque no se respetan las jerarquías (Haley, 1995). Si los hijos no respetan a los padres, hay falta de jerarquías, porque hay falta de fronteras: no están delimitadas las fronteras entre el subsistema paterno y el subsistema filial. Un subsistema siempre es invadido por el otro. Ocurre entonces el eclipse de los padres. El concepto de incongruencia jerárquica implica que no existe en estas familias la posibilidad de poner límites, y no existe el no. Con respecto a las consideraciones sobre el no, es conveniente retomar los conceptos bíblicos, fuente inagotable de sabiduría. La importancia del no, puede ser considerado tanto desde los puntos de vista psicodinámico y sistémico, como desde el punto de vista bíblico. Para ilustrar la importancia del no, se puede tomar uno de los no ya mencionados antes: el tabú del incesto. Es un gran no. Una gigantesca prohibición. Y además es una de las prohibiciones estructurales de todas las culturas. Asimismo es posible considerar específicamente otros No: los diez mandamientos son casi todos No: 1) No matarás, 2) No adorarás a otros dioses, 3) No harás esculturas y No te inclinarás ante ellas, 4) No jurarás en vano, 5) Honrarás a tu madre y a tu padre, 6) No trabajarás en séptimo día, 7) No cometerás adulterio, 8) No robarás, 9) No prestarás falso testimonio, 10) No codiciarás a la mujer de tu prójimo. Son casi todos no. En ese sentido lo importante es rescatar lo siguiente: en general, para la Biblia se considera que Dios es un Dios discutidor, que discute con el pueblo, que hay un diálogo, una discusión, y que las cosas que se dicen son orientaciones, incluso interpretables. Pero los diez mandamientos no son discutibles. Son puntualizaciones. Esto es importante tratar de entenderlo viendo cuando aparecen los Diez Mandamientos. Aparecen cuando Moisés está sacando a los judíos de Egipto, y está en el desierto de Sinaí. Los está sacando de la esclavitud. La palabra adicto, como ya fue expuesto, significa "lo no dicho"; pero hay otra versión etimológica que quiere decir esclavo. Moisés libera a los judíos de Egipto de la esclavitud, con los No. Con las tablas de la Ley. Cuando subió Moisés al monte Sinaí, y bajó, el pueblo se había olvidado de él. Él estuvo mucho tiempo fuera, 40 días y 40 noches, y el pueblo había entrado en libertinaje. Hicieron el becerro de oro, adoraron otra vez a falsos ídolos, y cuando vuelve Moisés, se enoja con el pueblo y rompe las tablas de la Ley. No obstante, Moisés recapacita y se pregunta el por qué de lo ocurrido, y como respuesta a esto decide subir al monte de nuevo. Se pregunta: ¿Qué habré hecho yo para que mi pueblo hiciera esto, qué grado de responsabilidad me corresponde a mí para que haya sucedido esto? Ahí es cuando puede entender que había estado ausente mucho tiempo; ¿y quién era Moisés para el pueblo? Un guía, un conductor, una figura paterna- padre ausente. Cuando vuelve a subir y recibe de nuevo las tablas de la ley, esta vez está menos tiempo ausente. Cuando retorna del Monte Sinaí, las tablas de la Ley son aceptadas. Y cuando son aceptadas, la tribu, el pueblo, se transforma en nación. Entonces los diez mandamientos son la Ley. Antes había anarquía, una confusión que se podría asociar con las crisis de la adolescencia. La tribu era adolescente, la nación se hizo adulta a través de las normas. Asimismo, Ley, etimológicamente del hebreo, "Halajá", significa: "camino para crecer". Haciendo un cambio de lugar con las letras nos queda "Alhaja".- La ley es algo muy valioso, es una verdadera alhaja. Si la internalizados, como sujetos y como sociedad, funciona como regulador de la violencia. Desde el enfoque freudiano también el no es estructurante de la familia y de la sociedad (en este caso es el No del incesto: la prohibición que establece el pacto exogámico).

7- DM: Dobles mensajes.

Un doble mensaje, para ser eficiente, tiene que tener reiteración, tiene que haber dos o más personas involucradas, tiene que haber primero un mensaje positivo y después un mensaje negativo que se contradice con el primero, a un nivel más abstracto. El positivo puede decir: "No hagas esto o te castigaré". El negativo puede ser: "pero no veas esto como un castigo, porque lo hago porque te quiero". Luego un tercer mensaje que puede ser una prohibición de metacomunicar. Es decir que se prohíbe comunicar sobre lo comunicado. Se prohíbe explicitar el doble mensaje. Entonces, el sujeto que allí atrapado sin salida. Ahí está la situación paradojal en la cual queda el sujeto. La salida puede ser metacomunicar y entonces explicitar lo implícito. En el budismo Zen (Minuchin y Fishman, 1992) esto se resuelve fácilmente porque cuando el maestro le dice al alumno: esto es una vara, si me dices que es una vara te pegaré con ella, si me dices que no es una vara, te pegaré con ella. Entonces ¿qué es esto?. La salida es fácil, si el alumno sabe. Se levanta, le quita la vara, la rompe, la tira y dice: "era una vara". Si se puede metacomunicar, se tiene salida. Se puede decir: ¡Qué clase de mensaje nos está mandando! ¿Qué nos quiere decir con esto? Esto se puede hacer cuando no se tiene una relación de dependencia tan grande, como la de padres e hijos. Ahí, metacomunicar y explicitar si recibió este tipo de dobles mensajes es peligrosísimo para la vida. Corre el riesgo de ser castigado y de que le retiren aún más el afecto. Puede psicotizarse o hacerse adicto. Este tipo de dobles mensajes los recibe constantemente el futuro "enfermo". En este caso, el doble mensaje familiar es: "Haz lo que yo digo y no lo que yo hago". Como ya fue expuesto anteriormente hay otros en la familia que se drogan, o fuman, beben, comen, trabajan, ven televisión, usan la computadora, tienen sexo o juegan en forma adictiva; en definitiva tiene conductas adictivas. Y luego le dicen al paciente designado: "no te drogues".

8- DM: Deseos de muerte.

Los deseos de muerte se observan en primer lugar en el paciente designado, mediante tendencias autodestructivas indirectas y directas. Asimismo se observa en la interacción sistémica familiar la aparición a veces de deseos de muerte hacia el paciente por parte de los demás integrantes en forma explícita. Santon y Todd (1997) lo describen cabalmente. Se advierten estas situaciones fácilmente en la práctica clínica. Daremos un ejemplo: una familia que fue atendida psicoterapéuticamente, con un hijo con problemas de uso indebido de drogas y síntomas esquizofrénicos. El hijo de esta familia había presentado un brote psicótico como consecuencia del consumo de sustancias psicoactivas, las cuales producen descargas de catecolaminas. Como el cuadro era de mal pronóstico, fue necesario medicarlo e internarlo. Al profundizarse el cuadro, se agregó otra medicación más. En sesión de terapia familiar se explica a la familia los pasos a seguidos en cuanto a la medicación sobre la base del cuadro psicopatológico. Entonces, en plena sesión, se levanta la madre y a los alaridos sale, dando un portazo y gritando: "¿Por qué no le dan cianuro, así se muere de una vez y listo?". Los deseos de muerte son a veces explícitos, en el ámbito de la internación y tienen que ver con los mecanismos de depositación del conflicto familiar en un chivo expiatorio, en la creencia de que: "muerto el perro se acabó la rabia". La depositación masiva realizada por la familia en el paciente con problemas de uso de sustancias psicoactivas de los deseos de muerte, muchas veces lo empujan a actuaciones que en forma directa o indirecta atentan contra su propia existencia, pudiendo culminar en un acto suicida exitoso.

9- CV: Ciclo vital o curso de vida.

Esta noción revolucionó la visión de la familia. Muchas familias pasan por un ciclo vital clásico, pero no todas. En el ámbito de la terapia familiar, durante las décadas del 70 y 80 se habló del ciclo vital de la familia. Pero el concepto fue cambiando. Antes se entendía que un hombre y una mujer se conocían, se amaban, querían compartir la vida juntos, formaban una pareja, se casaban, tenían hijos, estos crecían, iban a la escuela, se hacían adolescentes, repetían el mismo esquema y los padres finalmente se hacían abuelos. Se trataba de una familia muy organizada que se repetía circularmente. Sin embargo, los tiempos cambian. Hoy no se habla de "ciclo" si no de curso de la vida familiar (Torrado, 2003). La vida tiene un curso. Como si fuera un río. Parafraseando a Heráclito (García Calvo, 1985) "nadie se baña dos veces en el mismo río". El curso implica un sinfín de variables. En esta época, separaciones, divorcios, rematrimonios, parejas homosexuales y otras posibilidades, son comunes y frecuentes. Lo que antes se consideraba un accidente, hoy es prácticamente la "norma" (Jelin, 2000). Estas situaciones no ocurrían de esta manera hace treinta años. Ahora se habla de más de cincuenta por ciento de parejas separadas, favoreciendo la aparición de familias ensambladas, es decir, matrimonios separados que forman nuevas parejas, y entonces aparecen "los tuyos, los míos, los nuestros..." Además no se puede soslayar la existencia de familias monoparentales, es decir, cuando uno de los progenitores se hace cargo él o ella solo de los hijos. Y mujeres que por medio de la inseminación artificial deciden tener un niño sin el padre al lado. A la vez hay que considerar los matrimonios de homosexuales, que, en caso de adoptar, conforman estructuras familiares muy diferentes al ciclo que mencionamos antes. La realidad enfrenta a la sociedad de este tiempo, más allá de cualquier juicio de valor, a un río con muchos brazos. No obstante, la estructura familiar en Occidente aporta a los hijos y a los padres atención y contención, sin tensión, cuando es funcional. En cambio, si es disfuncional, no pasa nada de esto. Retomando nuevamente a las familias generadoras de conductas adictivas, se observa que en este tipo de familias los cambios en el curso de vida se transforman muchas veces en una crisis de vida. Toda familia, más allá de lo expuesto, va a tender a estar en equilibrio u homeostasis. Cualquier amenaza de ruptura de la homeostasis es vivida como de alto peligro. Un hijo que se empieza a alejar de la familia implica una ruptura del equilibrio previo y de la homeostasis, especialmente en las familias disfuncionales. En estas familias el hijo cumple la función de mantenimiento de la homeostasis. Y lo tenemos que relacionar con el comienzo de este cuadro, con la mala alianza marital (MAM). Ese hijo está funcionando como hijo poxipol[3], es el hijo que pega los pedazos rotos de la pareja. Y si este hijo se fuera ¿quién va a cumplir el rol de mantener a la pareja unida? Entonces ni el hijo va a querer irse ni los padres lo van a dejar hacerlo. El asunto es mantenerlo cerca, retenerlo, y para el hijo adicto, una forma de no irse es el consumo de sustancias, pues le permite seguir quedándose eternamente. Y es una forma también de seguir manteniendo unidos a estos padres. Además, a través de la droga se mantiene siempre dependiente, pero con una

---

[3]   O hijo pegamento.

pseudo- independencia. La droga les da una falsa sensación de independencia, pero en realidad los hace cada vez más dependientes, no sólo de la sustancia sino también de la familia. Porque, por la ingesta, no logran sostener un trabajo ni un estudio, y porque para drogarse necesitan dinero. Entonces, si siguen consumiendo serán adictos de por vida. Serán siempre dependientes y mantendrán así "unidos" a estos padres a través de la preocupación que estos manifiestan por él.

10- SF: Secretos familiares.

En el ámbito sistémico se encuentra nuevamente el concepto de secretos familiares, pero aquí el enfoque epistemológico es diferente, tiene otra mirada (Simon et al, 2002). Es un enfoque a- histórico. No se refiere a aquellos secretos que venían guardados históricamente, sino a circunstancias del aquí y ahora, detectables en la reunión del grupo familiar. Por ejemplo: se encuentra reunida la familia y hay un secreto del aquí y ahora: la madre tiene, con uno de sus hijos, una coalición intergeneracional en contra del padre. Entonces es factible que la madre sepa cosas del hijo que el padre no, y viceversa. A veces, sabe que el hijo se sigue drogando, a pesar de que aparentemente no lo hace más. E inclusive, en muchas oportunidades, se han detectado casos en que la madre le da dinero al hijo, a escondidas, sabiendo que lo va a utilizar para drogarse. Son circunstancias del aquí y ahora, que suelen aparecer en este momento del encuentro profesional con la familia.

Los puentes

El código intermediario del cuadro es para entender los puentes entre los modelos psicodinámico y sistémico. Todo lo descrito conceptualmente es extraído de las observaciones realizadas a través de la práctica clínica. Y es la intención que este trabajo sea útil para saber qué buscar cuando se trabaja con familias generadoras de conductas problemáticas. Hay un dicho popular que dice: "El que busca encuentra", y se le puede agregar: "si sabe qué buscar". A su vez, mediante esta guía se puede saber cuáles son las disfunciones sobre las que hay que trabajar, y qué cosas modificar en los procesos de interacción familiar.

De esta manera, si se modifican estas facetas disfuncionales, el paciente adicto no correrá el riesgo de caer en el "síndrome de la puerta giratoria", donde el paciente identificado es rehabilitado o recuperado, a través de un proceso terapéutico, para luego recaer al reencontrarse con la misma problemática familiar que no ha sido modificada.

Parte de la hipótesis de trabajo presentada es que, si bien estos modelos responden a epistemologías diferentes, se pueden construir puentes que permitan trabajar mejor con los pacientes identificados. Las orillas de un río no se pueden unir; pero sí se pueden construir puentes que las conecten. Esta problemática ya fue planteada por Freud (1930) cuando hablaba del "narcisismo de las pequeñas diferencias". Psicoanalistas y sistémicos reivindican su modelo como el único válido, y excluyente del otro. Por el contrario, estos modelos se pueden integrar. Logrando de esta manera una mirada interparadigmática (Fazzio y otros et al, 2006).

En el cuadro se describen las características de las familias generadoras de conductas problemáticas, vistas desde ambos modelos teóricos. El cuadro puede ser visto como si fueran dos edificios de diez pisos cada uno, separados, ya que son diferentes, pero conectados horizontalmente a través de los puentes. A su vez, como en cualquier edificio, un ascensor que sube y baja, permite relacionar verticalmente los pisos entre sí.

Se construyó un código, estableciendo equivalencias entre ambos modelos. Y fue representado gráficamente a través de los puentes. Así en cada renglón del cuadro, a cada ítem del modelo psicodinámico se corresponden ciertos ítems del modelo sistémico. Los números que aparecen en el sector puentes son precisamente aquellas características sistémicas que serían equivalentes a la característica psicodinámica señalada en ese renglón.

El punto número uno del enfoque psicodinámico MD (madre depresiva) se corresponde con los puntos dos y cuatro del enfoque sistémico. Porque si psicodinámicamente hablamos de una madre depresiva con características sobre protectoras, el punto dos en el modelo sistémico describe la simbiosis en la relación madre- hijo, que en el ámbito de la interacción es equivalente al otro modelo. En vez de verlo intrapsíquicamente como la depresión de la madre, se ve como una relación simbiótica. Ambos conceptos describen el mismo fenómeno desde visiones complementarias. Ya que en la simbiosis se establece una relación de sobreprotección, y tanto la madre depresiva como la simbiótica no permiten el crecimiento del hijo. Lo mismo ocurre en el punto cuatro, PSI-PP (progenitor sobreinvolucrado y progenitor periférico), la observación clínica muestra que hay una madre que está sobreinvolucrada. En este caso es la misma situación a la que fue referida anteriormente de una madre sobreprotectora.

El punto dos del modelo psicodinámico PAA (padre ausente y autoritario) se corresponde con los puntos uno, tres y cuatro del enfoque sistémico. Se relaciona con el punto uno MAM (mala alianza marital) debido a que es muy común que cuando hay una mala alianza marital, el padre sea el que se encuentre ausente en la vida del hijo. Asimismo, se corresponde con el punto tres, CI (coalición intergeneracional), debido a que este concepto implica que hay dos que se unen (generalmente madre e hijo), dejando afuera un tercero, que es el padre. Concomitantemente con el punto cuatro del enfoque sistémico, PSI-PP (progenitor sobreinvolucrado- progenitor periférico) se corresponde debido a que es un padre periférico, porque el otro progenitor está sobre involucrado. Circularmente entendemos que se retroalimentan: un PSI lleva a un PP, y viceversa.

El punto tres, HA (hijo abandonado), del enfoque psicodinámico se corresponde con el punto dos del otro modelo:

ISMH (interacción simbiótica madre e hijo), ya que tal como señalamos, la simbiosis genera sobreprotección, que es una forma de abandono. HA, podemos asociarlo con la frase en inglés "Home alone", "solo en casa". Este era el título original de la película hollywoodense "Mi pobre angelito".

El punto cuatro, FL (falta de límites) del primer modelo, se corresponde con los puntos cinco, FF (falta de fronteras), y seis IJ (incongruencia jerárquica), del modelo sistémico. Pues la falta de fronteras entre los subsistemas o con el medio social a nivel sistémico y la incongruencia jerárquica que deviene de esto, se vincula estrechamente con la dificultad de poner límites. Y como fue descrito, con el No como constitutivo del sujeto.

El punto cinco, MA (modelo adictivo), se corresponde con el punto siete DM (dobles mensajes) del modelo sistémico. Porque la existencia de un modelo adictivo en la familia constituye en sí mismo un doble mensaje. Supone aquello de: "Haz lo que yo digo, pero no lo que yo hago".

El punto seis, PC (pacto criminoso) del enfoque psicodinámico, se corresponde con el punto ocho, DM (deseos de muerte), del otro modelo. Es decir que aparecen los deseos de muerte a nivel interaccional, estableciendo de esta manera una situación criminosa para el paciente designado.

El punto siete, IA (independización adolescente), que está muy trabajado desde el punto de vista psicodinámico, se corresponde con el punto nueve CV (curso de vida) del modelo sistémico. Debido a que la independización adolescente es parte sin duda del curso de la vida, dentro del cual constituye una etapa crítica.

El punto ocho, TI (tabú de incesto) del enfoque psicodinámico, se relaciona con los puntos dos (ISMH), tres (CI) y cinco (FF) del enfoque sistémico. Porque el punto dos, es tabú del incesto en la simbiosis madre e hijo, pero junto con esto está el punto tres, coalición intergeneracional: la madre establece con el hijo un vínculo muy estrecho, a veces incestuoso. Y la falta de fronteras entre el subsistema paterno y el subsistema filial. Favorece la ruptura del tabú del incesto, el cual como fue explicado, determina la posibilidad del pasaje de la endogamia a la exogamia.

El punto nueve, DNE (duelos no elaborados) del enfoque psicodinámico, se relaciona con el punto nueve del otro enfoque, con la noción de curso de vida. Porque la noción de curso de vida tiene que ver sistémicamente con el pasaje por diferentes etapas, tiene que ver con los duelos en el sentido en que también son situaciones de pérdida (pérdida de la familia de origen, de la intimidad conyugal al nacer los hijos, cuando crecen y se van, de los roles activos al llegar la vejez). En el enfoque psicodinámico lo vemos como duelo intrapsíquico, en cambio en el enfoque sistémico vemos lo mismo a nivel interaccional.

El punto diez, SF (secretos familiares), del enfoque psicodinámico, corresponde al punto diez, SF (secretos familiares), del enfoque sistémico. El concepto de secretos familiares es tomado por ambas miradas. La diferencia radica en que en el enfoque psicodinámico se refiere a los secretos guardados en la historia familiar, aquellos que han quedado encapsulados en el tiempo; mientras que en la mirada sistémica, se refiere a los secretos del aquí, ahora y conmigo, que ocurren a nivel interaccional.

Algunas correspondencias con la mitología griega

Es posible preguntarse que relación se puede establecer entre todo lo descrito y la mitología griega. Para eso, se tomará el mito griego de Dionisios, para luego explicar su relación con el cuadro. Dionisios era el dios del vino, equivalente a Baco en la mitología romana.

Dionisios era el hijo de Zeus, dios de todos los dioses y de Sémele, hija de Cadmo rey de Tebas. Sémele era una mujer mortal, una de las múltiples amantes del dios Zeus. Y estaba embarazada de seis meses. La diosa Hera, esposa de Zeus, estaba celosa y le sugiere a Sémele que le pida a Zeus que se le muestre. Los mortales no podían ver a los dioses, de acuerdo con la mitología griega. Según se decía, se "amaban a oscuras". Hera sabía que Sémele moriría. Zeus, que primero se negaba a mostrarse, terminó por acceder a los reiterados pedidos de su amante. Se le muestra a Sémele en todo su esplendor, y Sémele cae fulminada. Zeus le saca a Dionisios del vientre y se lo cose al muslo, para que este pueda nacer. Zeus podía hacerlo porque era el dios de todos los dioses. Es por esto que a este hijo se lo llamó Dionisios, que en griego significa: "El dios que nació dos veces".

Este punto podemos relacionarlo con la fantasía que tiene todo paciente adicto sobre la inmortalidad; y de que a través del consumo de sustancias psicoactivas van a obtenerla, porque el paciente adicto sabe que la droga mata. Es la fantasía de nacer dos veces. La fantasía es que van a encontrar el paraíso, y que vuelven a nacer. Lo que no saben es que en lugar de encontrar el paraíso, encuentran el infierno y a la muerte.

Volviendo al mito, Dionisios nace de esta manera y es criado por muchas personas. Zeus lo va llevando de un lugar a otro, porque Hera estaba celosa de los frutos del amor de sus esposo con Sémele. Quería eliminar a la descendencia y lo persigue a Dionisios para matarlo. Zeus, lo lleva de un lugar a otro como forma de protegerlo. Primero, lo deja con Atamante, hermana de Sémele, y con su esposo Imo. Después lo lleva con la Nereida Tetis y ella lo esconde bajo el mar. Luego de esto lo lleva con las Ninfas que habitaban Niza, ciudad del Asia menor. De esta manera lo sigue ocultando, hasta que llega con la diosa Cibeles, la cual lo inicia en una serie de religiones y conjuntamente con esto, aparece un sátiro bebedor, llamado Sileno, que lo inicia en los rituales del vino, y el cultivo de la vid. Esto ocurre precisamente en las mocedades de Dionisios.

Dionisios se transforma en el dios del vino, y para esa época decide ir a buscar a su madre, a la que nunca conoció, pero con la que se sentía profundamente conectado. Desciende entonces a los infiernos para buscar el alma de su madre, y Hades, dios del infierno, le dice que le permitirá encontrarse con su madre si le entrega lo que más aprecie.

Él, con tal de encontrarse con su madre, le entrega a Hades el cetro y la corona de mirto, símbolos del poder de los dioses.

La historia sigue, pero es importante rescatar las escenas descritas porque en ellas se encuentra representado el cuadro expuesto.

1.Madre depresiva y los equivalentes del modelo sistémico. Sémele le pide a Zeus que se le presente sabiendo que va a morir. Constituye un intento de suicidio, denotando características melancólicas y depresivas.

2. Padre ausente y autoritario. Zeus deja a su hijo en diferentes lugares, con el fin explícito de protegerlo de Hera, pero al mismo tiempo él se encontraba ausente de la vida de Dionisios. Asimismo todos aceptaban cuidar a su hijo, ya que este era Zeus, dios de todos los dioses. Sin duda aparece aquí algo de lo autoritario.

3. Hijo Abandonado. La sucesión de abandonos por los cuales atraviesa Dionisios, tanto por la ausencia del padre, como por los diferentes cuidadores que tuvo, con los cuales difícilmente haya llegado a establecer vínculos, así como el abandono de su madre que se suicida estando embarazada de él. Es un abandono sufrido desde antes de nacer.

4. Falta de Límites. Este punto es deducible sobre la base de, por un lado, la cantidad de personajes diferentes que cuidan a Dionisios y, por el otro, al ser este el hijo de Zeus, dios de todos los dioses, ¿quién se hubiera animado a ponerle límites, sabiendo que en forma indirecta podría confrontarse con Zeus?

5. Modelo adictivo. El fauno borracho (isleño) que le enseñaba a cultivar la vid y lo inicia en los rituales del vino.

6.Pacto criminoso. Es el pacto que hacen Zeus y Sémele, cuando Sémele pide que se presenta, y Zeus se muestra en todo su esplendor. Ella muere, y ambos ponen en riesgo la vida de su hijo aún antes de que este naciera.

7. Independización adolescente. En las mocedades, es el momento en que Dionisios comienza con el ritual del vino y adopta posteriormente su rol de dios del vino. Coincide también con un momento específico en el curso de vida.

8. Tabú del incesto. Se relaciona, como se ha visto con el complejo de Edipo no resuelto, por el cual Dionisios baja a los infiernos para buscar a su madre a la que nunca conoció. Renunciando para ello a lo más preciado por él hasta ese momento: el cetro y la corona de mirto.

9. Duelos no elaborados. Se observan tanto por la pérdida temprana de su madre, como por los abandonos sucesivos que vivencia Dionisios al ser llevado de lugar a lugar para ser criado por diferentes personajes. A su vez se puede incluir el vínculo con el padre, el cual siempre fue periférico.

10. Secretos familiares. Si bien este punto no aparece en forma directa en el relato mítico, es posible inferir como tales las diferentes infidelidades de Zeus. Como y se señaló, Sémele no era su única amante. El dios era conocido por sus múltiples amantes (mortales, diosas y semidiosas).

Conclusiones

En el cuadro expuesto, en el punto independización adolescente, hay una diferencia entre el enfoque sistémico y el enfoque psicodinámico. Desde el enfoque psicodinámico, el adolescente no sale de la familia o tiene dificultades para que lo dejen salir, porque la exogamia está dificultada en él; él está atrapado dentro del pacto endogámico, mediatizado por el tabú del incesto. En cambio, desde el enfoque sistémico, el paciente designado no sale de la familia para mantener la homeostasis familiar y para que los padres no se separen o entren en crisis. En este aspecto se observa claramente una diferencia epistemológica, aún cuando es perfectamente posible hacer lecturas complementarias que permiten establecer puentes entre ambas teorías. Pasando de las diferencias epistemológicas al abordaje familiar, entre las conclusiones de todo lo expuesto, y a partir de la práctica clínica es posible establecer ciertas características comunes a las familias generadoras de conductas adictivas.

Siguiendo los lineamientos planteados por Stanton y Todd (1997) y lo expuesto en el cuadro es posible afirmar que en las familias en la que hay un miembro con problemas de uso de sustancias psicoativas se presentan se presentan las siguientes características específicas:

Los pacientes adictos establecen relaciones con el mundo exterior a la familia, y se refugian en ellas luego de los conflictos familiares, lo cual les da una ilusión de independencia. Ilusión que se logra al tener un contacto exterior, pero en el cual no desarrolla una verdadera autonomía; en la gran mayoría de los casos son los padres, o algún referente, quienes lo siguen sosteniendo- directa o indirectamente- económicamente. Los trabajos o responsabilidades son esporádicos, o muchos comienzan a delinquir como método de auto sustento. Asimismo, es común y frecuente que el paciente con problemas de usos de sustancias tenga grupos de pares con los cuales está vinculado por las drogas.

Otra característica es que la expresión del conflicto es más abierto, más primaria (cisma marital).

Concomitantemente, las alianzas y coaliciones son más explícitas.

Asimismo, este tipo de familias se manifiestan como más "unidas", por una falsa ligazón nutricia que opera como infantilizante. Son familias pseudo mutuales, y a la vez aglutinadas según Minuchin (2004), o epileptoides, según la clasificación realizada por Mme. Minkowska, y luego desarrollada por Pichon- Rivière (1985).

Las madres tienden a desarrollar vínculos simbióticos

con el hijo, involucrándolo abiertamente en la conflictiva parental y simultáneamente infantilizándolo.

Otro elemento a tener en cuenta es la relación con la muerte, que es directa y por ende de mayor relevancia. Por un lado mediante el pacto criminoso, por el cual los padres hacen la vista gorda en relación a las conductas del hijo, y por otro con los dobles mensajes. Hay un mensaje familiar que dice: "si tienes que irte de la casa, no tienes que independizarte". Y, "si tienes que casarte hazlo, pero hay un mejor modo de irte: muriéndote". Estos mensajes aparecen en forma explícita o implícita, directa o indirecta. Tal como fuera señalado anteriormente, se observa en estas familias más situaciones de aculturación, con antecedentes trigeneracionales de malos desprendimientos (familias de inmigrantes con duelos no elaborados).

Algo que es muy patognomónico de estas familias, es que hay un modelo adictivo, del cual los hijos aprenden. Frente a las dificultades tienen formas de resolución evitativas, generando en ellos una verdadera potencialidad adictiva que eclosionará después acorde al curso de vida. En cuanto a la fantasía de volver a unir a la pareja de los padres, la idea latente o el contenido inconsciente, es que a través de la droga podría mantener unidos a estos padres en conflicto. Pero por otro lado, usa la droga como forma de llenar el vacío creado por el vínculo absorbente con la madre.

Por último, son familias donde vemos dependencia química multigeneracional (uso de alcohol y otras adicciones).

Algunas consideraciones terapéuticas

Terapéuticamente, uno de los primeros pasos a realizar es alejar al adicto a los grupos de pares patologizantes. Y ofrecerle alternativas que sean más sanas: un exogrupo en el que la droga no tenga valor, para lo cual se lo guiará a buscar relaciones que no consuman. Asimismo, y en forma simultánea, se trabaja con los padres puntualizando la diferencia entre los subsistemas parental y filial. Y se trabaja progresivamente con ellos para que logren de a poco tener espacios en común fuera de los hijos, hasta inclusive, cuando es oportuno, se les recomienda unas pequeñas vacaciones juntos y solos. Situación esta que apunta a reforzar en forma indirecta la alianza marital. Concomitantemente se estimula a los hijos, mientras los padres no están, a establecer nuevos vínculos con pares que no consuman sustancias psicoactivas. Sin dejar fuera a los hermanos, con los que se trabaja en ese mismo sentido.

En terapia familiar se tiene que trabajar para revertir la situación del paciente con problemas de uso indebido de sustancias psicoactivas y destruir la fantasía que lo lleva a mantenerse en la adicción. Se trabaja en primer lugar con los padres, fortaleciendo el vínculo, la alianza marital, para sacarlos de la problemática de separación si es que la tienen. Concentrarlos en responsabilizarse, en asumir la responsabilidad por el hijo y trabajar con el reestablecimiento del diálogo. Para todo esto no siempre es necesaria una internación, sino que es posible, según los casos, trabajar en forma ambulatoria con terapia familiar. La internación se reserva para aquellos casos en que el grupo familiar es muy poco colaborador y se encuentra ausente de la terapia, sumado a esto la severidad del cuadro adictivo del paciente.

En lo central del trabajo con la familia se alternará con entrevistas a los padres, entrevistas al grupo en su totalidad, y entrevistas con el paciente designado. Con los padres, el trabajo va a estar centrado en modelos psicoeducacionales (Anderson et al, 1992). Sobre la base de los modelos psicoeducacionales, se les enseña a tratar al hijo, y a educarlos con relación a la problemática. Para eso se trata: primero, de crear una alianza terapéutica que impulse una relación de apoyo factible con el paciente y la familia; segundo, de informar al paciente y a su familia acerca de la enfermedad y su manejo; tercero, de integrar en forma progresiva y acorde a sus posibilidades al paciente a un ambiente hogareño, laboral y social; y cuarto, facilitar, tanto en el paciente como en su familia, una sensación de continuidad de la atención que reciben, tanto desde el aspecto técnico profesional como de los diversos grados progresivos de ayuda que puedan brindarse entre ellos.

En estas entrevistas no se trata la problemática de la pareja. Se considera contraindicado en este momento. Lo principal es que puedan unirse como padres con relación al hijo. Por supuesto que en forma lateral puede mejorar la relación de pareja, pero no es el objetivo explícitamente buscado. No obstante siempre resulta importante remarcar que no pueden estar unidos a través de los hijos, sino a través de ellos mismos. Lo importante es separar el rol de padres de la relación de pareja, que mayormente se encuentra enmarañado.

La intención es ayudar a los padres y al hijo para que puedan independizarse unos de otros. Ayudar a que ese hijo pueda salir de la familia sin que esto implique una ruptura. Es alentar la individuación con pertenencia.

En la práctica clínica se observa, con frecuencia, que si el hijo remite los síntomas hay dos posibilidades: o que los padres se separen definitivamente, o que recompongan los lazos mediante un nuevo contrato de pareja. Para ello se impone la elaboración del vínculo, con la ayuda de una terapia de pareja. Asimismo, si el hijo muere, en un primer momento sigue manteniéndolos unidos a través del dolor por la pérdida, o a través de la recordación. Pero después de un tiempo, o aparece otro depositario o chivo emisario, o los padres terminan por separarse.

Para concluir, es importante destacar que, en parte como contenido estético y en parte como contenido simbólico, se agregó al cuadro, como fondo, el dibujo de una flor. Pero no es cualquier flor. Es la flor de la amapola, de la cual se saca el opio (y sus derivados). Muestra por un lado la belleza de la flor en sí misma, y los encantos y atractivos de su forma y vistosos colores. Pero por otro ladro representa, simbólicamente, el engaño, la seducción de la droga, que acecha oculta tras esos vistosos colores.

Referencias Bibliográficas

Anderson, C. et al (1992), Esquizofrenia y familia. Guía práctica de psicoeducación, Buenos Aires, Amorrortu.

Bateson, G. et al. (1980), Interacción Familiar, Buenos Aires, De la Bahía.

Berstein, I. (1994), Familia y enfermedad mental, Buenos Aires, Paidós.

Berstein, M. (1986) Contribuciones de Pichón Rivière a la Psicoterapia de grupo, Luis Osorio (Ed.), Grupoterapia Hoje, Porto Alegre, Artes Sul Médica.

Berstein, M. (1988). "Psicología de la vida cotidiana en el grupo familiar", Terapia Familiar, 9, págs. 29-57, Buenos Aires.

Bleger, J. (1995), Simbiosis y ambigüedad, Buenos Aires, Paidós.

Boszormenyi- Nagy, I. (1995). Terapia familiar intensiva, México, Trillas.

Boszormenyi- Nagy, I. y Spark, M. (2003). Lealtades invisibles. Reciprocidad en terapia familiar intergeneracional, Buenos Aires, Amorrortu.

Durkheim, E. (1951). Sociologie e Philosophie, París, Presses Universitaries de France.

Fazzio, A. y Sokolovsky, S. (2006), Cuestiones de la niñez. Aportes para la formulación de políticas públicas. Buenos Aires, Espacio.

Freud, S. (1930). El malestar en la cultura. Obras completas, Buenos Aires, 1988, Orbis.

García Calvo, A. (1985), Razón común. Edición crítica, ordenación, traducción y comentario de los restos del libro de Heráclito. Lecturas presocráticas ii, Madrid, Lucina.

Haley, J. (1994), Terapia para resolver problemas, Buenos Aires, Amorrortu.

Haley, J. (1995), Trastornos de la Emancipación juvenil y terapia familiar, Buenos Aires, Amorrortu.

Jelin, E. (2000), Pan y afectos. La transformación de las familias, Buenos Aires, Fondo de cultura económica.

Kalina, E. (2000), Adicciones, Buenos Aires, Paidós.

Kalina, E. (1997), La Familia del adicto y otros temas, Buenos Aires, Nueva Visión.

Kalina, E. (1990), Adolescencia y drogadicción, Buenos Aires, Nueva Visión.

Kalina, E. y Kovadloff, S. (1991), Terapia Familiar estratégica, Buenos Aires, Amorrortu.

Mahler, M. (1971), A study of separation- individution process and its possible application to borderline phenomena in the psychoanalytic situation. The psychoanalytic Study of the Child, 26: 403-24.

Minuchin, S. (2004), Familias y Terapia Familiar, 3.a ed., México, Gedisa.

Minuchin, S. y Fishman, C. (1992), Técnicas de Terapia Familiar, Buenos Aires, Paidós.

Minuchin, P., Minuchin, S. y Colapinto, J. (2000), Pobreza, Institución y Familia, Buenos Aires, Amorrortu.

Ortega y Gasett (1914), Meditación sobre el Quijote.

Pichon- Rivière, E. (1985), El proceso grupal. Del psicoanálisis a la Psicología Social, Buenos Aires, Nueva Visión.

Simon, F. B., Stierlin, H. Y Wynne, L. (2002), Vocabulario de Terapia Familiar, España, Gedisa.

Stanton, M. D. y Todd T. (1997), Terapia Familiar del abuso y adicción a las drogas, Barcelona, Gedisa.

Torrado, S. (2003), Historia de la familia en la Argentina moderna (1870-2000), Buenos Aires, Ediciones de la Flor.

Watzlawick, P. (1989), Cambio, Barcelona, Herber.

Winnicott, D. (1993), Los procesos de maduración y el ambiente facilitador, Buenos Aires, Paidós.

Yaría, J. (1993), Los adictos, la comunidad terapéutica y sus familias, Buenos Aires, Trieb.

Yaría, J. (2005), Tratado de Drogadependencia y ciudades preventivas, Buenos Aires, Gabas.

Supervisión en comunidades terapéuticas de adicciones: Un enfoque integrativo

Prof. Dr. Marcos Berstein

1. El extraño caso de la guerra de las cocineras

A fines del año 1993 empecé a trabajar en "Pueblo de la Paz". En esa época sólo había Casa de Día. Yo empecé a trabajar como supervisor, con un grupo de profesionales, y para setiembre de 1994 se comienza a construir el sector de internaciones. Hay más consultorios. Se inaugura internación y me encuentro con la siguiente situación.

Se forma un equipo nuevo para trabajar en internación. Llegan los pacientes. De pronto la cocinera que estaba en "casa de día" es desplazada por una nueva cocinera, que se hace cargo de cocinar para "internación" y "casa de día". La anterior cocinera queda como auxiliar.

La cocinera nueva trae problemas institucionales. Y en un momento se produce lo que yo llamé el extraño caso de la guerra de las cocineras. Se empiezan a pelear las cocineras. Era una guerra a muerte al punto que debo intervenir yo y el director de la Institución. Se les manifiesta que esta guerra debe terminar, pero en una entrevista con todo el staff, las cocineras manifiestan que no van a dejar esto y que lo seguirían a morir.

Mi intervención en ese momento consistió en lo siguiente:

Me encontré con que las cocineras (siguiendo el esquema de Pichón Riviére) eran portavoces depositarias de un conflicto mucho más complejo, más profundo y de nivel institucional y que iban a terminar siendo chivos emisarios. Pues el Dr. Yaría les manifestó que si no se ponían de acuerdo las echaría a las dos. Ellas le manifestaron que no les importaba.

Cuando pudimos trabajar el grado de depositación que se había hecho sobre las cocineras, se pudo resolver el problema de otra manera, porque ellas pudieron comprender que esto no era sólo de ellas.

¿Qué era lo latente? Había una serie de problemas que estaban por abajo, entre los pacientes de "casa de día" y de "internación" y el staff de casa de día y el staff de profesionales de internación. En realidad era la guerra entre los "viejos" y los "nuevos". Tanto los pacientes viejos como los terapeutas (el equipo), sentían que los nuevos les habían copado el lugar y que les estaban moviendo el piso; que se les daba más importancia a los de internación. Lo cual de alguna manera era cierto, no por preferencia, sino porque los de internación estaban todo el día. Los de casa de día entraban a las 8 y se retiraban a las 17.

En la medida que se pudo trabajar con los pacientes, de ambos sectores; con el staff de ambos sectores; la guerra de las cocineras pasó a un segundo plano. En la medida que ellas pudieron ver que eran depositarias de este conflicto, que este problema no era sólo de ellas, se pudo empezar a trabajar para lograr una integración entre los viejos y los nuevos.

Se los resumo porque fue más largo y se pudo resolver este conflicto institucional, que por un lado estaba manifiesto y perturbaba mucho, y por otro lado latente, como era el conflicto de profesionales. A su vez hay otra cosa interesante para remarcar dentro esto. Yo creo que no fue casualidad que esto hiciera eclosión manifiesto a través de las cocineras.

Ustedes saben que la cocina es un lugar importantísimo en cualquier lugar del mundo. En una casa de familia. En una institución de cualquier tipo. La cocina es un lugar clásico que tiene que ver con situaciones afectivas, regresivas y muy primitivas. Además por algo se dice, en un doble sentido, cómo se cocina tal cosa, qué se está cocinando en tal lado, en el doble sentido de la cocina.

Entonces fue muy útil trabajar con las depositaciones que se habían hecho, por parte de todos sobre las cocineras y sobre la comida y la cocina.

2. El increíble caso de la directora viajera

Esto ocurre en una comunidad terapéutica de internación, en donde la directora, estuvo ausente de la comunidad, un día, porque tuvo que viajar a La Plata, para recibir instrucciones de la Secretaría.

El equipo resolvió una determinada situación que se generó ese día en la comunidad. A su vez debemos tener en cuenta un dato, que era que la directora estaba por viajar al exterior enviada por la Secretaría, y tenía que estar afuera dos semanas.

Hay dos pacientes con medidas educativas. Se dan ciertas actitudes provocativas entre estos dos pacientes. Se produce un roce. Uno de estos pacientes tenía impuesto como medida educativa, no entrar a la cocina.

El otro paciente, está en la cocina lavando los platos. El que no debía entrar, no respeta la consigna y entra a la cocina, y el que estaba lavando los platos le revolea una servilleta. El otro, que tenía prohibido entrar, le revolea todo, tazas, platos, etc. y se arma la gorda.

El equipo resuelve aislar al que tenía prohibido entrar a la cocina y se hace un grupo de trabajo de recepción acerca de todo lo que pasó, con todos los demás. Esta es la situación que ocurrió.

El paciente M (que tenía la prohibición y rompió la consigna) es un paciente que estaba medicado con Rivotril, por ataques de pánico, paciente que no quiere estar en los grupos, que se había ido de otras instituciones precisamente porque no quería trabajar en los grupos y había tenido problemas de convivencia. Es un paciente que genera violencia, se duerme en los grupos, se fastidia, hace gestos y se altera todo el grupo.

El paciente B, es un paciente que había aceptado las medidas educativas que se le había impuesto. En cambio M no. Como no las acepta se le imponen otras medidas, no puede ir a los grupos y en esos horarios debe trabajar, en el tiempo libre tiene que hablar con un operador terapéutico.

El paciente M se pone mal, dice que no puede ser, le pega una trompada a un vidrio y lo rompe. El resto de los pacientes se ponen locos. Luego se lo aísla, se llama a la familia, se mantiene una reunión con ellos, no lo quieren llevar. El paciente en esta reunión familiar llora, y dice que se quiere quedar. Se le dice a él y la familia que se quede a prueba, durante un período pero de prueba.

Cuando se queda, como si fuera el día de hoy, cumple todas las consignas, trabaja a full, y dice que esto es lo que él quería, lo individual; que no iba a ser más esto en los grupos y que eran todos "truchos".

Hoy, sigue trabajando, pero plantea que se siente solo y pide volver a los grupos. Esta es la situación básica. Esta es la crónica que hace uno de los miembros del staff. (Esto es lo que ocurrió el 2/10/98).

Intervención del supervisor. Refiere que hay distintos aspectos a considerar: 1) lo individual; 2) lo dinámico-familiar; 3) la dinámica del grupo de pacientes; 4) la dinámica del staff profesional: 5) la situación institucional. Son todos los niveles de análisis que vamos a abarcar en el relato.

Recuerden que el paciente M toma Rivotril, pues tendría alguna alteración orgánica, se habla de un cambio de medicamentación. Se indica complementar el tratamiento. Saben que el Rivotril es una medicamentación que en pequeñas dosis es ansiolítica y en altas dosis es antiepiléptica.

1) Mi primera intervención es en lo individual, desde lo neurobiológico y desde lo psicológico. Desde lo neurobiológico se indica agregarle Trileptal que será complementario del Rivotril, pues se supone que hay una disfunción neurobiológica. Se indica un nuevo electroencefalograma y un holster cerebral de 24 horas. Se piensa también si no es posible que exista un síndrome de desorden de la atención. Yo diría también en lo grupal, que el paciente tiene trastornos de la atención, tiene hiperkinesia, y tiene ansiedad. También debemos destacar que este paciente tenía una impulsividad, agresividad, que perturbaba a todo el grupo.

La droga que se agrega en este caso es especialmente anti impulsiva-agresiva, como un agregado a la droga con la que había llegado al centro.

El primer paso es darle la contención biológica necesaria. Pero también se piensa si no puede haber un síndrome de autodestrucción. El paciente no solo es impulsivo- agresivo, también es hiperkinético y no puede concentrarse en los grupos.

Les había dicho que el paciente M tenía ataques de pánico, por eso tomaba Rivotril. Vamos a realizar una segunda lectura. Lo que refieren los demás pacientes es que M les genera pánico. Les mete miedo a todos. La lectura es que esta conducta, es su defensa cuando en realidad es él mismo el que está atemorizado. Él asusta para que no vean cuan asustado está. Dicen que no hay mejor defensa que un buen ataque. Este paciente es agresivo y mete miedo para que no se den cuenta cuanto miedo tiene él. Hay que trabajar por qué él tiene tanto miedo.

2) Segundo punto: policausalidad, confluencia de factores familiares. Hay un déficit del grupo familiar, un déficit de convivencia, y en cuanto a aprender a compartir, ya que en el grupo familiar hay cuestiones no aprendidas y no enseñadas. De ahí que la dificultad de convivencia en los grupos tendría que ver con la dificultad para convivir en su propio grupo familiar. Se indica realizar una terapia familiar en forma sistemática y organizada, poniendo énfasis en estas cuestiones. Antes había habido algunas entrevistas sueltas pero no sistemáticas.

3) Dinámica del grupo de pacientes: El paciente se siente portavoz del grupo. En este caso el paciente podría ser portavoz de la ansiedad que se genera en el grupo, frente a que la directora, viaja al día siguiente al exterior. Todo esto se liga con lo institucional que luego vamos a ver.

Debemos tomar a estos dos pacientes como emergentes de una situación grupal de ansiedad frente a la ausencia próxima de la directora.

4) Nivel dinámica del Staff. Se señala que es muy importante ver la contra- transferencia, o sea, qué genera en el equipo, en cada uno de los integrantes del staff, qué le genera este tipo de paciente, que tiene modalidades violentas, agresivas. En el staff había una suerte de rechazo manifiesto de este tipo de pacientes, directamente quería sacarlo del grupo.

5) Nivel institucional: El grupo staff también está afectado porque la directora se va. No sólo los pacientes. El staff tiene temor de quedarse solo con los pacientes y por la situación de cambio que genera la ausencia de la directora, y por el apoyo de la directora, que les faltará.

Conclusión.

Lo que sucedió fue una puesta a prueba por parte de los pacientes al equipo ante la ausencia de la directora que si bien ese día fue a La Plata pero al día siguiente partía por dos semanas al exterior. La actuación de los pacientes, como portavoces y depositarios de todo el grupo, implicó una puesta a prueba del staff para ver cómo se manejaban frente a una emergencia ante la ausencia de la directora.

En consecuencia la conclusión del supervisor es que el staff está capacitado para manejar situaciones de crisis comunitaria, en la medida que pudieron resolver en su momento la crisis ésta, conteniendo la situación. Quiere decir que estarían capacitados para manejar cualquier situación de crisis comunitarias en ausencia de la directora.

Si bien yo no lo explicito aquí, lo que estoy haciendo, aparte de las conclusiones, estoy dando una connotación positiva, esto en teoría sistémica implica tomar cualquier conducta que aparece en el campo, y referirla como buena, y que sirve para algo. Esto se hace en terapia familiar pero también en lo institucional.

Me interesaba mostrarles como se integran en una intervención de supervisión todos los niveles, desde el abordaje del paciente que se trata como caso clínico, tanto neurobiológico como psicológico, abordaje desde el grupo familiar del paciente, abordaje desde el grupo de pacientes internados, abordaje desde el grupo de staff de profesionales, abordaje desde la relación del grupo de pacientes y grupo de profesionales (la puesta a prueba), relación entre el paciente portavoz y el resto del grupo, relación entre el nivel de pacientes y el nivel de staff con una situación institucional que los abarca a todos.

Para hacer una lectura de este tipo debemos contar con la información previa, tener una formación múltiple, que abarque desde la medicina con lo neurobiológico, la psicología, con la lectura de la dinámica intrapsiquica del paciente, la terapia familiar, la dinámica de grupos, el abordaje institucional como psicología institucional. Es una lectura amplia muy completa.

3. El interesante caso de la falta de límites:

Controlando el descontrol (o las dificultades de pasaje de Comunidad de Reinserción a Comunidad Terapéutica)

Situación de la Comunidad Terapéutica el día anterior a la supervisión

Juan Pablo es un paciente. Por la mañana se queja del

equipo por no traer pan. Desayunan todos. Se forma el grupo matinal y él sigue con la queja. No escucha. Después se equilibran los ánimos.

Matías charla sobre lo sucedido. A la tarde se suspenden las actividades y trabajan en la cocina. Otra vez, Juan Pablo se queja por la tardanza en sentarse a la mesa. Guillermo le dice a Juan Pablo que no se queje. Juan Pablo le dice que tiene derecho a quejarse. Guillermo se va de la mesa y Juan Pablo sigue con su actitud.

Matías le dice a Juan Pablo que siempre arruina las mesas quejándose, golpeando la mesa. María José, que es una integrante del staff, lo lleva para arriba. Juan Pablo insulta a Matías, y golpea la puerta. Martín lo lleva para afuera, Juan Pablo vuelve a increparlo; Matías (del staff) dice que habría que cortarle las visitas. Juan Pablo con más bronca lo insulta, amenaza con clavarle un cuchillo, luego hace alusión a que está solo y que la novia lo dejó, y que está envidioso. Matías baja corriendo y lo escupe. Luego los separan de nuevo hasta que llega Eduardo. Luego se hace una charla entre Matías y Juan Pablo con Eduardo como mediador. No prosperó la charla, no podían escucharse, siguen con el reclamo, se transforma el reclamo en mutuo. Evalúa Jorge que Juan Pablo se dispara con esta situación por no aceptar los límites en cuanto a sus salidas, y a las llamadas telefónicas.

Después charla con Marcela y relaciona algo del consumo. Juan Pablo charla con Marcela, dice que Guillermo se levantó mal. Jorge explica la situación, le pide si puede ir a buscar aceite, se pone mal y decide no ir, dice que nadie se hace cargo de lo que le pasa.

A la mañana al irse, se va con los bolsos y dice que va a pasar el fin de semana con los padres. Después por un llamado de una persona de La Plata, nos enteramos que este paciente Guillermo fue a la Secretaria a plantear un traslado a una casa de reinserción por la situación que se vive en la comunidad.

Podemos ver de su reclamo que está enojado con Alejandra (miembro del staff) por no poder obtener o lograr un lugar donde estar.

Comentamos entre el equipo el por qué haber llegado a esa situación.

Intervención de la supervisión.

El supervisor le cuenta al staff una película: "Los Centauros". Es una película con Omar Sharif y Jack Palace. Este último es un rey de Afganistan, Omar Sharif es el hijo, el príncipe, y tenía un caballo blanco que era un genio, adiestrado, que ganaba todas las competencias por mucho dinero. Jugaban a un juego similar al pato, pero no se jugaba con un pato sino con un carnero. Todos tienen que agarrar al carnero. Gana el que se queda con el carnero.

Omar Sharif viaja a otro reino para una competencia. Por supuesto gana la competencia como gana siempre. Pero durante la competencia cae y el caballo le aplasta una pierna. Vuelve a su reino con la pierna quebrada. Tenía que atravesar una cordillera, como tenía un sirviente le pide que si lo ayuda a volver a su reino le regalaba el caballo. El príncipe sabía que el caballo era muy deseable y le dice que le iba a firmar un papel pues para el caso que se muriera durante la travesía, porque estaba mal, él pudiera quedarse con el caballo.

Se inicia la travesía, aparece una mujer que se engancha con el sirviente, y entre los dos planean matar al príncipe y quedarse con el papel y con el caballo. Omar Sharif se da cuenta, aborta el golpe, y llega sano y salvo a su reino. El príncipe le cuenta al rey lo que pasó, y le dice que quiere un castigo ejemplar para su sirviente. El padre le dice no. No solo no lo voy a castigar al sirviente, sino que te castigaré a ti, porque tú eres el responsable de todo esto que pasó, porque lo tentaste a tu sirviente, le ofreciste quedarse con tu caballo y además le firmaste, lo llevaste a que ocurriera lo que ocurrió.

¿A quién castigó el supervisor? ¿Castigó a Juan Pablo, a

Matías, a Guillermo o algún otro de los pacientes? No. Castigó a todo el staff porque no hubo puesta de límites. Los responsables de todo lo que pasó no son los pacientes. Es el staff que permitió que se llegara a este extremo, de descontrol, de desborde.

Observen como la intervención del supervisor puede ser contar una película. El supervisor refiere la anécdota de los centauros. Para que se produzca esta cadena de hechos surge un portavoz titular y varios accesorios. Juan Pablo es el portavoz principal, titular, y hay otros portavoces asociados. Residuo histórico de la etapa de reinserción social, se transmite a los demás.

Este lugar no era una comunidad terapéutica, la Secretaría inicialmente lo abrió como un lugar de reinserción social, es decir para hacer la última etapa con pacientes que estaban de alta.

Este lugar no funcionaba, hubo algunos errores, (recuerden lo que les explicaba el Dr. Fumagalli sobre Ulloa, y de la importancia de tener en cuenta lo geográfico. Él se refería a la geografía de una Institución, pero también hay que tener en cuenta geográficamente en donde está insertada la Institución.), pues fue un error crear un centro de reinserción social en un lugar que estaba muy lejos de todos los medios de comunicación, en calles de tierra que cuando llovía no se podía entrar o salir, y en un lugar de la provincia en donde no había cerca fuentes de trabajo. Como reinserción social no iba a funcionar.

Lo que ocurría es que quedaban pacientes de reinserción social y ya había pacientes de comunidad terapéutica. Entonces jugaba como residuo histórico los pacientes de la etapa de reinserción social.

Los que estaban en etapa de reinserción social, debían ser manejados con otras pautas, no es lo mismo un paciente en comunidad terapéutica que empieza el tratamiento que un paciente en reinserción.

La crisis en su momento es una crisis de crecimiento de una red organizacional. Pero también la palabra crisis (en latín criscere: crecer) en griego Krynen, quiere decir momento de decisión o momento de elección. En chino crisis es una situación de peligro y oportunidad para el cambio.

El supervisor concluye la reunión indicando que hay que tomar con todos los pacientes, en esta situación, medidas educativas. Pero a su vez hay que trabajar con todos.

A su vez el supervisor dice que para preservar a la comunidad terapéutica y a los pacientes y al staff y a los pacientes internados, hay que aplicar medidas educativas, no sanciones. Si hablo de medidas educativas hablo de aprendizaje, si hablo de sanciones hablo de castigo. La diferencia es fundamental.

Era necesario explicarle a los pacientes que no se los estaba castigando con esto, que se los estaba preservando, protegiendo, ayudando y que eran medidas de aprendizaje.

Conductas adictivas: Riesgo general Una sociedad adicta a las adicciones

Supervisión
Prof. Dr. Marcos Berstein

Podríamos definir las adicciones como un cáncer social. Invade todos los estratos y es metastático. Y no nos referimos sólo al alcohol, el tabaco, las drogas, "materias" adictivas altamente peligrosas para el sujeto adicto y su entorno. Hoy debemos comprender y enfrentar el verdadero flagelo que implica la adhesión de vastos sectores a conductas adictivas, sea cual fuere el objeto de esa adicción.

¿Por qué? Porque las conductas adictivas son el estéril intento de cubrir un vacío, acallar la soledad, los conflictos por incomunicación, las necesidades insatisfechas a nivel social, las carencias familiares, afectivas, entre otras muchas problemáticas.

De este modo podemos caracterizar al adicto, como portavoz, como emergente de su grupo familiar y de la sociedad en la que vive. Se constituye en un depositario de la alienación familiar y social y la expresa a través de su adicción. De aquí se desprende que, el diálogo y la comunicación, que son fundamentales para todas las relaciones humanas y para la salud mental, están severamente perturbados en las familias con conductas adictivas.

La palabra adicto proviene del latín "a-dictum", que se traduce como "lo no dicho". Todo aquello que el sujeto no logra verbalizar, lo sujeta compulsivamente a "algo" que pasa a ser el objeto de su adicción. En este sentido, además, la falta de diálogo es crucial. Este diálogo entre generaciones es lo que se transmite a través de la cultura y es lo que permite que los padres transmitan a sus hijos las enseñanzas básicas con las cuales iniciar una nueva etapa. A veces el diálogo puede significar conforntación, y se evita el diálogo para no confrontar. Confrontar no significa pelear. Es confrontación por un lado, y es retomar lo dado por una generación previa, por otro.

Cuando la generación joven retoma lo transmitido por su predecesora, el pasado incide en el presente y entra a formar parte de las proyecciones a futuro. Es parte de un proyecto. Pero cuando no hay diálogo, ya sea por ausencia o por sordera, o cuando cada sujeto no encuentra posibilidades de genuina expresión, por problemáticas propias o porque no encuentra escucha del otro y los otros, el riesgo de las conductas adictivas comienza a ser una amenaza.

Pero además debemos considerar otro elemento: El adicto es depositario de una estructura familiar adictiva. Por lo general proviene de un modelo adictivo en la familiar. Los objetos de adicción son múltiples y muchos de ellos socialmente aceptados. Dentro del campo de las múltiples adicciones, en primer lugar se debe considerar al sujeto adicto, en tanto sujeto, persona. Considerar a cada uno desde la "otredad" en tanto que es otro, distinto, diferente, implica además poder considerarse cada uno en su "mismidad". Desde esta concepción que retomamos de Sartre, alteridad implica considerar al otro como distinto y diferenciable, y como un espejo que permite a los demás ser de acuerdo a su originalidad. Desde esta concepción se logran establecer vínculos y diálogos enriquecedores.

Por lo contrario, el adicto "el que no dice", no entra en diálogo con el otro sino que se nutre de ese otro. Establece un vínculo utilitario funcional. "Se pega al otro", se mimetiza y con eso pierde identidad.

Lo que hemos dicho respecto de las relaciones "adictivas"

lo podemos trasladar a otros objetos de adicción y la lista es interminable.

En este sentido cabe aclarar cuando un hábito que bien puede considerarse "normal" pasa a ser una adicción ¿Cuál es el límite patológico? En el momento en que se torna un acto impulsivo- compulsivo, reiterado, imposible de controlar. Convengamos que cualquier conducta normal placentera es posible de convertirse en adictiva, en tanto y en cuanto el hombre pierda el control sobre la misma en la búsqueda consciente o inconsciente de exaltar el placer para paliar el sufrimiento.

Así como está presente el placer también lo está el sufrimiento. Coexiste el uno con el otro. Son dos caras de una misma moneda. Ejemplifiquemos. Nadie podría cuestionar que la comida además de necesaria, es un hecho placentero. Cuando no se logra controlar pasa a ser una verdadera autoagresión que deviene en automarginación y que puede derivar en serios problemas de salud física.

El adicto es dependiente y le sustrae tiempo a otras actividades. Por lo general, cuando se aborda esta problemática se centra en objetos de consumo como el alcohol y las drogas, verdaderos flagelos. Pero se desestiman muchas conductas adictivas socialmente aceptadas. Nos referimos a las no menos peligrosas para el individuo como son: el juego patológico o ludopatía, la ingesta alimentaria compulsiva, Internet, T.V., chat o play station, sexo desenfrenado, actividad física y deportes extremos, compras descontroladas y algunas otras que se engloban en el capítulo de las compulsiones.

El juego que no es un juego

Vivimos en una sociedad adictiva, en la cual se da un juego perverso que nos lleva a pensar: ¿Qué se da primero, la oferta o la demanda? Baste como ejemplo: En algún lugar de juego de Buenos Aires, pusieron 500 máquinas tragamonedas. Como no fue suficiente aumentaron a 4500. Aquí no podemos dejar de advertir los condicionamientos que imponen los poderes de turno que en su afán recaudatorio refuerzan conductas, no siempre las más sanas. No podemos dejar de mencionar como en un proceso de pauperización de la sociedad paradójicamente se produce la multiplicación de aperturas de casinos y bingos induciendo a buscar una salida mágica, en lugar de proceder a sus cierres o limitaciones. Sobre el fenómeno del juego, quiénes tienen responsabilidad en el tema, deberían proponer reformulaciones profundas.

Sabemos que existe un amparo legal para el juego. Además una suerte de legitimación social en tanto que parte de la recaudación se destina a la beneficencia. Sin embargo, se silencia que el juego genera que es capaz de convertirse en una adicción que lleva a altísimos niveles de autodestrucción que devienen en afecciones a la salud, problemas sociales y familiares, conductas delictivas e incluso derivan en el suicidio. Una de las adicciones que más frecuentemente lleva al suicidio es la ludopatía.

El juego constituye una estrategia que intenta "tapar" la ansiedad o la depresión que dependiendo de los casos, preceden al juego o se manifiestan por las consecuencias del mismo. De este modo se convierte el juego en elemento reforzador, que alimenta el círculo vicioso.

El juego patológico o ludopatía como "adicción sin sustancia", ha contribuido a establecer la importancia de la ansiedad y la depresión en el campo de las adicciones.

En la ludopatía la inexistencia de una sustancia externa de consumo da mayor importancia a los procesos endotóxicos, como las alteraciones del sistema serotoninérgico y del sistema noradrenérgico. En este sentido, el juego patológico, junto a otras adicciones no químicas aporta datos de interés sobre el mecanismo de la abstinencia, reafirmando que su origen no sólo se debe a la dependencia química sino, más bien a la interrupción puramente conductual que daría lugar a un deseo persistente en consumir la conducta de juego.

En todas las adicciones, con o sin sustancia, existen raíces genéticas y neurofisiológicas que hacen que ciertas personas sean más proclives a caer en el abuso de estos comportamientos, normalmente placenteros, haciendo que se transformen en obsesivos y puedan llegar a ser altamente perjudiciales para el sujeto y su entorno. El "no poder parar" es el modo en que expresan estos pacientes los aspectos compulsivos que son el motor de la monotonía de su repetición.

Vayamos ahora a lo que se ha dado en llamar "mecanismos de recompensa del cerebro" que son sistemas que se activan de la misma forma con sustancias o con conductas.

El protagonista principal de estos fenómenos es un neurotransmisor, la dopamina, íntimamente asociada al sistema de placer del cerebro, liberándose con mayor intensidad mediante experiencias recompensantes como el consumo de sexo, comida, entre otros.

Es por eso que es uno de los reguladores más importantes de los sentidos. Interviene en los circuitos que conectan el sistema límbico con la corteza frontal cerebral, provocando la secreción de ciertas hormonas de enorme gravitación en la producción de conductas placenteras.

Investigadores del Instituto Karolisnska de Estocolmo han definido a la dopamina como uno de los tres "mensajeros alegres" (los otros dos son la serotonina y la noradrenalina).

Por otra parte, poca dopamina en ciertas áreas cerebrales provoca el temblor parkinsoniano y demasiada dopamina causa alucinaciones y delirios esquizofrénicos.

También la carencia de serotonina, producida por diversos mecanismos como por ejemplo, el exceso de alcohol, facilita la presencia de conductas compulsivas y de allí a necesidad de aparición de la dopamina como recompensante, trayendo alivio placentero de esas compulsiones.

Como se ve, hay un apasionante interjuego de sustancias que hace que los humanos estemos sujetos a estos fenómenos neuroquímicos que técnicamente provocan una situación de ansiedad que lleva al stress, determinando el curso de nuestras decisiones, conductas y la capacidad de control de las mismas.

Cuando falla ese control aparece el acto irracional de consumo de sustancias o la ejecución de conductas que llevan a similares efectos.

Volvamos a las causas que facilitan y arriesgan a las personas (aún más orgánicamente predispuestas) a volcarse a las adicciones.

En esto, uno de los actores principales es la familia, con patrones de conducta vinculados a los hábitos excesivos (juego, comida, compras) que inciden en la evolución del niño y en su comportamiento usual. El paciente adicto es un portavoz, un emergente de la estructura familiar adictiva.

Hay modelos "disfuncionales" que aumentan dramáticamente el riesgo de adicción:

A) Una madre depresiva con cierto vacío existencial que llena este vacío a través de un vínculo marcado por un modelo de sobreprotección altamente absorbente.

B) Un padre ausente (no físicamente pero si en el rol); y autoritario que genera un trato rígido y sometedor hacia todo el grupo familiar.

C) Una mala alianza marital, que da lugar a una relación simbiótica madre- hijo y a coaliciones intergeneracionales.

D) Dobles mensajes contradictorios.

E) Falta de límites a los hijos y de fronteras entre los subsistemas paterno y filial, generando la pérdida de la jerarquía paterna.

Por eso, a través de estas causales aparece el hijo abandonado, cuya solución espúrea y falsa son las adicciones, con o sin drogas, como salida mágica del conflicto.

El mensaje y la propuesta que es, más allá de proponer la reflexión sobre la problemática, dar lugar a medidas de prevención basadas en el trabajo con las familias en las áreas sociales más proclives a caer en estas situaciones. Se deben elaborar programas psicoeducacionales de contención y esclarecimiento que se incorporen a la enseñanza primaria y secundaria. Sin olvidar, políticas públicas que respondan a las diferentes manifestaciones que presenta el fenómeno en los distintos estratos sociales.

Reflexiones clínicas en adicciones

Prof. Dr. Marcos Berstein

Cuando trabajo con pacientes adictos suelo recurrir, según cada caso, a anécdotas, cuentos, relatos históricos que funcionan como metáforas. He seleccionado aquí algunos ejemplos que resultan muy útiles en la práctica clínica.

El primero, número uno, es "Un loco amor". Ricardo, el material ese ya te lo dejé, transcribilo acá.

Número dos, lo denominé "Los avisos". Los adictos reciben habitualmente avisos acerca de situaciones de riesgo, acerca de la posibilidad de una recaída. Y es muy habitual que no escuchen los avisos, y no hay peor sordo que le que no quiere oír. El relato que suelo hacer es el siguiente: Había una vez un pueblito a orillas del Río Paraná que se inundaba cada vez que el río crecía. En una de esas crecidas avisan que el agua está subiendo y que hay que evacuar el pueblo. Todo el mundo se va pero un hombre se niega a retirarse. Vienen a hablarle. Le dicen: Mire señor, el agua viene creciendo, se va a inundar todo, hay que irse. El señor les responde: Yo soy creyente, creo en Dios, Dios me va a salvar. Se van todos, queda el hombre, efectivamente viene la crecida, se inunda todo el pueblo, el señor vivía en una casa de planta baja y primer piso, como el agua sube, se sube él al primer piso. El agua sigue subiendo y de repente le golpean la ventana en el primer piso, y aparece un marinero y le dice: Mire señor, me han mandado a buscarlo con este bote, porque el agua va a seguir subiendo. El señor nuevamente le responde: Yo creo en Dios, él me va a proteger. No me voy a ir. Se va el marinero, el agua sigue creciendo, el señor se sube al techo. De repente aparece un helicóptero, y con un megáfono, desde el helicóptero le dicen: Señor, el río sigue creciendo y ya pronto va a tapar el techo. Lo venimos a buscar, le vamos a tirar una cuerda, súbase al helicóptero. Y el señor vuelve nuevamente a responder: Yo creo en el Señor, él me va a salvar. El helicóptero se retira, el agua sigue subiendo, el hombre se ahoga y sube al cielo.

Llega al cielo, y se presenta ante Dios. Y le dice: Dios ¿Cómo? ¿Yo que soy tan creyente, cómo es que no me has salvado? ¿Cómo no me ayudaste? Y Dios le responde: ¿Que yo no te ayudé? Primero te mandé a avisar que venía la inundación. Después te mandé un marinero con un bote a buscarte. Después te envié un helicóptero con la soga. No escuchás los avisos.

El ejemplo número tres lo llamo "El secreto del éxito". Y se refiere especialmente al tema de la experiencia y al aprendizaje, cosa que en el adicto es también difícil. El relato es el siguiente: Había una vez un señor que quería saber cuál era el secreto del éxito. Nadie le podía dar respuesta, hasta que al final le dicen: Mirá, en lo alto de una montaña en un país muy lejano, hay un hombre sabio que tiene respuesta para todo. El señor decide entonces viajar hasta ese país tan lejano... Llega. Sube la montaña que era muy alta, con gran esfuerzo, llega a la cima de la montaña y se encuentra con el hombre sabio. Y le pregunta. Quiero saber cuál es el secreto del éxito. Y aquí vienen dos respuestas posibles. Una es mía personal, y otra es la respuesta que en el cuento le da el sabio. La respuesta mía personal es que el sabio le diría: El secreto del éxito ya lo conoces. Has viajado desde un país tan lejano, has subido a esta montaña tan alta, has logrado encontrarme... El secreto del éxito está en el esfuerzo, en la perseverancia que has puesto en llegar hasta acá. La otra respuesta es la respuesta del cuento. En el cuento el sabio le responde: El secreto del éxito es el buen juicio. Y este señor le dice: Es verdad, el buen juicio es el secreto del éxito, pero... ¿cuál es el secreto del buen juicio? El sabio le responde: El secreto del buen juicio es la experiencia. ¡Muy bien!, dice el hombre. También es cierto, pero ¿cuál es el secreto de la experiencia? Y el sabio le dice: Te daré una última respuesta: El secreto de la experiencia es la mal juicio, el haberse equivocado, el haber cometido errores, pero sacar de ahí un aprendizaje para no repetirlo. Y entonces, de ahí, del mal juicio, sale la experiencia que lleva al buen juicio, que lleva al éxito.

El cuarto relato se basa en un artículo de Freud muy interesante, que Freud denominó "Los que fracasan al triunfar", y que yo me permití, con el debido respeto, corregir al maestro, y le puse como título "Los que fracasan cuando están por triunfar", o sea, no llegan a triunfar. Y esto es algo muy común en el adicto. Lo vemos constantemente. Cuando estamos adelantando en el tratamiento, cuando estamos avanzando, cuando estamos en una etapa cercana tal vez a..., ya sea la finalización del tratamiento que tal vez no es tan corto, pero cuando estamos ya cercanos realmente a alcanzar el éxito, el adicto hace algo como para retroceder, como para fracasar. Es como una compulsión de repetición. Y da marcha atrás. Hace una recaída. Y hay que empezar de nuevo de cero.

Según planteaba Freud en aquel artículo, lo que veía era pacientes jóvenes, por lo general gente muy inteligente, muy capaz, muchos profesionales..., o comerciantes muy exitosos..., pero que con respecto a su desempeño en la vida fracasaban constantemente, cuando se estaban por lograr algún éxito. Y Freud lo atribuyó a un sentimiento de culpa que presentaban estos pacientes frente a figuras paternas muy fuertes, y que estos pacientes no podían asumir o superar la culpa que les daba llegar a ser más que estas figuras paternas. Esto sería por supuesto uno de los elementos posibles que describía Freud.

El quinto y último relato – porque he seleccionado cinco de un montón de relatos que tengo – todos buenos, pero éstos considero los mejores. El quinto es un relato histórico que narra una parte de la vida de Alejandro Magno. Alejandro Magno era hijo de Filipo, Rey de Macedonia y de Olivia.

Desde muy chiquito mostró una inteligencia superior. Su maestro fue Aristóteles. Tenía él siete años de edad y trajeron al Palacio un caballo que nadie lo podía domar. Él pidió: Déjenme a mí. Le dijeron: Pero vos sos un nene, no vas a poder, él insistió, lo dejaron, y efectivamente el nene subió al caballo, y el caballo no lo tiró, no hizo nada para sacárselo de encima como hacía con todos los demás. Entonces le preguntaron: ¿Cómo hiciste? Y él dijo: Bueno, lo que pasa es que yo soy muy observador, y me di cuenta que este caballo le temía a su propia sombra, se asustaba. Entonces lo único que hice fue ponerlo frente al sol, para que no viera su propia sombra. Este caballo luego lo acompañó a Alejandro Magno en todas sus campañas. Se llamaba Bucéfalo. Cuando Alejandro Magno tenía diecisiete años ocurre un golpe de estado en el Palacio, matan a Filipo, y Alejandro asume el trono muy joven, a esa edad. Y comienza a conquistar todo el mundo conocido para aquella época. Conquista toda la parte que se conocía de Europa, y luego pasa a Asia. Incluso llega luego hasta Egipto, donde funda "Alejandría", donde estuvo la famosa biblioteca de Alejandría, y luego se dirigió hacia la India, donde conquistó la India también. O sea, conquistó todo el mundo conocido en aquella época.

Según la historia, los griegos constantemente estaban luchando contra los persas. Y estaba Darío, el Rey de los persas, que tenía un ejército inmenso, el más numeroso que se conoció en el mundo en aquella época, más de doscientos mil hombres. Todos los generales griegos previos a Alejandro, que habían intentado derrotar a los persas, habían fracasado. Habitualmente seguían una ruta que era salir de Grecia, y llegaban hasta una ciudad que estaba ubicada en el Medio Oriente que se llamaba Frigia, cuyo rey ha pasado a la historia, porque el Rey se llamaba Gordio, y fue el autor del famoso nudo gordiano, un nudo considerado imposible de desatar. En aquella época existían esos carros de combate de dos ruedas, que tenían una cabina, y tenían una vara en el medio, y como en aquella época no existían tornillos ni bulones, la vara se ataba al carro. Gordio hizo un nudo, el nudo gordiano, que se consideraba imposible de desatar. Y el oráculo predijo que el que lograra separar la vara del carro conquistaría el mundo. Cuando llegaban a Frigia para ir a combatir a los persas, los generales griegos, los llevaban donde estaba el carro con el nudo gordiano y todos los generales se pasaban días tratando de desatar el nudo. Ninguno lo pudo lograr y ninguno pudo vencer a los persas. Dicen que cuando llegó Alejandro, con un reducido grupo pero muy seleccionado y entrenado por él de treinta mil hombres, lo llevaron frente al carro con el nudo gordiano y le contaron la historia del oráculo. Y, según la historia, Alejandro Magno entró, miró el nudo, sacó la espada y lo cortó. Y los sabios dijeron que él va a conquistar al mundo, porque él descifró el verdadero significado del oráculo. El oráculo nunca dijo: " El que logre desatar el nudo conquistará el mundo", dijo: "El que logre separar la vara del carro", no dijo cómo.

De acá sacamos lo siguiente: El adicto tiene que ser su propio Alejandro Magno. Para conquistar el mundo tiene que sacar la espada y cortar. En adicciones no hay término medio. En adicciones es o todo o nada. Se saca la espada y se corta. No hay otra manera.

Por supuesto que estas metáforas son también aplicables a pacientes con otras patologías, y a múltiples situaciones de la vida cotidiana de las personas. Y hay que saber cuándo, dónde, cómo y con quién usarla.

Índice

Agradecimientos..5

Prólogos..7

Dr. Eduardo Kalina..9

Dr. Juan Alberto Yaría......................................11

Dra. Gladys Adamson......................................17

Ana P. de Quiroga......................................21

Acerca del autor......................................23

Terapia Familiar......................................25

Reflexión..27

Congreso Kreia......................................29

Neurociencias, Salud y Educación......................29

Reconocimiento a la Trayectoria del
 Prof. Dr. Marcos Berstein......................................39

El suicidio del Dr. René Favaloro......................43

Algunos padres creen que al
no poner límites, los hijos crecerán en libertad..........59

Afirman que la relación entre
familia y sociedad "es un juego de espejos..........65

El chico conflictivo es un portavoz

de la problemática de la pareja
o de la familia...71
Evolución de la terapia familiar en la Argentina.............77
Psicología de la vida cotidiana en el Grupo Familiar.
Aportaciones a la terapia....................................87
Psicoanálisis del amor,
ahora al diván se va en parejas.............................117
Algunos padres creen que,
al no poner límites, los hijos crecerán en libertad........125
Aspectos Psicodinámicos de la Obesidad
Noviembre de 2010..131
Anexo 1..157
Beneficios del Grupo Multifamiliar 165
Gabinete Social Juzgado del Menor y la Infancia...........169
Salud Materno-infantil
Propuesta de prevención durante
 el embarazo, parto y puerperio............................175
Psicodinamismos de la depresión
Depresión: Enfoque Psicodinámico...........................195
Empresa Familiar...221
Familias presas de empresas:
Cómo abordar el conflicto sin hacer daño 225
Informe especialmente preparado para:
Transportes Ambientales S.A................................229
Monografía Graciela M. Costa...............................235
Seminario: Duelos no elaborados............................243

Introducción: Las Meninas......243

Chivo Expiatorio......329

Clase del Curso de Posgrado

de "Operador Familiar"......339

Problemas Cotidianos y el

ciclo de la vida en el grupo familiar......347

***Adiccione*s**......365

Un loco amor......367

La persona con problemasde adicción:

El derecho a la vida como bien supremo......369

Familia, Drogadicción y Mitología......385

Familias Disfuncionales Generadoras.

deconductasadictivas......391

Supervisión en comunidades

terapéuticas de adicciones

Un enfoque integrativo......429

Conductas adictivas: Riesgo general

Una sociedad adicta a las adicciones......441

Reflexiones clínicas en adicciones 447